西方经济学圣经译丛
晏智杰 / 主编

金融资本

［奥］鲁道夫·希法亭 / 著　　李琼 / 译

Finance Capital

图书在版编目（CIP）数据

金融资本／（奥）鲁道夫·希法亭（Rudolf Hilferding）著；李琼译. --北京：华夏出版社，2017.4
（西方经济学圣经译丛）
ISBN 978-7-5080-9087-0

Ⅰ.①金… Ⅱ.①鲁… ②李… Ⅲ.①金融资本－研究 Ⅳ.①F038.1

中国版本图书馆CIP数据核字（2016）第306160号

金融资本

作　　者	［奥］鲁道夫·希法亭
译　　者	李　琼
责任编辑	李雪飞
出版发行	华夏出版社
经　　销	新华书店
印　　刷	三河市少明印务有限公司
装　　订	三河市少明印务有限公司
版　　次	2017年4月北京第1版　2017年4月北京第1次印刷
开　　本	720×1030　1/16
印　　张	31
字　　数	509千字
定　　价	58.00元

华夏出版社　地址：北京市东直门外香河园北里4号　邮编：100028
电话：（010）64663331（转）　　　　网址：www.HXPH.com.cn
若发现本版图书有印装质量问题，请与我社营销中心联系调换。

鲁道夫·希法亭(1877—1941)

《西方经济学圣经译丛》序

翻译出版西方经济学名著,如以1882年上海美华书馆印行《富国策》[英国经济学家H. 福西特(1833~1884)《政治经济学指南》(1863年)中译本]为开端,迄今为止已有一百多年历史。回顾这段不算很长然而曲折的历程,不难看出它同中国社会百多年来的巨大深刻的变迁密切相关,它在一定程度上是中国思想界特别是经济思想界潮流和走向的某种折射和反映。单就建国以来对西方经济学名著的翻译出版来说,窃以为明显呈现出各有特点的两个阶段。改革开放以前几十年间,翻译出版西方经济学著作不仅数量较少,而且其宗旨在于提供批判的对象和资料。对于出现这种局面的不可避免发生及其长短是非,人们的看法和评价可能不尽一致,但此种局面不能再原封不动地维持下去已是大多数人的共识。改革开放以来,对西方经济学著作的翻译出版进入到一个新阶段,短短二十多年间,翻译出版数量之巨,品种之多,速度之快,影响之广,均前所未有,呈现出一派生机勃勃的繁荣景象。这是中国社会改革发展的需要,也是历史的进步,主流无疑是好的;但也难免有选材不够精当和译文质量欠佳之嫌。

华夏出版社推出这套新的《西方经济学圣经译丛》,可谓正逢其时。在全面建设小康社会的新时期,随着社会主义市场经济体制改革的深入,随着中国经济学队伍的建设和壮大,我们需要更多更准确更深入地了解西方经济学;而以往几十年翻译出版西方经济学所积累的经验教训,也正在变成宝贵的财富,使我们将翻译出版西方经济学名著这项事业,得以在过去已有成就的基础上,百尺竿头,更进一步。我们会以实践为标准,比以往更恰当地把握选材范围和对象,尽可能全面准确地反映西方经济学的优秀成果,将各历史时期最有代表性和影响力的著作纳入视野；我们对译文质量会以人所共知的"信、达、雅"相要求，尽力向读者推出上乘之译作。我们还会认真听取广大读者和学者的任何批评和建议，在分批推出过程中不断加以改进和提高。

在西方经济学迄今的发展中，涌现了数量不少的重要著作，其中亚当·斯密《国富论》（初版于1776年）、马歇尔《经济学原理》（初版于1890年）和凯恩斯《就业、利息和货币通论》（1936年），是公认的三部划时代著作。《国富论》为古典经济自由主义奠定了基础；《经济学原理》作为新古典经济学的代表作，为经济自由主义做了总结；《就业、利息和货币通论》则标志着经济自由主义的终结和现代国家干预主义的开端，故将它们同时首批推出。其他名著将陆续问世。

晏智杰

北京大学经济学院

2004 年 11 月 15 日

目　　录

致　谢　1
版本说明　1
英译本序言　1
前　言　1

第一编　货币与信用

第 1 章　货币的必然性　3
第 2 章　流通过程中的货币　16
第 3 章　作为支付手段的货币。信用货币　44
第 4 章　产业资本流通中的货币　52
第 5 章　银行和产业信用　69
第 6 章　利息率　91

第二编　资本的动员。虚拟资本

第 7 章　股份公司　103
第 8 章　证券交易所　133
第 9 章　商品交易所　157
第 10 章　银行资本和银行利润　180

第三编　金融资本及其对竞争的限制

第 11 章　利润平均化的障碍及其克服　195

第 12 章　卡特尔和托拉斯　221
第 13 章　资本主义垄断与商业　226
第 14 章　资本主义垄断和银行。资本向金融资本的转化　247
第 15 章　资本主义垄断条件下的价格决定和金融资本的历史趋势　252

第四编　金融资本与危机

第 16 章　危机的一般条件　265
第 17 章　危机的原因　284
第 18 章　商业周期过程中的信用条件　295
第 19 章　萧条时期的货币资本和生产资本　311
第 20 章　危机特征的变化。卡特尔与危机　319

第五编　金融资本的经济政策

第 21 章　商业政策的重新定位　335
第 22 章　资本输出与经济区的争夺　346
第 23 章　金融资本和阶级　374
第 24 章　劳动合约矛盾与争端　389
第 25 章　无产阶级和帝国主义　404

附录　希法亭的著作和有关希法亭研究的主要论著　413
中英文人名、地名、术语对照表　423

致　谢

本书的出版和编辑首先要感谢大卫·施皮茨教授、山姆·高登先生和出版物《评论月刊》，他们慷慨地允许我使用他们所拥有的著作版权。还要感谢鲁道夫·希法亭先生之子彼特·鲁道夫博士，承蒙他允许我出版该书的英文版。

我还要感谢鲁道夫博士对于本书翻译给予的颇具帮助性的意见和建议，特别要说明的是，本书后面附录部分的资料和材料都是由鲁道夫博士提供的。当然，译本介绍中对希法亭先生的理论和政策的评论，完全由本人文责自负。

在大卫·施皮茨教授于1979年4月去世后，他的遗孀——爱莲娜·施皮茨教授，慷慨地将她丈夫的希法亭研究的手稿和其他相关资料寄给我，正是利用这些资料我才得以完成译本的译者介绍的写作。

英译本中有一个段落来自于阿里斯托芬的《青蛙》一书，该书的译者是大卫·巴莱特，由企鹅图书出版公司出版。

最后，我还要由衷地感谢下述人员的工作与帮助，她们是我的秘书艾莉·普卢姆小姐和帕特·本内特小姐，正是她们极其认真地工作，及时地纠正了本书翻译过程中屡次出现的文字方面的和打印方面的错误。

汤姆·博托莫里

版本说明

本书是鲁道夫·希法亭七十年前出版的德文版的《金融资本》一书的英译本。我是在现有的两个英译本（山姆·高登先生的译本和莫里斯·沃特尼克教授新近的译本）的基础上完成翻译的。虽然翻译的过程中我在许多观点的翻译上都参考了高登先生的译本，但本书主要还是以沃特尼克教授的译本为主。并且为了使这部经典著作在译成英文后能尽可能地准确、清晰和易于阅读，我在翻译的过程中对沃特尼克教授的译本作了大范围的修改。

在翻译的过程中，我发现有时候要找到一个与原有的德文本中的专业词汇完全对应的英语词汇是有困难的，这时，我采取的办法是加一个脚注加以解释和说明。这里还要说明的另一件事情是，在我们通常习惯用"Britain"一词的地方，希法亭使用的是"England"一词，这种情况在原德文本的其他许多地方都出现过，尤以第18章为甚。这种错误对于欧洲大陆的人来说十分普遍，从某种程度上说这一问题至今依然存在，因此，与其对作者的原文进行修改，还不如保持原状并提请读者注意这一问题本书就是这样做的。

在本书中，资本这一概念被希法亭广泛地使用，因此为方便读者的查阅和使用，我把它所在的页码以索引的形式附在书后。

我注意到希法亭德文版的原著中有两个印刷上的错误，再版时，这两个错误也没有被更正。沃特尼克教授发现和更正了其中的一两个错误，我在仔细研读他的译本的时候又发现了几个新的小错误。所有这些错误在我这个版本中都全部被更正过来了，其他方面的更为重要的更正,我都用脚注的形式予以了详细说明。

  最后,在所有我看来对于今天的英语读者有必要作一番解释的地方我都作了注释,有的注释在沃特尼克教授的译本中就已经有了。

汤姆·博托默里

英译本序言

一

鲁道夫·希法亭的《金融资本》一书在1910年刚一面世，就立刻被认为是对马克思主义经济理论的一个极为重要的发展和贡献。奥托·鲍尔在《奋斗》①杂志上发表评论称，这部著作可以被视为是马克思《资本论》一书的续篇。马克思关于资本集中和资本主义经济下一个发展阶段趋势的大胆预测，在他死后已被资本主义的经济实践一一证实。卡尔·考茨基也持类似的观点，他在《新时代》杂志上发表的一篇长文②中，详细论述了希法亭的这一著作对马克思《资本论》的进一步发展，认为这是一个对马克思主义理论的优秀的、极具建设意义的、天才式的研究成果。尤为突出的是，希法亭这部著作对马克思本人在《资本论》第二卷和第三卷中没有来得及展开的和充分说明的一些经济现象，作了充分而且精彩的分析和论述。

从某种程度上我们也可以说，后来列宁的帝国主义理论③是建立在希法亭的"具有极高价值的理论分析"基础之上的，而且，

---

① 奥托·保尔：《金融资本》，引自《奋斗》（1909～1910年），第三卷，第391～397页。
② 卡尔·考茨基：《金融资本与危机》，引自《新时代》（1911年），第二十九卷，第764～772、797～803、838～846、874～883页。
③ 列宁：《帝国主义与资本主义的最高阶段》（1916年）。

2　金融资本

列宁关于帝国主义基本特征的规定——垄断、金融资本、资本输出、国际卡特尔同盟、帝国主义国家瓜分世界——或多或少地是与希法亭的这一著作密切相关的。最杰出的社会主义理论家之一的尼古拉·布哈林也认为,自己的研究成果很大程度上是拜希法亭所赐。① 布哈林在其《帝国主义和世界经济》(比列宁的相关研究早了几个月,列宁也参考了这本书)中,表示他的研究出发点和核心思想都是来自于《金融资本》。② 不过,他对于希法亭的理论有种毫不妥协的顽固情结,他认为在资本主义发展成熟以后,资本家将会采用帝国主义的政策来谋取利益,这就不可避免地会引发战争。同时,他还认为,资本主义内部的结构性转变将会导致国家资本主义的诞生,而在国家资本主义阶段,国家将会奉行干预主义政策,政府将会获得许多新的权力,并对整个经济进行调控。这种对现代资本主义的预测,可以在布哈林后来的许多著作中看到,包括他著名的《过渡时期的经济学》(1920年)。布哈林后来还对希法亭的"有组织的资本主义"十分追捧,只是他在阐述其政治意义时采用了另一种方法。

希法亭著作的最后部分所阐述的帝国主义理论的直接影响力是最大的。这点我们不仅可以从那些马克思主义研究者的反应中看到,而且还可以从约瑟夫·熊彼特在《奥地利的马克思主义学派》一书的引文中看到他对希法亭的理论的重视。③《金融资本》包含有许多新的概念,对现代资本主义的本质、阶级结构、国家、工人阶级的政治等都有研究,并且希法亭在其后来的著作中对于这些问题作了

---

① 1912~1914年他在维也纳时,曾与奥地利的马克思主义者取得了联系,正是在这段时间里他写出了反对奥地利边际主义经济学的著作,即《有闲阶级的经济理论》。史蒂文·科亨在他的历史学研究著作《布哈林与布尔什维克的革命》中写道:"奥地利的马克思主义者,特别是希法亭的《金融资本》……将会对布哈林有十分长久的影响。"甚至在1917年之后,当奥地利的马克思主义者被贬斥为"改良主义者"的时候,布哈林,这位马克思主义者,仍然以其卓越的理论成就被广为推崇(第21页)。
② 科亨,同上书,第25页。
③ 熊彼特:《帝国主义的社会科学研究》(1919年)和《资本主义、社会主义与民主》(1942年)。

进一步的研究和修正。把《金融资本》这本书放在希法亭的整个研究生涯背景下来进行审视,有利于我们确定这本书的主旨。

二

鲁道夫·希法亭出生于1877年8月10日,出生地是维也纳,他是埃米尔·希法亭和安娜·希法亭的唯一的儿子,而埃米尔·希法亭是"安联"公司(一家老保险公司)的出纳。鲁道夫·希法亭先是在斯图亚特读大学预科,后来进入维也纳大学学习医学,并在1901年取得医学博士学位。毕业后直到1906年,他都从事医生的工作(后来在一战期间他也从事医学工作),不过自从他在15岁时参加了社会主义者的学生协会之后,他就一直在花费大量的时间从事经济理论的学习。他在大学期间就开始撰写社会问题方面的文章,他早期的一些作品可以在1899~1900年间的《世界社会主义运动(巴黎)》中找到。从1902年开始,他就成为《新时代》(当时的马克思主义理论研究的主要期刊,主编为卡尔·考茨基)上经济学问题研究方面的常客。1904年他对庞巴维克有关马克思主义理论批判的回应出版后,他就逐渐成名了。①

这时希法亭和麦克斯·阿德勒一道参与到《马克思主义研究》(这个期刊在1904~1923年间曾不定期的发行过)中,这个期刊成立的目的是为奥地利的社会主义研究和刚产生不久的奥地利马克思主义理论,提供一个表达的渠道。不久之后,在1906年他被邀请到柏林的社会民主党的学校里做经济学讲师,但是后来因为德国禁止聘请外国人到本国做教师,因此他不得不放弃这一职位,成为《前

---

① 冯·庞巴维克(1851~1914年)是奥地利边际主义学派的领军人物,也是社会主义的狂热反对者,他在1896年发表了一本名为《对马克思主义的经济评论》的反对马克思主义的文章。希法亭写了《对庞巴维克的马克思主义批判》作为对他的回应,这篇文章发表在《马克思主义研究》第一卷(维也纳,1904年)上。庞巴维克的研究和希法亭的批判,同时被保尔·斯威齐翻译成英文并一起出版。

进》期刊的外国编辑。从 1907 年开始，他就经常在《奋斗》杂志上发表文章（有些文章是以卡尔·埃米尔的名字发表的），《奋斗》是奥地利社会民主党创办的一个月刊。在这期间他还开始了他的代表作《金融资本》的写作工作。1904 年，希法亭与玛格丽特·哈尼伯格结婚，他的妻子也是位医生，他们是在参加社会主义学生运动时认识的。后来他们生了两个儿子：卡尔·埃米尔（1905～1942 年）和皮特（1908～？年），但是不久他们就离婚了，后来又重新结婚。

在一战爆发的时候，希法亭与德国反对战争的少数派站在了一起。1915 年，他作为医生加入了奥地利军队，而在以后的战事中，他一直在意大利前线为军队服务。战争一结束，他就受到德国独立社会民主党①的邀请到柏林做该党派创办的《自由》杂志的编辑。他反对德国独立社会民主党与第三国际的联合，并参与到创建"第二个半国际"②的讨论中。在 1922 年他重新加入了德国当时的多数党——社会民主党，这是在该党重新联合之后的事情。1920 年在他获得普鲁士的公民的资格后，在古斯塔夫·特雷泽曼政府执政期间，希法亭被德国国家经济委员会任命为财政部长，任期为 1923 年 8 月到 10 月。后来在赫尔曼·穆勒政府执政期间，他又被任命为财政部长，任职期为 1928 年 6 月到 1929 年 12 月。他在 1924 年被选为国民议会议员，并一直担任这一职务到 1933 年。这期间他还是《社会》杂志的编辑，并在这个期刊上发表了很多文章，而且还经常参与社会民主党的活动。

希特勒上台之后希法亭被驱逐出境，他首先是去了丹麦，后来去了苏黎世。他在捷克斯洛伐克流浪时，曾积极参与到社会民主党

---

① 德国独立社会民主党成立于 1917 年 4 月份在哥达地区召开的一次会议上，与会者全是反对社会民主党的群众，当然还有他们的领袖人物，如希法亭、胡戈·哈阿兹、卡尔·考茨基、罗莎·卢森堡、卡尔·李卜克内西、爱德华·伯恩斯坦、弗朗茨·梅林和科特·艾斯纳。若要详细了解这个党派的建立过程和后来解散的原因，可以参阅朱莉斯·布朗撒的著作《世界历史》，第二卷，第 59～61、123～124、224 页。在伊恩·布拉格的《德国独立社会主义党的历史》这本书里，有更为详细的叙述。

② 布朗撒：《世界历史》，第 233～236 页。

相关著作的创作中,并对社会主义出版物做了许多工作。① 1938年他去了巴黎,在那里与他的朋友鲁道夫·布赖特沙伊德会合,在1940年法国沦陷之后,他们去了未被占领区,寄住在阿尔勒斯的广场旅馆里。在这里希法亭开始撰写他最后的一部著作——《历史问题》,这部著作是他对历史唯物主义历史学的重新思考。但在1941年2月11日,贝当政府最终同意了德国政府的一再请求,把布赖特沙伊德和希法亭交给了维希政府时期的纳粹党卫军联络官——雨果·盖斯勒。他们后来被带到巴黎,在那里希法亭遭到了盖世太保的虐待。后来他自杀了,或者更可能是被谋杀了。②

三

我前面已经说过,希法亭从1902年就开始在《新时代》杂志上发表经济论文,但他对于马克思主义经济学的第一个重大贡献是反驳了庞巴维克的批评,③ 维护了马克思主义经济学。当时,奥地利马克思主义学派④的学者们正在与心理主义等思潮⑤的代表们展开论

---

① 参阅:《社会主义者的坟墓》,载于《战斗》杂志和《前进》杂志,匿名作者是理查德·科恩。
② 希法亭准确的死亡日期和死亡原因并不清楚,并且据我所知,在德国(其他地方也一样)没有一个组织曾经对这个事情做过详细调查,也没有人去指认和控诉那些对此负有责任的人。
③ 参考附注⑦。
④ 对于这个学派的详细解释,可以参阅汤姆·博托默里和帕特里克·古德为《奥地利的马克思主义》所写的序言。
⑤ 奥托·保尔:《奥地利的马克思主义是什么?》,载于《奥地利的马克思主义》,第55~58页。保尔在此特别指出:"奥地利马克思主义与我们所说的奥地利政治经济学派达成了妥协,也就是说,它与边际主义学派达成了妥协,而这个学派的代表人物则有庞巴维克、卡尔·门格尔(1840~1921年)、弗里德里希·冯·维泽(1851~1926年)。第一次对奥地利马克思主义提出批判的是古斯塔夫·艾克斯汀的《边际效用理论难以成立的四大缺点》。"这篇文章载于《新时代》(1901~1902年),第20期,第810~816页。

战，批判社会主义运动中的修正主义。①

希法亭的核心论题是，马克思主义理论的出发点是"社会"和"社会关系"，而边际主义的出发点是个人。在第1章中，他在讲完"马克思主义理论体系的出发点是对于商品的研究"之后，就又指出，"'商品'在这里代表的是以物为媒介所表现出的人与人之间的社会关系"。因此，"政治经济学的研究对象是商品的社会属性，因为商品是社会关系的表现形式"。另一方面，"任何以商品有用性，即其自然属性为出发点的理论，无论是侧重于商品作为一种有用物品的完成形态，还是侧重于商品的功能性，都是以人和物之间的关系为出发点的，而不是以人和人之间的社会关系为出发点的。这就隐藏了一种矛盾，即试图从主观的个人关系中引申出客观社会评价的矛盾……"

在第2章中，在关于价值和平均利润的关系的问题上，希法亭反驳了庞巴维克对于马克思《资本论》第三卷的批评②。庞巴维克认为，平均利润率理论和商品价格理论不能统一于价值理论，这是马克思理论体系中的根本性矛盾。我在这里不详细描述希法亭是如何反驳庞巴维克的，只说明他的基本论题，即价值是"解释价格这一起源于资本竞争的独特现象的必要理论起点"，而"价值规律"在一个很长的历史时期中的确决定了价值向价格的转化形式。

最后，在第3章中，希法亭对自己的辩护进行了总结，并且论述了自己对于边际学派的评价和批评："价值规律是建立在商品制造基础之上的特定社会形态的运动规律，一切社会结构的变动都可以归结为商品关系的变动，即生产的劳动组织形式的改进。"另一方

---

① 皮特·盖伊在他的《民主社会主义的困境》中提到边际学派对价值的分析（是由英国经济学家威廉姆·斯坦利·杰文斯独自系统化的）影响了费边社的社会主义者，而爱德华·伯恩斯坦的许多思想就是来自于这些社会主义者。伯恩斯坦坚信，马克思主义和边际主义在分析价值的问题上都有其正确的地方，只是这些正确的地方都隐藏在这两个理论的重合之处。不过，总体上来说，伯恩斯坦更加相信边际主义学派的分析。"我们现在对价格形成机制的研究十分直接，绕开了抽象的'价值'概念对我们的思索的困扰"（引自皮特·盖伊的《民主社会主义的困境》，第174页）。
② 1894年《资本论》第三卷的发表，为庞巴维克的研究提供了契机。

面,"政治经济学心理学派的代表人物(如庞巴维克)没能看到这种社会关系,因此误解了致力于揭示社会关系的经济理论,没有认识到这种经济理论的出发点是社会而不是个人"。

《驳庞巴维克对马克思的批判》的出版——保罗·斯威齐曾说它是"在马克思主义的立场上对于主观价值论的最好的批判",① 这一评论也许直到今天仍然适用——是希法亭对于现代资本主义背景下马克思主义理论发展的第一项重要贡献。在1904年之后的几年中,他就一些经济问题在《新时代》杂志上发表了几篇文章和评论,同时开始了《金融资本》的写作。在《金融资本》的序言中,希法亭说明了这本书的主要部分正是在1906年完成的。

在《金融资本》中,希法亭根据当前资本主义经济的新发展,全面而深入地探讨了一些在马克思《资本论》第二卷和第三卷中只被大略提及的问题。因此,这部论著被看成是马克思理论的新发展,它提出了一些新的概念。② 希法亭一开始就讨论了货币和信贷,然后论述了股份公司和卡特尔的发展及经济危机,最后提出了帝国主义理论。

也许这部著作最不成功的部分就是货币理论部分。后来很少有经济学家注意到它,而熊彼特则是简单模糊地提了一笔,说它是"相当老套的货币理论"。③ 但是,希法亭的货币理论至少有两个重

---

① 保罗·斯威齐:《资本主义发展理论》,第26页。
② 参照评论家的评论,第1页。
③ 熊彼特:《经济分析史》,第881页。毫无疑问,希法亭当年的理论现在必须重新审视,比如,他以前认为不可能会有纯粹的纸币,在国际贸易中也只能用黄金(第55~58页及以下),同时他还低估了信用在消费中的作用。但是后来货币职能的发展,并未与他的理论产生本质上的冲突。熊彼特的评论与其说是不公正的,还不如说是评论得太少了。因为在他看来,直到凯恩斯的经济学——货币理论(第8章)——都没有在理论上有太大的进展,并且凯恩斯所批评的一些经济理论,希法亭以前就批评过了(比如克纳普的理论)。即使在今天,货币理论依然是经济理论体系中最不能让人满意的一部分,这点我们可以从对通胀的五花八门的争论中看到。我认为,应该给货币下一个更为宽泛的社会学定义,而非把它局限于狭隘的经济理论之中。马克思主义为希法亭的分析提供了思考的起点,同时为他提供借鉴的理论是乔治·西美尔的《货币哲学》。

要特征：首先，它是相当少见地对于马克思的货币理论进行了发展，而且希法亭还论述了货币在社会主义经济中的地位；① 其次，对于"信贷货币"的论述是希法亭关于银行在资本主义最新发展阶段中所处的支配地位理论的重要预备②。

在分析了货币和信贷之后，希法亭着手论述他研究的核心主题——大企业中的资本积聚和集中、③ 卡特尔和辛迪加的形成、银行的作用以及这些变化对于资本主义经济结构中的政治和经济的影响。企业规模增长的最重要的经济作用是"产业资本与产业企业的分离"，④ 这种作用产生了如下影响：首先，是"创业利润"概念的出现，在资本收益高于现行利息率的前提下，使以高于投入资本的价格出卖企业股份成为可能。⑤ 创业利润不仅成为了资本家创建股份企业的动机，而且还成为了下一步投资的资金来源，它们都促成了资本的集中、巨型企业的扩大，并最终整个行业都被卡特尔和辛迪加所控制。⑥

希法亭相当公正地论述说，自己对于现代资本主义的趋势的分析与马克思的股份公司的理论是有差异的，自己将红利和创业利润区分为了两个不同的经济范畴，并且将所有权和生产控制权作了更为严格的区分，它使极少数的人能够获得很大数量企业的控制权，同时建立了有利于形成卡特尔和辛迪加的人际关系。让希法亭备受批评的是他的银行资本在卡特尔和辛迪加的形成过程中起着重要作

---

① 参阅第 67 页以下。若想详细了解马克思主义者关于这个问题的更新的讨论，可以参阅欧内斯特·曼德尔的《马克思的经济理论》，第 664 ~ 668 页。
② 他在第 4 章的开头写道："如果我们能够依靠这种手段发现货币的流通过程是怎样赋予资本家以垄断的社会地位的，那么，这将会给读者以极大的勇气耐心阅读完本章的'十字路口的车站'（第 67 页以下）。"
③ 根据文章的内容，我在不同的章节里使用不同的概念，有的地方我称它为"股份公司"，有的地方我则称它为"公司"。
④ 第 107 页。
⑤ 第 111 ~ 114 页。
⑥ 技术进步会在很大程度上影响资本的集中，因为新技术会要求更多的资本投入。对于这点，希法亭也解释清楚了（参阅第 11 章以下）。

用的观点,① 他的这一观点可以用他的一则备注来加以总结,即"控制六家柏林的大银行就相当于控制了一个重要的产业"。② 这一观点在他的书出版不久就广受争议,③ 之后,爱德华·海曼④和保罗·斯威齐⑤提出的观点也同样饱受批判。希法亭后来对于自己的观点作出了一些解释,说明金融资本不是"资本主义的最后阶段",而是"有组织的资本主义"⑥的到来的加速器。有时候,希法亭的理论会被指责为太依赖于德国⑦和奥地利⑧的特殊情况,无视其他资本主义国家的银行和产业间的关系。但是爱德华·马兹在介绍新德文版《金融资本》时说,尽管人们对于希法亭的批评在有的问题上是成立的,但无伤其理论的核心。因为银行在19世纪中期以来的产业发展中确实发挥着重要的作用,在相对落后的中欧地区影响尤甚,那里也因此滋生了被希法亭称为"金融资本"⑨的产业和银行资本间的关联。这种关联既有人事上的,也有

---

① 第118~120页及以下。
② 第368页及以下。
③ 雅各布·瑞瑟:《德国大银行及其集中度》。
④ 爱德华·海曼:《经济理论的历史》,第165页。
⑤ 保罗·斯威齐:《资本主义的发展理论》,第267~269页。斯威齐争论道:"希法亭把资本主义过渡时期的发展特征与资本主义的长期发展特征相混淆。"并且他认为,一旦大型的垄断企业发展成熟,就可以通过国内利润来实现持续性的发展,并因此对银行的依赖会逐步减弱。因此,他对资本主义的最后发展阶段重新下了一个定义,把它叫做垄断资本主义,而非金融资本主义。
⑥ 希法亭:《私营经济的社会学研究》(1931年)。
⑦ 即使在这种情况下,一些德国的批评家(包括前文中提到的瑞瑟)还是认为在德国的一些主要工业部门里,银行资本并不能发挥主导作用。
⑧ 特别是在奥地利,银行与工业企业之间的联系更为密切,这点伯纳德·麦克在其著作《奥地利银行业20世纪末的亮相》中提到了。在爱德华·马兹为新版德文《金融资本主义》(1968年,第14页)所写的序言里,还可以看到他的评论。值得一提的是,希法亭本人(特别是在第21章)也十分关注德国和英国银行作用之间的巨大区别;同时,在他的评论中,还可以看到他对20世纪末英国资本主义的发展与英国工业地位下滑之间的关系方面的论述。
⑨ 马兹,同上书,第13~15页。

组织上的。另一个评论家说:"在美国的资本主义发展中(斯威齐曾经用其与欧洲资本主义作对比),很多年以来的最重要的特征肯定也是'金融帝国的统治'。在这些金融帝国中,银行家无疑发挥了主导性的作用。"①

也许直到最近,希法亭在本世纪初所描述的情形才开始有了明显的改变。爱德华·马兹认为,金融资本在1945年以来重要性下降的原因可以归结为欧洲各国银行的国有化以及国家在向产业贷款和促进产业发展方面的影响作用的提升。② 同时,迈克尔·巴拉特·布朗也观察到,"银行家现在越来越像大企业财务主管的合伙人,它们更多的时候是在充当一种企业与国家之间的中介的角色。它们现在协调国家基金、国际贸易和投资,以防止其陷入混乱。这项工作各大财团以前也做过,但它们当年协调的是私人资本"。③ 按照这个思路,在经济干预主义盛行的国家里,尽管政府自身的调控力量有了大幅度的提升,但它们仍然会重视其他经济势力的影响,尤其是关系密切的跨国公司和跨国银行,其金融资本的影响力依然不容小觑。

本书后面的章节将会讲到,希法亭从对金融资本以及资本集中化趋势的研究中得出的结论是沿着两条线展开的:经济危机论和帝国主义论。在经济危机的成因的问题上,④ 希法亭认为其根源是消费不足和资本主义生产之间的矛盾。但同时他也指出,"生产过剩"和"消费不足"的解释力非常有限。⑤ 他本人更深入地钻研了马克思《资本论》的第二卷以期获得更具说服力的解释,尤其想从中获知资本品行业与消费品行业是如何造成比例失调的。在论述了"比例失调"之后,希法亭考察了卡特尔的扩大是如何影响了经济危机的成因。在他看来,卡特尔虽然不能完全解决这种"比例失调"的

---

① 麦克尔·巴拉特·布朗:《帝国主义之后》的序言的第二部分,第30页。
② 马兹:《金融资本主义》,第15页。
③ 同①,第31页。
④ 参阅本书第16~17章及以下。
⑤ 参阅本书第16章及以下。

问题,① 但是能将危机的主要后果转嫁给未被卡特尔垄断的产业。也就是说,卡特尔为资本主义经济引入了一种宏观调控的手段。② 在这里,我们可以看到希法亭后来"有组织的资本主义"的概念的雏形,这一点我将会在后面提到。

帝国主义论③是希法亭的最先的学术成果,而且也是他政治观点的最显著的代表。它的核心思想很简单,也即垄断企业和卡特尔的扩大滋生了一种新的保护主义,以防止外国商品的竞争。但是,过高的垄断价格却缩减了本国的销量,因此,出口对于扩大生产规模来说变得格外重要。同时,随着资本的输出,一种新的扩张主义发展壮大,这种扩张方式扩大了经济区域和产出规模,通过在劳动力廉价的地区生产商品维持了很高的利润率;这种新的扩张方式需要政府的支持作为后盾,因为政府能够控制国外的新经济区域(通常是以占领殖民地的方式);这种经济方式最终会导致国家的对外扩张以及主要资本主义国家间的冲突。希法亭认为,民族主义起源于国家自由、文化自治、政治自主,终极走向是统治世界,它已成为帝国主义的意识形态。

熊彼特在最近一篇关于帝国主义理论的文章④中高度赞扬了奥地利马克思主义的理论,他对于奥地利马克思主义理论⑤的总结是:

---

① 杜冈·巴拉诺夫斯基在他的《英国商业危机的理论和实证研究》(俄文版,1894 年;德文版,1901 年)中,也从一个全新的理论角度提出了一个"不对称"的理论。他与希法亭被马克思主义者激烈地批判为"修正主义者"和"改良主义者"(比如,斯威齐在其著作《资本主义发展理论》第 156~162 页中就有相关批判),但是,在马克思主义内部的修正主义和改良主义分立以后,这种批判现在已经毫无意义。更重要的是,希法亭也表示自己并不同意巴拉诺夫斯基的观点(参阅本书第 16 章及以下)。
② 参阅本书第 20 章及以下。
③ 参阅本书第 21~25 章。
④ 熊彼特:《帝国主义的社会学研究》(1919 年)。
⑤ 奥托·保尔作出了重要贡献,希法亭在他的《民族主义与社会民主主义》(1907 年)一书中对此作出了评价。

"我们可以看到,一个有着重大政治影响力的社会群体(企业家阶层)具有不可忽视的重大经济利益。这种经济利益体现在保护性关税、卡特尔、垄断价格和强迫性出口(倾销)中。我们还可以看到这个群体影响下的侵略性经济政策、侵略性外交政策以及有着明显帝国主义性质的侵略战争。"

但是,他同时也保留了不同的意见,认为帝国主义不是"资本主义的必经阶段"。希法亭确信帝国主义是资本主义的必经阶段,确切地说,是资本主义的"最终阶段",但他的见解又和其他一些马克思主义者有所不同。布哈林认为,战争是帝国主义国家之间相互竞争的必然结果,① 希法亭却不这么认为。布哈林在《世界经济与社会主义》一书中预想的社会形态向社会主义转化途径为:垄断资本主义——帝国主义——战争——无产阶级革命,希法亭在这一点上也与他有分歧。② 罗莎·卢森堡在《资本积累》中论述了资本主义的经济扩张,力图阐明资本主义扩张会停止、资本主义会随之崩溃的观点,但希法亭与她的思想也有所不同。

希法亭认为,"资本主义的崩溃将会是政治和社会的崩溃,而不是经济的崩溃"。在《金融资本》最后一章及其他一些后续的写作中,希法亭研究了现代资本主义经济变化所引发的社会和政治问题的新走向,他认为,一方面,垄断企业和卡特尔对经济有一定程度的调节和计划作用,"金融资本所引起的社会主义化使经济形态可以更顺利地跨越资本主义",另一方面,国家的经济调节也加深了经济的社会主义化程度。希法亭认为,"资产阶级和国家的关系已经彻底改变",国家的力量越来越强。他认为,随着经济干预主义的必然的盛行,社会主义运动的观点也应相应改变;将国家作为一个统治机器彻底摧毁已经没有必要,应该利用并扩大其社会生产的计划和调

---

① 希法亭在对于第一次世界大战的问题的认识上存在一些偏差,不过我们必须要看到,尽管他并不接受战争是不可避免的这种观点,但是他的确十分强调历史因素的影响以及英国和德国之间的武装冲突在引发第一次世界大战上的作用(参阅本书第 22 章)。
② 科亨的《布哈林和布尔什维克的革命》中的第 27 页,把这个问题讲得很清楚。

节作用①。

希法亭"控制六家柏林的大银行就相当于控制了一个重要产业"②的表述可能有点言过其实,但二战后资本主义福利国家用占领"经济制高点"③的方法获得经济控制权却是不争的事实,而且西方社会向社会主义迈进也只能遵从这样的进程。

希法亭还考察了随着阶级结构的变化和帝国主义的到来,工人阶级政治斗争的新形势。他认为,小业主对工人阶级的敌对情绪日益高涨;白领阶层尽管目前与资产阶级站在了一条阵线上,但随着垄断价格和对金融扩张至关重要的高关税侵蚀了它们的利益,白领阶层未来可能会改变自己的政治立场。此外,希法亭还以超前的眼光概括讨论了工人阶级和中产阶级联合的可能性。④但是,他觉察到薪金雇佣制的采用产生出了一个新的等级制度,这个等级制度对于资产阶级社会秩序可以起到支撑作用:

"各个阶层对于事业的热情和对于职业发展的追求,对于雇员个人来说是冷酷无情的,它削弱了阶级团结的力量。每个人都想超越他人,以摆脱自己半无产阶级的地位并获得资本家般的高收入。"⑤

希法亭论证了金融资本的贸易保护政策和贸易扩张政策从根本上损害了工人阶级的利益,它们增强了雇主组织的力量,提高了生

---

① 这成了马克思主义者的主要立场,比如,卡尔·热纳在论文《马克思主义的问题》中论述战争是怎么加速这种发展趋势时写道:"我们的敌人……对于我们国家能够用马铃薯交换牲畜感到非常困惑。虽然我们喜欢这种新交易,但是我们的敌人却并不喜欢。"对于这些内容的英译本,可以参阅汤姆·博托默里和帕特里克·古德等人的书《奥地利的马克思主义》,第91~101页。
② 尽管如此,值得注意的是,希法亭并不认为这一行动就是社会主义的成就,他认为这只是非常初级的一步。
③ 奥托·保尔在他的有关法西斯主义的论文(1938年)中第一次提到这个专业术语,到了1945年以后这个术语就被广泛采用了。
④ 现今人们对于新中产阶级与工人运动之间联系的政治意义的讨论,始于希法亭,虽然他本人并不喜欢中产阶级这个名词。
⑤ 参阅本书第23章。

活成本，加重了税收负担，削弱了民主力量，宣扬了崇尚武力的意识形态，而且有可能会引发资本主义国家间的武力冲突，而在这些冲突中，工人阶级是最主要的受害者。不过，尽管如此，金融资本仍创造了社会主义社会实现的前提条件。因此，工人阶级的斗争策略应当是充分表达对于军国主义和对外侵略的强烈抗议。希法亭没有提出帝国主义战争是推翻资本主义最佳时机的建议；恰恰相反，他认为，对于扩张政策和对外战争的抵制是工人阶级创建社会主义社会的最佳手段。

尽管帝国主义的特征已经大大改变，但从本世纪前十五年希法亭、卢森堡、布哈林和列宁研究了帝国主义性质之后，马克思主义理论体系中再没出现过关于帝国主义的重大研究成果。紧贴主流马克思主义理论的研究是否能够全面而深刻地理解当今的帝国主义已经遭到了质疑。尽管帝国主义仍然存在（在殖民体系解体后，这个体系有时候被称为"新帝国主义"），但二战后资本主义国家却已经成功地控制了它们之间的竞争，资本主义国家之间的武力冲突也不再是人类所要面临的主要危机了。另一方面，扩张政策也开始被非资本主义国家所实施，当前最尖锐的冲突就发生在那些宣称自己是社会主义社会、信奉马克思主义的国家之间。20世纪末的历史现实印证了熊彼特的帝国主义不是资本主义"必经"阶段的观点；印证了后期奥地利马克思主义理论的观点，该观点的代表人物是卡尔·热纳，他的核心观点是"社会帝国主义"——极端的民族主义将派生出全人类的帝国主义。①

四

希法亭从一开始就像其他奥地利的马克思主义者那样深入地涉足于政党政治，他的政治生涯发端于奥地利，但大部分时间都是在

---

① 在本书后面我们将会看到，希法亭在他的最后一部著作中进一步发展了这个理论。

德国度过的。① 希法亭参加过学生社会主义运动,参加过社会民主党,曾在维也纳协助建立了马克思主义学会,然后于1906年在柏林作为《前进》杂志的外国编辑,活跃于德国社会民主党的领导层。一直到1914年,德国社会民主党内有三个主要的派系——修正派、左倾激进派和中间派,希法亭属于中间派,和卡尔·考茨基关系密切。② 因此,在关于1904年开展的大罢工的讨论中,希法亭支持了"中间派"的主张,认为大罢工无论作为工人阶级反对资产阶级暴政的办法,还是作为社会主义斗争的最终阶段的手段,都是最后的政治武器;他同时还强调了选举政治和议会斗争的重要性。③

希法亭在结束了自己战时的奥地利军医生涯之后回到了德国,成为了独立社会民主党党报《自由》的编辑。他在关于工人地方工会代表会议④和"社会主义化"进程⑤的讨论中表现积极,他是社会民主党所组成的政府于1918年11月成立的工业社会主义化委员会

---

① 就现在为止并没有关于希法亭生活和工作方面的综合性图书出版过,在下面我所提到的书籍中,只是记载了希法亭的政治生涯,如维尔弗里德·高撒的《鲁道夫·希法亭的政治和社会生涯》。不过,我也找到了其他的相关资料参考了一下,并把它们在这本书的参考书目中列了出来。同时,多亏了大卫·施皮茨和他的遗孀爱莲娜·施皮茨教授的热心帮助,我才得以看到许多莫里斯·沃特尼克为写《金融资本》介绍所准备的手稿,这些手稿在我追踪有关希法亭的著作和他的政治观点方面给予了我极大的帮助。最后,我从皮特·米尔福德博士对我的初稿的详细评论中也受益颇多。不过,在此我要强调一点,上面我所提到的所有人,他们都没有影响到我最终对希法亭政治观点的判断。
② 在阿姆斯特丹的社会历史国际学院里,至今保存着他在1902~1937年之间与考茨基的通信,读者可以参阅这些信件。
③ 可以参阅他发表在《新时代》第二十二卷(1903年4月)上的《对于总罢工的疑问》一文,以及发表在该刊第二十三卷(1904年5月)上的《议会与总罢工》一文;还可以参阅上文中提到的高撒的同一本书第70~81页。
④ 参阅他的文章《汇率制度的发展》,载于《自由》杂志,第5期,1919年2月。
⑤ 有关"社会化"更加详尽的论述,请参阅帕特里克·古德和卡尔·柯尔施的《西方马克思主义研究》,第2章,以及卡尔森的《中欧的革命——1918~1919年》,第5~7章。

的11位委员之一，他在委员会中具体负责煤矿产业的社会主义化。①但同时，希法亭也卷入了一场独立社会民主党的党内争论中，他力图维护独立社会民主党的统一，为整个工人阶级的重新联合打下基础，反对建立依附于第三国际的新共产党。② 1921年他参加了第二个半国际的建立工作，进一步试图重新联合工人阶级组织劳工运动，这一行动得到了大部分奥地利共产主义者的支持。③

希法亭最活跃的政治生涯起始于1920年，那一年他成为德国经济议会议员，止于1933年。在这期间，他曾是德意志（魏玛）共和国的国民议会议员和两届德国政府的财政部长。现在由于资料欠缺等原因，已经很难评价希法亭作为财政部长期间任上的政治功绩。④在其第一届就职于古斯塔夫政府时期的财政部长任上，希法亭只在任7周，从1923年8月中旬到9月初，根本没有机会推行自己的政策。但是，在9月份，希法亭就制定出了详细的改革计划，其中包括金本位的法定马克的发行方案。希法亭坚持认为，为缓解通货膨胀推行新货币的措施是否成功，还取决于能否结束对于抵抗法国和比利时所占领的鲁尔地区的没有尽头的财政支持。⑤

希法亭第二次当财政部长是在1928年6月到1929年12月之间，就职于穆勒政府。这一次，德国的财政由于上届政府的无能比先前困难许多。熊彼特对此曾评论过，"我们现在有一个社会主义者的财政部长，他得解决由非社会主义财政政策遗留下来的巨大困难"。⑥

---

① 完成的有关煤矿工业的研究报告，似乎是这个委员会的最重要的贡献。
② 参阅他1920年在哈雷举行的USPD会议上针对季诺维耶夫的批评性演讲，这个演讲以"对革命政策的幻想"为题发表。
③ 后来奥托·保尔在他的论文中非常强调团结统一对于工人运动的重要意义，参阅博托默里与古德的书，《奥地利的马克思主义》，第45~48页。
④ 赫尔曼·穆勒内阁会议记录的出版，为研究希法亭第二届任职期间的政策提供了很好的素材。在高撒那一本书（《鲁道夫·希法亭的政治和社会生涯》）的第20~26页和E.艾克的《魏玛共和国的历史》的第二卷的第18章中，有对他任财政部长期间的工作的简要记录。
⑤ 高撒：《鲁道夫·希法亭的政治和社会生涯》，第21页。
⑥ 熊彼特：《遗产税》（1928年），引用自高撒《鲁道夫·希法亭的政治和社会生涯》中的第24页。

有些评论家曾经批评希法亭没有实施公共财政领域的重大改革,但希法亭坚持认为,在赔偿问题解决之前,改革是无法实施的。另一方面,虽然他意识到增税是必要的政策选择,但是却遭到了强烈的反对,即使在党内也不受支持。最后,1929年12月,在财政部与美国一个金融财团商议贷款事项的时候,德意志银行行长哈贾马·沙赫特发表了一份备忘录强烈谴责政府的政策,要求启动紧急评议程序,这导致了希法亭的辞职。

一直到1933年,希法亭和其他德国社会民主党领袖都要面对由于经济萧条和国家社会主义党的力量的迅速壮大所引发的严重困难和危险的政治形势。1928年,就像朱莉斯·布劳恩塔尔写的那样,"德国社会民主党达到了权力的巅峰",在5月份的德意志(魏玛)共和国国民议会选举中赢得了超过900万张的选票,成为直到当时为止的最强大的政党;但是,"仅仅在两年之后,就陷于了与国家社会主义党的生死较量之中",① 国家社会主义党在1930年9月的选举中票数飙升,成为德意志(魏玛)共和国国民议会的第二大党。因此,1930年后很多责难指向了德国社会民主党的领导层,包括"接受罪恶",意指支持紧急状态令下的布鲁宁政府,这个政府处于希特勒的控制之下。② 但最严厉的指责是关于德国社会民主党在1932年6~7月事件之后采取的政策,即在1932年6~7月间兴登堡将布鲁宁卸职,解散了德国国民议会,废除了组成纳粹军事组织(SA和SS)的禁令,公开宣布承认柏林和布兰登堡政府,而社会民主党在当时却仍然坚持"合法反对",并将希望寄托于国家社会主义党在下次大选中的支持率的下降上。

但是,他们还能做什么呢?布劳恩塔尔认为,社会民主党领袖"止步于对内战屠杀的绝对恐慌",他们"清楚地知道魏玛共和国及其民主将在内战中被摧毁,而工人阶级的利益将会被忽略上几十

---

① 朱莉斯·布劳恩塔尔:《世界历史》(第二卷,1914~1943年),第354页。
② 同①,第356~360页。这个党派的左翼人士以《阶级斗争》杂志为阵地,极力排斥这个政策。麦克斯·阿德勒就是这个杂志的编辑,同时也属于这个党派的左翼。大家可以参阅他在论文《工人阶级变形记》中对德国形势的评论(1933年),这篇文章可以在博托默里与古德合著的书中找到。

年"。希法亭无疑有与其他奥地利马克思主义者同样的想法。① 但是，德国和奥地利社会民主党都接受"防御性暴力"的理念，即大规模武力的冲突和对抗，并认为其在特定环境下是合理合法的；布劳恩塔尔和其他一些社会民主党也都认为这种策略能够更有效地抵制法西斯主义。② 有些批评意见认为社会民主党之所以没能成功地抵制国家社会主义党，是因为这个党已经失去了生气，老化的领导层不愿意将权力移交给年轻一代，这也使得社会民主党无法吸引德国青年和无法得到新生力量的补充。③ 尽管布莱彻④的这一论点以及他其他一些分析有其合理性，但我认为根本原因（从希法亭的角度出发）是他对于民主社会主义制度有太过深刻的认同和信任，觉得任何暴力斗争都只能加速魏玛共和国民主制度的崩溃。正是这种观念使希法亭对合法政权可以维持着过分的自信，影响了他对1932年11月在大选中国家社会主义党失败的看法，将总理冯·巴本的卸职看成是社会民主党重新执政民主政治的第一步。希法亭太执着于这些理想了（尽管他的失望越来越强烈），直到最后的时刻到来——

---

① 在德国与奥地利法西斯主义逐渐兴起的大背景下，奥托·保尔在1931年7月举行的国际劳工与社会主义者第四次会议上的报告重申了"防御性暴力"的概念，他讲道："我们不希望通过血腥的国内战争来实现社会主义，我们也不希望通过国家间的混战来实现社会主义，我们更不希望通过破坏文明来实现社会主义。我们需要一条通往社会主义的民主大道，我们要通过民主来实现社会主义。"引自布劳恩塔尔的书《世界历史》（1914~1943年）第二卷中的第364页。我在为博托默里与古德合著的书（《奥地利的马克思主义》）所写的序言里（第40~43页），对此作了进一步的评论。
② 参阅布劳恩塔尔的书，同①，第372~375、380~386页；以及E.马蒂亚斯的《魏玛共和国的社会民主》一文，这篇文章收录在A.尼古拉斯和E.马蒂亚斯合编的书《德国民主与希特勒的胜利》一书中。
③ 比如参阅李维斯 J. 埃丁格的《德国社会民主党和希特勒1933年的国民革命——对民主领导体制的研究》（1953年）。埃丁格指出，SPD最重要的12位领导人（其中包括希法亭）的平均年龄为58岁，而德国国家社会主义党最重要的12位领导人的平均年龄只有37岁。1931年，SPD中年龄低于30岁的成员只占19%，而在纳粹党中该数字为38%（第335页）。我们还可以参考布莱彻对于"合法反对"的争论，来自于卡尔·迪特里希·布莱彻、沃尔夫冈·萨沃和格哈德·舒尔茨合著的著作《全国政权的夺取》，第62~66页。
④ 布莱彻等人，同上书，第15页以下。

1933年2月初他为躲避盖世太保而逃亡国外。

我想,如果当初德国工人阶级运动中没有出现分裂,社会民主党和德国共产党没有分离,德国共产党内部没有复杂的政治斗争,那么,社会民主党是可以成功地抵制国家社会主义党并避免内战的。从1928年开始,德国共产党完全服从共产国际(其实是苏联)的指挥,听从斯大林的命令抓紧了与社会民主党的斗争,这个事情现在被称为"社会法西斯主义"。国家社会主义党在1930年9月大选中离奇的力量壮大没能为德国共产党的领导敲响警钟,该党认为资产阶级政权和法西斯独裁统治之间没有本质的区别,甚至直到1932年4月的总统大选中,恩斯特·台尔曼还宣称德国共产党的"最大的敌人是反革命政党——社会民主党和纳粹党,主要斗争矛头应指向社会民主党……"① 让人震惊的是,在那样的环境下,曾强烈批判苏联独裁专制的希法亭和其他的奥地利马克思主义者一样,对德国的国民大会代表说,社会民主党的主要任务是与德国共产党斗争,②以此结束"总统统治"、重建德国民主制度。希法亭曾对社会民主党的部长们在1928~1930年退出联合政府表示抗议,并将1932年11月的选举结果看做是自己重返政府的机会。

高撒认为,③ 由于"有组织的资本主义"理论过分高估了工人阶级运动限制卡特尔的经济和政治力量从而平稳过渡到社会主义的能力,因而希法亭以这一理论为指导,在危机的年代错误地判断了德国的社会和政治的现实,采取了错误的策略。希法亭在一战到国家社会主义党夺权的这段时间里没有太多的机会深入研究理论问题,只是在发表时政经济文章之外就《金融资本》所涉及到的问题写了几篇重要的文章,尤其深入探讨了"有组织的资本主义"这一问题。④ 这个问题包含三方面的重要内容:第一,现代资本主义在国家层面上讲是成功的,这一成功来自于大企业和银行在经济上的主导地位和资产阶级与国家间的地位的转化,这一转化带来了国家对

---

① 布劳恩塔尔:《世界历史》(1914~1943年),第二卷,第369页。
② 希法亭:《时间的决定》(1933年)。
③ 同①,第224~225页。
④ 希法亭在他的《协会的分级》一文中,第一次引用了这个概念,后来在《时间的决定》这篇文章里对这个概念进行了进一步的阐述和发展。

于经济的适度干预，即它成功地为经济引入了有限计划；第二，这个计划扩散到了国际经济领域，使战后资本主义国家间的关系具备了新的特点，希法亭将这种新特点命名为"现实和平主义"；① 第三，这些发展不可避免地改变了工人阶级和国家之间的关系。最后，希法亭认为，在魏玛共和国民主制度下，工人阶级的任务变为了争取民主权利、完善民主制度、改革教育体制、加强司法监督、削减总统权力、为人民大众争取政治参与权等方面的任务，同时利用政治权力将经济调节和计划的权力从大企业手中移交到国家手中。他反对将魏玛共和国的共和制度看做是"资产阶级民主"的观点，也不赞同其对手对于"实际民主"和"形式民主"的机械区分。他认为，社会主义是民主运动的核心，与民主制度是牢不可分的整体。② 在我前面引用过的一篇文章中③他写道，用一句当前流行的话讲，工人阶级在"有组织的资本主义"中面临着两条道路：一是融入到计划更完善但仍保留等级制度的资本主义社会之中，享受高水平的物质生活；二是向民主的社会主义社会迈进（他后来又回归到这个理念上）。④

我们可以按照高撒的观点将"有组织的资本主义"看成是对资本主义1924～1929年⑤短暂稳定的反映，它导致了社会民主党在危机年代的错误判断和最终的失败。但若将眼界放长远，考虑到1920～1970年这个更长的历史时期，那么我认为希法亭的总体思想在本质上是正确的。即使是在1930年代的经济大危机时期，绝大多数资本主义国家也没有发生大规模的革命，危机的主要结果是促进了国家干预的进一步实施，其代表是"拯救了资本主义制度"的罗斯福新政。罗斯福新政使资本主义国家在1945年之后可以恢复快速增长，使

---

① 希法亭：《现实中的和平主义》（1924年）。
② 希法亭：《共和国的社会民主主义》（1927年）。
③ 希法亭：《协会的分级》（1915年）。
④ 希法亭：《社会主义与马德里的阶级划分》（1920年）和《时间的决定》。
⑤ 高撒，同前文中提到的书，第6章。他在这里引用了赛格弗里德·马克对希法亭的评价："资本主义稳定时期的政治联盟理论家。"（第207页）尽管如此，高撒还是承认希法亭成功地找到了资本主义长期发展的一些规律（第265页）。

"福利国家"和"混合经济"的发展成为可能。尽管希法亭严重错误地判断了政治形势(这一点必须结合其整个政治生涯进行更为全面的和深入的探讨),但我认为这种误判来自于德国复杂而绝望的社会现实和恶劣的国际环境,而非理论的软弱性。德国社会的关键特征是其深刻的独裁主义、民族主义和民主传统的缺失。由于社会民主党右翼领导人没有打算摧毁旧地主和军阀的势力,以及1918年的革命根除独裁主义、民族主义的努力未能成功,甚至连严重削弱它们的力量都没能做到,① 因此这样的社会和文化现实催生了法西斯主义,② 另一方面也使社会民主党格外重视魏玛共和国的脆弱的民主制度。

五

1930年代中期,国家社会主义党巩固了在德国的统治地位并攻克了奥地利,这时,希法亭和其他的奥地利马克思主义者以及社会民主党的领导层,才开始意识到强硬的政治策略和武力斗争的必要性。③ 希法亭在他未完成的遗作《历史问题》④ 中,明确地提出了当务之急的首要任务是武力斗争。这本书本身是对于两次世界大战之间的三十年的政治的思考,也是对于法西斯主义盛行于德国和奥地

---

① 马克思·韦伯的政治著作中深刻地揭露了德国自由与民主思想的局限性,说这些思想只不过是一种民族主义。若想阅读韦伯的精彩论述,可以参阅沃尔夫冈·蒙森的著作《官僚时代》。
② 布莱彻在上本书的序言中,对于国家社会主义的兴起作了浓墨重彩的论述。
③ 参阅他的文章《社会主义的革命》(1934年)以及后来发表在《新的前进方向》杂志上的文章(该文署名为理查德·科恩),还有路易斯·埃丁格的书《德国在野政治学》,第183~184、197页。到了20世纪30年代,权力集中越来越严重,无论是武装力量还是其他力量都是这样,极权主义的国家也越来越多,此时就如埃丁格和其他人所提出的那样,希法亭变得越来越悲观了。这些悲观观点可以在他同时期的著作中找到。这似乎可以解释为什么在法兰西倒下之后他并没有努力逃到更为偏远的地区去。
④ 这份手稿第一次出版于1954年,名为《政策杂志》,由考茨基写的序言。我在杂志中所整理的参考书可以在杂志的书页里看到。我希望在将来能够看到它的英译本。

利、苏联斯大林独裁统治的建立等问题的理论总结。希法亭现在开始系统地思考他对于国家的认识,其他的奥地利马克思主义者也在做同样的工作,① 他在之前一直将国家看做是西方工业和民主社会中的独立的因素,但现在他认识到这种独立力量不仅可以运用于民主制度,而且也可以成为全面压制民主的工具。

希法亭在《国家资本主义或集权国家的经济》(1940年)一文中讨论了关于苏联社会性质②的问题,后来在他的《历史问题》一书中更为充分地讨论了这个主题。在《历史问题》一书中,希法亭阐述了这样的观点:"上层建筑是自身拥有权力、有特定代理人、遵循特定发展趋势、追逐自身利益的社会力量;国家权力的发展一直伴随着现代经济的发展。"他还说:"战后的政治问题是与国家同社会的关系变化相一致的,它们都发端于经济开始从属于国家强权的时候;随着经济从属于国家强权,政权性质也开始变成了极权主义……"③

接下来他说:"所有社会关系对国家的从属都意味着那个领域原本独立于政权力量且由自治法规范的社会生活开始受到抑制。"④

希法亭充分解释了"马克思主义历史观",尤其是马克思的国家

---

① 明显地,在附注㊼里提到的卡尔·热纳的文章《马克思主义的问题》中提到了这个问题,同时,在他后来的许多文章里,包括他后来的书《现代社会的转变》,也都提到了这个问题。
② 在最后结尾处,希法亭说马克思曾经希望社会主义社会国家能够消失,"但是,历史却告诉了我们另一个比任何马克思主义都要有意义得多的事实;恩格斯的期盼也落空了,'对物的控制'已经成为了'对人的控制';经济不仅没有从国家的控制中解放出来,而且还被国家的权力完全控制了"。
③ 《历史问题》,第296页。
④ 同③,第297页。这与一位波兰社会学家的分析十分相似。这位波兰社会学家经历了两次极权统治,一次是纳粹的极权统治,另一次是斯大林的极权统治。他在讨论社会的阶级结构时写道:"在社会结构或多或少地由政治权威所控制时……我们的社会结构将不再是由我们社会群体自发行动而天然形成的……因为那些政治权威可以完全地改变社会结构。如果特权对于社会结构的形成影响很大,而且这些特权的授予者正是那些政治权威的代表人物的时候,那么我们的社会结构将不再是自发形成的。如果大部分人的社会阶层划分都受官僚体制的影响,那么19世纪的阶级概念将会不再适用,而阶级斗争也将会让步于其他形式的社会纷争。"(斯坦尼斯拉夫·奥索维斯基:《社会意识的阶级结构》,第184页)

观以及"阶级利益和阶级意识的关系"这个"最难的问题",认为不能将国家"归因于任何独立的力量"。① 在这里,他考察了利益和意识变化的漫长而复杂的过程,认为最终"特定利益升华为一般利益,而这个利益群体的政治和经济需求也转变为社会总体的治理诉求"。② 在文中的最后,希法亭考察了工人阶级的阶级意识,认为"社会主义思想不是整个工人阶级的阶级意识",③ 这就为讨论工人阶级运动为何未能成功地抵制法西斯政权的建立或者一个无限制的专制政权的建立,找到了切入点。

《金融资本》是马克思理论的经典著作,而且正如我在序言中所说的,它为当代人提供的绝不仅仅是历史上的利息论。希法亭在这部著作以及后续的其他作品中所论述的思想,如卡特尔和辛迪加的国内国际地位,银行的作用,"有组织的资本主义"作为向社会主义经济迈进的一步,"国家干预主义"的盛行以及它引导国家向集权制发展的隐患,帝国主义政治,等等,都是和当代经济、政治发展趋势紧密相关的,这些思想从1920年代起一直到现在都被广泛地讨论。总之,希法亭的作品是历经七十年动荡发展、在今天不断变化的形势下"科学理解当代资本主义新发展"的尝试典范。

---

① 《历史问题》,第315页。希法亭认为这种解释只适用于一定的历史发展阶段,而不适用于所有的历史阶段。
② 同①,第320页。
③ 同①,第324页。

前　言

我写作此书的目的在于揭示资本主义最新发展阶段的经济特征。换句话说，我试图将对这些特征的分析纳入由威廉·配第始创的、在马克思那里达到顶峰的古典政治经济学的理论分析框架之中。在我看来，"现代"资本主义的最典型特征就是集中过程，这一过程一方面表现为，由于卡特尔和托拉斯的出现使得"自由竞争被扬弃"，另一方面则造成银行资本和产业资本之间日益紧密的联系。正如我在后面将要阐述的那样，这种联系使得资本采取了其最高级也最抽象的表现形式——金融资本。

在这种情形之下，笼罩在资本关系上的谜团变得比以往任何时候都更加难以捉摸和理解。金融资本有其独特的运动方式：看似独立，实际上却只是一种反映或表现；它会采取许多种方式，并且会和产业资本及商业资本的运动相对独立并分离。金融资本增长得越快，它对现阶段资本主义经济所产生的影响也就越大，对这一过程进行理论分析的必要性也就愈益迫切。不了解金融资本的规律和作用，就不可能明察当今的经济发展趋势，更不可能对经济和政策有任何科学的认识。

因此，对这些过程进行理论分析，就必须说明上述所有现象间的内部关系，从而也促使我进一步对银行资本以及它与其他形式的资本的关系进行分析。我的研究也必须探寻使得产业企业得以创立的那些法律形式是否具有特殊的经济意义，这或许能帮助我解决由于股份公司的出现所导致的经济理论问题。但是，就银行资本与产业资本的关系而言，目前我只能在其最成熟的形式中观察到这种在货币资本和生产资本基本形态中就有清晰体现的相同联系。由此，信用的性质与功能的问题就出现了，而这一问题又只有在厘清了货币的作用之后才能得到解决。弄清楚货币的作用问题还因为下述原因而变得更为重要,这就是:自从马克思主义货币理论创立以来,尤其是在荷兰、奥地利和印度的货币制度形成之后,出现了许多值得注意的重要问题,而这些问题在现有的货币理论中都无法得到解释和找到解决的办法。正是这种情形使得克纳普虽然敏锐地观察到了现代货币制度在其实践过程所产生的各种问题,但却只能是抛弃任何的经济学解释,而试图以司法术语来取代。在他看来,这种做法虽然对于上述问题不能提供任何解释,也无助于科学的理解,但至少提供了一种对此进行的中性的、没有偏见的描述的可能性。①对这一货币问题作进一步深入分析的必要性还因为以下原因而更显必要:只有用这种方式,我们才能对作为所有经济理论的基础的价值理论进行经验检验;而且,也只有正确分析货币,才能使我们理解信用的作用,从而理解银行资本和产业资本间的联系的基本形式。

因此,研究的内容决定了本书的结构和框架。首先,我分析了货币问题,紧接着分析的是信用,然后是股份公司理论,以及银行资本与产业资本间的关系和地位的分析,这反过来又引致了对作为"资本市场"的股票交易所的作用的考察。商品市场必须单独进行研究,因为它同时包含了货币资本和商业资本两种活动。产业集中的过程是与银行资本和产业资本日益紧密的联合相伴随的,因此,对集中的过程及发展方向,尤其是对其最高阶段的卡特尔和托拉斯的研究,就变得更为迫切了。如果希望通过垄断的发展以及对商业周期的重大影响来"调节生产",从而达到延续资本主义制度的目的,那就必须对危机及其产生的原因进行研究分析,理论部分的工作至此也告一段落。但考虑到上述理论及其今后的发展会对社会阶级结构产生重要影响,因此在本书的结尾部分,我对在资产阶级社会中会对几大阶级产生重大影响的主要政策进行了分析,这是十分必要的。

马克思主义经常被批评说其经济理论没有得到进一步的发展。

---

① 参见克纳普的《国家的货币理论》。——编译者

从某种程度上说，这种指责也有一定的客观性和准确性。然而，我必须指出，造成这种失误的原因也是显而易见的。由于其分析对象的极其错综复杂，使得经济学成为所有科学理论中最困难的科学。而且，由于马克思主义学者的特殊处境——它被所有能够提供科学研究时间的大学排除在外，迫使他们只能在政治斗争之外的空余时间进行学术研究。因此，不顾及马克思主义者的现实处境，将他们及其研究进展直接与其他非马克思主义者相比，是既不公平的，也缺乏对他们的创造能力的基本尊重。

经过最近一段时期关于方法论问题所进行的大量争论，即便不是出于为现行的经济政策辩护的目的，也应该对其作一个简短的解释。有人宣称，政策研究是规范性的，它最终还是由价值论来决定；由于价值判断不属于科学领域，因此政策问题的研究也不属于科学研究的范围之内。在这里我无法就这种规范与规律即因果论与目的论之间的关系的方法论之争展开充分的论证，而且因为麦克斯·阿德勒的关系，我更有理由省略这部分论述。麦克斯·阿德勒在他的著作《马克思主义研究》第一卷中对社会科学的因果关系问题进行了充分而透彻的研究，① 在此我只需指出一点就足够了，即对马克思主义者而言，研究的唯一目的就是发现因果关系，即便是对政策的研究，也是秉持这一目的。与此同时，认识商品生产的社会规律，是我们得以揭示决定社会各阶级意志和意愿的决定因素。按照马克思主义的观点，解释阶级意志是如何决定的是一项科学任务。马克思主义的实践与其理论一样，是独立于任何价值判断之外的。

因此，简单地把马克思主义和社会主义等同起来的观点是错误的，虽然这种看法在内部和外部都广泛流行，但从逻辑上看，即便不考虑马克思主义的历史作用，仅仅把它作为一个科学体系来考察，它也只不过是一种研究社会运动规律的理论；马克思主义的历史观解释的是社会发展的一般规律，而马克思主义经济学则试图将其运用于分析商品生产阶段。社会主义这一结论的得出是其对商品生产

---

① 参见麦克斯·阿德勒的《社会科学关于因果关系和目的论的争论研究》（1904年）。——编译者

社会发展趋势分析的结果。认同马克思主义的科学性,包括认同社会主义的必然性,既不是价值判断,也不是实际行动的指南,因为认识到一种事物的必然性,和以实际行动来实现这种必然性,二者是不相同的。当然,对于某些坚信只有依靠联合起来进行斗争才能最终实现社会主义的人来说,将上述二者合二为一倒是很有可能的。马克思主义关于社会运动规律的认识,使掌握它的人具有持续的优势,而在社会主义的反对者当中,最危险的当属那些对社会主义有最深刻了解和体会的人。

另一方面,很容易理解人们为什么会将马克思主义和社会主义相等同。阶级统治的维持依靠的是被统治者相信这种统治的必然性,认识到这种统治的暂时性这一特点,就可以成为推翻它的原因。统治阶级正是认识到这一点,才会对马克思主义的结论产生无法遏制的厌恶情绪。而且,马克思主义理论体系的复杂性,也使得对它的研究成为一项艰巨的任务,只有那些从一开始就不相信马克思主义是毫无意义或有害的人,才能承担这一工作。因此,虽然马克思主义拥有客观的逻辑,也摆脱了价值判断,但却因为其历史地位和作用,必然成为那些根据其结论并将最终获胜的阶级的思想财富;也只有在这个意义上,它才是无产阶级的科学,并与资产阶级的经济学相对立。与此同时,它还始终坚持着一切科学研究都应具备的特性——研究成果的客观性和普遍适用性。

早在四年前我就已经完成了这部著作的提纲,但不断出现的外部状况却使得写作过程一再被中断。需要说明的是,关于货币问题的那几章的写作在克纳普的著作出版之前就已经完成了,事后我只是对它作了很小的改动和增加了几处批判性的评注。这些章节的确也是本书中最困难的部分,因为遗憾的是就货币而言,无论研究的乐趣还是理论理解力,都是极易耗尽的,正如富拉顿也意识到的那样:

> 事实是,这不是一个能直接引起大众兴趣的课题,对其研究的进展过去是缓慢的,今后也将总是缓慢的。①

---

① 参阅富拉顿的《论流通手段的调整》(1845年)一书中的第5页。——编译者

情形在富拉顿之后也并未改变,因此,我不得不当即在此向缺乏耐心的读者保证:一旦你掌握了最初几章,本书的其余部分都将不再有任何理解上的困难。

鲁道夫·希法亭
1909年圣诞节于柏林-弗里德瑙

第一编　货币与信用

第 1 章　货币的必然性

人类生产共同体原则上可由两种方式构成。第一，它可以被人类自觉地加以调节。在这种方式下，无论其规模大小，即不论是自给自足的家长制家庭、共产主义部落，还是社会主义社会，都可以通过其自创的组织和机构，代表社会意识来行事，确定生产的规模和方式，并把所生产出来的社会产品在社会成员之间进行分配。在可用于生产的自然的和人力的条件既定的情况下，所有关于新产品制造的决策，诸如生产方法、地点、数量、可利用的工具等，都由家长、社会主义社会的全国或地方委员会来确定。前者可根据其个人经验和知识来决定其家庭的需要和可用于生产的资源，后者则借助于组织拥有的生产和消费统计资料等方式，全面了解社会的需要，辅之以自觉的预见，并根据其作为共同体意志的自觉代表这一身份的需要，来协调和组织全社会的经济活动。作为这个生产共同体的一员，每个成员都自觉地按照共同体的需要来安排自己的生产活动，而中央集权则控制着共同体成员的劳动过程和产品的分配。社会成员间的生产关系直接表现为社会关系，而个人之间的经济关系，可以被视为是由社会制度和社会安排的而非个人意志决定的。因此，生产关系是由共同体确立并反映全体成员意愿的。

但是，第二，在缺乏这种自觉组织的社会中情况就不一样了。在那种社会里，社会成员被划分为无数个相互独立的个体，各自决定着自己的生产活动，生产活动变成了个人的事情而非社会活动。换言之，这些社会成员都是私人所有者，只是因为劳动分工发展的需要才会在相互之间发生联系。驱使他们相互联系的动力是商品交换；也只有通过这种活动，这些被私有制和劳动分工分割为一个个独立单元的个体才会在社会中发生联系。从某种程度上说，正是因为交换在这样一个社会结构中充当了中介物的作用，所以它才成为了经济理论的分析对象。当然，在社会主义社会也会有交换，但这种行为只会发生在产品分配完毕之后，是为了更好地满足个人和社会的需要而发生在个体之间的某种局部调整。因此，交换在这里只是对社会分配标准所进行的个人间的微调，是受主观情绪和考虑影响的个体交易行为，因而不可能成为经济学的分析对象。这种交换行为的重要性在某种程度上就像两个儿童在幼儿园里交换玩具一样，其重要性根本无法与他们的父亲在商店里为他们购买玩具相比，二者具有完全不同的性质。就后者而言，它是社会实现其生产共同体功能所需的总交换行为中的一个环节，只有通过这样的交换活动，生产共同体才能体现自己统一社会生产的角色，将被私有制和劳动分工割裂开的社会重新结合在一起。

就像马克思曾经说过的那样，一件上衣在交换关系内部所蕴含的意义要多于其外部，因此我们有理由说，交换在一种社会关系中的意义也会比在另一种社会关系中大得多。[①] 在私有制和劳动分工将社会中的人们分割成一个个相互独立的和制约的个体时，交换才成为了十分重要的社会力量，它执行着协调社会生产过程的职能。在自觉进行生产调节的共产主义社会里，中央权力机关自觉地计划和决定生产什么、生产多少、在哪里生产以及由谁来生产等等一系列的问题，并使之在全社会得到彻底的贯彻和执行。总之，交换在商品生产过程中所发挥的资源配置的作用，也就是社会主义社会集权机关所执行的那些功能，即自觉地协调和管理生产、计划劳动过程等等。理论经济学的任务就是归纳和总结那些决定这种类型的交换以及协调商品生产社会生产过程中的规律，这些规律同社会主义社会的当局在调节生产时所遵循的和实行的规律是一样的。这两种体制的区别仅仅在于：在商品生产社会里，规律不是以人类自觉的意识直接规定商品生产者的行为的，而是以自然规律的方式通过

---

① 由于交易活动的多样性，在完全不同的社会结构中寻求一个统一的交易规律是荒谬的。

"自然的社会必然性"来发挥作用的。①

还要说明的一点是,交换还要为下述问题提供答案:生产究竟应该是由独立的手工业者来完成,还是由资本主义企业来完成?这一问题的答案可以在伴随着简单商品生产向资本主义生产的发展而产生的交换关系的变化中找到。交换行为本身只有在不同的社会体制中才会有本质的区别,比如社会主义社会和商品生产社会之间。在商品生产社会内部,不管商品交换在数量上如何变化,交换行为在质上都是统一的。在这种社会中,体现在交换物品里的社会必要劳动时间这一客观社会因素构成了交换关系的基础。另一方面,在共产主义社会中,交换的唯一基础是主观地等同这种平等的意愿。在这种的条件下,交换纯粹是偶然的,因此可能不会成为理论经济学的分析对象。它不能进行理论分析,而只能从心理上来理解。但是由于交换总是表现为两种物品之间的数量的比例关系,因而人们往往忽视了它们的这种不同。②

由于社会商品流通自身的社会必要性,使得交换行为成为社会商品流通所必需的媒介物。个别的或分散的交换可能纯粹出于个人喜好,但是当交换使社会商品的流通成为可能,从而确保社会生产和再生产

---

① J. 卡纳(卡尔·热纳博士):《法律制度的社会职能》,载于《马克思研究》,第一卷,第2期,第108页。某些特定的社会规律只存在于某些特定的社会体系中,这些社会规律会随着这种社会体系的消失而消失,并且只有在这种社会体系存在时才能引致其他事物的变化。经济理论研究的任务就是去认识这些社会规律。

② "他们(商品生产者)的社会关系表现为一种纯粹的私人物品交换的安排,因为这种交换实质上是一种个人交易。一次交换能够顺利进行的必要条件是,交换双方都有可以交易的物品以及交换的意愿。以这种视角看待交易问题时,我们会发现交换其实是一种在所有的社会体系中都普遍存在的现象,因为只要有所有权存在的地方都会发生这种交换行为。

"无论是学校里钢笔和粉笔之间的交换,还是在两个社会主义社会的两个成员之间的马匹和汽车之间的交换,这些交换行为都是私人之间的事情,与理论经济学没有任何关系。边际用理论的根本错误就在于,它通过把交换分析成为一种纯正的私人行为,来试图发现资本主义社会的基本规律"(希法亭:《论卡尔·马克思理论经济学的问题》,载于《新时代》,1904~1905年,第一卷,第106页)。

能够顺利进行时，交换便变成了一般的和基础性的行为，社会生产因此成为了个人间交换的条件；也只有在这种方式下人们才与社会发生联系，并且确保他们获取必须在他们之间进行分配的社会总产品中的一个份额。这种情形使得个别的交换行为从偶然的、任意的和主观的行动上，上升为一种统一的、必需的和客观的行动；而且，作为物品社会流通的一个条件，它对每一个个体都成为绝对必需的东西。以私有制和劳动分工为基础的社会，只有通过个人之间彼此进行交换活动，这种关系才有存在的可能；只有通过这个经济上的唯一社会过程的交换行为，社会才成其为社会；也只有在这种社会中，交换活动才成为一种特殊的分析对象，才需要我们去分析作为社会商品流通手段之一的交换，究竟是如何产生和发挥作用的。

交换使物品转化为商品，它不再只是用于满足个人需要的东西，因此它不会因人们个人的需要而兴衰；相反，它着眼于社会需要，现在它的命运要由统治社会商品流通的法则来决定，因此可能会比奥德赛的命运还要多变。与长相如同百眼怪物阿尔戈斯一般的纽波特税务官相比，独眼巨人波吕斐摩斯又算得了什么呢？抑或与德国的肉畜检查员相比，美丽的塞尔又算得了什么呢？物品之所以变成商品，是因为它们的生产者必须作为独立的商品生产者而存在，他们处于彼此对立的特定社会关系之中。物品这种原本自然的、完全不成问题的东西现在被表现为了一种社会关系，并获得了社会性质，它成为了一个劳动的产品，不再仅仅具有自然属性，而是成为一种社会现象。因此，我们必须研究和探索这个作为生产共同体也就是劳动共同体的社会的规律。从这种新的视角来看，个别劳动现在表现为受社会支配的总劳动的一个组成部分，也只有从这个角度来看，这种劳动才是创造价值的劳动。

我们之所以可以将交换作为分析对象，是因为它不仅满足了个人需要，而且还具有使个人需要在成为自己的工具的同时又限制着个人需要的满足这一社会必然性，因为个人需要的满足被限制在社会许可的范围之内。个人需要当然只是前提条件，因为没有个人需要的满足，人类社会便失去了意义。然而，这并不意味着交换就像在集体主义经济体中那样只具有满足个人需要的功能，而是在通过交换将个人限定在社会生产的范围内,个人需要才能得到满足。正是这种参与才决定了交换,而后者却常常仅表现为两个物品之间的量的比例关系,即当二者确定了量的比例关系时,交换才能确定。① 然而,发生交换的数量由于仅仅被看做是社会生产的一部分,而社会生产的数量自身又是由社会为制造总产品所必需耗费的劳动时间决定的,因而社会在这里被看做是用自己的全部劳动力制造产品的统一体,进行劳动的个人仅仅被视为社会的器官。在这种角色和身份之下,个人只能根据自己的劳动符合社会平均劳动(假设劳动的强度和生产率是既定的)的程度参与产品的分配。如果某人工作较慢或生产出来的是无用产品,另一种情况是产品虽具有使用价值,但超过了全社会商品流通的需要,那么他的劳动就要降低为社会平均劳动时间或社会必要劳动时间。生产社会总产品所需的总劳动时间一旦确定,就必然会在交换中反映出来。其最简单的表现形式是,交换过程中的商品数量比例与生产这些商品所耗费的社会必要劳动时间的量的比例是相等的。在这种情形之下,商品按照其价值进行交换。

事实上,这种情况只能在下述条件中出现,即商品生产和交换的条件对全社会成员来说都是同等的。也就是说,他们都是相互独立的并拥有自己的生产工具和手段来生产出产品,然后在市场上相互交换其产品。这是一种最原始的和最简单的关系,它构成了我们理论分析的起点。只有从这一基础出发,才能理解后来所发生的形态变化。但是,它必须始终满足这样一个条件,即不管个别交换具有怎样的性质,交换行为的最终结果都必须使全部的产品在市场上得到实现,形态的变化都必须在社会成员生产地位的变化中发生。

---

① 在一个商品生产型社会中,商品通过社会必要劳动时间可以与其他所有商品进行比较。只有在社会必要劳动时间这个尺度下,商品的价值才能进行衡量。社会价值理论的实质就是说商品是通过一定的社会必要劳动时间所生产出来的社会产品,但是这个理论并没有说在所有的交换中,用来交换的两个商品的劳动时间必须相等。两个用来交换的商品的社会劳动时间不相等在实际中对交换的影响不大,它只能在最简单的商品生产形式下对交换的比率产生影响。

实际上，在这种情况下形态的变化一定会发生，因为只有在交换过程中生产和生产者的社会联系才能实现。因此，交换形式的变化一方面造成这个社会一部分人的财产被剥夺，另一方面却使另一部分人可以垄断和占有生产资料，因为社会成员的这种不平等只有在交换中才能表现出来。但是，由于交换关系是一种平等关系，社会的不平等在这里会以貌似平等的方式来表现，即以生产价格的平等来掩盖价值的不平等。换句话说，劳动耗费的不平等（对资本家来说，他人劳动耗费是多是少对他来说都是一样的，没有任何区别）被利润率的平等所掩盖，这种平等只不过反映了这样一个事实，即资本是资本主义社会的决定性因素。因此，个人交换活动不再服从于等量劳动相交换这一条件，而是服从于等量资本获取等量利润这个条件。劳动的等式被利润的等式替代了，产品不再是按价值出售，而是按生产价格出售。

因此，如果交换活动被视作社会的产物，那么社会和个人在交换完成之前并不知道这一规律。个人劳动首先是一个由追求自己的利益这一动机驱动的私人劳动，而非社会劳动。但是，作为社会必要组成部分之一的个人劳动是否符合社会商品流通的需要，只有在所有这些部分相互比较且它们的总和与社会商品流通总量一致时，才能得到证实。

商品是社会必要劳动时间的物化，但是这种劳动时间并不会像洛贝尔图斯的社会那样直接表现出来；在他的社会里，中央当局直接规定该社会每件商品都会接受的单位劳动时间，劳动时间仅仅表现为两种物品的等价交换。因此，一件商品的价值，它的平均生产时间并不是直接表现为 8 小时、10 小时或 12 小时，而是表现为一定数量的其他物品。换句话说，一种和所有其他物品都一样具有自然属性的物品，充当了一定量的另一种物品的等价物，比如，在等式 1 件上衣 = 20 米麻布中，20 米麻布充当了 1 件上衣的等价物。原因很简单，那就是二者都包含有等量的社会必要劳动时间。正是在这一意义上，所有的商品都可以互为等价物。

商品的价值是一种社会关系，它总是通过一定量的另一种具有不同使用价值的商品来表现。因此，价值的定义是由商品生产的性质决定的，并且是与后者分不开的。一个具有使用价值的物品变成了商品，因此对另一个人具有了使用价值，这样，他们作为商品生产者之间的社会关系，作为他们所拥有的物品的交换者之间的关系，才得以产生。在交换完成之前，生产者对于他们的商品是否是社会所需要的，以及他们是否正确地使用了劳动时间是无从知晓的。纺织工可以通过中间商对其劳动的评价直接得知上述问题的答案，但这里依赖交换的商品生产却不行，他们无法找到类似中间商之于纺织工那样的人或者组织来以社会的名义对其工作进行认可或否决，从而证实自己是否是这个商品生产社会的完全合格的生产者。他们只能通过他们为交换而生产的物品以及他们从交换过程中所换回的物品及其数量，来证实他们的社会能力。社会将他们的命运完全交付于物，而不是交付于人及其集体意志；而后者，即人及其集体意志，正是施蒂纳的无政府主义的根基。能向生产者提供这种保证的物，必须具有以社会名义发言所必需的权威和资格。这种权威和资格的获得，同其他代理人获取的权威和资格一样，都是通过授权给他的那些社会成员的共同行动的方式获得的。就像人们会联合起来授权给他们当中的某个人，让这个人代表他们从事特定的活动一样，商品也要联合起来授权给某个特定商品，使它具有商品世界完全的或部分的公民权，交换行为就是商品实现这种联合的方式。商品在市场上的社会活动对于资本主义的意义，就是集体意识和意志对于社会主义社会的意义，所谓的资本主义的社会意识和意志，都集中在市场及其反应上。只有在成功地完成交换活动之后，个体或个人才明白了整体的规律，才知道他们的产品满足了社会需要，并激励他们开始下一个再生产过程。那个被商品联合授权以表现所有其他商品的价值的特定商品就是货币；伴随着商品交换的发展，货币这种特殊商品的权力也在逐步发展。

　　只有通过产品的相互交换，比如 1 件上衣换 20 米麻布，作为商品所有者的 A 和 B 才会产生社会联系。当商品生产一般化以后，裁缝必须通过交换来满足自己的所有需要，他不仅与麻布的生产者产生这种联系，而且还与许许多多的其他人产生这种类似的联系。一件上衣可以值 20 米麻布，它同样也可以值 5 磅糖、10 磅面包等等。

因为所有的商品生产者都参与了这种类型的交换活动,因此会出现无数的这种类型的等式;在这些等式中,商品彼此相等并互相衡量其价值。随着这一过程的发展,商品会越来越频繁地以一种商品来衡量它们的价值,于是,这种特定的商品便成为所有其他商品的一般价值尺度。

简单的价值表现,比如1件上衣等于20米麻布,已经表现了一种社会关系,但它只是偶然的和个别的;为了让它能够真实地表现这种社会关系,必须消除这种价值表现的偶然性。当商品生产成为生产的普遍形式时,商品的社会流通从而生产者之间的相互联系,在无数的交换行为和价值等式中就得到了实现。交换中商品的共同活动,使私人的或个别的以及具体的劳动时间,都转化为了表现价值的一般的或社会的以及抽象的劳动时间。由于商品价值在各种交换中都要被衡量,因此它们逐渐地趋向于用一种商品来衡量所有其他商品的价值,只要被确定为价值尺度,这种商品就变成了货币。

在商品生产社会中,生产和再生产都必须以价值交换为基础,只有通过这种方式,私人劳动才会被社会认可,物的关系才会转化为人的关系,也即生产者之间的关系。然而,商品交换无论是直接地还是间接地以货币为媒介物,都必须是等价交换。因此,作为价值,货币和所有其他商品一样,它的价值必然性也是由商品生产的社会性决定的。[1]

像其他商品一样,货币也是一种商品,因此也有价值,它和其他商品的不同之处在于:它是所有其他商品的等价物,即是表现所有其他商品价值的商品。货币成为这样的商品是整个交换过程的结果,[2] 它被赋予了价值尺度的职能。货币这个带有自己一切自然属性的特定商品,现在成了价值的直接表现,它的这种属性其实只是

---

[1] 在现代纸币流行的环境下,这个命题需要进行修正,在后边我们再讨论这个问题。

[2] 任何一个商品由于都包含有社会必要劳动时间,都是社会生产过程的结果,因此都有价值。商品作为价值的承担者进入交易过程。这些都是马克思的观点,马克思认为,"把商品交换成金钱,所交换的并不是商品的价值,而是商品的特殊价值形式"。

从商品生产的社会关系及其物的表现中产生的,是这种属性的表现形式而已。现在我们可以清楚地看出来,对于交换过程以及商品相互之间价值比较的需要来说,一般价值尺度是多么重要和必需,因为任何其他商品的价值都可以用这个一般价值尺度来直接表现,而且可以直接同它进行交换。因此,货币一方面是一种商品,另一方面它又总是被推到充当所有其他商品的一般等价物的特殊位置上,通过赋予货币充当唯一的和普遍的一般等价物这一职能,所有其他商品便可以方便地完成交换活动。

有了货币商品,所有商品的交换价值都可以以一种社会有用的形式并通过其一定数量的使用价值来表现。于是,通过用货币商品来衡量所有其他商品的相互活动,货币商品便成为了社会必要劳动时间的直接体现。因此,"作为一种分离出来的特殊商品的商品交换价值,就是货币"。① 一切商品只要能转化为货币形式,就意味着获得了社会的认可。

按照恩斯特·马赫的说法,所谓自我,只不过是那个以自己的感觉形成外界图像的、由无数条线密集结成的网络的一个结点而已。同样,货币也是一个网络结点,是那个由个别交换活动构成的无数条线织成的商品生产社会的社会关系之网的网结。在货币那里,人与人之间的社会关系被表现为物——一个闪耀着神秘光泽的物,它的光使人迷惑,至今仍然使数量众多的不愿在它面前闭上眼睛的经济学家们眼花缭乱。

由于商品在交换过程中彼此发生联系,因此它们被归结为社会必要劳动时间的产品,而且以这种形式相互等同。作为商品同个人的特殊需要之间连接纽带的使用价值,在交换过程中被中断了;在交换过程中,商品只被视作交换价值;只有在交换过程完成后,使用价值才能重新恢复其身份,同另一个人的个人需要之间发生联系。但是,作为交换价值,商品可以以货币形式获得直接表现,而其使用价值,除了包含了物化的社会必要劳动时间也即交换价值之外,没有任何意义。货币以这样的方式,使商品的交换价值从其使用价

---

① 卡尔·马克思:《政治经济学批判》。

值中分离出来。只有把货币再转化为商品后,使用价值才能重新得到实现,然后商品作为使用价值离开流通过程进而进入消费过程。

货币之所以可以充当所有商品的一般等价物,是因为它本身就是一个商品,也就是说它具有交换价值。然而,作为交换价值,任何商品都可以成为其他商品的价值尺度。因此,只有通过所有商品都将其自身与某种特定商品相联系这种一致的行为,那个特殊的商品才能成为交换价值的充分表现,成为被大家普遍接受的一般等价物。所有商品都是交换价值这一事实,意味着在这个生产被劳动分工和私有制分解为一个个原子的社会里,也即没有共同意志但却是生产共同体的社会里,生产者只有以其产品作为媒介物才能彼此发生联系。他们劳动的产品作为交换价值,因为现在只表现为不同数量的同一种商品——货币,使得这一特性表现得更加明显。一般劳动时间,即生产共同体的经济表现,实际上也是它的基本特征,现在表现为某个唯一的对象,一种区别于所有其他商品但又与它们并列的商品。

商品作为使用价值进入交换过程,已经证明了自己能够满足社会需要,而且是以社会需要的规模来满足的。如若它做到了这一点,那么它就可以成为同样满足这一条件的所有其他商品的交换价值,这代表着它向交换价值的一般代表——货币——的转化;一旦转化为了货币,那它就变成了所有其他商品的交换价值。因此,商品必须转化为货币,只有这样,它才能表现其社会性,即表明自己既具有使用价值又具有交换价值,是同时包含二者的统一体。然而,由于所有商品都必须通过它们作为使用价值的让渡才能转化为货币,因此货币便成为了所有其他商品转化后的存在或实体;只有作为这种转化(即所有其他商品都转化为货币)的结果,货币才能成为一般劳动时间的直接表现,即成为个人劳动被普遍外化的和扬弃的产物。

由此可知,货币的必要性来源于商品生产社会的性质,这一性质是:作为社会必要劳动时间产物的商品,只有通过交换才能知道自己是否和社会规律相吻合。货币的必要性还来源于这样一个事实:生产者的社会关系被表现为其产品的价格关系,后者规定了他们参与生产和产品分配的份额。价格规律调节着这个社会的生产，它的突出特征是：它要求商品作为交换的手段来生产，而且只能耗费被社会认可的社会必要劳动时间。作为交换手段必须具有价值这一特征，是直接由物品转化为商品的，因此必须实现交换这一社会特性。"使货物成为商品的同一过程，也是使商品成为货币的过程"。因此，通过商品交换而形成的社会联系具有一定的盲目性，因为原本已经建立了社会联系的生产过程，只有在事后因而无法改变的情况下，也就是在交换过程中，才能证明在这一过程中所花费的劳动是否是社会所需要的。资本主义生产方式的这种无政府状态，始终都包含着这样一个事实，即在这个社会里没有任何自觉地按照其目标实现安排生产的组织。对这个社会的每一位成员来说，所谓的自觉性，只是对个人生产而言的，而非对作为一个整体的社会生产而言的，社会联系表现为自然法则，它独立于任何个人的意愿而发挥作用，虽然这一法则是由于人们自发的社会活动而形成的。实际上，人们的这种活动从来就不是出于建立社会联系的需要和意识而自觉形成的，仅仅是为了满足个人需要而已。因此，从这个意义上我们可以说，货币这样一种自身具有价值的商品，其作为交换媒介物的必要性，是由商品生产社会的无政府状态产生的。

因此，一方面货币是商品交换的必然产物，另一方面它又是产品作为商品进行交换的一般性条件。由于货币变成了商品的价值尺度或标准，因而使得商品可以直接进行比较。这是因为，作为价值，货币和一般商品是没有区别的，但是在价值形式中，货币就成为了商品的对立物，也就是等价物，以使用价值的形式来表现其价值或交换价值。

所以，货币是在不断重复的交换过程中自发产生的，除此之外，没有任何其他的前提。这些交换过程使得那种按其自然属性最适合充当货币的商品成为货币，比如说黄金，这种商品的使用价值使它成为货币的材料。黄金天然不是货币（只是由于特定的社会条件才使它成为货币），但货币天然是黄金。无论国家或是法律，都不能任意决定货币的性质和材料，它们最初所做的，只不过是使货币成为铸币，而这仅仅只是改变了黄金的量的分割而已。因此，如果说最初的黄金分割是按重量进行的，那么现在则是按其他任意的标准来进行分割的，但这个标准必须是社会自觉协议的结果。由于国家是代表商品生产社会最高意志的组织，因此这种协议需要经过国家的批准和认可，才能具有通用性和社会有效性。这一程序与确立其他社会标准，比如长度的标准，是一样的，只是这里涉及的是价值标准。价值一方面总是体现在某一特殊物品之中，另一方面它又因每种物品的生产时间的不同而不同，因此，必须由国家宣布这种物品就是货币材料。只有在协议的范围内，比如说一国之内，这种标准才是有效的，超出国界，标准就失效了。在世界市场上，黄金和白银被普遍接受为货币，但它们是按重量来计算的。①

货币协议也可以不经国家干预直接由私人来达成，比如由某个城市的商人来协商达成本市的货币标准。当然，它也只是在该市或该商人群体中有效。②

因此，黄金被国家以某种方式进行分割，每一块都由国家铸造并加上政府标志。所有价格都用这个标准来体现，这样，一个国家的黄金价格单位就确定了。黄金之所以能执行价值尺度的职能，是

---

① 至少在黄金尚未成为唯一的度量标准之前，这种趋势不会改变。
② 汉堡银行 1770 年以来颁布和施行的货币制度就是一个例子。那时交易是通过汉堡银行间的转账来完成的，银行仅把以足重的银来支付的交易记入贷方项目即可。当时的货币材料是银，科伦马克（以纯银打造）是货币单位，以 27.25 马克记入银行。也就是说，用来清算汉堡地区交易的账簿货币的数额，在 1872 年以前都被汉堡地区银的数量所决定。这些银被保管于银行的金库中，只有银的所有权证书可以在市面上流通。但实际上银的流通和它的所有权证书流通并没有什么区别。以银作为参照而生产的纸币，只是一张可以表明其持有者在银行金库中拥有银块的证明。纸币只是一种纯技术性的方便措施，用来避免金属在流通过程中的不方便和磨损。纸币只是作为银的替代物来流通，它的流通并没有改变货币流通规律。

　　在货币流通过程中国家所发挥的作用，就是上文所叙述的那些内容。这样来看，克纳普关于货币起源于国家法令的言论也就不攻自破了。同时我们还可以看到，历史上货币起源于流通，一开始是作为流通的媒介物而产生的，只有当货币成为了一种普遍的价值度量工具和商品衡量单位的时候，它才成为了一种普遍的支付方式，这与克纳普的结论正好相反（克纳普：《国家的货币理论》，第 3 页）。

因为它是商品，它具有价值，它是社会必要劳动时间的体现，黄金的价值同样会随着它的生产时间的变化而变化。然而，作为价格标准，黄金被分割为相同重量的小块，而且这种分割一般来说是不变的，因此，加有国家标记的铸币便成为了一种货币材料比如黄金重量的保证。同时，它也是一种重要的技术简化，因为现在货币不再需要称重了，只需要数清数量即可，因此，可以用这种简便方式来表示交换过程中所需要的任何价值量。

第 2 章 流通过程中的货币

流通过程采取的形式是：商品—货币—商品，或者 W—G—W。社会的物质变换在这一过程中得到实现。A 出售对他而言没有使用价值的商品，然后购买对自己有使用价值的另一种商品。在这一过程中，货币的作用在于证明：任何一种商品生产的个别生产条件，都与社会的一般生产条件相一致。不过，这一过程的主要目的却是通过一般的商品交换来满足个人需要。他的商品被交换成了具有相同价值的另一种商品，后者于是被消费掉，从而退出了流通领域。

在商品不断地从流通领域中退出的同时，货币却持续地停留在流通领域，商品退出的地方被具有等量价值的货币所占据。因此，货币的流通实际包含了商品的循环，这就产生了流通过程所需要的货币量的问题，即它其实是在问我们：货币和商品间的真实关系到底是什么？首先，商品的价格总额决定流通手段的需要量。假定商品量已定，那么流通货币量就随着商品价格的波动而增减，至于价格的变动是由实际的价值变动或只是由市场价格的波动而产生的，那是无关紧要的。① 只要买和卖在空间上是并存的，那么规律便总是如此。另一方面，如果买和卖只是时间上的继起，那么适用的就是下面的等式：执行流通手段职能的货币量 $= \dfrac{商品价格总额}{该货币的流通次数}$。在这里，流通手段的数量决定于流通中的商品价格总额和货币的平均流通速度。这个规律还可以表述为："已知商品价值总额和商品形

---

① 《资本论》，第一卷，第 134 页。

态变化的平均速度，流通的货币或货币材料的量决定于货币本身的价值。"①

现在我们可以清楚地看到，货币其实就是通过物表现出来的社会关系，这种物充当了价值的直接表现形式。然而，在 W—G—W 关系内部，一种商品的价值总是被另一种商品所替代，货币仅仅是一种单纯的辅助性的技术手段，这种手段的运用会产生额外的费用，因此要尽可能地避免使用。与此同时，排除货币的努力与货币本身一起增长起来。② 在商品流通过程中，货币首先表现为由商品转化的价值的结晶，然后又作为商品的单纯的等价形式而消失。③

货币作为等价物是多余的，但作为价值代表形式则是必要的，因为它可以以社会有效的方式表现商品价值。感谢货币，有了它，就使得商品可以从货币又重新转化为其他任何商品了。然而，由于价值的货币表现是很短暂的，对其自身也是不重要的（除非 W—G—W 的过程被中断，否则货币会在一段或长或短的时间内被储存起来，以保证以后当中断了的 G—W 的过程得到恢复时，可以重新继续流通过程），因而就我们的目的而言，重要的是货币的社会属性方面，即它是商品所包含的价值量的等价表现。货币社会属性的这一方面是通过比如黄金等货币材料，以物质的形式表现出来的。其实，货币的社会属性也可以以社会的自觉调节或国家调节来表现，因为国家是商品生产社会的自觉器官。因此，国家可以规定价值符号，比如将带有国家标志的纸片也即纸币作为货币的代表，也就是货币符号。

很明显，这种符号的功能只能是充当商品流通的媒介，除此之外没有其他用途。它的全部功用就是，完成货币在流通过程中作为

---

① 《资本论》，第一卷，第139页。
② 威尔逊认为闲余的金钱对于社会来说是一种损失，他的这种推断是从资产阶级社会出发的。在考虑到价值损耗的情况下，整个流通机制就是一种不具有生产力的消耗。成熟的资产阶级观点只会把金银当做流通的媒介，当做并不具有生产力的消耗，从而尽量寻找方法避免它。这种思想与重商主义的思想是背道而驰的（詹姆斯·威尔逊：《资本、通货与银行业》）。
③ 同①。

价值形式暂时充当商品转换阶段的价值代表这一工作。流通量是会有剧烈波动的，因为正如我们所知，在货币流通速度不变的情况下，流通量由价格总额决定，而价格总额是不断变化的，它极易受年度内经济周期波动（比如在收获期，大量农产品进入市场，会增加价格总量）或繁荣与萧条期内的价格波动的影响。因此，纸币量必须始终保持在流通所必要的最低限度以下。① 考虑到被纸币代替的流通所需的最低货币量对流通的持续而言是必要的，因而可以不需要用黄金来代替。因此，国家可以将纸币确定为法定价值符号。换句话说，在流通所需的最低货币限度内，社会关系的物的表现被一种自觉调节的社会关系所替代了。所有这些之所以是可能的，是因为虽然它们也隐藏在物的外壳之下，但金属货币本身依旧是一种社会关系。不理解这一点，就无法理解纸币的性质。② 现在人们可以明白，是商品生产社会的无政府状态产生了货币的需要量。由于流通所需的货币最低数量的出现，使得这种无政府状态或多或少地消除了一些。无论流通怎样进行，在既定的价值量下，商品的买卖总是有一个最低数额的。生产的无政府状态被排除的结果是，使以单纯的价值符号代替金属货币成为可能。

但是，这种自觉的调节只以流通所需的货币最低限度为限，而货币符号只有在这一限度内才能成为货币的全权代表，纸片才可以作为黄金符号。由于流通量会经常波动，因此纸币的使用往往与黄金在流通中的频繁进出相伴随。如果不能做到这一点，则纸币的名义价值与实际价值之间就有可能出现差距，这就是纸币贬值。

为了更好地理解这一过程，让我们首先考察一种假定的纯粹的

---

① 这个规律在此成立，即"纸币发行数量不能超过实际流通中的金银的数量"（《资本论》，第一卷，第143页）。
② 克纳普从货币一开始只是具有特定重量的金属出发，然后惊奇地发现金属货币其实可以被一种普遍接受的代币来代替。如果他能够认识到货币只是一种社会安排（不能够认识到这一点制约了货币理论的发展），那么他就不会对货币可以被政府所规定的代币所替代而感到惊奇了。当然，这种货币流通机制的确也存在问题，即国家自主调节货币流通的能力是有限的，但是克纳普却恰恰忽略这样一个重要问题。

纸币本位制（国家强制设定的）。我们假定，在某一特定时期内，流通需要 5 000 000 马克的货币，将它折合成黄金大约是 36.56 克，那么，总流通可以表示如下：W（5 000 000）—G（5 000 000）—W（5 000 000）。如果用纸币符号来代替黄金，则不管纸币的真实的或自然的价值是多少，纸币的总额都必须代表商品的总价值量，在这个例子里是 5 000 000 马克。换句话说，如果我们只印制了 5 000 张面值相同的纸币，那么，每张纸币的价值就是 1 000 马克；如果印制的是 100 000 张相同面值的纸币，那么，每张纸币的价值就是 50 马克。假定流通的速度保持不变，如果商品价格总额增加了一倍，而纸币的数量保持不变，那么，这些纸币的价值将增至 10 000 000 马克；反之，如果商品价格总额下降了一半，那么，纸币的价值也会减少一半，将降至 2 500 000 马克。也就是说，在纯粹的法定纸币本位制下，如果流通速度保持不变，则纸币的价值就是由流通中所有商品的价格总量来决定的。在这种情况下，纸币的价值与黄金的价值完全无关，只直接反映商品的价值，代表与 $\dfrac{\text{商品价格总额}}{\text{同一货币的流通次数}}$ 相等的价值量。很明显，在这里，纸币不仅可能贬值，也可能会增值。

当然，除了纸以外，还有许多其他具有一定价值的材料，比如白银，也可以充当货币符号。如果由于生产成本的降低导致白银的贬值，那么，以白银表示的商品价格就会上升，但在其他条件相同的情况下，以黄金表示的商品价格却会保持不变。白银的贬值还会反映在它与黄金的交换比例上，贬值的程度可以从实行银本位制的国家与实行金本位制的国家的汇率中计算出来。在货币自由铸造制度下，法定货币也即银币的贬值和不加铸造的银块的贬值程度相同；但如果自由铸造被停止，则情况就不一样了。[1] 在后一种情况下，即如果不允许自由铸造货币，如果流通中的商品价格总量增加了，比如说从原来的 5 000 000 马克增至 6 000 000 马克，又假设流通中使

---

[1] 众所周知，自由铸造制度意味着任何一个人都可以拿着任何重量的铸币材料，到政府指定的铸币厂，按照规定的标准把铸币材料铸造成货币。当政府拒绝接受金银块时，自由铸造制度也就寿终正寝了。

用的银币价值只有 5 500 000 马克，那么，流通中银币的总价值将升至 6 000 000 马克。也就是说，银铸币的价值将超过银块的价值。如果我们接受前面的解释，那么，那些连勒克西斯和洛茨这样著名的货币理论家都不能说明的现象，诸如荷兰和奥地利的银盾以及后来印度的卢比等为何能够升值，就可以立即得到解释了。①

纸币的价值由流通中商品价值总额决定这一事实，就是对价值是一种纯粹的社会属性的证明。仅仅是一张纸片，本身并没有什么价值，但却由于执行了一种纯粹的社会职能——流通，便获得了某种价值。就像月亮，虽然离我们那么遥远，但却因为吸收了太阳的光辉而放射出光芒。因此，纸币，准确地说是这些纸张，之所以有价值，仅仅是因为它所代表的商品包含着社会劳动所创造的价值。因此，就像是太阳的光芒使月亮发光一样，是劳动的价值被反映到了纸币上才使纸币有了价值。商品价值的凭证就是纸币价值的凭证，就像月光来自太阳的光芒一样。

自 1859 年开始，奥地利就发行了一种不可兑换的纸币，于是，银盾对纸币便获得了贴水。因为纸币的发行量超过了流通中的需要量，所以就出现了我们前面描述过的情形：银盾的购买力不再由银的价值决定，而是由流通中的商品的价值决定。如果流通中商品的价值总量是 500 000 000 银盾，但却印了 600 000 000 纸盾，那么，这些纸盾就只能购买以前用 5/6 的纸盾量就可以买到的相同价值量的商品，其结果就是银盾变成了商品。纸盾被用来购买商品，与此同时银盾却被卖到了国外，人们可以因此换到 6/5 的纸盾，再用这些纸盾来偿还以前欠下的以银盾计价的债务。最后的结果当然就是，银盾从流通中消失了。

---

① 严格来说货币升值问题对这些学者来说并不难，受英国限制钞票发行数量的影响，这些学者非常天真地把纸币流通规律用于金属货币上。我们来看看这段引文："货币的过度发行会导致商品价格的上升，同样，当货币发行数量小于实际货币需求时，商品价格就会下降……此时金银块状形态的价值会小于其铸币状态下的价值，为赚取中间的价差，商人就会把金银块拿到铸币厂去铸造成货币。"（威廉姆·布莱克《关于调节交换市价的原理和目前通货膨胀价值下跌的状况》，1810 年伦敦版，第 40 页）

银盾与纸盾兑换比例的变化可以有两种形式。如果银盾的价值保持不变,但商品销售由于商品流通的加速而增加,那么二者的比例就会发生变化。此时如果不增发纸币来满足增加了的需求,那么只要流通中商品销售的价值需要量达到 600 000 000 盾,纸盾就可以重获其原来的价值。而如果流通中的需要量是 700 000 000 盾,但实际可以投入流通的纸盾只有 600 000 000 盾,那么纸盾甚至可以升值,即 1 纸盾兑换 7/6 银盾。如果允许自由铸币,人们就会持续地增加银盾的铸币量,并将它们和纸盾一起投放到流通中,直至二者总和达到 700 000 000 盾。如果发生了这种情况,那么纸盾和银盾就会等值。如果自由铸币继续存在,那么纸盾就不再由商品的价值决定,而是由银的价值来决定了。总之,它又重新成为了白银的符号。

然而,同样的结果也可能由另外一种方式产生。让我们来假设这样一种情况:如果商品的流通量不变,而此时纸盾与银盾的兑换比率是 5/6,同时此时还出现了白银价值下降的情况,比如说下降了 1/6,那么银盾就会和纸盾具有相同的购买力。白银以前享有的贴水消失了,它停留在了流通领域。如果白银价值继续下降,比如说下降了 2/6,那么在奥地利购买白银和铸造银盾就是有利可图的。这种情形一直会持续到流通中纸盾和银盾的总量与流通中的需要量相等时为止,尽管银盾的购买力下降了 2/6。我们假设商品流通原本需要价值 500 000 000 盾,但有 600 000 000 纸盾投入到了流通中,这时 1 纸盾只有原来 5/6 纸盾的价值。银盾此时按以前购买力的 4/6 的比率进入流通,这时要完成商品流通,就需要 1.5 倍于 500 000 000 盾的货币,也就是 750 000 000 盾货币。它可以由 600 000 000 纸盾和新铸造的 150 000 000 银盾组成。如果政府想阻止自己国家的货币贬值,那么它只要停止银币的自由铸造就可以了。于是,盾可以独立于银的价格而存在,它的价值仍然停留在原来的水平上,即初始价值的 5/6 上,这样,白银价值的下降就不会表现在银币上了。

这种分析与传统理论是有矛盾的。按照传统理论,银盾就是一块白银,重量是 1/45 磅,它在任何流通中都具有相同的价值。如果不允许自由铸造货币,那么这种想法很容易理解,因为此时货币的价值只反映流通中的商品的总价值。按照我们前面的假设,白银的价值下降了 2/6，但奥地利银盾跟它原来的价值相比只下降了 1/6，因此依旧停留在流通中的奥地利银盾会比相同重量的白银块的价格高 1/6。换句话说，它增值了。这种情况 1878 年中期在奥地利的确发生过，原因有二：一方面，由于纸币总额没有随着流通的加速而按相同的比例增加，因此纸盾的价值必然提高；另一方面，由于伦敦银价的下跌，进而导致了白银价值的下跌。

实际情况也与我们的分析相吻合，实践是对疑问的最公正的评价。尼德兰地区于 1873 年 5 月引入银币的自由铸造制度，当时虽然与黄金相比白银出现贬值，但尼德兰地区的银铸币却在此时大大增值。

截至到 1875 年初，伦敦的银价下跌约 57.5 便士，荷兰铸造的银币的兑换比率却由以前的 1 镑兑换 12 盾，增加为现在的 1 镑只能兑换 11.6 盾，这说明荷兰盾的价值大约高于其含银量的 10%。①因此，1875 年首次实行了将 10 盾作为法定支付手段。

到 1879 年，银盾含银量已经只值 95.85 克里泽（kreuzer，奥匈帝国统一之前在德国南部各邦使用的通货——银币，其币值为：100 kreuzer = 1 马克 = 240 芬尼。——中译者），这一数字在 1886 年降到 91.95 克里泽，1891 年时更是只有 84.69 克里泽。②

下述段落简单地描述了奥地利币制的发展过程。

根据 1857 年 9 月 19 日和 1858 年 9 月 27 日的公告，帝国的本位制自 1858 年 11 月 1 日起开始在法律上得到认可并在实践中实行，具体办法是：以 500 克纯银作为 45 盾的法定含量（以 1 000 克纯银作为 90 盾的法定含量）。但是，银的现货支付（从发行银行方面）只允许存在很短的一段时间（到 1858 年底为止），而且，由于持续的政治和财政危机（这正是滥发钞票的结果。——希法亭），只延续到 1878 年银便对纸币产生了贴水，于是银币被排挤出了流通领域。在 1871 年时，银贴水还超过了 20%。后来由于自 19 世纪 70 年代起世界市场上银价的猛烈下跌，银贴水才逐步降低。1875 年以后，银价已经低到不断接近法定铸币价格的水

---

① 见黑尔费里希：《货币》，第一卷，第 77 页。
② 同①，第 76 页。

平了(即500克纯银为45奥地利盾),并于1878年最终达到这一价格水平。此时,由于相对于伦敦交易所来说维也纳交易所的外汇汇率更优惠,因而把白银输送到维也纳和克莱姆尼茨的造币局铸造奥地利银币,利润比直接将白银输送到奥地利更高。实际上,奥地利—匈牙利关税区的白银输入量在1878年急剧提高,这一年和后面的一年,奥地利银币的铸造量达到了前所未有的水平(以现有的资料和报告数据来说是如此)。①

为了防止货币贬值,1879年,自由铸币制度被终止。银铸币被终止的结果是:

> 使奥地利盾终于摆脱了银价对它的几乎是机械性的影响,使它可以基本完全独立于奥地利盾含银量的价值而自由定价。以伦敦银价和伦敦外汇交易汇率为基础,100银盾所含的纯银平均价值为:

1883年	97盾	64克里泽
1887年	91盾	-克里泽
1888年	86盾	68克里泽
1889年	82盾	12克里泽
1890年	84盾	70克里泽

在相同的条件下,100盾奥利地货币的价值折合金盾为:②

1883年	97盾	64克里泽
1887年	72盾	42克里泽
1888年	69盾	34克里泽
1889年	69盾	38克里泽
1890年	73盾	15克里泽

但实际却与此相反,100盾奥地利货币的实际流通价值,在上述各年份的平均值是:84.08、79.85、81.39、84.33、86.33。③

---

① 施皮茨·穆勒:《奥地利—匈牙利的货币改革》,载于《国民经济、社会政策和管理杂志》,1902年,第十一卷,第339页。
② 金盾的价值是8盾币的1/8,8盾币仅用于贸易结算,并不在国内流通。8盾币按照含金量来看等于20法郎。
③ 同①,第311页。

也就是说，奥地利银盾在这些年里是增值了，换言之，它的购买力超过了其中所含白银的购买力。在这些年份里，每 100 奥地利银盾的差额（以金盾计价）是：

1883 年	1 盾	70 克里泽
1887 年	7 盾	43 克里泽
1888 年	12 盾	0.5 克里泽
1889 年	14 盾	90 克里泽
1890 年	13 盾	18 克里泽

（金盾）

从上述可以看出，银盾的价格不仅不是像施皮茨·穆勒认为的那样几乎独立于银价而运动的，而是完全独立于银价而运动的。

施皮茨·穆勒称这种本位制为"信用本位制"，但他无法说明这种本位制的价格是如何决定的。他说：

> 奥地利银盾以及纸盾的购买力和汇率，在 1879~1891 年间，首先不是由货币金属的价值决定的。实际上，不仅如此，就像卡尔·门格尔所强调指出的那样（参见 1889 年 12 月 12 号的《新自由报》），这一时期的奥地利盾表明，其交换价值不是由现有的任何铸币的内在价值来决定的。
>
> 实际上，奥地利的本位制不再是银本位制，虽然它在实践中被人们称为跛足银本位制，但这依旧不够准确。它更应该被称为信用本位制，它的国际价值是由奥地利—匈牙利关税区的国际收支差额来决定的，至于其国内价值，则除此之外还要再加上关税区内其他价格决定因素的影响。①

他的不确定性还体现在下面这个段落里：

> 无论如何，认为奥地利的本位制上的信用完全不依赖于白银市场的价格构成，都是误导性的；相反，在 1879~1891 年这个转型期间，上面我们所描述的银价高估现象，部分地是因为私人铸造银币的被禁止，而这种行政命令其实是可以随时撤销

---

① 施皮茨·穆勒：《奥地利—匈牙利的货币改革》，载于《国民经济、社会政策和管理杂志》，1902 年，第十一卷，第 341 页。

的，再说政府还可以在禁止私人铸造的同时继续自己的铸币行为。所以，上述因素肯定会影响到我国的本位制，使得其未来充满变数。需要特别指出的是，理解了上面的观点，就可以明白1885~1888年期间的银价下跌，与同一时期外汇汇率的急剧上升相伴随，就绝不是什么偶然的现象了。①

如果能将那种关于本位制未来的不确定性的观点，转换为可以随时变动数字的行情涨落，那一定是件有意思的事情。然而，实际上，这种主观影响根本没什么用处，有意义的只能是社会流通及其需要的客观状况。

黑尔费里希的说法离正确的解释更近一些，他说：

> 在禁止私人铸币的情况下，流通中铸币的追加价值是由这一事实创造的……只有铸币才能够充当货币，未经铸造的货币金属则不行；政府拒绝按社会要求进行货币铸造。
>
> 在纸币不能兑换的情况下，其价值只能有一个基础，那就是，这种纸币由国家宣布为法定支付手段，可以用于偿还债务和支付税款。而实际上纸币的这种完成经济上不可缺少的职能的特权就是由国家赋予的。
>
> 因此，在这两种形式的货币本位制里，货币的价值既不是建立在其所用货币材料本身价值的基础上的，也不是建立在像钞票那样含有提出某种要求的权利的基础上的，它唯一的基础就是其被国家赋予的作为法定支付手段的这一性质。②

正如黑尔费里希所正确阐述的那样，在银本位制条件下禁止自由铸造货币是银币摆脱它的材料价值约束的条件和原因。但是，对于铸币在这种情况下价值量的决定这一关键问题，他没有作进一步的解释。其实，这时铸币的价值量是由社会流通的需要量来决定的，而流通的需要量又是由商品的价值总额决定的。黑尔费里希主观主

---

① 施皮茨·穆勒：《奥地利—匈牙利的货币改革》，载于《国民经济、社会政策和管理杂志》，1902年，第十一卷，311页。
② 黑尔费里希：《货币》，第一卷，第77页。

义的价值理论妨碍了他认识到这一点。

另一方面,他对施皮茨·穆勒的信用假说的批评则是完全正确的:

> 在实行自由本位制的情况下,不管哪种铸币,其材料的价值都低于它成为铸币后的货币价值。因此,不能把信用当做货币价值较高的原因,因为那种可以用不足值货币与足值货币相兑换的比率来推导足值货币的价值的做法,是根本行不通的。在1873～1875年间的荷兰、1879～1892年间的奥地利以及1893～1899年的印度,虽然当时各国都有着各自不同的货币制度,但都没有足值货币。荷兰和奥地利的银盾以及印度的卢比,它们的货币价值都超过了其所用货币材料的价值。这些铸币的价值都完全独立的,而不是从其他任何有价值的物品价值中推导出来的。它们不是由足值货币的汇兑比率来决定的,也不是由要求足值货币的权利来决定的,决定它们的因素只能是铸币作为法定支付手段这一性质以及政府对货币铸造的限制。

> 到目前为止,在摆脱不足值货币必定是信用货币这一观念以及至少必须从一种足值货币中推导出铸币价值这两点上,货币理论几乎没有做任何的努力。这些都表明,对于奥地利自1879年起实行的本位制,还有很多问题是该理论无法作出解释的。在停止自由铸币后,奥地利银盾的价值上升到超过其所含的白银的价值,这一现象使大家十分困惑,主要是因为人们完全看不出银盾到底是从哪种具有较高材料价值的货币中推导出高于其自身价值的价值的。因此,人们就给出了一个自相矛盾的解释:银盾的价值高于其货币材料的价值仅仅是因为它与纸币价值的相互联系,但又不能解释到底它与纸币之间是何种联系使得银盾的价值可以保持在纸币价值之上。①

类似的现象在印度也可以观察到。1893年,印度终止了自由铸币制度,其目的在于想把卢比的汇价提高到16便士。在自由铸币时期,卢比的价格大约相当于43.05便士的银价。换言之,在这一价

---

① 黑尔费里希:《货币》,第二卷,第393页。

格下，如果我们把 1 卢比的铸币熔化掉，再将其中的白银提炼出来拿到伦敦的市场上去出售，便可以得到 16 便士。自由铸币被禁止后产生了以下后果：卢比的价格由以前一直保持的 14.87 便士，上升为 16 便士。但仅仅几天以后，银价由铸币厂关闭前的 38 便士降为 7 月 1 日的 30 便士。在这之后，虽然银价又上升至 34.75 便士，但卢比的价格却开始下降了。卢比的这种价格行情一直持续到 1893 年 11 月 1 日美国停止购买白银（每月约 4.5 万盎司）时为止。而后，银价再次下跌，并于 1897 年 8 月 27 日达到 23.75 便士的低点。与此同时，印度卢比的价值却于 1897 年 9 月初到达其理想价格水平——16 便士，虽然此时卢比中所含白银的价值只有约 8.87 便士。

从印度铸币厂对私人铸造关闭开始，我们就可以看到其可观的成果了，即卢比的价格一直保持在其所含的白银的价值之上，而且超出额大大高于货币的铸造费用。1896 年中期以后，银价与卢比市价之间的最后关联也失去了，它们二者之间的关联原本就微弱，后来竟然完全消失了。①

货币理论家们此时还在绞尽脑汁地思考这一问题：在禁止自由铸造的货币本位制下，价值尺度究竟是什么？② 很明显，不是白银；

---

① 安东·阿诺德博士：《印度的货币制度，特别考虑它 1893 年以来的改革》，第 227 页。

　　一位从印度回来的朋友告诉了我这样一个故事：他观察到一些欧洲人在印度的集市上购买银制装饰品，那些印度商人为了证明自己没有欺诈他们，便会把那些银制品称一下，并且建议他们使用同等重量的银卢比来购买。这些欧洲人非常高兴，他们觉得自己只是支付了相应重量的银，而免费获得了这些银制品的加工价值。然而这些欧洲人却不知道，根据货币相关法规，他们所支付的价格是那些银价值的一倍。这可以看做是这些欧洲人对经济学知识的无知的惩罚，但是可惜的是在现实中不能让更多的人感受到这种惩罚。

② 自从新的英格兰银行支付体系完全建成之后（指的是金属货币流通的终止和英格兰钞票发行的开始），黄金是否依然还是我们的价值尺度呢？除了英格兰银行和其他地方银行发行的钞票外，我们是否还有其他的价格衡量标准呢？如果有，那么它的相对价值是否也和钞票一样在发行过多时会降低呢（《特别调查委员会关于黄金条块价格昂贵原因的报告》，1810 年，伦敦版，第 16 页）？

　　这个报告没有回答自己提出的问题。

而如果实行禁止自由铸造的金本位制，黄金也不是价值尺度。① 首先，货币的价值和所用材料的价格之间有着不同的运动轨迹。其次，甚至连图克的货币数量论在此时看来也没有解释力了。第三，试图确立金属量与商品量之间的关系实际上是没意义的。比如说，7 公斤黄金或白银甚至纸张，与 A 百万双靴子、B 百万盒鞋油、C 公担小麦以及 D 百升啤酒等，究竟是什么关系？所谓货币和商品之间的关系或联系，其实只有一个共同点，那就是它们之间的价值的关系，而这正是我们所要解释和说明的。

那种试图通过把国家权力拉进来以找到问题答案的做法同样是没用的。首先，国家为什么能够赋予一片纸或 1 克白银购买力，而酒、靴子、鞋油等商品却没有被赋予这种权力？这个问题依旧是个谜。其次，为什么国家的上述努力常常失败？印度政府唯一的目的就是想把卢比的市价提高到 16 便士，但却也常常失败。卢比看来并不在乎印度政府在这件事上的态度和想法。国家在这一件事情上取得的最接近于"成就"的东西是，使卢比的价格成为完全无法预测的东西，因为它现在与银价不再有任何关系了。第三，银盾相对于银价的升值对奥地利政府来说完全是个意外，它事先并没有显示出任何的迹象和信号，仿佛突然之间就出现了。使理论家们迷惑不解的问题是，看上去货币好像仍然保持着自己作为价值尺度的性质。② 自然而然地，就像自由铸币被禁止前一样，商品依旧由货币来表现

---

① 林赛在 1898 年的印度货币委员会上曾十分正确地指出："在现有的货币制度下，卢比只不过是一种国家强制发行的金属券，其他所有纸币流通规律在卢比身上同样适用。"林赛认为纸币流通规律是由李嘉图创立的（引自博特：《印度的货币政策》，第 48 页）。

② 博特：《印度货币政策改革》，1904 年，科塔出版社，第 44 页。博特在此提出了一个非常经典的问题：1893 年 6 月 26 日施行货币改革以后，在印度什么东西才是衡量物品价值的标准呢？有一点倒是很明显的，那就是一旦卢比所含的黄金价值超过了卢比所含的纯银的黄金价值时，银就不再是价值尺度了。或者就像勒科西斯教授在《社会科学词典》中对"纸币"这个词条的解释那样，卢比或许成为了印度的物品的价值尺度。如果勒科西斯的说法是对的，那么也就相当于承认了强制发行的钞票的确就是价值尺度。钞票作为一种法定发行的纸币，它在其流通区域内被认为是一种支付手段，从可以兑换到有价值的商品来说，钞票的确具有其价值。但当自由铸币制度

和衡量其价值。与从前一样，货币仍然充当价值尺度，但货币的价值量却不再由组成它的商品（黄金、白银或纸张）的价值来决定；相反，货币的价值是由流通中商品的总价值量来决定的（假设流通速度保持不变）。真正的价值尺度不是货币，真正决定货币价值的是被我们称之为"社会必要流通价值"的东西。如果我们还要考虑之前为了简化分析而省略掉的货币的支付职能（这一职能在后面会详加说明），那么社会必要的流通价值就可以用下述公式来表示：

$$社会必要流通价值 = \frac{商品价值总额}{货币流通速度} + 到期的支付额 - 互相抵消的支付 - 同一货币交替执行流通手段职能和支付手段职能的流通次数$$

当然，这个标准事先无法计算出来，社会是唯一能够计算这一难题的数学家；而且，这一数量是会变动的，货币的价格会随着它的涨落而波动。1893～1897 年间的印度卢比价值的变化、奥地利币值的波动，都为这一观点提供了清晰有力的证明。如果出现了任何一种足值的金银作为货币量重新执行价值尺度的职能，那么就可以避免这种波动。就像我们前面说过的那样，为了避免波动，完全不需要使纸币或不足值货币退出流通，只需把它们降低到最低限度即可；而超出这一最低限度范围的波动，则由引入足值货币来消除。

废止后，黄金是否就成为了印度的物品的价值尺度呢？把卢比看做具有价值尺度的特征，就相当于承认抽象的符号也可以成为价值尺度。因为自从 1893 年 6 月 26 日的货币改革以后，卢比的价值就不再依赖于制造卢比所用材料的价值了；那些制造卢比的材料只是为可能发生的无休止的卢比价值变动而设定的一个底线，而卢比的价值变动依赖于大家对卢比有用性的认识程度，与制造卢比所用的材料无关。

约翰·卢博克对此问题的看法和勒科西斯相同，他认为自从自由铸币制度废止以后，"用于交换的媒介"就成为了一种价值尺度，这实际上也就是说抽象的符号也可以作为价值尺度。我们可以看到，对于勒科西斯教授的过度崇拜使得约翰·卢博克无法批判勒科西斯教授的著名的抽象价值符号理论的缺陷。但幸运的是，当研究真的陷入困境的时候，突破权威理论的信念也会应运而生。对于这个问题更为详尽的论述，可以参考阿诺德的著作《印度的货币制度》中的第 241 页及以后的各页，他对于勒科西斯教授的观点作了批判。

建立在禁止自由铸币基础上的本位制——"镶金边的银本位制或金边制"（这是人们对印度和其他相似的货币本位制的称呼）——的引人注目的历史，在马克思货币理论的光芒的照耀下，完全失去了其神秘色彩。这一问题如果仍用货币金属论来分析，那是根本解释不了的。虽然克纳普以其敏锐的眼光揭露了货币金属论的诸多缺点（他没有采用马克思的理论，并把它与货币金属论混为一谈），但他没有对这一现象作出任何经济学的解释，只是建立了一个构思精巧的货币分类体系，甚至没有去探讨货币的起源和发展。他的这种分析其实只能算做是一种特殊的法学分析，其典型特征是过度关注术语，而与此同时，诸如货币的价值和购买力等最基本的经济问题，却被他完全排除在外了。因此，克纳普可以被称做是货币理论上的林奈，而马克思则是货币理论的达尔文，只不过这个林奈却是在达尔文之后很久才出现的。

克纳普是下述理论最忠实的追随者，这种理论因为不能解释纸币本位制现象，特别是不能解释纸币被确定为法定货币后其发行量的影响等重要现象，便将它们简单地视为一种金属货币或普通通货（包括贵金属块、钞票、国家纸币等）。这种理论只关心数量比例关系，却不分析货币和商品价值的决定因素，导致这种错误的起因是英国自1797年停止现金支付以来的纸币经济的经验。

> 这次争论的历史背景是，18世纪的纸币的历史、罗氏银行的破产、18世纪初期至中期北美洲英国殖民地地方钞票随价值符号量的增加而造成的贬值，以及后来独立战争中美国中央政府用法律强制流通的纸币，最后是规模更大的法国阿西涅币的试验。①

就连思想敏锐的李嘉图也没能避免犯同样的错误，这成了心理学上一个有力又有趣的例证，它表明感性对抽象思维具有的影响力是多么强大。因为正是李嘉图从影响价格的数量关系（供给和需求）中发现和抽象出了形成这些数量比例的基础及其决定因素，那就是

---

① 卡尔·马克思：《政治经济学批判》。

价值,但是一遇到货币问题,他就把之前已经发现的价值概念扔到一边了。他说:

>如果任何一个国家发现了一座金矿,那么这个国家通货的价值就会由于贵金属流通数量的增加而降低,从而不再与其他国家的通货具有相同的价值。①

在这里,仅仅是黄金的数量就可以降低其价值,黄金被片面地视作流通手段,并由此自然而然地得出了所有黄金都立即直接进入流通领域的结论。既然数量是唯一被考虑的决定因素,那么黄金就可以毫无疑问地直接与当地钞票相等同。虽然从字面上看李嘉图认为钞票应以可兑换为前提,但实际上他却把钞票视作是某种强制流通的国家法定纸币,这也符合英国当时的币制情况。因此,他作了下述表述:

>如果在其他别的国家不是发现了金矿,而是设立了一家类似于英格兰银行的这样的银行,并赋予了它发行作为流通媒介的纸币的权力,那么在发行了大量纸币之后……通货的数量就会大大增加,其结果将会与发现金矿的情况完全相同。②

因此,英格兰银行的影响在这里被等同于发现了一座金矿,因为二者都增加了流通手段。

这种看法阻碍了人们正确理解金属货币和钞票流通的规律。就克纳普而言,他就完全对我们在上述所描述的现象印象深刻,认为纸币本位制是稳定的,银币的价值可以和它所含的贵金属的价值相分离,纸币或其他任何一种金属货币的状况也同样如此(即法定票面价值与实际价值的分离)。但纸币的价值似乎又是由发行它的国家决定的,因此,从这个意义上说,银价在禁止自由铸造后应该是与纸币价值一致的。于是,人们便产生了一种幻觉,认为与金属货币或其他通货一样,纸币也是由国家创造的。这样,一种与经济理论

---

① 大卫·李嘉图:《金银条块价格高昂》,引自《李嘉图著作和通信集》,第三卷。
② 同①,第58页。

毫无关系的国家货币论便因此产生了。马克思对产生这种幻觉的基础的批判是：

> 国家发行强制流通的纸币……这种干预，似乎废除了经济规律。过去国家规定造币局铸币的价格只是给金的一定重量起一个教名，制造铸币就是把自己的印记加印在金上，现在国家似乎用自己的印记的魔术点纸成金。因为纸票有强制流通的效力，所以谁也不能阻止国家任意把大量纸票硬塞到流通中去，并在它上面印上任意的铸币名称，如1镑、5镑、20镑。纸票一旦进入流通领域，就不可能再被抛出来，因为不仅国境界碑阻止了它流出，而且它在流通之外便失去了一切价值，不论是使用价值或交换价值。它离开自己的职能的存在，就变成了一文不值的废纸。可是，国家的这种权力纯粹是假象。国家固然可以把印有任意的铸币名称的任意数量的纸票投入流通，可是它的控制同这个机械动作一起结束（克纳普的理论就是在开始出现经济问题的时候告终的。——希法亭注）。价值符号或纸币一经为流通所掌握，就受流通的内在规律所支配。①

造成正确理解这一问题的困难的原因是，人们混淆了不同的货币职能和不同的货币种类（国家纸币和信用货币，这是我们后面将要论述的）。如果说连李嘉图都无法避免货币数量论的错误，把国家纸币的规律直接等同于货币流通规律，有时甚至等同于钞票流通规律，那么现在的共同错误则正好是相反。货币数量论被视为是被驳倒的理论，因此，即便是在货币数量具有决定作用的地方，比如实行纸币本位制和不足值货币本位制的情况下，人们也不敢承认货币数量对其价格的影响。人们不放过任何一种解释，因为人们不了解社会因素在上述问题中的关键作用，因而尝试求助于主观主义的解释，试图将政府纸币的价值说成是某种信用估价或主观评价。然而，另一方面，由于金属货币的内在价值是无法磨灭的，而人们又不想向克纳普那样做，因为他的理论完全不涉及任何经济学的解释，因

---

① 卡尔·马克思：《政治经济学批判》。

而结果便是,没有任何一种解说能说明货币增值的问题。李嘉图把所有货币价值的变化都解释为数量变化的结果。按照他的理论,货币的价值量会很频繁地发生此类的变动,货币价值会随着货币数量的增减而涨落。因此,每种本位制下都有货币的增值或贬值现象,因此,增值在他看来就不是什么问题了。他说:

> 虽然它(指纸币)没有内在价值,但由于它的数量受到限制,因此其交换价值等于相同面值铸币或其内含贵金属的价值。在同一规律下,如果对成色不足的铸币实行数量限制,那么这种成色不足的铸币也就会像成色和重量合格的标准法定铸币一样,按其表面标注的价值进行流通。因此,我们发现,在英国铸币史上,通货贬值与其成色降低从来都不是同比例的,因为通货数量的增加从不与其内在价值的下降成比例。①

李嘉图的错误在于,他把只适用于禁止自由铸币本位制下的规律直接用于自由铸造本位制上。大多数的德国货币理论也是如此,只不过把二者颠倒了一下而已。因此他们对数量论感到惭愧,因为一方面在钞票流通问题上他们退回到了数量论的旧观点上,另一方面在禁止自由铸造本位制上他们又抛弃了数量论的解释。

富拉顿则恰好相反,他提出了一个有趣且基本正确的禁止自由铸币本位制条件的理论。他假定:

> 假设有一个与邻国没有贸易往来也没有可以经常进行货币铸造设备的国家,其内部流通依靠的是一种老的和不足值的金属通货,国家只有通过限制这些通货的数量才能保持它现在的较高的购买力。这个国家同时还在奢侈消费和装饰上消耗掉大量的贵金属。因此,该国需要每年输出50万工业品到占有贵金属矿藏的国家以满足自己每年的贵金属需求。现在,由于开采方法的改进或新的富矿的发现,从事金银生产的那些国家的金银生产费用降低了一半,而生产却增加了一倍,这样,当地贵金属的价格相应地也按比例下跌了。上面我们说过的那个没有

---

① 大卫·李嘉图:《政治经济学及赋税原理》,第二十七卷,第238~239页。

金矿的国家，现在输出跟以前一样数量的产品，能换回的或进口的贵金属就不再是50万，而是100万了，结果会怎么样呢？我认为这与任何其他耐用消费品供给过剩时的结果没有任何本质的区别。这个国家以前用于盘子、首饰等奢侈品消费所需的贵金属量，在每年进口价值50万的贵金属时就已经完全得到了满足，在由于价格下降导致新的需求产生之前，不会有新的购买力。因此，以贬值了的通货估价的新进口的贵金属价格，会按照商人实现他的收益的情况或快或慢地下降……但是，在整个这段期间内（直到贵金属价格由于竞争又恢复到与生产费用相同时为止），除了以该国当地的通货衡量的金银价格外，所有其他商品的价格仍将保持不变。除非某些过剩的贵金属不能用于与第三国进行交换活动，否则，进口国从他国生产周期性的变动中所获得的贵金属财富就没有任何用处，除了使把金银用于家庭生活用品方面变得更流行。①

这就是对奥地利银盾增值的理论解说。不过即便如此，富拉顿依旧没有向我们说明社会最低限度流通量是如何决定的。

于是，富拉顿接着分析了我们现在称之为自由铸币体制的前提条件和不同之处：

> 让我们来看一下下面这种情形下结果会是怎样。这个国家商业发达，货币制度基础扎实，状态良好，处于流通中的都是成色和重量合格的足值金属货币，不受限制的贵金属贸易，造币厂会随时为送到这里来的贵金属提供铸币服务。在这种情形下，如果矿产供给突然成倍地增加，那么结果很可能会与前面那个国家的情况完全不同，即贵金属块的市场价格可能不会上升，因为用这些金属所铸成的铸币来衡量的黄金的价格是不变的。与商品价格相比，它们可以同时升高或降低，但不会相互背离。因此，进口的增加既不会导致市场上金块供给的急剧上升，也不会增加消费的吸引力，至少在最初是如此。市场会在消费需求得到有效满足

---

① 约翰·富拉顿：《论流通手段的调整》，第60~61页。

之后将多余的贵金属排挤出去，这些多余的贵金属会被立即送到铸币厂去生产铸币，使进口者获得巨额财富。而这些人会根据他们现在所达到的资金规模，立刻成为市场上各种生产投资和消费品供给的竞争者。但是，由于上述物品的供给是有限度的，不会因为流通中铸币的泛滥而快速大量地增加，因此，下述结果的出现就是不可避免的了。首先，市场利息率下降；其次，土地和所有生息的有价证券的价格上涨；最后，商品价格持续普遍地上涨，直到与降低了生产费用的铸币的价值水平相适应为止。此时，它对利息率的影响也消失了，铸币的新储备被旧储备吸收了，突然而来的财富和繁荣的幻觉都没有了，除了在每一次买和卖时必须支付的铸币的数量和重量比以前增加了之外什么痕迹也没有留下。①

还有一个货币增值的特点需要在这里说明一下，因为它是自发产生的，完全没有国家干预的成分。在美国于1907年秋季发生的一次信用危机期间突然产生了货币贴水，不仅是对金币，而且是对所有类型的法定支付手段［金银铸币、国家纸币（绿钞）、钞票等］都产生了贴水。最初，贴水还超过了5%。这一事实在1907年11月21日的《法兰克福报》的纽约通讯上有详细记载：

> 在大部分美国商业中心，现金支付完全消失了，替代它的是私人货币证券。在为数不多的地方，部分地使用私人证券，部分地使用现金。现金在许多地方都只能作为辅币使用。美国已有77个城市发行了非常货币，即票据交换所的证券或特别为应急而发行的钞票，但大部分都是前者。危机之前，美国大概只有12个城市有票据交换所，现在却有几百个地方建立了这种机构，一旦纽约爆发危机，这些地方的票据交换所就会联合起来共同防御可能出现的危险。与只发行大面额交换所证券的纽约不同，其他地方的交换所发行的是用于普通交易的非常货币，而且是适应于小额交易需要的面额为1美元、2美元、5美元和

---

① 约翰·富拉顿：《论流通手段的调整》，第61~62页。

10 美元的小额票据。这些货币证券在这些地区流通十分广泛，工人们将它们作为自己的工资，商店出售商品时也接受它们。它们被不断地转手，即便蒙受了对现金贴水时的损失，这点损失也是很小的。现金匮乏在纽约达到了怎样的程度，我们可以用一个例子来说明：甚至就连财力雄厚的美孚石油公司，都用这种票据支票来给工人支付工资。只有在与政府机构的交易中，才不能使用这种非常货币。国库因为是由法定支付手段构成的，所以必须取得现金，这是对现金产生贴水的主要原因。最近几天，美国糖业公司由于不能筹措到足够的现金，以至于无法将货物从海关运回，导致一些商店不得不歇业一两天。

这一现象的独特之处在于，对于商业需要而言，现有的货币流通量实在是太小了。信用危机唤起了人们对现金支付的强烈需求，因为信用货币（银行背书等）受到对支付抵消的障碍。正当流通中需要更多的现金时，它却被当做准备金储藏起来进而从流通中退出了。① 代替这种消失了的现金的是人们新创造出来的货币，这就是交换所证券，它实际上是在那些进行票据交换的银行的共同保证下发行的货币。实际上，人们的这种做法是违反了或者至少是忽略了法律的限制的，类似的情况英国在《皮尔法令》（即1819年的现金支付法令。——英译者）被禁止期间也发生过。但是由于这种信用货币不具有法定支付能力，而现金又不足以满足需要，于是就导致了现金升值，且这种升值（这造成了贴水）一直持续到从欧洲大量进口黄金及至正常的信用环境被重新建立起来时为止。此时，前期由于危机所导致的流通大紧缩，使得原本的货币饥渴变成了货币涌流（即流通萎缩使完成流通所需的最低货币量大大下降）。贴水的数量是不断变化的，它取决于流通中的社会价值量。正是这一特性使得贴水对纸币和金属货币是相同的，它与黄金价值的提高没有任何

---

① 在1908年1月中旬提交给国会的报告中，美国财政部秘书科特庸估计，从尼克博克信托公司出现支付危机到危机结束期间，美国公众从金融体系中总共抽回约2.96亿美元的现金，这个数字大约是美国发行纸币总数的10%。

关系就是这一点的最有力的证明。

对于国家来说，发行强制流通的纸币常常成为国家没有其他支付手段时用于偿还债务的手段，这一做法已广为人知。而且，纸币首先会将足值的金属货币从流通中驱逐出去，① 后者被带到国外，用于军费开支的支付等。纸币的持续发行会导致纸币贬值，因此货币数量论在禁止自由铸造货币本位制下是适用的。这一理论也是人们对18世纪末经济转型时期的美、法、英各国混乱的货币制度的经验总结。在那一时期里，人们可能会谈到通货膨胀、通货充斥，甚至会谈及特殊情况下的通货短缺和紧缩；与此相反，在自由铸币条件下，即便以强制流通的纸币填满流通的最低需要量，也不会发生通货膨胀。可转换的信用货币，当其发行出现过剩时就会退回到发行所，金币也是如此，会被送到银行地下室作为黄金储藏起来。作

---

① 根据劣币驱逐良币的规律，马考雷曾说："第一个发现劣币驱逐良币规律的人是阿里斯托芬，他认为大众那已经堕落的思想让大众给出劣币保留良币，并且这种恶劣的思想还使得大众信任像克里昂和胡培波鲁斯之流的人，并把行政大权交给了他们。"尽管阿里斯托芬的政治经济学不及格，但是他的诗却十分优美：

> 我常常思索我那美丽的故城，
> 我们的市民纯真而又高贵，
> 对待他们就应该像对待与新币并行的旧币那样。
> 那重量十足的旧币皆经过鉴定，没有掺假，
> 并且成色鲜亮，冠顶群币，
> 那清晰的纹理和清脆的声音足以证明，
> 在海拉斯（希腊）后裔和国外都广受欢迎；
> 但可惜的是你们却不使用这些完美的旧币，
> 你们宁可使用那些拙劣丑陋的铜币。
> 我们的市民纯真而又高贵，
> 都是亲切、正直和善良的好人，
> 喜爱合唱、格斗和诗歌；
> 但是你们却让他们惨遭驱逐，
> 明目张胆地使用那些
> 虚伪的比尔力克的舞蹈演员、流氓、痞子去做这一切。

引自阿里斯托芬的《蛙》一书，英文版本由大卫·巴雷特翻译，企鹅出版社，1964年，第182~183页。

为一般等价物,黄金是最普遍适用的和始终被人们追求的价值和财富。储藏强制流通的纸币就没有什么意义了,因为它只在国内流通时才具有价值。黄金则是世界货币,它是一切货币发行的准备金,因此积累黄金总是有价值的和理性的。因为即便是在流通之外,黄金依然是独立的价值承担者,而纸币却只有在(一定范围的)流通内部才能获得某种市价(rate of exchange)。

当纸币与其代表的金属货币相比发生贬值时,就说明过量发行了纸币。然而,在任何时刻,与流通中所需要的数量相比,纸币都应该发行得不多也不少。假设流通中需要 1 000 000 盾货币,而国家却在流通中投入了 2 000 000 盾,那么商品的名义价格就会上升 100%,以吸收这 2 000 000 盾货币。这当然会导致纸币贬值,因为它们被过量发行了;而一旦发行就会被流通吸收,因此它们不会自动退出流通。如果商品的价值量保持不变,则只有通过国家毁掉部分纸币的方式才能减少上述纸币的数量,因此留在流通中的货币的相对价值才会增加。对国家来说,这种做法无疑是一种损失,它大致等于之前国家发行它时所获得的收益。这里重要的是,在实行禁止自由铸币以及存在不足值甚至没有价值的支付手段时,全部的货币就都必定停留在流通中,因为无论发行的数量是多少,它的价值都是由处于流通中的商品来决定的。在自由铸币下情况就完全不同了,这时货币可以根据保持流通的需要量进入或退出流通,多余的部分则作为价值储藏在银行里。这样,货币数量论关于价值的变化来源于流通中足值的金属货币过多或过少的观点就可以马上被弃而不用了。

在纯粹纸币本位制下,如果流通速度不变,则由纸币所代表的价格总额与商品的价格总额成正比,与发行的单位纸币量成反比。在禁止自由铸造条件下,即便流通的是不足值货币,但这一规律依然适用。只是在这里,决定贬值下限的是世界市场的贵金属价格,甚至就是增加货币发行铸币也不会降到这个价值以下。再有,如果自由铸造(即个人可以随时用贵金属铸造货币的权利)不是持续性的,那么即使是在金本位制下,也可能产生铸币对未加铸造的贵金属块的相对价格的上升。① 在所有上述情况下，流通手段都不是货币符号或金符号，而只是价值符号。它不是从某一种商品中获得其价值的（比如在混合本位制下，作为黄金代表的纸币仅仅是从黄金那里获得其价值的），而是在货币流通速度不变的前提下，纸币总量的价值与流通中商品总量的价值相等。纸币的价值量只反映整个社会流通过程，在这个过程中，任何一个特定时刻进行交换的商品都有一定的价值量，此时，纸币作为社会交换过程中与之对应的对象发挥作用。

---

① 人们依然焦急地等待着现代经济学家们对这个问题的解释。英格兰废止自由铸币制度的提议在19世纪90年代的时候出现，那时由于黄金产量大增，铸币供应量增长迅猛，市场利率维持在十分低的水平上（伦敦当时的市场贴现率低于1%）。

图克也曾研究过这个问题，问题的起因是关于收取造币手续费的好处与影响的争论。李嘉图曾明确表示自己支持收取5%的铸币费。"对于不足值的铸币或者征收过铸币费的铸币，应该像限定流通的纸币总量一样限定它们的流通数量，否则，这些不足值的铸币和收取过铸币费的铸币的交换价值，就会比那些足值的铸币的交换价值小，也会比当铸币流通数额限制严格施行情况下的铸币交换价值小。"图克还举了个例子来说明："假设整个国家流通的铸币全为金币，每个金币的价值为1英镑，重量和铸造标准与现在的标准相同，金币的数量是2 000万枚。又假设由于某个突发事件，每枚金币的价值都减少了5%，但是金币的总量却依然还维持在2 000万枚的水平上，而其他所有的环境因素都没有发生改变，从商品的总数到金币数量都不变，那么这样显然商品的价格也不会发生改变。如果市场上金块的价值是3英镑17先令10.5便士，那么在其他因素都保持不变的情况下，这个价格会一直维持下去。也就是说，重0.95磅的价值为46英镑14先令6便士的金币，与重量为1磅的金块价值相等。如果把那些缺失的5%的金币集中起来再用来重新铸造金币，那么能够铸造出100万枚的金币，而届时市场上将会有2 100万枚的金币流通。但是2 100万枚金币和2 000万枚金币的交换价值是一样的，只是商品的价格会因为金币数量的增加会同比例地上涨5%而已，同时上涨的还有金块的价格，从3英镑17先令10.5便士上涨到4英镑1先令9.25便士。也就是说，届时46英镑14先令6便士的金币与0.95磅的金块价值相等。"

这是所有关于货币问题讨论的中心议题，国家可以十分明确地使用这一原理，在铸币流通的条件下，把本国垄断发行的金币价格提高到其金币的内在价值之上（见图克的《价格的历史》，第一卷，第120~121页）。

从我们上面的论述中可以看出,这种纯粹的纸币本位制从长期来看是不能满足流通需要的。这是因为纸币的价值是由流通中的商品的价值总额来决定的,而商品价值总额是不断波动的,因而纸币的价值也会因此不断波动。货币就不再是衡量商品价值的尺度,相反,货币的价值要由当时流通的需要量来衡量,或者说,在流通速度不变的情况下由商品的价值来衡量。因此,纯粹纸币本位制是一种不可能持久的制度,因为它会使流通经常发生波动。

或许我们可以对纯粹纸币本位制沿着下述思路进行这样一个抽象考察:假设有一个对外封闭的国家,它按照可以满足流通平均需要量来强制发行通用的国家纸币,而这种纸币的总额是不能增加的。除此之外,该国还发行钞票来满足流通的需要,这和实行金属本位制的情况是一样的。与大多数国家对银行的法制管制一样,纸币充当一般按银行方式进行担保的钞票的准备金。由于纸币数量不可能增加,因此它不会贬值。在这种情况下,纸币就会像现在的黄金一样在流通量减少时流入银行或被私人储藏起来,而一旦流通量增加则重回流通过程。流通中总是保持着当时所必需的流通手段的最低数量,流通的波动则由增减钞票来消除。因此,这种国家纸币是具有价值的稳定性的。只有当出现信用崩溃、爆发货币危机时,现有的纸币量才有可能不够,此时纸币就会获得贴水,这和美国最近发生的货币危机时的黄金和美钞出现的情形一样。

然而,这样一种纸币本位制实际上是不可能的。首先,纸币只在一国范围内有效。为了保持国际收支的平衡,对外支付需要具有内在价值的金属货币。如此一来,为了避免干扰贸易关系,国内流通的货币价值也必须与国际支付手段保持相同水平。奥地利的货币制度和政策正好符合这种情况,而且它也不要求贵金属同时进入国内流通领域。马克思好像早就预见到了货币制度的这种最新发展,他写道:

> 全部现代产业史都表明,如果国内的生产已经组织起来,事实上只有当国际贸易平衡暂时遭到破坏时,才要求用金属货币来结算国际贸易。国内现在已经不需要使用金属货币了,这已由所谓的国家银行停止用现金支付的办法所证明。而且,每

当遇到紧急情况时，这个办法总是被作为唯一的救急手段来使用。①

但是这样的货币制度在实践中从未成功过，原因很简单，任何保证不再增发这种国家纸币的承诺，都是不可信的。还有就是，诸如黄金这样具有内在价值的货币总是需要的，因为它是永远有效的财富储藏手段。②

---

① 《资本论》，第三卷，第607页。顺便提一句，当你阅读马克思著作论述货币问题的章节时，你会发现根据马克思货币理论引申出的结论与马克思当时的现实情况有相悖之处，而且我们并不能通过纯粹的逻辑分析对这个矛盾给出满意的解释。但是最近的经验却证实了马克思的价值和货币理论的结论。

马克思强调流通中纸币的数量是由黄金的数量所决定的；但是为了更好地理解现代货币理论，有一点我们必须记住，即由于黄金的价值是给定的，因而流通中的黄金数量就会由社会流通的价值总量所决定。如果社会流通价值总量下降，那么一部分黄金就会退出流通；如果社会流通价值总量上升，那么一部分黄金就会进入流通。在禁止自由铸币制度而实行纸币制度的环境下，这种货币的流入流出就不能发生，因为那些不流通的纸币会贬值。在纸币流通制度下，我们必须把货币的流通价值作为最重要的因素来看待，而不能像马克思在《政治经济学批判》中那样，简单地把纸币看做是金银的替代符号。

在我看来，马克思下面对纸币（或者其他任何禁止自由铸币的货币制度）规律的论述才是正确的："这些没有价值的符号只有在代表黄金进入流通时才能看做是价值符号；并且纸币所能代表的黄金数额受限于所有黄金的数额，这个数额取决于它自身的价值、商品的交换价值和它们的流通速度。"（《政治经济学批判》，第155页）马克思的这种从铸币价值决定到纸币价值决定的迂回分析思路，看起来是过于复杂了，其实当我们认识到纸币价值是直接来源于流通中的社会价值时，纸币价值决定的社会特征就已经十分清晰了。事实应该是这样的：从历史上看，纸币虽然是作为对铸币的替代物而产生的，但这并不意味着我们在理论分析时就必须把纸币看做是对铸币的延伸，纸币与铸币可能是处于同一个层次的具有相似性质的货币。对于纸币价值决定的分析，完全可以脱离铸币价值决定来看。

② 所以，黑尔费里希下面的话是不对的："在金属货币制度下，可能会因为金属货币投放的区域性不平衡和经济波动导致的货币需求波动而产生金属货币供求的不均衡。但是在纸币制度下，从理论上来说，我们完全可以通过发行纸币来消除经济波动所导致的货币需求波动。"

由于这个原因，为了保持流通过程的顺利进行，货币和以前的贵金属块，比如黄金，从来没有被单纯的货币符号完全取代过。因此，在实践中，即使是在纯粹的纸币本位制下，在流通中总是可以看到足值的货币，哪怕只是为了进行对外支付。纸币所替代的只是那一部分流通手段，即从经验中推算出来的满足流通需要的最低限度的货币额。然而，这一证据也再次证明，正如商品一样，货币的价值不是想象的，其价值必须是一个客观的量。绝对纸币本位制的不可能性是对客观价值理论的严格验证，只有这一理论才能解释纯粹纸币本位制的自身特点，尤其是禁止自由铸造的本位制的特性。

另一方面，在流通所需的最低限度范围内，用相对没有什么价值的货币符号来替代足值货币比如黄金，是完全合理的。因为在 W—G—W 这一过程中，就社会物质变换而言，货币其实是多余的，是一种不必要的花费。①

如果只是在这个量上使用纸币，那么纸币所代表的就不是商品的价值，而是黄金的价值；它不是商品的符号，而是黄金的符号。在这一限度内，马克思的结论依旧是有效的：

> 在 W—G—W 过程中，只要这个过程表现为只是两个形态变化过程中的同一的或直接的相互转化（这个过程在价值符号发生作用的流通领域内就是这样表现的），那么商品的交换价值在价格上得到的就只是观念上的存在，在货币上得到的也只是代表性的、象征性的存在。这样，交换价值只是表现为想象的或用物代表的东西，它除了在商品本身中物化着一定量的劳动时间以外不具有任何现实性。因此，表面上看来，价值符号直

---

① 因此，像这样的纸币并不能看做是"有缺陷的"、"恶劣的"或者"低价值的"货币。只要流通中的纸币数量合适，纸币就不会对经济运行造成任何损害。对此点认识不清楚，才会导致大多数"金属铸币主义者们"对纸币的批评，他们的这些批评来自于他们对货币理论的无知，所以他们会盲目地排斥政府发行的不可兑换的纸币，甚至他们还会排斥那些根本毫无坏处的可兑换的小额钞票。他们是巨人哥利亚，但却会害怕大卫（据《圣经》上的传说，巨人哥利亚与大卫决斗时被大卫杀死。——英译者）。钞票的面值越小，他们却越排斥钞票。

接代表商品的价值，它不表现为金的符号，而表现为在价格上只表示出来的在商品中才实际存在的交换价值的符号。不过，这个表面现象是错误的。价值符号直接地只是价格的符号，因而是金的符号，它间接地才是商品价值的符号。金不是像彼得·施莱米尔那样出卖自己的影子，而是用自己的影子购买。因此，价值符号起的作用只是在过程内部对另一件商品代表它的价格，或对每种商品的所有者代表金。某种相对没有价值的东西，比如一块兽皮、一片纸等等，最初按照习惯变成货币材料的符号，可是只有在它作为象征的存在得到商品所有者公认的时候，也就是说，只有在它取得法定存在而具有强制通用效力的时候，它才能肯定为货币材料的符号。强制通用的国家纸币是价值符号的完成形式，是直接从金属流通或简单商品流通本身中产生出来的纸币的唯一形式。①

因此，我们的不需要黄金来作补充的纯粹纸币本位制假说，只是再一次地说明，商品彼此之间直接充当它们自身价值的表现是不可能的，恰恰相反，它表明发展出一种一般等价物的必要性，而这种等价物本身就是商品，因而是一种价值。

很明显，如果生产者的共同行动要求保证铸币价值的有效性，那么它对纸币就更是如此了。这一目的的代表自然就是国家，因为它是资本主义社会人们熟知的具有强制力的唯一自觉组织。于是，货币的社会性质就直接表现为国家对社会的调节。与此同时，铸币和纸币的流通也被国家限定在国境范围之内，金和银则按其重量执行世界货币的职能。

---

① 卡尔·马克思：《政治经济学批判》，第 150~151 页。

第 3 章 作为支付手段的货币。信用货币

到目前为止，我们考察了作为流通手段的货币，也说明了其具有客观价值的必然性，还指出了其界限，以及在多大程度上能被货币符号所替代。在 W—G—W 的流通过程中，价值取得了双重存在：既是商品又是货币。现在，商品可以先出售然后再支付，也就是说，它可以在其价值转化为货币之前就先行转换所有者，也即商品的销售者因此变成了债权人，而买者则变成了债务人。商品销售和购买相分离的结果就是使货币获得了一个新的职能——支付手段。一旦货币具有了支付职能以后，交易双方进行交易时商品和货币就不需要同时出现了。实际上，当货币作为支付手段开始进入流通时，商品就已经退出了流通领域。货币不是中介这一过程，而是单独终结这一过程。如果债务人（买者）没有货币，那他就必须售出他的商品以偿还债务；而如果他连这一点也做不到，那就只能是强制拍卖他的财产。货币这一商品的价值形式由于流通的发展而导致其在流通中成为必需品，从而货币使自身变成了销售的主要目的。当货币只是当做流通手段来使用时，其所起的作用是连接买卖双方的交易，是买卖双方社会关系的媒介。但是，当货币被当做支付手段来使用时，就会将这种在它发生作用之前就已经形成的社会关系直接表现出来。商品在其价值转化为货币之前就已经被转手了，甚至也许早就被消费了。支付期和支付义务期在一定时间内是相互分离的，这意味着转化为支付手段的货币不再仅仅被视为是商品交换过程中的一个环节或某个替代物的经济转化形式；与此相反，货币作为支付手段时，它是这一过程中的一个主要环节。因此，当 G 在 W—G—

W 的循环过程中变成债务时，第一个商品的卖者只有在其债务 G 得到偿还后，才能进入循环的第二个阶段 G—W。原来很简单的一个交易，现在被分成了时间上分离的两个组成部分。

不用多说，商品的出售者也存在这一过程里。他同样可以通过契约以债务人的身份先向 G—W 阶段 W 的所有者购买商品，然后等他自己的商品销售出去后，再用销售换回的 G 去支付或偿还债务。如果他的支付不能完成，那就会面临破产从而迫使他的债权人也遭到破产。因此，当货币被用做支付手段时，它必须不断地回流，以防止已经完成的整个一系列的交换过程不被中断，因为即便债务人无法偿还债务，但债权人的商品也已经转手出去了，由这种转手而形成的社会关系是无法回转的。对于单个的商品占有者来说，这种商品转手后却不能回收货款，就意味着他不可能再重新占有他让出的那个商品的价值，也不可能获得任何新的价值或支付已经得到的价值。

因此，货币作为支付手段的职能是以买卖双方预先签订的同意延期支付的契约为前提的。在这种情况下，私人行为演变成了经济关系。购买和销售还演变出了第二层关系：债权人和债务人的关系，也即两个私人之间的义务关系。

从利益方面来看，货币作为支付手段代表着完成了的买和卖。在这里，货币的职能首先是价值尺度，然后才是支付手段。如果买和卖在相同的人之间进行，还可以相互抵消，只需要用货币支付差额即可，此时，货币仅仅是价值的象征或代表，是可以被替代的。但是，当货币作为流通手段时它只能媒介商品交换，一种商品的价值被另一种商品所替代，只需如此，整个交换过程就完成了。这是一个社会过程，通过这一行为，社会物质变换得以实现。因此，从这一特定意义上说，它是社会绝对必需的。金币在这里只是这一过程的媒介，因此可以由被国家或社会所认可的货币符号所替代。当货币执行支付手段的职能时，它作为另一种商品的价值的直接替代物的功能就失去了。卖者让渡了他的商品，却没有得到相应的社会有效等价物——货币，或是另一种具有相同价值量的商品，这种商品使货币在这一交换行为中变得完全多余。对于商品的销售者而言，此时他从买者那里得到的仅仅是一个支付的承诺,而这一承诺是没有社会担保作支持的,仅仅是一个购买者的私人保证而已。① 这样,他出让了商品换回了一个承诺,完全是个人的事。至于这个承诺到底价值几何,只有等到支付期到了债务必须转换为现金的时候才能知道。不过,他让渡商品所换回的这个支付承诺也可以看做是一种"承诺票据",如果有人认为这种票据是可靠的,那他就会接受这一票据,并将商品卖给票据持有者。因此,在这个圈子里,票据在这里执行了流通手段或支付手段的职能,因为一些人根据大多数人的完全是私人判断的见解,将这种支付承诺看做是可以完全兑现的,因而接受了它。简而言之,它执行的是货币的或信用货币的职能。对于身处其中的人来说,只有等到信用货币转化为真正的货币的时候,所有这些交换活动才能最终真正完成。

与作为社会产物的由流通中产生的国家强制流通的纸币相反,信用货币是一种私人产物,它没有国家或社会作担保,因此必须与货币之间具有可兑换性。如果这种可兑换性遭到质疑,那么它作为支付手段的替代物就完全失去了价值。因此,货币作为支付手段只能被支付承诺所替代,而这种支付承诺在债务相互往来不能抵消的限度内,必须是可靠的且可兑换的。

这些就是票据流通与国家法定货币之间的不同。国家法定流通货币的基础是流通所需的最低社会需要量,而在流通所需的最低社会需要量之外就是票据流通在起作用。票据流通由商品在某个价格下的流通规模来决定,它纯粹是一种私人债务工具,既可以同其他的票据凭证相抵消,也可以再转化为货币。票据这种私人的东西因此变成了被社会认可的有效的等价物。它是由货币的支付手段的职能产生的,是用信用替代货币,用交易双方私人间的契约互信关系替代货币,而这种私人契约互信关系的基础是他们彼此之间对支付能力和社会地位的认可。个人之间的这种商业交易活动不以国家纸币为前提,事实上正好相反,交换只有在使用国家纸币时才可能完

---

① 在这里我指的是内在的经济保证。对于契约来说,建立正式的、合法的履约保证是理所当然的事情。

成。如果要使得交换成为社会有效的交换，那就必须在其票据相互之间不能抵消时对其差额采用现金支付；但如果交换中使用的是国家法定纸币，那就没有这些问题了。将纸币的特征归纳为国家债务完全是一种误导，因为它赖以形成的基础并不是信用关系。

如果说票据和国家纸币具有不同的发展可能性，那是因为票据的基础是私人义务，而国家纸币的基础是社会义务。国家纸币总额是一个整体，其中每一个组成部分都对其他部分承担共同的和相同的责任。它只会整体贬值或升值，其后果对社会的每一位成员而言都是一样的。因此，社会保证适用于整体，从而也同样适用于其中的每一个组成部分。社会通过它的自觉器官——国家——提供作为流通手段的货币的替代物。另一方面，信用货币是私人在个人交换活动中（由于交易的需要）创造的，只是因为它可以随时转换为货币，所以才被当做货币来使用。因此，当上述私人交易不能以社会有效的方式来进行时，也就是支付到期时但却不能兑现为货币，那么那个票据就可能会发生贬值（任何票据都不会升值）。实际上，它可能到那时变得完全没有价值，但只有这一种私人票据会变得毫无价值，而这种贬值只会影响到另一个人，那就是他的债主，其他人则不受影响。

不可兑换纸币的使用不能超出流通的最低限度。信用货币的数量取决于货币对它执行支付手段职能时的商品的价格总额。在既定价格下，它的数量取决于极易产生变化的信用关系的数量。然而，由于它必须是可以随时转化为货币的，因而从来不会按照它与商品的比例而贬值。与不可兑换的纸币不同，可兑换的信用货币从来不会仅仅因为它被大量地投入流通而贬值，它只会在不能兑现为货币时才贬值。因此，可兑换性就是对它的一种残酷的考验；一旦考验来临，商品的所有者，也就是那个完全忘记了黄金而只沉迷于可爱的"纸片"的人，才会像一个正常人一样直接向黄金扑去。初恋常新。

在任何既定时间，用于支付的私人票据的数量代表了那些依靠它才得以交换的商品的总价格，而为支付这一总额所需要的货币量则取决于支付手段的流通速度，而支付手段的流通速度又受两个因素的影响：一是债权人、债务人之间偿还债务链条的长短，在这个链条中，支付可能由 B 付给 A、A 再付给 C，如此类推；二是各种不同票据的支付期的时间长度，票据的支付期越接近，同一黄金用于各种支付的次数就越多。

如果在 W—G—W 的过程中商品出售是同时发生的或在同一地点发生的，则其结果就会降低流通手段的换手率，从而限制速度对数量的替代可能性。另一方面，如果支付是发生于同一时间或同一地点的，那它们就可以相互抵消，从而降低执行支付手段所需要的货币数量。当支付集中在某一个地点时，使它们相互抵消的特殊的机构和方法就会自发地产生出来。中世纪里昂的菲尔曼交易所就是一个例子。为了使某些债权在达到某一总数之前相互抵消，只需要将债权债务相互比照即可，这样的话，就只剩下二者的差额需要用现金结清了。支付的集中程度越高，其差额从而流通所需的支付手段的数量就越小。

我们已经看到，在 W—G—W 的过程中，流通中的货币量（包括完成流通最低需要量所需的黄金或者代表黄金的符号），等于商品价格总额除以同一单位货币的平均周转次数。同理，支付手段的数量等于债券总额（债券总额又等于通过其出卖而产生债券的商品价格总额）除以同一单位支付手段的平均周转次数，再减去相互抵消的支付额。假设流通速度在一定时间内是不变的，比如说等于 1，那么执行所有这些职能所需的货币总量，就等于进行流通的商品价格总额加上到期支付的总额，再减去相互抵消的支付，最后还要减去先执行支付职能后又执行流通职能的货币量。假设所有商品的销售总额是 10 亿马克，而到期支付的也是这个数，但其中有 2 亿先用做支付后来又用做流通，另外相互抵消的支付是 5 亿，那么货币需要的总额就是 13 亿马克，它代表了这一时期所必需的货币量，也就是我所说的社会必要流通价值的数量。

所有购买和出售的绝大部分都是通过这种私人信用货币、通过相互抵消的票据和支付凭证来进行的。① 支付手段之所以能对流通

---

① 在德意志帝国银行的转账业务中，1 芬尼的现金在 1894 年承担着 4 马克 35 芬尼的转账交易，而到了 1900 年时却承担了 8 马克 30 芬尼的转账交易。

手段形成绝对优势，那是因为资本主义生产的发展使得流通过程极大地复杂化了，购买和销售相分离，购买和销售之间的传统联系——先卖后买——基本瓦解了。

信用货币起源于资本家的买卖活动或流通行为，它的重要性在于它使得商品流通可以不受可以获得的黄金数量的限制。换句话说，信用货币使黄金不必再作为商品流通的手段（即黄金不必亲自参与流通过程），而只是执行结清最后的差额这一职能。与黄金的数量相比，这种差额数额巨大，会有一个专门的机构来完成最终结算。但是，正如我们前面所指出的那样，流通既是资本主义生产的条件，也是资本主义生产的结果。只有当资本家通过流通过程占有生产要素时，资本主义生产才能进行。随着流通独立于真实货币，它也就独立于黄金的数量。最终，由于黄金耗费了劳动，而且占了非生产成本的绝大部分，结果对货币的替代就直接节约了流通过程中的非必需费用。

从信用货币的起源来看，其数量是由生产和流通的水平来决定的。它的目的在于方便商品交易，并最终代表由其媒介的商品买卖的价值量。而不像国家纸币，信用货币没有不能增加的缺乏弹性的最低限度；相反地，它可以随着商品的数量的增加和价格的提高而增加。不过信用货币仅仅是一种支付承诺，当人们用黄金购买商品时以及交易结束时，就会支付黄金，这样，一种价值就交换了另一种价值，任何的干扰都被排除了；可是如果使用信用货币，则其结果仅仅是一种支付承诺，而这种承诺是否诚实可信，将取决于债务人能否按同样的价值将其购买的商品再出售出去，或者是售出其他具有相同价值的商品。如果其交换不符合社会要求或条件，或者由于这些社会条件在这一时期内发生了变化，导致了债务人无法完成其义务，则其支付承诺就会变得毫无价值，也就必须被真实的货币所替代。

因此，在危机期间，信用货币量的下降总是与商品价格量的降低相伴随。由于信用货币是由较高价格时期的支付契约所构成的，因此这种缩减就意味着信用货币的贬值。由于价格下降，销售变得更加困难，当商品销售不出去时，到期支付的兑现量就会下降，这时，能否支付就便成了疑问。价格下降和市场萎缩意味着信用货币价值的下降。信用货币的这种贬值是信用危机总是与每次商业危机相伴随的根本原因。

  货币作为支付手段的职能包含着一个直接的矛盾。在各种支付相互抵消时,货币就只是在观念上执行计算货币或价值尺度的职能;而在必须进行的实际支付时,货币就既不是充当流通手段,也不是充当物质变换的转瞬即逝的媒介形式,而是充当社会劳动的单个化身,充当交换价值的独立存在,充当绝对商品。这种矛盾在生产危机和商业危机转化为货币危机时暴露得特别明显。不过这种货币危机只有在一个接一个的支付锁链和抵消支付的人为制度获得充分发展的地方才会发生。当这一机构整体被打乱的时候,不问其原因如何,货币就会突然直接地从计算货币的纯粹观念形态变成坚硬的货币。①

法定强制流通纸币最成功的时候,也就是信用货币贬值得最厉害的时候。像金币一样,这种纸币也是法定支付手段。信用货币的失败在流通中制造了缺口,因为害怕缺口,所以要不惜一切地填补它。这时,就是扩张国家纸币流通或中央银行的钞票政策的最佳时机,因为它的信用是无可置疑的。就像我们将要看到的那样,这些钞票由于法律的规定而处于国家纸币和信用货币的中间阶段,此时如果不采取这一政策,那么货币(贵金属块和纸币)就会获得贴水,就像美国最近一次危机时的黄金和美钞一样。

为了充分完成其任务,信用货币设立专门机构来完成支付相互抵消和结清差额的职能。当这样的机构得到发展时,在现金使用上会有一个很大的节约。这项工作现在变成了所有发展中的银行体制中的一个重要的职能。②

---

① 《资本论》,第一卷,第 154~155 页。
② 德国商业交易所需现金的数量是英国的 9~15 倍,英国支票交易节约了 1.4 亿英镑现金的使用。现在根据英国的货币管理法规,流通中的现金数额为 3 500 万英镑,这个数字乘以 4 才能达到 1.4 亿,从中我们可以看出,支票转账交易对于现金的节省是多么有效(雅费:《英国银行制度》,1905 年莱比锡版,第 121 页)。

在资本主义发展过程中，流通中的商品价值总量发生了极大的增长，其结果是导致流通中社会必要价值量的极大增长。与此相伴随，国家强制流通纸币的重要性也扩大了。另一方面，生产的扩大使一切债务皆转化为货币债务，尤其是虚拟资本的增长，都与信用货币在交换领域中使用范围的扩展相伴随。与流通和支付的数量相比，国家纸币和信用货币二者共同导致了金属货币使用量的大幅下降。

第4章 产业资本流通中的货币

现在我们转向对货币在产业资本流通中的作用的分析。我们要分析的不是具有技术奇迹之称的资本主义工厂,而是单调的货币市场过程,在那里,货币转化为商品,商品再转换为货币,二者不断地以相同的形式循环往复。我们试图通过这种办法来发现流通过程自身是如何发展出资本主义的信用的,以及最终使其成为整个社会过程的支配力量的秘密,这才能使我们的读者有勇气耐心地克服困难以读完本章。

如果流通中的商品的总价格不变,也就是说商品的数量和价格保持不变,且所有商品都按其价值进行交换,那么货币对于流通而言就是多余的。但是,在没有任何调节的无政府主义生产方式下,这种条件是根本达不到的。另一方面,对社会生产的自觉调节使得价值成为交换价值的表现,或者说作为两个事物之间的社会关系的表现以及货币的使用,变成不可能的事。社会对社会生产所发的凭证不是货币,就像戏票不是剧院包厢的所有权证一样。正是商品生产的性质使得货币成为价值尺度和流通手段。①

---

① 在致鲁道夫·迈尔的一封信中,洛贝尔图斯说:"金属货币不仅仅具有价值尺度和支付手段的职能,这两个职能是所有货币共同具有的一般职能。金属货币并不需要商品的买卖双方把商品的价值刻录在制币材料上。由于货币从内涵上来说拥有很高的价值,因此它也具有调节生产的功能。如果你想使用商品券,你就必须得首先告诉企业家们要生产多少。商品券的问题是政治经济学最有趣味的问题,作为一种永恒的流通媒介,只有在两个条件下使用商品券才是可行的:(1)商品的价值是由劳动构成的;(2)商品券上印着以劳动为衡量标准的商品价值量。在此我并不怀疑这种货币(商品券)的可行性,但是如果市面上只有商品券这样一种流通媒介,则像土地和资本这样的资产就不得不废除了。"(鲁道夫·迈尔编:《洛贝尔图斯·

一旦货币被当做支付手段来使用，那么支付在某一时间点上的完全被抵消就肯定只是偶然现象，它实际上是极少发生的。货币可以单独终结商品从一个地方到另一个地方的运动过程，当作为支付手段的货币被付出之后，货币就已经转化成了商品，第一种商品的价值被另一种商品所替代了，货币是完全自由的。W—G—W的联系被中断了，为了满足那些不打算购买其他商品的卖者的需要，货币必须介入这一过程。

流通过程的中断，在简单商品流通制度下是偶然的，但在资本主义商品流通中却成为了必然现象。我们对资本主义流通的分析就是要说明这一点。

当价值被用来生产剩余价值时，它就变成了资本。它产生于资本主义生产过程，而这一过程是以生产资料被资本家垄断和自由雇佣阶级的存在为基础的。雇佣劳动者向资本家出售他们的劳动力，而劳动力价值等于生产和再生产工人阶级所需要的生活资料的价值。他们的劳动创造出新价值，其中的一部分用来补偿资本家提前预付的用于购买劳动力的资本（马克思称其为可变资本），另一部分则被资本家以剩余价值的形式占有。由于生产资料的价值（不变资本）在劳动过程中只是完成了价值转移，而资本家为生产过程预付的资本产生了价值增殖——变成了自行增殖的价值，于是它就变成了资本。

所有产业资本都要经历循环过程，但我们唯一感兴趣的是它在这一过程中所发生的形态转化。剩余价值的创造、资本的增殖，当然是这一过程的目的。伴随着生产过程的剩余价值创造过程，在资本主义社会中具有双重作用：（1）像任何社会形式一样，这一劳动过程创造了使用价值；（2）但它同时又是价值增殖过程，这是资本主义社会所特有的，在这个社会里生产资料被当做资本以生产剩余价值。

对此，马克思在《资本论》第一卷中给我们作了详尽的分析。现

雅各措夫博士书信和社会政治论文集》，1881年柏林版，第二卷，第441页）这里和其他章节的论述，表明恩格斯把洛贝尔图斯归类于像格雷、布雷等小资产阶级劳动货币幻想家一派，其实是冤枉了洛贝尔图斯。那些小资产阶级劳动货币幻想家们认为，在不实行社会生产控制的前提下，劳动货币也是可行的。

在我们要研究的不是价值的产生,而是价值形式的转化。虽然这种转化不影响价值量,因为只有在生产过程中才会发生价值增殖,但是它会影响流通。价值在我们所分析的社会里只有两种形式:商品形式和货币形式。

如果我们对资本主义循环过程进行考察就会发现,任何资本最初都表现为货币资本。货币要当做资本来使用,就必须转化为下述形式的商品:一定种类的商品 W、生产资料 P_m 和劳动力 A。然后将它们投入生产过程 P,在这一过程中没有发生任何价值形式的变化,价值仍然停留在商品上。但是一旦进入生产过程,情况就不同了:首先,商品的使用价值被改变了,虽然它对价值丝毫没有影响;其次,劳动力的使用产生了价值增殖。商品在其原有价值之上实现了增殖,被加上了剩余价值,现在它以增加了价值的商品 W' 的形式离开生产场所,去实现它的第二个也是最后一次形态变化,那就是转化为货币 G'。

因此,资本的循环包括 G—W 和 W'—G' 这两个流通阶段和一个生产阶段。在流通阶段,它表现为货币资本和生产资本;在生产阶段,则被当做生产资本。经历所有这些形式的资本就是产业资本。货币资本、商品资本和生产资本都不是独立的资本种类,而仅仅是产业资本的特殊职能形式。于是,我们可以得出以下公式:G—W$\cdots$P$\cdots$$W'$—$G'$。

每一个新进入的资本最初采取的都是货币资本的形式。货币自身是不会称自己为资本的,导致它变成资本的事实只有一个,那就是它可以被转化为生产资本的要素。① 否则,它就只能是货币,只

---

① 像"资本"这样的经济学概念比较难理解的原因是,表面上看起来这些概念都代表着特定的实物,但实际上它们所代表的是某种社会关系,而且其中一种社会关系就可能具有多种多样的作用。所以从黄金是一种货币这样一个角度上来说,黄金只反映了商品交换发展某个阶段的交换状况,黄金其实就是一种流通媒介。但是换到另一种角度来看,黄金又变成了资本。"黄金或者货币到底是不是资本"这样一个问题,具有很大的误导性。在很多场合,黄金仅是货币,但在其他一些场合,黄金同时也是资本。不过作为资本,黄金只能够发挥货币的相关职能,资本的货币属性是资本区别于一般商品的根本属性。所以询问某种特定的东西到底是不是资本,就像询问物体周围的空间是否也属于那个物体一样,都是不正确的。就像我们的主观认识赋予了物体空间的概念一样,特定的社会发展阶段赋予了黄金货币和资本的属性。

能完成货币的职能,即充当流通手段或支付手段。

前面我们已经论证过,当货币执行支付手段的职能时已经包含了信用关系。资本流通的第一个阶段 G—W 被划分为两个部分:G—P_m 和 G—A。由于雇佣劳动者只能靠出卖劳动力来维持每天的消费和生存需要,因此对他们的支付要求间隔相对短一些,这样他们才能不断地进行维持自身生存所需的生活资料的购买。因此,资本家必须不断地作为资本家,他的资本也必须不断地作为货币,以此与雇佣工人相对立。① 信用因此在这里没有任何作用。

然而,一旦进入 G—P_m 这一过程,上述观点就不再正确了。在这里,信用可以发挥很大的作用。购买生产资料的目的是为了实现价值增殖。花费在这上面的货币是资本家提前预付的,其目的是在流通结束后能够收回,而且在正常情况下是以增加了的数量收回的。由于货币是资本家自己提前预付然后又自己收回的,因此它也可以预付给别的资本家,即借贷给别的资本家使用。一般来说,生产信用的基础是货币只会贷给以这样一种方式使用货币的人,即他使用货币的目的是为了收回更多的货币(在一般正常情况下)。这种信贷关系必然包含着这样一种情况,即他所要购买的商品要求提前预付货币。

我们现在在这里所涉及的信用还只是由于商品流通本身所产生的信用,它来自于货币从流通手段转换为支付手段的过程。我们还没有考察由于资本家职能的分解——资本家被划分为单纯的货币所有者和企业家——所产生的信用。当货币从货币资本家那里预付给企业家时,这种预付其实只是一种转移,因为它没有数量的变化。但在我们正在考察的这种情况里,这种转移是经常发生的。生产资料的卖者把商品借贷给他的顾客,得到一个会在未来支付的承诺和票据。到了票据支付期,资本家会用已经从流通中收回来的货币偿还先前的借款。在这种情况下,与没有可用的信用时相比,他所需的资本总量会小一些,因此信用扩大了他的资本。

但是信用的存在并不能改变这样一个事实,即为了能够购买商

---

① 卡尔·马克思:《资本论》,第二卷,第 42~43 页。

品，资本必须以货币的形式存在。就支付的相互抵消而言，信用仅仅是减少了为完成一般交换所必需的金属货币的数量而已。但是，这个数量并不是由交易中被当做资本使用的货币的数量来决定的，而是由商品流通规律来决定的。在其他条件相同的情况下，预付货币的数量取决于必须购买的商品的总价格。因此，预付货币资本量的增加，仅仅意味着被当做生产资本（$P_m + A$）使用的商品购买量的增加，也就是流通手段和支付手段数量的增加。

在这种增加中，有两种相反的倾向在起作用。在经济繁荣时期，伴随着资本积累的迅速增加，对某些商品的需求也会增加，结果造成了这些商品价格的上涨，从而导致货币需要量的增加。另一方面，信用在这一时期也得到了发展，因为在这一时期资本增殖看上去是有保证的，因此货币的回报也是有保证的，可以获得的信用的意向和机会都增加了。信用的扩展此时可能会超越其金属货币的基础而快速增长。

这当然只适用于 $G—P_m$ 的过程，而不适用于 $G—A$ 的过程。随着可变资本的增长，用于消费者购买和进入流通或循环的货币追加量也会同时增加。很明显，资本主义生产的发展总会带来信用使用范围的经常性的绝对量的增加，其相对量的增加当然会更大。由于后者会使资本有机构成提高，造成用于购买生产资料的货币增长量大于用于购买劳动力的货币增长量，因而导致信用使用的增长大于现金使用的增长。

到目前为止，在对循环过程的考察中，我们还没有发现信用执行了什么新的职能。然而，在我们考察周转时间对货币资本使用量的影响时，变化就发生了。因为我们很快就会看到，在循环过程中，一些货币会被周期性地游离了出来。由于闲置货币不能产生任何利润，因此就会不断产生阻止货币闲置的行为。而这项任务只有通过信用才能完成，从而导致信用的新的职能的产生；信用的这个新职能就是我们这里将要直接展开分析的对象。

货币资本的周期性游离和闲置

资本通过生产领域和流通领域两阶段的运动，是按照时间的顺序进行的。资本在生产领域停留的时间是它的生产时间，资本在流通领域停留的时间是它的流通时间，所以资本完成它的循环的全部时间等于生产时间和流通时间之和。①

资本的循环不是当做孤立的行为而是当做周期性的过程时，叫做资本的周转。这种周转的持续时间，是由资本的生产时间和资本的流通时间之和来决定的。这个时间之和形成资本的周转时间。②

在我们的公式中，为完成每一次 G—G′ 的过程所需花费的时间就是周转时间，它等于完成交易 G—A 和 G—P$_m$ 所需的时间，加上完成 W′—G′ 所需的时间，而生产时间就等于资本作为生产资本出现在价值产生过程中的时间。

我们假设某一资本的周转时间是 9 周，其中 6 周是生产时间，3 周是流通时间，要进行生产每周需要 1 000 马克。如果要使生产不在生产时间的末尾即第 6 周末尾被中断 3 周（流通时间），资本家就必须再预付一笔 3 000 马克的新资本（资本Ⅱ），使得生产可以在流通进行的同时继续进行。因为这个资本在这 3 周停留在流通领域，从生产过程来看，就好像它根本不存在一样。③

流通时间导致了追加资本，这个追加资本占总资本的比例等于流通时间在周转时间中的比例，在我们这个例子里是 3∶9。因此，追加资本的数量是总资本的 1/3。

那么，为了保证生产不停顿 3 周，资本家必须掌握的资本就不再是 6 000 马克，而必须是 9 000 马克。可是追加的这 3 000 马克只有到流通时间开始时的第 7 周才开始执行其职能，因此在前 6 周时是闲置的。这个 3 000 马克不断重复地处于游离和闲置状态。在第一个劳动期间中被转化为商品资本的 6 000 马克，到第 9 周末尾时被销售出去了，资本家现在手上有 6 000 马克。然而，这时第二个劳动期间（从第 7 周开始）还只完成了一半。就在这段时间内，追加的 3 000 马克资本派上用场了，由它来完成第二个阶段的生产。只需要

---

① 《资本论》，第二卷，第 176 页。
② 同①，第 297 页。
③ 同①，第 303 页。

3 000马克，就可以完成第二个阶段的生产。到这一过程结束时，原来的6 000马克中的3 000马克又会被游离出来，这样的过程会一再重复进行。

为了保持生产的连续性，防止它被资本流通所中断，必须追加资本，准确地说是追加货币资本，以用于购买生产资料和劳动力。这个追加资本自身并不会不断地产生剩余价值，甚至我们可以说它并不真正执行资本的职能。循环机制本身每隔一段时间就把它游离出来，这样它才可以在其余时间内发挥作用。

> 在考察社会总资本时，这个追加资本会不断地且有相当大的部分长期处于货币资本的状态。①

> 并且这个游离资本正好与那个把流通期间超过劳动期间（或其倍数）的那段期间填补起来的资本部分相等。②

> 因此，为了把资本Ⅰ（6 000马克）的流通时间转变为生产时间而必须追加的资本（3 000马克），不仅会增加预付资本的量和总资本的预付时间，而且还特别会增加作为货币储备存在因而处于货币资本形态并且具有可能的货币资本形态的那一部分预付资本。③

这3 000马克不一定是一定时期内闲置的货币资本总量。④ 假设某个资本家以这样的方式使用他的资本：生产期间开始时所要求的6 000马克中，有3 000马克用于购买生产资料，另3 000马克用于支付工资，而他支付的是周工资，这意味着他一周支付一次。因此，在他为此所必需的3 000马克中，每周减少500马克的那一部分资本就常常被闲置起来，直到第6周末尾。对于他用于购买生

---

① 《资本论》，第二卷，第293页。
② 同①，第317页。
③ 同①，第303页。马克思举的例子与我在此举的例子并不相同。为了简单起见，我把自己的数字插入进了马克思的论述中。
④ 在此我只能列举最重要的影响因素。在《资本论》第二卷中，马克思对这个问题进行了详细论述，在此我就不必详加叙述了。我们之前的确忽略了这些学术研究对于理解信用体系的基础性意义。

产资料的部分资本可能也是同样的情况：一部分的生产资料比如煤，并不是一开始就买进所有的部分的。当然也有可能出现相反的情况，即由于市场状况或供货习惯，使得资本家被强制买进比一个生产期间所需的量更多的生产资料，由此便产生了把更多的货币资本转化为商品资本的需要。

就生产资料和劳动力的购买阶段 $G{<}{\genfrac{}{}{0pt}{}{A}{P_m}}$ 而言，并不需要把货币立刻转化为劳动力和生产资料，即便不考虑追加资本 II，货币资本的闲置也是存在的。一部分的货币完成了 G—W 的行为，而另一部分货币还处于货币形态上，以便在需要的时候随时用于相继或同时进行的 G—W 行为。这一部分的货币只是暂时地脱离流通，其目的在于到需要的时候随时可用。因此，这是储藏货币执行其货币资本职能时的一种状态，虽然它暂时处于闲置状态，但依旧是货币资本 G 的一个组成部分，它的价值等于循环开始时生产资本的价值。另一方面，所有从流通中退出的货币都以储藏货币的形式存在。

因此，货币的储藏形式在这里成了货币资本的职能，正如在 G—W 中货币作为购买手段或支付手段的职能成为货币资本的职能一样，这是因为资本价值在这里是以货币形式存在的，而货币状态在这里是以循环的联系所规定的产业资本在它的一个阶段上所采取的形态存在的。不过在这里同时再一次证明了，货币资本在产业资本的循环中除了执行货币职能外，不执行其他任何职能，并且这种货币职能只是由于它和这种循环的其他阶段的联系才同时具有资本职能的意义。[1]

货币资本闲置的第三个重要原因来自于资本从增殖过程中回流的方式，这里的两个主要因素要区分开来。从周转的角度来看，产业资本被分成了两个部分，其中的一个部分在每个周转期内会被完全消费掉，其价值转移到产品上。例如，在一个纺织厂里，每月生产 10 000 磅棉纱，月底将其售出。与此同时，棉花、润滑油、照明瓦斯、煤和劳动力的相应价值也被消费掉，它们的价值在产品出售

---

[1] 《资本论》，第二卷，第 87~88 页。

时补偿给资本家。这种在一个周转期内全部得到补偿的资本是流动资本。另一方面，厂房、机器等也是生产所必需的，它们可以在许多个周转期内连续在生产中发挥作用，因此其价值在每个周期内只按照它们平均损耗的程度部分地转移到产品中去。比如说它们的价值是 100 000 马克，使用周期是 100 个月，那么通过棉纱的出售来获得补偿的厂房和机器的价值就是每月 1 000 马克。这部分在一系列周转期内执行职能的资本就是固定资本。

因此，对纺织厂的所有者而言，他可以每月从流通中获得一笔稳定的货币流用于补偿他以前预付的固定资本。在 100 个月期满之前，他都是以货币的形式持有它的，一直到 100 个月后这个货币额达到用来购买新机器等所需的 100 000 马克时为止。因此，这里也形成了货币储藏，它本身是"资本主义再生产过程的一个要素，是在固定资本的寿命还没有完结，从而还没有把它的全部价值转移到所生产的商品中去，还不必用实物进行补偿之前，固定资本价值或它的个别要素的价值在货币形式上进行再生产和储存"。①

因此，很明显，一部分资本家会不断地从流通过程中抽走货币，以补偿其固定资本的价值损耗。这里关键的问题是货币的形态。固定资本的价值只能用货币来补偿，因为固定资本自身可以在不需要实物补偿的情况下在生产过程中持续发挥作用。因此，固定资本再生产的一定方式使货币成为必要，② 没有货币，就不可能实现固定资本的价值流通与其在生产过程中继续执行技术职能的相互分离。固定资本更新的方式要求货币资本周期性地储藏，因而也造成了货币资本周期性的闲置。

资本积累的方式是导致货币资本游离的最终原因，因此需要我们在这里作进一步的分析。要使剩余价值变成资本，不论是用于扩大旧企业还是建造新企业，都必须使它达到一定的量，这一数

---

① 《论本论》，第二卷，第 524 页。
② "在一年内进行的商品交换不能归类于一种简单的在个人之间发生的交换，就像商品流通不能简单地描述成商品交换一样。货币在商品的流通中发挥着特定的作用，这种作用受固定资本再生产方式的影响很大"（《论本论》，第二卷，第 525 页）。

量的大小取决于企业现有的技术和经济条件。每一次循环终止时，都会以货币的形式实现一部分剩余价值。在被实现的剩余价值总额达到足以转变为生产资本之前，必须经历一系列这样的循环，这已经成了规律。它导致的结果是：从生产过程中产生的闲置的货币资本，必须以货币的形式储藏一段时间，直到其可以投入生产性使用为止。

即使是在简单的商品流通情况下也有可能发生货币储藏。如果在 W—G—W 过程中，它的第二个部分 G—W 没有进行，也就是商品的售卖者没有再去购买商品，那么他的货币就会被储藏起来，不过这种行为的发生是偶然的和随意的。但是在资本流通过程中货币储藏则是必需要的，它是这一过程的性质使然。这两种类型的流通的另一个不同之处在于：在货币资本流通中，货币不仅作为流通手段被游离和储藏，而且货币资本流通还是价值增殖过程的一个阶段，以及一个新的生产周期的潜在起点，并以这样的方式向货币市场施加压力。

因此，资本流通机制本身产生了这种必然性：货币资本会以或大或小的规模在或长或短的时间内闲置起来。当然，在这个闲置期内它不能带来任何利润，这在资本家看来就是一种死罪。像大多数罪恶一样，导致资本所犯下的这种罪恶的客观因素是我们马上必须加以考察的。

闲置资本量的变化及其原因

正如我们前面已经叙述过的那样，为了保证周转期内生产的连续进行，必须有周期性闲置的追加货币资本。在我们举的第一个例子里，如果周转时间从 3 周降为 2 周，就会多出 1 000 马克，它会以货币资本的形式沉淀下来，但随后它又会以追加资本的形式进入货币市场。在此之前，这 1 000 马克中只有一部分是货币形式，即用于购买劳动力的那 500 马克，余下的 500 马克被用于购买生产资料，因此是以商品的形式存在的。现在，它们全部都以货币形式在这个循环中沉淀下来。

因此,现在就有1 000马克以货币形式分离出来,形成一个新的寻找投资场所的货币资本,成为货币市场的一个新的组成部分。虽然这1 000马克以前就周期性地处于游离货币资本和追加货币资本的状态,但是这种潜在的状态本身就是生产过程得以连续进行的条件。现在为了这个目的,已经不再需要这1 000马克了,因此它就形成了新的货币资本,成为了货币市场的一个组成部分,尽管它绝对不是社会现有的货币储备的追加要素(因为它在企业开始时就存在,并且通过这种企业投入流通),也绝对不是新积累起来的储藏货币。①

这表明,在货币储备保持不变的前提下,任何货币资本供给量的增加都必须是周转周期缩短的结果。曾经做过资本的货币,被命运又重新带回了原来的角色。

相反,如果周转周期延长了比如2周,就需要追加2 000马克的资本。为了重新进入生产资本的循环(流通过程也包括在内),这笔钱得从货币市场中抽取出。这部分的追加资本,其中的一半会逐渐转化为劳动力,另一半也许马上就转化为生产资料了。因此,周转周期的延长导致了货币市场上货币需求量的增加。

影响周转周期最主要的因素有如下几个:

周转期间的长短,就其取决于真正的劳动期间,即完成可进入市场的产品所必需的期间而言,是以不同投资的各自物质生产条件为基础的。这些条件,在农业上,更多地具有生产的自然的性质,而在制造业和绝大部分采掘业上,是随着生产过程本身的发展而变化的。②

这里有两种倾向在发生作用。技术进步缩短了劳动时间,使产品可以更快地制造出来并运往市场。就不同的产品而言,生产的规模越大,其所需的资本量越大,其周转速度也就越快。因此,技术

---

① 《资本论》,第二卷,第330页。
② 同①,第363页。

进步缩短了劳动时间，加速了流动资本和剩余价值的周转。然而，与此同时，这也意味着固定资本的增加，而固定资本的周转期相对要长一些，要经历许多个流动资本的周转周期。因此，固定资本倾向于以比流动资本更快的增长速度进行增长，导致这个周转较慢的部分在总资本中所占的比例越来越大。即便不考虑信用问题，除了因为生产规模自身的扩大以及增加了预付货币的资本量之外，周转速度的这种变慢（由于固定资本占总资本比例的扩大）是导致预付货币资本量增加的另一个原因。不过，在这个越来越大的预付货币资本量中，被游离出来的比例也会越来越大。

> 劳动期间的长短，就它以供应数量（产品作为商品而言其通常投入市场的数量的多少）作为基础而言，具有习惯的性质。但是，习惯本身也以生产规模作为基础，因此，只有在个别考察时它才具有偶然性。①

在这里，生产数量的逐渐增加导致了货币资本需要量的增加。不过，技术进步可以使我们以更低的价格生产出更多的商品，因此可以减少货币资本预付量。

> 最后，周转期间的长短就其取决于流通期间的长短而言，部分地要受到下列情况的限制：市场行情的不断变化、出售的难易程度以及由此引起的把产品一部分投入较近的或较远的市场的必要性。撇开需求量本身不说，价格的运动在这里起着主要作用，因为在价格降低时，出售会有意识地受到限制，而生产会继续进行；反之，在价格提高时，生产和出售可以齐步前进，或者出售可以抢在前面。但是，由生产地点到销售市场的实际距离，必须被看做是真正的物质基础。②

因为利润来源于生产过程，而流通仅是将其实现而已，因此资本家会不停地探索将尽可能多的资本转化为生产资本的方法和途径。这就产生了将流通成本降到最低的两种倾向：其一是用信用货币替

---

① 《资本论》，第二卷，第 363~364 页。

② 同①，第 364 页。

代金属货币，其二是通过商业方法的改进将产品尽快卖出去，从而降低流通时间本身。当然，这也存在一种相反的倾向，那就是市场的扩展和国际分工的发展。不过，这两个因素的影响由于运输条件的改善而减弱了。

还要强调一点，资本周转期间的长短是剩余价值转化为积累并最终转化为资本的速度的决定性因素。周转时间越短，剩余价值在货币形式上被实现和被转化为资本的速度就越快。

上面提到的所有因素——资本的有机构成（尤其是固定资本与流动资本的比例）、可以缩短周转时间的商业方法的改进、可以缩短周转时间的运输条件的改善（虽然这一改善也导致对距离更远的市场的开发，从而产生相反的效果）、商业的周期性波动（它会导致货币回流速度的变化）和生产积累速度的变化——都会对闲置资本的数量和闲置时间的长短产生影响。

另外，商品价格变化的影响也是一个重要因素。如果原材料的价格下降，在我们的例子中的资本家就不再需要每周预付 1 000 马克了，而只需预付比如 900 马克，就能够保持原有规模生产的连续进行。因此，他的参与整个周转期周转的全部资本额就变成了 8 100 马克，而不是以前的 9 000 马克，这样有 900 马克就被游离出来了。

> 这样分离出来而现在不用的从而要在货币市场上寻找投资场所的资本，即货币资本，无非是原来要作为货币资本预付的 9 000 马克资本中的一部分。如果生产不扩大，而是按照原有的规模继续进行，则这一部分资本就会由于它要周期地再转化成生产要素且价格下跌而变成多余的。如果这种价格不跌不是由于偶然情况（特大丰收或供给过剩等等）造成的，那么，这个货币资本就会成为货币市场的一个绝对的追加额，因为它不再是已经使用的资本中的不可缺少的组成部分了。[①]

相反地，原材料价格的上涨必然要求追加货币资本，从而增加货币市场的需求。

[①] 《资本论》，第二卷，第 334 页。

很明显，我们上面所分析的这些因素，对于由商业周期引起自身也发生周期性波动的货币市场的发展而言，具有十分重要的影响。在繁荣期的开始阶段，价格较低，资本周转较快，因此流通时间也短。当经济达到繁荣的最高峰时，价格上升，流通时间也会延长，此时为了流通的需要，会产生对信用的强烈需求。与此同时，由于生产扩张的结果，对资本信用的需求也增加了。流通时间的延长和价格的上升，使得追加资本成为必要，而它却只能从货币市场中获得，因而可支配的借贷资本量减少了。

伴随着资本有机构成的提高，资本的总周转时间逐渐增加。处于生产阶段的资本的数量和停留时间都增加了，预付资本回到其起点的时间也延长了。例如，如果周转时间是10周，那么资本家需要预付10 000马克；而如果他引进了一种新的生产设备，则需要预付60 000马克，且周转期是30周，为此，他需要从货币市场取回60 000马克。6倍的资本必须以3倍长的时间进行预付。

资本的周转时间越长，它从市场上收回预付的商品等价物的价值（生产资料和工人的生活资料）再以商品的形式回到市场上所花费的时间也就越长。因为商品是从市场中取回的，因此必须支付货币。现在货币在这里不再是转瞬即逝的了，而是充当从市场上取回的商品的价值形式，其价值对商品而言是独立的。商品价值现在必须绝对地被货币所替代，因为只有在另一个完全不同的时间点上，它才能被另一种商品所替代。

如果我们设想一个社会不是资本主义社会，而是共产主义社会，那么，首先货币资本会完全消失，因而货币资本所引致的交易上的伪装也会消失。这样，问题就可简单地归结为：社会必须预先计算好能把多少劳动、生产资料和生活资料用在这样一些产业部门而不致遭受任何损失，这些部门，如铁路部门，在一年或一年以上的较长时间内不提供任何生产资料和生活资料，也不提供任何有用效果，但是会从全年总生产中取走劳动、生产资料和生活资料。相反，在资本主义社会，社会的理智总是事后才起作用的，因此可能而且必然会不断地发生严重的紊乱。一方面，货币市场受到压力；反过来，货币市场的缓和又造成了大批这样的企业的产生，也就是造成了那些后来对货币市场产生压力的条件。货币市场受到压力是因为在这里不断需要大规模长期预付的货币资本。这里我们完全撇开不说产业家们和商人们会把他们经营企业所必需的货币资本投入到铁路投机事业方面等，以致这种货币资本要靠向货币市场的借贷来补偿。单就社会可供支配的生产资本受到的压力而言，因为生产资本的要素需要不断地从市场上取走，而投入市场来代替它们的只是货币等价物，所以有支付能力的需求将会增加，而这种需求本身却不会提供任何供给要素。因此，生活资料和生产材料的价格都会上涨。此外，这个时候通常欺诈盛行，资本会发生大规模的转移……①

在这种情况下，周转速度的差别成了再生产比例的干扰因素，因此，正如我们在后面将要论述的那样，会成为危机的一个因素。

到目前为止，就我们的考察而言可以得出如下结论：（1）社会总资本中那部分在生产过程中执行职能的资本，总是会以货币资本的形式闲置起来；（2）这种闲置货币资本的数量变化很大，从而对货币市场上货币资本的供给和需求产生直接的影响。但是，闲置货币的存在是与资本必须产生利润这一最根本的职能相矛盾的，因此，为将这种闲置降到最低限度，人们做了各种努力，这一任务最终也成为信用的另一项功能或职能。

闲置的货币资本通过信用向执行职能的货币资本的转化

信用能够执行这一职能是很容易理解的。我们已经知道，货币资本会周期性地从资本的循环中游离出来。一旦它从任何一个单个私人资本的循环中游离出来，以信用的形式借给另一个资本家，那么就可以在另一个资本的循环中执行货币资本的职能。换句话说，

---

① 《资本论》，第二卷，第 361~362 页。

资本的这种周期性游离是信用体系发展的一个重要基础。因此,导致资本闲置的所有因素,现在都变成了引发信用关系发展的重要原因;同理,所有影响闲置资本数量的因素,现在也决定着信用膨胀或收缩。

例如,假设某个资本在循环中出现间歇或中断,导致该资本一直停留在货币资本这一形态上,那么一种潜在的货币资本供给就会出现,使得其他的资本家可以借助信用来获得这笔货币。这种情况也会出现在非连续性生产过程的领域。在该领域中,生产过程由季节决定,它或者是由于自然条件(农业、捕鱼、制糖等)造成的,也或许是由传统习惯造成的(比如所谓的季节劳作)。货币资本的每次游离都包含着通过信用把它借给他人,使之实现生产性使用的可能性。①

相反,如果中断发生的时间点是在货币资本还没有游离出来之前,那么反向的推论依然是成立的。也就是说,为了维持生产的连续性,需要社会提供流动性准备金以供其使用,或是需要发达的信用体系。

一方面,循环的性质创造了提供作为资本使用的借贷信用的可能性。但是,由于货币总是需要流通费用的,因此资本主义生产所具有的扩展速度快于货币资本供给速度的趋势,将使这种信用的存

---

① 那些银行把农业资本转入工业资本所依据的就是这样一个事实:由于农业生产对资本需求的季节性波动非常明显,在农闲时从农业资本中余下的资本就会进入工业生产领域。另一方面,下面这个现代制鞋厂的例子也恰恰表明了传统的影响程度:虽然制作一双鞋也就用三到四周的时间,但是流动资本在一年内却周转不了两次以上。这是因为,习惯上一年内主要的订单都是在复活节和圣灵降临节之前才能供货的,鞋子在这期间虽然可能已经生产出来了,但却只能在库房里存着。因为在这个时间之前这些鞋子不能卖给经销商,或者这样说,经销商也都是在这个时间之后才会为鞋子支付货款(卡尔·雷埃:《德国制鞋大工业》,1908年耶拿版,第55页)。

同时,这种情况对信用的利用产生了决定性的影响。"制鞋业中季节性交易的特性,也使制鞋工厂同银行打交道。主要季节之后所收到的大量金额被送到银行,银行在其他季节又向工厂提供为支付工资和其他经营费用所需要的资金,也通过转账或支票交易承担原料的支付"(同上书,第57页)。

在成为必然。另一方面，流通过程的每一次中断，W—G 或 G—W 的过程的每一次延长，都使追加准备资本成为必需，这样才能保持生产过程的连续性。

前面我已经说过，货币的数量在其他条件相同的情况下，取决于进行流通的商品价格总额。资本循环过程中任何价值的变化都会影响货币资本的数量。如果出现价格上涨，就要追加货币资本；如果价格下降，货币资本就会游离出来。

> 干扰越大，产业资本家就必须持有越是大量的货币资本才有可能排除干扰。因为随着资本主义生产的进一步发展，每一单个生产过程的规模都会扩大，预付资本的最低限量也都会随之增加。所以，除了其他情况外，又加上上述这个情况，使产业资本家的职能越来越转化为各自独立或互相结合的大货币资本家的垄断。①

建立在货币资本游离基础上的信用，与起源于简单商品流通的仅属于货币职能变化的商业信用，有着根本的不同。这一点需要我们作进一步的分析论证。

---

① 《资本论》，第二卷，第 122 页。这里我们看到了银行业对工业的统治地位，虽然这个现象在其初露端倪时我们几乎没有发现，但是这却是近些年最重要的社会现象。

第 5 章　银行和产业信用

信用首先表现为作为支付手段的货币职能变化的结果。商品售出一段时间后才会被支付，在售出与支付的间隔期里，预期未来会支付的货币就是信用。自然地，这种形式的信用是以商品所有者，而在发达的资本主义社会里则是以从事生产的资本家，为前提条件的。假设这只是一个单独的个人行为，那就意味着资本家 A 有足够的资本准备，直到他从资本家 B 那里得到支付后的款项时为止，而资本家 B 在购买时却没有必要的现金。在这种单方面提供信用的情况下，A 必须拥有足够的货币，直到债务到期获得 B 对他的支付为止。因此，货币并没有被节约，而只是被转移。但如果此时发生的是票据交易，即票据被当做支付手段使用，那情况就不同了。举例来说，如果 A 不仅向 B 提供信用，而且还通过将自己从 B 那里得到的票据交给 C，从 C 那里获得信用，那么 C 就可以用此票据向 B 支付他欠 B 的任何款项。发生在 A 和 B、A 和 C 以及 C 和 B 之间的买卖行为，可以在不需要任何货币参与的情况下完成，因此货币被节约了。因为这些货币必须作为货币资本掌握在生产资本家手中才能进行他们的商品资本流通，其结果就是节约了他们的货币资本。换句话说，票据代替了货币，执行了信用货币的职能。在大部分流通过程中，包括那些最大最集中的流通活动、生产资本家之间的交易活动，通常都可以以这种票据交换的方式来进行，由此所产生的支付往来，绝大部分最终都会相互抵消，最后只需一小笔现金来支付或结清差额部分即可。这种情形之下的生产资本家们彼此为对方提供信用，然而其实他们相互借贷给对方的是他们的商品、他们的商品资本。同时，这些商品仅仅被视为是某个一定数量价值的价值承担者，而这些价值已经被假定为以社会有效的方式实现了。也就是说，被当做是这些票据所代表的一定数量货币额的承担者。因此，票据的流通是以商品流通为基础的，但是这些商品已经被售出、被转化为货币，即便这种转化还没有被社会视为是有效的，但也只是以买者向卖者承诺会到期支付的这样一种私人行为而存在。①

这种类型的信用，即生产资本家之间相互提供的信用，我把它称之为流通信用。前面我已经说过，它是被当做货币的替代物来使用的，可以使商品在无需使用货币的情况下实现转移或转换，从而能节约珍贵的贵金属。这种类型的信用的扩张是以这种商品转移方式的使用的增加为基础的，因为这里所涉及到的商品资本——生产资本家之间的交易——是由再生产过程的扩张决定的；一旦再生产过程扩张了，就会产生对生产资本（机器、原材料、劳动力）需求量的增加。

生产的扩张意味着流通量的加大，而扩大了的流通过程则要求信用货币数量增加。票据流通扩大了，它之所以能够扩大，是因为进入流通的商品数量增大了。流通量的增加可以在不增加任何金属货币需求的情况下进行。同样，货币资本的供给与需求双方的关系也不会发生变化，因为对支付手段的变大了的需求可以同时得到满足，而且是以相同的比例得到满足的。其所借助的方式是：建立在增加了的商品数量基础上的信用货币供给数量的增加。

这种情况下发生的是票据流通交换量的增加。② 这种信用的增加不会对真实生产资本要素的供给及需求关系产生任何影响，相反，

---

① 那些认为货币是完全基于交换而产生的人，都还在进行着有关商品券、劳动货币等的幻想。这些人幻想着有直接从金银块中脱离出来的能够直接独立表示商品价值的信用券，以此来作为商品交换的媒介（货币）。这些人忽视了这样一个事实，即只有在账单相互抵消、差额部分由现金清偿以及没有支付的票据为货币所替代时，商品交换才能在社会中有效进行。

② 一年中投入流通领域的票据数额为（以百万马克计）：1885 年是 12 060；1895 年是 15 241；1905 年是 25 506。其中银行承兑的数额分别为：1 965 或者 16%；3 530 或者 23%；8 000 或者 31%。虽然这些数字中也包含了那些像证券、仓储收据等未流通的票据（维·普里庸：《德国的票据贴现业务》，1907 年莱比锡版，第 51 页）。

二者还会以相同的比例增加。由于生产过程的扩大，生产规模扩大所必需的商品也被生产出来，因此才有了信用的增加以及生产资本的增长，二者都是票据流通扩大的反映。但是这些都不会导致对货币形式的资本的供求关系的任何改变，影响利息率的只是这种需求。因此，信用供给的增加完全可以在利息率不变的情况下实现，而假定追加的信用仅仅是流通信用的话。

票据流通只受实际完成的交易总额的限制。国家纸币的过量发行会降低每一单位货币的价值，但无法改变所发行纸币的总价值量。但是，票据一般都是根据已经完成的交易签发的，因此不会出现过量发行。假如发生了虚假的个别交易，则这一交易的票据当然没有价值，不过个别票据的无价值对其他票据的价值没有任何影响。

然而，票据过量发行的不可能性并不能排除下面这种情况的出现，那就是资本家可能会在这种信用工具上填写过高的支付义务或货币额。比如，在危机期间，商品价格下跌，支付义务到期不能完全兑现，销售停滞使得商品无法转化为货币。机器制造商原来打算通过销售自己的产品来兑现票据，可是现在他的产品卖不出去，也无法用他从机器购买者那里得到的票据去抵消他购买铁和煤时所签发的票据。因此，虽然他的票据在到期前是代表着商品的资本的，但是只要到期时他无法兑现，那他那些票据就变得毫无价值了。①

为流通时期的票据提供信用，其目的在于代替本应在这一时期追加的资本。这些票据本来是生产资本家之间互相提供的，只有在货币无法收回时才会由第三方也就是银行来提供货币。然而，当正常的票据流通被打断，比如出现了商品暂时无法销售、因投机而被囤积或任何其他情况时，那么银行就会介入其中，不过此时银行的作用仅仅是扩展和补充票据信用而已。

因此，流通信用可以使生产的规模以远远超出资本家手中的货币资本所允许的范围来进行扩张，而资本家自己的资本现在仅仅

---

① 如果正常的商品流通被革命、战争等非经济性的突发事件所打乱，那么我们就不应该把因为这些事件而造成的商品流通延迟记入正常的流通时间内，我们应该耐心地等待这类事件过去。比如，因为某些原因造成票据无法按时承兑时，国家可以颁布法规来延长票据承兑的期限。

充当信用的基础、充当差额结清基金以及票据贬值时应付损失的准备金。

现金使用的节约导致了票据相互抵消程度的增加，因此出现了一些专门处理此类业务的机构，银行则执行着信用工具的收集和抵消职能。每一票据被当做支付手段使用得越频繁，货币节约就越多；票据的支付能力越可靠，即它被当做流通媒介和支付手段的安全性被公众认可的程度越高，其流通范围就越大。这当然也是银行的职能之一。银行通过购买票据同时执行着这两项职能。在这个过程中，银行变成了信用担保人，它通过为票据提供钞票的方式用自己的银行信用代替了商业信用，用自己的票据代替了产业和商业票据。因为银行票据只是对银行家的一种票据，所以更易于被人们所接受。因此，银行票据是以票据流通为基础的，国家纸币是以社会必要的商品交易的最低限度为保证的，商业票据是由已完成的资本家私人的商品交易活动作为保证的，而钞票则是以票据也就是所有进行交换的人的全部财产作为担保保证的。同时，钞票的数量受未支付的票据数量的限制，因此是受已经完成了的交换活动的数量的限制的。

因此，钞票最初只是一种代替生产资本家票据的银行票据。①在钞票产生之前，票据到期前常常带有上百的背书进行流通。另一方面，钞票最初是同普通的商业票据一样的，发行不同的面额且不总是整数，并且也不总是见票即付的。

> 以前，钞票出现这种情况并不是不正常的，即按照发行人的选择、银行发行的证券，或者见票即付，或者在一个比兑换日更晚的日子里支付，但在后者的情况下，会带有到支付日为止的利息。②

当国家干预出现后情况就发生了变化，不过这种变化并不会影响经济规律的作用。立法的目的在于通过对钞票发行的直接的或间接的限制，使它的发行成为国家控制下的银行的一种垄断，从而保

---

① 我在这里说的产业资本家，指的是那些追求平均利润的企业家和商人，而非那些追求利息的借贷资本家和追求租金的固定资产拥有者。
② 詹姆斯·威尔逊：《资本、通货和银行业》，1847年伦敦版，第44页。

证钞票的可兑换性。在那些没有国家法定纸币或它的数量远远低于社会所需最低量的国家,钞票代替了国家法定纸币的位置。在危机期间,上述钞票被强制流通,它就变成了实际上的国家纸币。①

---

① 银行依然会继续做钞票的贴现业务。在票据和其他保证单据的数额范围内,钞票继续执行着信用货币的职能,但这并不能改变钞票作为纸币的职能。下面的论述可以证明钞票发挥着纸币的职能:当钞票发行量超过社会需求量时,钞票就会像纸币一样贬值;而当钞票没有发行过量时,它就不会贬值。在英格兰,由于国家预付款的增加,导致纸币流通的数量不比实际货币的需求多多少,即使在施行银行信贷限制的时候依然如此,所以钞票的贬值幅度很小。但是迪尔的下述说法是错误的:"即使具有法定交换功能的钞票,也还不能被称为是真正的纸币(此外,迪尔在这里没有考虑奥地利币制改革的经验,从而过高估计了这种怀疑。——希法亭)。因为在现行制度下,钞票是作为贷款兑付的形式发行的,而不是为货币流通发行的。钞票的发行数额是由银行的管理方式决定的,而不是由货币需求数额决定的。钞票发行的直接的和唯一的目的是满足国家的商业信贷需求,而如果发行过度,则就会危及国家信贷体系的安全。"(卡尔·迪尔:《对李嘉图的国民经济基本规律的社会科学说明》,1905 年莱比锡版,第二部分,第 235 页)基于商品交换而发行的钞票与基于国家信贷而发行的钞票,这两者之间有着本质的区别,而迪尔却忽视了这种区别。前者取代了货币的职能,能够表现商品的真正价值,提高商品流通与交换的效率;而后者则是纯粹的国家信贷的表现,国家发行这种保证可以兑换成现金的钞票,目的是为了购买那些国家暂时不能为之支付现金的商品。如果国家从货币市场上借款,那么就会从货币市场上抽走一部分资金;而当国家把借款花掉时,这部分资金就又会回到货币市场上。在这个循环过程中,货币总数并未发生改变。由于国家在出现财政危机的时候只有银行这一个求助对象,所以国家就会把钞票规定为具有法定效力,以此来防止银行因为救助国家而破产。所以作为国家信贷而发行的钞票,同其他纸币的发行一样,都是对经济流动性的一种增加,都会使货币发生贬值。国家还可以通过直接发行货币来支付自己的借款,不用间接地通过银行来还。只是通过银行间接还款的方式,银行可以从中赚取利息,而银行为此所支付的唯一成本只是钞票的印刷成本。虽然李嘉图曾把钞票和纸币混为一谈,但是因为银行可以通过发行钞票而获利,因此他反对英格兰银行的钞票发行,他认为应该由国家垄断钞票的发行。如果感兴趣,读者还可以看看李嘉图在他的《经济和安全的通货提案》一书中所提出的一些著名建议,这些建议有很多在奥地利的"纸币改革"中得到了应用;而正是这个实践经历,也让我们看到了李嘉图理论的错误之处。

一旦流通要求增加上述钞票的发行，对它的人为调节就立即失效。比如，在危机期间信用体系瓦解了，许多私人资本家的信用货币或票据变得不可靠了，它原来在流通中所占据的位置现在都被追加的流通手段来代替了。法律变得软弱无力，或者被践踏（比如最近发生在美国的情形），或者被禁止（比如英国的《皮尔法案》时期）。人们会愿意接受钞票，但同时会拒绝其他种类的票据，原因仅仅是因为银行信用比较可靠。如果连钞票都不可靠了，那就只能是强制流通或者发行国家纸币了。如果这些都没有做到，那么纯粹的私人流通手段就会被建立起来，就像最近的美国危机中的情形那样。但是，用这个办法对付货币危机，效果是很差的，尤其是当这一货币危机还因为错误的立法而被加剧了的时候。①

---

① 在货币制度的立法上，资本主义社会面临着一个纯粹的社会问题，但是资本主义社会却并不清楚地知道自己的社会本质特征，其自身的发展规律隐藏得很深，我们只有通过一步步艰辛的理论探索才能找到。而且资本主义社会的领导阶层，对于理论探索的结论还持反对态度。撇开那些在银行立法方面的比较出色的资本家的狭隘利益，我们可以看到，对于劳动价值理论的反对已经成为了货币流通规律理论研究的桎梏。尽管图克、富拉顿和威尔逊曾证明英国货币学派的荒谬之处，但是英国货币学派理论在解决英国银行立法问题上的胜利，的确可以证明前面的结论。比较具有讽刺意味的是，英国货币学派的理论居然得到李嘉图的支持。李嘉图一直都致力于宣扬自己的劳动价值理论，但是在这个例子中，他却受英国货币制度实践的影响，放弃了自己的劳动价值理论。

　　资本主义社会的无政府主义特征，使得资本主义社会很难建立起主动的、合理的解决社会问题的途径。资本主义社会能够从痛苦的、代价高昂的历史发展阶段中慢慢学到很多社会发展的原则，但是它却找不到实践这些社会原则的动力。比如，美国、英国和德国现在还都维持着银行发行的制度，这就表明了资本主义社会在社会制度改革方面比较迟钝的一面。对资本主义社会来说，从最近的货币发展历史中探寻出一个在逻辑上能自圆其说的货币理论出来，就更加不可能了。克纳普仅仅创立了一套系统的专业术语，但并没有对最近的数据作出评价和解释。不过他的这个大胆突破实际上就已经让资本主义世界感到震惊了。

　　由于货币流通和信用方面的管理是一个纯粹的社会问题，所以我们理应把这个任务委托给国家来办。但是由于资本主义社会可以被分为各个社会阶层，而那些弱势阶层担心，把货币流通管理的权力交给国家来掌握会增强那些强势阶层的统治力量。弱势阶层和强势阶层之间的斗争，往往最像其他可兑换票据不能过量发行一样（不可兑换的票据实际上是法定流通国家纸币），①钞票也是如此。它会通过流通，让流通不再需要的钞票返回银行。因为它可以当做商业票据使用，所以它也服从于那些对流通票据起作用的客观规律，并且当信用没有受到干扰时，它还可以随着商业票据的发展而进一步发展。隐藏在钞票背后的信用可以在危机期间依然保持稳定，结果危机期间被压缩的商业票据空间会被钞票和现金所替代。

随着银行体系的发展，所有的闲置货币都流入了银行，银行信用便替代了商业信用。所有票据越来越不是以它们在生产资本家之间原有的流通形式充当支付手段的，而是以其转化形式充当钞票。银行现在变成了抵消和结清差额的机构，这样的一种技术改进可以扩大债务抵消的范围，减少用于结清差额所需的现金量。过去生产资本家为弥补他们手里的票据的差额而必须留在自己手中的货币，现在成为多余的了，可以作为存款流入银行，银行则可以将这些钱用来结清差额。

因为银行机构用自己的信用替代了商业信用，而银行也需要信用，因此它只需要用自己的很少的一部分货币形式的资本来作为支付能力的保证金就可以了。银行在这里所做的就是用它为世人所知的信用，代替那些不为世人所知的信用，从而增加信用货币流通的

终能够达成这样的妥协，即由一家具有特权的私营公司来管理国家的货币流通，而国家则对这家公司（一般为中央银行。——英译者）拥有广泛的监督权。建立国家货币流通体制时，我们不应该考虑资本家的利益，至少不应该考虑得太多。中央银行执行自己的权力，对于资本家的个人利益没有影响。不过有一点倒是应当小心，即受利益的驱动，中央银行可能会滥用国家信用，从而造成难以预料的后果。所以货币流通和信用体制的管理，从根本上来说，它就是一项社会任务，而这个任务的执行者不应该有任何的利益动机。

① "对于那些老银行经理们在1810年公开反对的原则，我毫不犹豫地公开表示支持，这个原则说的是：只要银行发行的是贴现期不超过60天的好票据，那么无论结果怎么样，银行方面都不承担任何过错。我非常坚定地相信，在这样一个简单的原则里，蕴含着更加接近现实的行事途径，蕴含着对于管理货币流通十分深刻的道理"（富拉顿：《论流通手段的调整》，第198页）。

可能性。正是以这种方式，才使得原本只是本地范围的支付，扩大到了更大范围的地区，而且还可以有更长的兑现期。银行发展起来的这种信用结构体系，使得其适用范围和程度远远超过了只局限于生产资本家之间票据流通的信用所达到的程度。

但是，银行通过票据贴现方式提供给生产资本家使用的资本不能被双重计算。银行存款的最大部分属于生产资本家，随着银行体系的发展，这些人会把他们全部的流动资本存入银行。正像我们已经看到的那样，这些货币资本是票据流通的基础，但它们是属于这个阶级的自有资本，他们并没有通过票据贴现获得任何新的资本。这里所发生的是资本的一种货币形式——私人支付承诺，被资本的另一种货币形式——银行支付的承诺，有时是现金——所替代的情况。只有在替代是属于已经被实现的商品资本的范围内，它才是货币资本，换言之，货币又回到了它的最初状态。不过，从它的职能来看，它依旧是货币，执行的职能是支付手段或购买手段。

当然，银行信用对生产资本家信用的这种替代，也可以通过其他的形式来进行，而不是只有钞票这一种形式。比如，在实行发行垄断的国家，私人银行可以以接受生产者票据的方式来提供钞票，也就是说，通过银行在生产者票据上的签字，来保证该票据的支付能力，从而向其提供银行信用。用这种方式，这些票据获得了银行票据的待遇，它的流通能力增强了，仿佛它已被某种钞票所替代了。这已是广为人知的大部分国际商业交易的做法，而且，私人银行的票据都是这样解决的。通常，这种可接受的票据与私人钞票之间并没有什么区别。①

---

① "票据是国际贸易中最重要的支付手段。以前商业票据是国家间贸易支付的主要手段，但是在过去的一个世纪中，银行汇票的作用越来越重要了。商业票据等其他支付方式与银行汇票比较起来越来越靠后站了。商业票据的购买职能渐渐退化。随着时代的发展，银行汇票的职能抽象化的发展越来越丰富，以至于现在很难说银行汇票是在商品交易的基础上发展起来的。银行汇票应该满足可以随时提现的要求，这是它的最重要的新功能。在国际信贷中，我们可以广泛应用银行汇票这种支付方式"（A. 萨尔托里乌斯·冯·瓦尔特斯豪森：《国外投资的国民经济制度》，1907 年柏林版，第 258 页以下）。

流通信用，就我们现在所使用的意义上而言，其实就是信用货币的一个产物。由于有了它的服务，生产才可以不再受可供支配的属于流通的社会所需的最低限度（足值的金属货币、标准通货、金或银铸币、法定国家纸币和辅币）的一个组成部分的货币数量的限制。

但是，这种流通信用不能把货币资本从一个生产资本家手中转移到另一个生产资本家手中，也不能把货币从其他（非生产的）阶级手中转移到资本家阶级手中，再由后者将其转化为资本。如果流通信用只是现金的替代物，那么，我们就把那种其职能在于将货币（不管采取怎样的形式，即不管是现金或是信用货币）由闲置货币转化为执行职能的货币资本的信用，称之为资本（或投资）信用，因为这种转移始终是向通过购买生产资本要素从而把货币作为货币资本使用的人那里转移的。

在上一章中我们已经看到，在资本主义生产过程中被当做货币资本使用的资本是如何发生闲置和储藏的。正是这笔货币，有时出现在流通过程中，有时被闲置，或者被当做固定资本替换的价值被储藏，或是作为积累起来的剩余价值先储藏起来，等到积累到足够的数额后，最终再转化为资本。这里我们对这三种形式作如下区分：（1）各个货币额必须集中起来，一直到它们通过集中可以达到在生产上加以利用的额度为止；（2）它们必须提供给适当的人支配；（3）它们必须在适当的时机加以使用。

我们已经明白信用货币是如何在流通中产生的了，现在我们要分析的是闲置货币。但是货币只能执行货币的职能，而且只能在流通中执行这些职能，因此信用不仅可以把非流通货币投入到流通领域之中，而且还可以做得更多。不过，资本主义信用，当它把货币投入流通时目的只有一个，那就是赚回更多的货币。它把货币当做货币资本投入流通，目的在于将其转化为生产资本。因此，它扩大了生产规模，而这种扩大又以流通的扩大为前提。不过，此时流通规模的扩大不需要新货币的加入，而只需要把原来的闲置货币用于流通即可。

于是，这里又产生了新的需求，那就是把闲置的货币资本集中起来并把集中起来的货币资本加以分配的经济职能。但是，我们在这里所分析的信用与普通的流通信用有着本质的区别。流通信用只是执行了支付手段的职能，为已经出售了的商品进行的支付其实是一种信用。在其他情况下必须出现在流通中的货币得到节约了，因为它被信用货币所替代了。本来所需要的这一数额的真实货币，现在变成多余的了。另一方面，对资本家而言，并没有出现新的可获得的资本。流通信用仅仅是给了资本家的商品资本以货币资本的形式。

但是，资本（或投资）信用是将一笔货币额从不能将其作为资本来使用的所有者手里，转移到另一个可以将它作为资本来使用的人的手里。这是进行这一货币额转移的目的。因为如果不能将其作为资本来使用，那么这笔货币的价值就不能保持或回流。但是从社会的角度来看，为了使货币能够安全地贷出，货币总是必须回流到债务人那里。所以，这里发生的是现有货币的转移，而不是货币的节约。因此，投资信用转移了货币，使货币从闲置状态转化为了执行职能的货币资本。① 不像普通的商品信用，资本信用并不能节约流通费用。资本信用的首要目的是使生产可以在现有的或既定的货币供应的基础上得到扩张。这里，资本信用的可能性是在货币资本本身的流通条件中产生的，是由于货币在资本的个别循环中周期性地被闲置而产生的。一些资本家不断地把货币存入银行，银行又把它提供给其他资本家支配。

因此，当我们站在作为整体的资本家阶级的角度来考虑时，是没有闲置的货币的。一旦货币在流通的某个点上被变为储藏货币时，那么信用就会立刻把它转化为在另一个流通过程中发挥职能的货币资本。因此，对于整个资本家阶级来说，它的好处是节约了预付货币资本量，因为在流通的间歇期，现有货币的可转换性

---

① 因为贷出货币的目的是取得利息，所以对于货币的出借方来说，出借的货币具有资本的特征。并且不管那部分出借的货币最终的用途是什么，不管它会用来当做生产资本的启动资金，还是用来当做流动资本的一部分，大家一般都会把它当做资本。因此，支付方面的货币的需求和资本方面的货币需求就混在一起了。

可以使闲置的货币不会被储藏起来。于是，对整个资本家阶级而言，他们只需储藏较小数额的一笔货币就可以对付可能出现的流通的混乱和干扰。

前面我们已经讨论了生产资本家（产业资本家和商业资本家）是如何借助信用货币来进行交易（例如购买生产资料）的。现在，生产资本家成了货币资本家和借贷资本家。然而，这一新角色仅仅是暂时的，只会存在于他的处于闲置状态的货币资本等待向生产资本转化的这一时期。正像他在某一时刻贷出货币资本一样，他在另一时刻又从第二个生产资本家那里借入货币资本。借贷资本家的职能起初只是暂时的，后来才随着银行制度的发展成为他的特殊职能。

由于信用的中介，现有的货币资本可以在更大的范围内执行职能。它还可以将闲置的资本降低到为应付资本循环过程中的干扰或无法预见的变动所必需的最低限度。因此，从整个社会资本的利益角度来说，信用的作用在于尽力消除个别资本循环过程中的某一时期内的货币资本的闲置。

生产资本家的存款的存入和取出，服从于由生产资本在流通过程中的性质及其流通时间的长短而产生的特定规律。银行从实际操作经验中认识到这种规律性，就使它明白了它在正常时期所需的存款的最低数额，这样，银行就可以把余下的部分提供给生产资本家使用。

支票是直接由存款开出的，商业票据则只是间接地与存款发生关系。支票可视作为一种个人存款，而票据则以整个阶级的存款总和为基础。因为通过票据贴现提供给资本家阶级支配的，首先是这个阶级的自己的存款，当对到期的票据进行支付时，也就是实际已经售出的商品的价值被收回的时候，它是以存款的方式回流的。如果这种货币的回流减少了，那么对这些票据进行的支付也会减少，资本家就不得不追加他的资本。于是，他只好从银行里取出存款，因此减少了可用于票据贴现的准备金。现在，银行不得不出面干预了，它必须以它自己的信用来进行这些票据的贴现。但是由于作为票据流通基础的存款已经减少了，进而银行的流动性也减少了，因此，对银行而言，此时进行信用扩张是一种危险的行为。在这种情况下，货币回流的减缓增加了对银行信用的需求，而银行信用又不能扩大，因而对银行资本（借贷资本等）的需求也增加了。于是，就会表现为利息率的上涨。作为信用货币使用的票据的作用降低了，其重要性也就下降了，此时必须用从银行中取出来的真实的货币来替代票据；由于货币从银行中被取走了，因此对货币资本的需求也就明显地增加了。于是，我们可以看到，存款减少了，而商业票据的流通却保持不变，或许还会增加，当然，利息率也上升了。

很明显，存款总额要比实际存在的现金供给量大许多倍。硬币的迅速流通也是信用货币流通的基础。每一次这样的硬币或信用货币的流通，都可以表现为在银行家那里的存款，从而导致以下这一事实的出现，即存款额可以比（包括信用货币在内的）以货币流通次数来显示的现金额大得多。

假设 A 把 1 000 马克存入银行，而银行却把这 1 000 马克借给 B，B 又用这笔钱向 C 支付债务，而 C 则又把这 1 000 马克存入了银行，银行再把它贷放出去并重新又把它作为存款吸收进来，如此等等。

> 存款……起着双重作用。一方面……它会作为生息资本贷放出去，因而不会留在银行的保险柜里，而只是作为存款人提供的贷款记在银行的账簿上。另一方面，在存款人相互间提供贷款并由他们的存款支票相互平衡和抵消时，它只是作为账面项目起作用；在这里，无论存款存在同一家银行里，由它在各账户之间进行抵消，还是将存款存入不同的银行里，由各银行间相互交换支票并支付差额，情况都完全是一样的。①

按照上面的叙述，银行执行了两项职能：（1）它通过支付的集中和减少地方差异，有利于支付体系的发展，也扩大了支付的规模；（2）它承担了实现闲置的资本向执行职能的货币资本的转化，并通过收集、集中和分配货币资本，从而把货币资本压缩到

---

① 卡尔·马克思：《资本论》，第3卷，第553页。

社会资本循环所需要的最低限度水平上。银行承担的第（3）个职能是，收集所有其他阶级货币形式的收入，把它们作为货币资本提供给资本家阶级支配。因此，资本家不仅得到了他们自有的由银行进行管理的货币资本，而且也得到了所有其他阶级的闲置的货币并将其投入生产过程。

为了执行这些职能，银行必须尽可能地收集和集中其他人手中的闲置货币，然后将它们贷放给生产资本家。银行为了达到这一目的，其借助的主要手段就是向存款提供利息，并且设立分支机构以便更好地吸收存款。这种"分散化"（一种不准确的叫法，也许是因为这种分散仅仅是地理上的，而不是经济上的）对于银行执行其将闲置货币转移给生产资本家使用的职能来说，是必需的。

银行提供给产业资本家支配的货币资本，可以用两种方式用于扩大生产，即转化为固定资本或流动资本。由于货币资本回流方式的不同，这种区分是十分重要的。为流动资本的购买行为所预付的货币资本是按同样的方式回流的，也就是说，它的价值在一个周转期之后就可以完全再生产出来，并再转化为货币形式。但转化为固定资本投资的那一部分预付的货币资本，情况就不同了。以这种方式投资的货币，要在一系列的漫长的周转期内逐渐地回流，并且在这期间是被固定的。因此，资本回流的方式的不同决定了银行的货币被固定的方式和方法的不同。银行把它的资本投入到资本主义企业中去，从而与这个企业的命运有了联系。银行资本被用做固定资本的数量越多，这种联系也就越密切。同产业企业相比，银行在与商人打交道时就要自由得多。就商人资本而言，其涉及的仅仅是支付信用，且正如我们所看到的那样，它解释了为什么银行资本和商人资本之间的关系会与银行资本和产业资本之间的关系完全不同。

银行资本（包括我们在上面提到过的其他形式的准备金）是以以下方式来提供给产业资本家使用的，即允许他们透支自己的存款、开设信用账户及经常账户。这三种方式并没有本质上的区别。真正重要的是这些资本被使用的目的，即它是被用于固定资本还是流动资本。①

由于银行资本的这种固定化使得银行被迫增加其自有资本来充当准备金和保证金，从而保证其存款的随时可转换性。因此，与纯粹的储蓄银行相反，那些提供长期信用的银行必须有大量的资本供其支配。在英国，已存入的股份资本与债务之间的比例是非常小的。"在经营有方的伦敦和各郡银行，在1900年这种比例是4.38∶100"。② 另一方面，这一比例也解释了为什么英国储蓄银行会有这么高的红利水平。

在最初，主要的信用工具是票据交换或交易，它是作为支付信用提供给生产资本家——产业资本家和商业资本家——使用的，以结清他们相互之间的交易差额，其结果就是信用货币。当这些信用集中到银行手里之后，与支付信用相比，投资信用的重要性在逐渐增加。同时，产业资本家之间相互提供的信用形式也在发生变化。由于他们把所有的以货币形式存在的资本都存入了银行，因此，现在他们是通过票据互相提供信用，还是以银行信用证书的方式来互相提供信用，已经没有什么差别了。既然银行信用可以替代票据，那么票据信用所要求的票据流通也就减少了。产业票据和商业票据被银行票据所替代了，而银行票据则是以产业资本家对银行的债务关系为基础的。③

---

① 当经济学家分析商品的时候，都会把它们当做交换行为的载体，而不分析商品的具体形态和特征。但是在分析比较成熟的信用交易和证券交易时，他们却对这些交易的各种各样的具体形式和特征不遗余力地加以研究。在我看来，耶德尔斯的著作《德国大银行同产业的关系》（1905年，莱比锡版）在其他方面的论述比较成功，但是在这个方面，他却把信用交易的具体形式看得过于重要了。
② 雅费：《英国的银行制度》，第200页。
③ 几乎在所有的商业领域，我们都可以看到这样一个趋势：现金逐渐取代商业票据成为主要的支付手段，并且现金支付方式（普里庸认为银行支付也是现金支付的一种）在稀有材料和半成品的交易中已经得到广泛使用。随着银行信用的发展，特别是承兑信用业务的发展，商人们越来越多地通过转账和填写支票的方式来进行支付，而纯粹的商品票据的用途越来越少了。由于通过从高端贸易中吸收财富，资本总量现在已经很大了，所以这种交易方式的转变必然会对那些交易额巨大的商品票据产生影响。在大规模的

商业信用向投资信用的转化在国际市场上也表现了出来。英国在其发展的早期阶段（资本主义初期的荷兰也有类似的政策），对购买英国产品的外国主要是增加商业信用的供给，同时对自己的进口则主要是以现金支付。现在情况就已经不同了。信用不仅仅也不首先是以商业信用的形式来提供的，而是以资本投资的形式来提供的，其对象或目的是获取对外国产品的控制权。现在，主要的国际性银行家不是诞生在美国和德国那样的工业国里，而是诞生在法国，然后是荷兰和比利时。这些国家的银行家是 17~18 世纪英国的投资信用的主要提供者，他们对这一时期的英国资本主义的发展提供了经济支持。在这一时期，英国只处于中间水平。这些国家的中央银行的黄金流进与流出运动的数量也因此有所不同。在一个相当长的时间内，伦敦作为唯一的真正自由的黄金市场，从而成为黄金贸易的中心。因此，英格兰银行的黄金运动曾一度是国际信用关系的指标。在法国，黄金的自由运动受到了黄金贴水政策的阻碍，在德国，则是受到帝国银行的各种管理政策的影响和阻碍。由于那时英国提供的信用还主要是商业信用，所以英国的黄金储藏的波动主要取决于该国的工商业和贸易收支的状况。另一方面，法兰西银行由于拥有自己巨额的黄金储藏和相对较小的商业债务，因而在操作上的自由度就要大得多。在那一时期，只要市场上的商业信用出现干扰或动摇，帮助英格兰银行渡过难关的就总是法兰西银行。

银行信用对商业信用的这种相对独立性是重要的，因为它使得

海外贸易中，那些数额巨大的交易（如小麦贸易），当无法使用银行承兑的时候，就会把即期票据当做海外贸易支付的主要手段，而不会采用期限长达 2~3 个月的票据。虽然大额的现金支付要求购买者必须在银行有充足的信用储备，但是通过支付现金，购买者可以买到质量更佳的商品，所以现金支付越来越流行了。由于一些商品票据的流通性已经很高，帝国银行和其他一些信用银行以及那些信用银行内部不同的集团之间，都展开了对这些流通性较好的商品票据的竞争。积存了大量资本的大型银行在商品票据上寻求合适的投资目标，银行间在好的商品票据上的竞争压低了这些票据的价格，使得它们的价格不仅低于帝国银行的贴现率，而且还低于其他信用银行的贴现率（普里庸：《德国的票据贴现业务》，第 120 页）。

银行家具有某种优势。每一个商人和每一个产业资本家都有到期必须支付的债务,但是他们能否兑现这些债务却取决于银行家们的决策,银行家们可以通过限制他们的信用从而使他们无法实现这些承诺。如果信用主要是商业信用,而银行家基本上仅仅是票据商人的话,则情况就不会是这样了。在这种情形下,银行家本身还要依赖商业的运转和票据支付状况,因此要尽可能地避免对商业信用的任何限制,以防止可能出现的商业信用的整体崩溃。因此,银行会全力扩张自己的信用,甚至会过度扩张信用从而导致自身的破产。现在,商业信用的重要性程度已经远远地低于投资信用的重要性程度了,因而银行就可以更有效地进行支配和控制形势了。

一旦信用体系发展到一定程度,那么对资本主义企业来说,由于竞争的影响,利用信用就成为必然的了。对个别资本家来说,利用信用就意味着他的利润率的提高。如果平均利润率为30%,利息率为5%,则1 000 000马克的资本就可以获得300 000马克的利润(按资本家的计算,在这一利润中,250 000马克是企业利润,50 000马克是资本的利息)。如果这个资本家成功地获得了另一笔1 000 000马克的借贷资本,那么他就可以取得600 000马克的利润,减去他必须为这笔贷款支付的利息50 000马克,留给他的净利润还有550 000马克。如果以他的自有资本1 000 000马克来计算,他现在的企业利润率是50%,而原来只有25%。而且,如果考虑到更大的资本使他能够增加产出,并且可以更便宜地进行生产,那么他的利润还会更高。如果其他资本家不能按同样的程度利用信用,或者在更困难的条件下才能利用,那么那些享有优惠的资本家就能够取得超额利润。

即便是在不利的市场状况下利用信用也有其他的好处。一个可以在这种情况下获得借贷资本的资本家,可以在用借来的资本所生产的产品范围内,把自己的产品价格压低到生产价格(成本价格加平均利润)以下,直到等于成本价格加利息水平,这样,他就能够以低于生产价格的价格将其产品全部售出,而不减少他的自有资本的利润。在这里,他牺牲的是他借来的资本的企业利润,而不是他的自有资本的利润。因此,在经济萧条时期,可以利用信用的企业或资本家,在价格竞争中就具有优势,其可以利用的信用数量越大,这种优势也就越大。因此,对生产资本家来说,他的自有资本变成了他的企业利用借入的资本以远远超越原有的资本的限制的规模进行扩张的基础。①

通过信用的使用可以增加企业利润,对于个别资本家和他的自有资本都是如此。它最初并不影响社会平均利润率的水平,但是却的确增加了利润的总量,从而加速了积累的步伐。由于那些最先或比别人更大规模地使用信用的资本家可以扩大生产规模、提高劳动生产率,因此他们首先是获得了超额利润;但是,由于生产的扩张总是与资本有机构成的提高的趋势相伴随的,因此这一过程的持续会造成使利润率下降的趋势。个别资本家企业利润的提高刺激了他对信用的更大的需求,而这种信用的供给的可能性也由于所有的货币资本都被集中到银行而增大了。这种在产业中产生的趋势也必然反作用于银行的信用提供的方式。

寻求更多的利用信用的这种需求的增加,它所导致的第一个后果就是将银行的这种信用当做流动资本来使用。企业的自有资本被越来越多地转化为固定资本,而流动资本则越来越多地由借入资本来承担。但是,随着生产规模的扩大,固定资本的重要性大大提高,这种信用只能用在流动资本上的限制让人越来越觉得过于严格。但是,如果要求信用也可以用于固定资本上,那么信用提供的条件就会从根本上发生变化。流动资本在一个周转期结束之后,就可以再转化为货币资本;而固定资本却要在一个漫长的时期内随着它慢慢地损耗,才会逐渐地再转化为货币。结果,转化为固定资本的货币资本必须被预付很长一段的时间,因为它会被长期地固定在生产过

---

① 1902年《股东》中所描述的案例,可以比较经典地反映这种信贷方式。《股东》中提到,产业资本家经常会为自己的贷款而向银行支付高达20%~40%的利息。在诺伊斯钢铁厂(原来的鲁道夫·德伦钢铁厂)的一次股东大会上,一位股东说,从1900年到1903年,这家钢铁厂的债务占其流动资产的比率分别是26%、85%、105%和115%。在1903 500 000马克的总债务中,有718 000马克的债务是银行贷款,而当期该企业的总股本仅有1 000 000马克(耶德尔斯:《德国大银行同产业的关系》,第42页)。

程中。然而，提供银行支配的借贷资本绝大部分必须随时能够提取。由于这一原因，银行能够作为固定资本贷放出去的仅仅是可以在很长时间内停留在银行中的那一部分。当然，任何一个特定的借贷资本都做不到这一点，但是在整个借贷资本中，总会有一大部分停留在银行之中，虽然它的构成会不断发生变化，但总是会有某个最小限额始终停留在银行中；这一部分归银行支配的资本，可以作为固定资本投资被贷放出去。个别资本在纯粹借贷资本形式上是不适宜于固定投资的，因为这样一来，它便不再是借贷资本了，而是成为了产业资本的一部分，资本家也由借贷资本家变成了产业资本家；这个经常归银行支配的最小限额，它适宜于固定的投资。由银行支配的总资本越大，这个最小限额也就越大，而且也越稳定，因而可以用做固定资本投资。因此，银行在达到某个一定的规模之前是无法提供固定资本投资的，而与此同时，它的扩张还必须快于甚至大大快于产业企业的扩张。并且，银行不能只局限于参与一家企业，而是必须通过参与多家不同的企业来分摊自己的风险。它在任何情况下都必须采取这样的政策，才能保证这种预付的借贷资本可以实现有规律的回流。

信用的这种提供方式使银行与产业的关系发生了变化。只要银行仅仅充当支付交易的中介，它就只会对企业的暂时状况和支付能力感兴趣。银行对它确认是有效的票据进行兑现，为商品预付货款，接受那些可以以正常价格出卖的股票作为抵押贷款。这样的一个银行业务范围，与其说是产业资本，还不如说是商业资本。此外，如果再加上满足交易所的需求，那么银行与产业的关系，与其说是关于生产过程的关系，还不如说是关于产业资本家向批发商出售商品的关系。当银行开始为产业资本家提供生产资本时，情况就变了，这时银行的兴趣不再局限于企业的暂时状况和市场的暂时状况，而是更关注于企业的长远命运和未来的市场状况。一旦获取暂时利益变成了确保长远利益，则它所提供的信用量越大，特别是这些借贷资本中转化为固定资本的比重越大，这种利害关系也就越大并越持久。

同时，银行对企业的影响也增大了。只要信用还仅仅是暂时的，还仅仅是充当流动资本，则终结这种关系也就相对容易。企业可以在一个周转期结束之后偿还信用再去寻求其他的信用提供者。如果借贷资本的一部分被用做固定资本了，则企业就不能这么做了。这时的债务关系只有经过一个比较长的时间之后才能解除，因此企业被银行约束住了。在这种关系中，银行常常是更有力的一方，它总是掌握着具有流动的、随时可用的货币资本。而另一方面，企业却不得不依赖于它的商品向货币的再转化，一旦流通过程受到阻滞或销售价格降低，则企业就必须追加资本，而这些追加的资本只能以信用的形式来获取。在发达的信用制度下，每个企业都只持有最小限额的自有资本，所以任何突然出现的要求增加流动资金的紧急情况，都只能求助于信用。对企业来说，信用被拒绝可能意味着破产。正是因为控制了货币资本，才使得银行对企业具有了支配权，因为它已经把自己的资本作为生产资本和商品资本固定在企业里面了。此外，银行的优势还由于下面这一事实而得到了进一步的强化：对银行而言，它的资本不受个别交易结果的影响，而对企业来说，也许其全部的命运都取决于这笔交易。当然，在一些情况下，银行可能严重地受某一企业的约束，以至于它的命运同企业的命运紧密地交织在一起，不得不满足企业的一切要求。但是，一般来说，决定信用关系中经济依赖性的通常是资本的力量和优势，特别是那些可自由支配的货币资本。

银行与产业间关系的变化，使得那些已经被银行体系的技术条件导致的所有的集中趋势得到进一步增强。在这里，在对这些趋势进行考察之前，我们必须先区分银行的三种主要职能：商业信用（票据的流通）的供给，资本信用的供给，以及对发行业务的一定程度的参与。

就商业信用而言，决定性的因素是国际关系的发展，它要求有一个相对完善的国际关系网络。外国的票据需要较长的流通时间，因此要动员更多数量的资本或货币，而且它们也很少能通过相互间的票据支付完全抵消。因此，外汇交易要求有一个更大的和更有效率的组织。

重要的事情在于，对产业的增长变得极端重要的银行业务，由于其自身技术的发展，已经产生了集中的趋势。产业生产者们用于支付他们购买的原材料和制成品的外国票据和国内票据，需要一个有许多分支机构的银行业的组织，以便能够有效地进行大规模的交易，特别是同外国票据的交易，同时还能够对票据抵押进行担保。换句话说，要有具有大量国外和国内分支机构的大银行。当然，产业只是将这些票据用做支付手段或是用做商业信用的保证。提供这种信用的机构还没有因此而获得干预接受信用的产业的可能性。在银行和产业之间的这种关系中，银行的权限被限定为对借贷者可靠性和偿还能力的必要审查。①

为了使经营外国票据业务变得有利可图，套汇也必须与之紧密地结合起来。这就要求有广泛的联系和大量的流动资金，因为套汇活动要获得利润，总是必须十分迅速地和大规模地进行。这种票据的套汇交易基于这样一个事实：无论何时，比如在伦敦对巴黎的票据需求大于其供给从而票据的市价相应提高的时候，那些存款的或信用的商号就可以利用这一有利行情在巴黎开出票据；另一方面，在巴黎的有关商号也期待着伦敦市场上具有同样有利的机会，以便再把这一金额送回英国。②

资本信用对经常账户日益重要的意义可以从以下几方面中看到：③

---

① 耶德尔斯：《德国大银行同产业的关系》，第32页。
② 埃德加·雅费：《英国的银行制度》，第60页。
③ "经常账户的本质特征是，它允许债务人全部地或者部分地利用定好的信用额度，或者用同样的方式随时偿还信用额度。这种信用方式给债务人带来了极大的方便，因为他可以利用这种方式根据自己的交易需求随时调整自己的借贷资金量，以节约融资成本。另一方面，通过在经常账户中扩展信贷额度，银行的贷出资金也会更加安全，因为债务人还贷的期限虽然不固定，但是债务人却能够在任何时候还贷"（普里庸：《德国的票据业务》，第102页）。

　　在分析德国当前此类的信贷利息率时，相关机构告诉我们，"经常账户中的信贷利率是根据帝国银行的贷款利率来作调整的，不过当帝国银行的利率下降时，经常账户中的信贷利率并不会一直下降下去，一般它会维持在5%以上的水平。并且，虽然利率是统一计算的，但是实际上每份信贷合同的利率水平同样也会受到信贷的特征、担保品的质量和银行的水平等因素的影响。此外，对于此类信贷业务银行还会收取一定的手续费，而信贷手续费的大小则取决于贷款额度、贷款归还期限和商业联系的紧密程度等因素。实际上，这个手续费扮演着重要的角色，根据所签订的贷款协议，手续费可以让那些信用不佳的贷款人的实际贷款利率高于正常贷款利率2%~3%"。

这种交易对银行与产业间关系产生重要作用的原因主要有三个：（1）由于它对企业规模平稳扩大的决定性意义，造成企业对信用提供者的依赖。（2）银行对产业提供信用的技术上的复杂性，使得与上述信用业务相比，对银行业的组织产生了更大的影响。关于这一点，我们在前面已经讨论过了，它创造了银行的集中趋势……（银行）与产业的独特关系……要求新的原则，要求银行管理者必须掌握全新的产业知识。（3）最后，产业的经常账户业务是银行和产业的全部交易的枢纽，因为银行在产业间的所有的其他活动，比如创业和股票发行活动，都会使银行直接参与产业企业以及作为监事会成员参与产业企业的管理。很多时候，这种活动都与银行信用有着密切的因果关系。（同时，经常账户是）银行判断和监督产业企业的有效手段，周转的有序进行则意味着经营状况的良好。①

银行掌握企业运行的准确信息，使它有利于它与产业之间的良性关系的持续，同时还可以在其他方面给银行带来好处，例如它在交易所的业务。另一方面，过度提供信用的危险，使得银行必须对产业企业实施更大程度的控制，而它的前提条件是，企业仅仅与一家银行发生联系。

在银行只提供信用的时候，如果随着产业规模的扩张，银行资本的集中趋势也趋于增强了，那么当它承担股票发行工作的时候，这种集中也就达到了顶峰。大银行在这项活动中具有毫无疑问的优势，因为它可以承担这项利润最为丰厚的业务。大银行的交易量越大，经营规模越大，它所从事的这项业务的效率也就越高。银行越大，银行发行的安全性也就越高，因为它可以把发行额的大部分出售给它自己的顾客。另一方面，大银行必须能够提供由此所带来的比以前大得多的资本量，为了这一目的，它需要大量的自有资本和对市场的巨大影响。

大银行可以选择一个最有利的时机来进行股票发行，它可以用自己的巨额资本筹备交易所，也可以用它来控制股票发行后的价格，

---

① 耶德尔斯：《德国大银行同产业的关系》，第 32 页。

从而保护企业的信用不被动摇。伴随着产业的发展，对银行发行服务能力的要求也提高了。一旦资本被动员，它就可以使企业的生产扩大只受一个条件的限制，那就是技术上的可能性。企业的扩张还消除了它对自己所生产出的剩余价值的依赖性。实际上，在繁荣时期产业的确可能会迅速发展，而且还可能是跳跃性的发展。这种扩张意味着对资本需求的突然增加，不过它只能通过银行的大量集中的资本准备金来获得满足，而银行自身又必须在不干扰货币市场的前提条件下来筹措这些资本。银行只有在它贷出的资本能够迅速地回流或这种发行交易只需在账面上进行的时候，才能做到这一点；而如果要使发行交易只在账面上进行，那就只能是由银行自己的顾客来购买这些股票，这些顾客为此从银行存款中取出货币向银行支付，从而减少了负债。

由银行本身的技术所产生的趋势会影响银行的集中，正像产业集中会造成银行集中一样，但产业集中是银行集中的首要原因。

第6章 利息率

在资本主义生产制度下,每一笔货币额都可以当做资本来使用,即只要将它提供给生产资本家,就可以产生利润。

假定年平均利润率是20%,这时,一台价值100镑的机器,在平均条件以及平均的智力水平和合乎目的的活动下当做资本来使用,就会提供20镑的利润。因此,一个拥有100镑的人,手中就有使100镑变成120镑或生产20镑利润的权力。他手中有100镑的潜在可能的资本,如果这个人把这100镑交给另一个人使用一年,让后者把这100镑实际当做资本来使用,那他也就给了后者生产20镑利润即剩余价值的权力。这个剩余价值对后者来说什么也不花费,他没有为它支付任何等价物。如果后者在年终把比如说5镑,即把所生产的利润的一部分交给这100镑的所有者,那他就是用这5镑来支付这100镑的使用价值,也就是支付这100镑的资本职能即生产20镑利润的职能的使用价值。他支付给所有者的那一部分利润叫做利息。因此,利息不外是一部分利润的特别名称、特别项目;执行职能的资本家不能把这部分利润归为己有,而必须把它支付给资本的所有者。

很清楚,100镑的所有权使其所有者有权把利息、把用他的资本生产的利润的一定部分据为己有;如果他不把这100镑交给另一个人使用,则后者就不能生产利润,也就根本不能用这100镑来执行资本家的职能。①

---

① 卡尔·马克思:《资本论》,第三卷,第398~399页。

从货币所有者的角度来说，他借出的货币变成了资本，因为这些货币在一段时间后会以增加的数额回到他的手中。但是，资本只有在生产过程中通过剥削劳动力和占有他们的无偿劳动，才能增殖。结果，借出的货币资本要想产生利润，就必须将自己变成生产者在生产过程中使用的货币资本。由此而产生的利润现在被分割了，一部分作为利息归还给借贷资本家，另一部分则留给生产资本家。因此，在正常情况下，利润就构成了利息的最高界限，因为利息是利润的一部分。这也是利润和利息之间的唯一可能的关系。另一方面，利息却不是利润的一个固定的部分，它的高低取决于借贷资本的需求和供给。我们可以这样来想象和推断它们的基础，即假设货币所有者和生产资本家是两者各一的情况下，或者换句话说，在所有生产资本家同时掌握有必要的货币资本的情况下，他们是不会有利息的。但没有利润的资本主义生产却是不可想象的。利润的生产既是资本主义生产的条件，又是资本主义生产的目的。体现在剩余产品中的剩余价值的生产是由客观因素决定的。利润是直接由经济关系产生的，是由资本关系、生产资料同劳动的分离以及资本和雇佣劳动力的对立而产生的。利润的大小取决于工人阶级利用现有生产资料所生产出来的新价值，以及这种新价值在资本家阶级和工人阶级之间的分配，而后者又决定于劳动力的价值。这里我们所讨论的决定因素完全是客观因素。

然而，利息的情况就不同了。它不是基于资本主义的基本性质——生产资料与劳动的分离——而产生的，而是由一些偶然的情形所导致的。也就是说，不仅仅只有生产资本家才占有货币，其结果就是，不是全部货币资本在任何时候都必须进入个别资本的循环过程之中，而是有时候会处于闲置状态。利润的多大部分能为借贷资本家所占有，这取决于生产对这种货币资本的需求的水平及其变化。①

---

① 在解释价格和供求关系的时候，我们必须首先假设供需数量是既定的。边际效用理论总是假设供给是不变的，并且总是假设一开始就有一定量的存货储备。熊彼特在他的《理论政治经济学的本质和主要内容》一书中，把政治经济学定性为一套静态的理论体系，这与他所支持的边际效用理论是完全一致的。但是政治经济学应该是一套动态的理论体系才对，政治经济

如果利息是由需求和供给决定的,那我们就不得不提出这样一个问题:需求和供给本身又是由什么决定的?一方面,存在着一些暂时闲置而又寻求投资机会的货币;另一方面,又存在着资本家对货币的需求,他们希望能把这些货币转化为在生产过程中使用的资本。资本信用造成了这种分配,资本市场的状况决定利息率。在任何一个特定的时间内,都会有一定数额的货币供资本主义社会支配,这就是供给;而另一方面,在同一个时期内,由于生产和流通的扩大,将会导致对货币资本的一定的需求。换句话说,"货币的借出价格"或利息率,在特定时间内是由货币市场上的供给和需求这两个既定量决定的。这种利息率的决定是不存在什么问题的,困难的是如何对利息率的变化进行分析。

至少我们应该明白这一点:生产的扩大从而流通的扩大,意味着对货币资本需求量的增加,因此,在供给保持不变的情况下,需求量的增加肯定会造成利息率的提高。问题是,货币的供给也会随着需求量的变化而变化。构成供给的货币量是由两部分组成的:已有的现金和信用货币。在我们对流通信用的分析中,我们已经知道信用货币量是会变化的,它会随着生产的扩大而扩大。这意味着对货币资本需求量的增加,但这种需求量的增加会同时伴随着供给量的增加,这种供给量的增加是通过由生产的扩大而增加的信用货币产生的。因此,只有当对货币资本需求量的变化大于供给量的变化时,利息率的变化才会出现。也就是说,当对货币资本需求量的增加比信用货币的增加得更快时,利息率的提高才会出现,但是它可能会在什么情况下发生呢?

首先,任何信用货币数量的增加都要求用于保证信用货币可以随时实现转化所需的以现金形式存在的准备金数量的增加。其次,

学应该能够发现资本主义社会运行的和发展的规律。边际效用理论对马克思主义的反驳和对立,在这里表达得十分清晰了。海德曼曾开玩笑地说道:"最终效用理论的最终无效用。"如果想建立经济学理论来确定供给的规模,那么我们就必须首先建立生产理论来确定生产规模。需求是由生产规律和分配规律统一决定的。同样地,在解释到底是什么因素决定着利率水平的时候,最困难的事情是找到决定供给规模的因素。

随着信用货币流通量的增加，为清偿不能相互抵消的信用货币的差额所需保持的现金部分也必须是同时增加的。而且，随着流通的扩大，信用货币在其中只能起很小作用的交易量也增加了。比如，对工人工资的支付以及用于零售商的交易，一般都是现金交易，这样可以用于借贷的货币数额就减少了，并且还有一部分现金必须用于其他目的。第三，一旦繁荣期结束，商品销售停滞或减慢，信用货币的增加就会明显地落后于增加了的生产和流通的需要。由于这意味着为商品而发行的票据不能再相互抵消了，至少是票据的期限要延长，因此，如果到期的票据不能相互抵消，那就必须支付现金，并且各种形式的信用货币（即票据或替代它的钞票）便不能按以前的规模执行货币职能和完成商品流通了。为了兑付票据，便产生了对现金的更大的需求。因此，实际执行职能的信用货币减少了，而对替代它的现金的需求量却同时增加了。这种需求造成了利息率的提高。

因此，如果利息率的绝对水平取决于资本市场的状况，那么利息率的变化则首先取决于流通信用的状况。对这种变化的详细分析属于经济周期波动理论的讨论范围，为此我们要联系那一部分内容加以阐明。

我并不完全同意马克思关于利息率的变化是由资本的供给（以现金和钞票形式贷出的货币）所造成的观点。马克思说：

> 利息率的变动（撇开较长时期内利息率的变动或不同国家的利息率的差别不说，前者由一般利润率的变动来决定，后者则由利润率之间的差别和信用发展上的差别来决定）取决于借贷资本的供给（假定其他一切条件如信任的程度等是相同的），也就是说，取决于以货币形式即以硬币和钞票形式贷出的资本的供给；这种资本和产业资本不同，后者是通过商业信用以商品形式贷给再生产当事人的。①

但实际上，这样的分析仍然不能回答钞票的数量能够有多大的问题。很明显，浮现在马克思脑海里的是英国的情况。对于英国来

---

① 卡尔·马克思：《资本论》，第三卷，第586~587页。

说，答案当然就是《皮尔法案》的相关法律规定。按照这一法案，硬币和钞票的总额是由处于流通中的硬币额、英格兰银行的黄金储备以及流通中的无准备金的 14 000 000 英镑的钞票构成的。实际上，这些钞票在一定程度上是代表国家纸币来执行职能的，至少在皮尔时期是如此，因此，它代表了能以货币符号代替的流通的最低限额。这样，钞票的总额在一定程度上通过法律一次性地被最终确定了。但是，如果我们以更一般性的形式来表述的话，那它就是，利息率的变动取决于可以贷出的货币的供给量。不过，所有没有处于流通中的货币都可以被贷出，而那些处于流通中的：第一，是相当于最低限额所需要的货币符号。第二，是一定数额的黄金。还有一些黄金储藏在某家银行或某几家银行的地下室，它们一部分用来作为国内流通的准备金（储藏货币），另一部分则用来作为国际流通的准备金（因为黄金必须执行世界货币的职能）。人们只能根据经验来确定为达成这两个目的所需的准备金的最低数额，剩余的部分可以贷出。这就是最终决定利息率水平的货币供给，而这种供给本身又取决于再生产当事人彼此间提供的商业信用的状况。只要商业信用能按照增大了的需求所要求的程度扩大，利息率就不会发生变化。但是我们不应忘记，需求的最大部分是通过与需求同时增长的供给来满足的。信用的最大部分是商业信用，或者是我更愿意称之为的流通信用，需求和供给（如果你愿意的话，也可以称之为满足需求的手段）二者会同时随着生产的扩大而增加。这种信用的扩张可以在对利息率没有任何影响的情况下完成，而且实际上在繁荣的初期阶段也的确发生了这样的没有对利息率产生特别影响的信用扩张。只有在银行的黄金储备减少、准备金接近它的最低限额以及银行不得不提高贴现率的时候，才会出现利息率的提高。但是，这只会在繁荣的高涨阶段发生，因为此时流通要求更多的黄金（周转中所需要的可变资本以及结清差额所需要的数额都增加了）。当黄金储备由于流通的需求而被吸收掉从而变得最小的时候，也就是对借贷资本的需求最为强烈的时候，此时可以贷出的黄金储备几近枯竭，会直接造成在这个时期成为利息率调节者的银行贴现率的提高；而提高贴现率的目的就是为了带来黄金的流入。由错误的银行立法所造成的各种限制，只会使这一时间点比纯粹经济条件所要求的时间更早地出现。所有这些限制的错误均在于：它们以某种方式（在德国是以间接的方式，在英国则是以直接的方式）过低地估计了流通所必需的最低限额，从而限制了借贷资本的供给。

因此，利息率降低的趋势是同这样的前提联系在一起的：相对于对借贷资本的需求而言，现有的黄金储备变得更为充裕，也就是说，黄金储备的增加快于对借贷资本的需求的增加。但是，如果我们只考虑发达资本主义国家的情形，则上述利息率平稳下降的趋势实际上就是不能被证实的，[1] 同时它在理论上也是不能设定的，因为

---

[1] 以下的这些数据并不能支持利率下降的理论。史密斯告诉我，在他生活的年代，荷兰政府的借款利率为 2%，而普通的信用较好的借款者支付的利率为 3%。战后（1763 年以后）一段时间，信用很好的私人借款者和大型的伦敦商店，它们的借款利率都达到 5%，而原来它们的借款利率仅为 4% ~ 4.5%。为此图克表示："在 1764 年，4% 利息率的证券跌破了面值，海军证券的贴现率为 9.625%。利息为 3% 的公债，在 1763 年为 96，而到了 10 月份却下降至 80。但是在 1765 年，利息率为 3% 的证券（包括刚发行的证券）其价格都达到了面值的水平，有时还会超过面值的水平，并且 3% 的利息率的证券数量也达到了 92。"（托马斯·图克：《价格的历史与流通状态》，第一卷，第 240~241 页）施穆勒也曾说过，利息率为 3% 的公债的价格也已经到了 107（《一般国民经济学大纲》，第二卷，第 207 页）。国家证券的价格不仅仅反映了利息率的变动，而且还受其他因素的影响。不过我们倒是还可以把它当做反映利息率变动的标准。

从银行贴现率的数据中我们还是看不到利息率下降的趋势。下表一是从阿尔弗雷德·施沃纳博士 1907 年 11 月 26 日和 27 日在《柏林日报》上发表的一篇题为《从统计的角度看利息率和危机》的文章中摘录下来的〔其中，C 表示危机的年份，而 1895 年和 1882 年的经济危机纯粹是投机性经济危机（邦图破产）〕。

表一　最近五十五年以来欧洲主要四大银行的平均贴现率

年　份 银行名称	英格兰银行	法兰西银行	德意志帝国银行（1874~1875 年是普鲁士银行）	奥匈银行（以前是国立银行）
1907（前 10 个月）	4.54	3.3	5.72	4.72
1906	4.27	3	5.12	4.4

随着黄金储备的增加和流通所需的最低限额的提高,繁荣时期进入流通的黄金数额也在同时增加。

续 表

	银行名称 年 份	英格兰银行	法兰西银行	德意志帝国银行 (1874~1875年是 普鲁士银行)	奥匈银行 (以前是 国立银行)
	1905	3.08	3	3.82	3.68
	1904	3.3	3	4.2	3.5
	1903	3.76	3	3.77	3.5
	1902	3.33	3	3.32	3.55
C	1901	3.9	3	4.1	4.08
C	1900	3.94	3.2	5.33	4.58
	1899	3.75	3.06	5.04	5.04
	1898	3.19	2.2	4.27	4.16
	1897	2.64	2	3.81	4
	1896	2.48	2	3.66	4.09
C	1895	2	2.1	3.14	4.3
	1894	2.11	2.5	3.12	4.08
	1893	3.06	2.5	4.07	4.24
C	1892	2.52	2.7	3.2	4.02
C	1891	3.35	3	3.78	4.4
	1890	4.69	3	4.52	4.48
	1889	3.65	3.16	3.68	4.19
	1888	3.3	3.1	3.32	4.17
	1887	3.34	3	3.41	4.12
	1886	3.05	3	3.28	4
	1885	2.92	3	4.12	4
	1884	2.96	3	4	4

只有在利息是利润的某种固定的部分时，利润率的下降才意味着利息率的下降。然而，实际情况却并非如此。利润率的下降顶多

续　表

年　份 \ 银行名称	英格兰银行	法兰西银行	德意志帝国银行（1874～1875年是普鲁士银行）	奥匈银行（以前是国立银行）
1883	3.58	3.08	4.4	4.11
C 1882	4.14	3.8	4.54	4.02
1881	3.48	3.84	4.42	4
1880	2.76	2.81	4.24	4
1879	2.38	2.58	3.07	4.33
1878	3.75	2.2	4.34	5
1877	2.85	2.26	4.42	5
1876	2.62	3.4	4.16	5
1875	3.25	4	4.71	4.6
1874	3.75	4.3	4.38	4.87
C 1873	4.75	5.15	4.95	5.22
1872	4.12	5.15	4.29	5.55
1871	2.85	5.35	4.16	5.5
1870	3.12	3.9	4.4	5.44
1869	3.25	2.5	4.24	4.34
1868	2.25	2.5	4	4
1867	2.5	2.7	4	4
C 1866	7	3.67	6.21	4.94
1865	4.75	3.66	4.96	5
1864	7.5	6.51	5.31	5
1863	4.5	3.66	4.96	5
1862	2.5	3.73	4.2	5.06

意味着利息的理论上的可能的最高限额即总利润的降低。但是，因为这种最高限额一般在较长的时间内是达不到的，所以这种"证实"

续　表

年　份＼银行名称	英格兰银行	法兰西银行	德意志帝国银行（1874~1875年是普鲁士银行）	奥匈银行（以前是国立银行）
1861	5.25	5.86	4.2	5.5
1860	4.25	3.56	4.2	5.12
1859	2.75	3.47	4.2	5
1858	3	3.68	4.2	5
1857	6.7	6	5.76	5
1856	5.8	5.5	4.94	4.27
1855	4.8	5	4.08	4
1854	5.1	4.37	4.36	4
1853	3.4	3.23	4.25	4
1852	2.5	3.18	4	4

针对这个表格里的数据，施沃纳曾进行过如下的讨论：

"从这些19世纪的银行贴现率统计数据中，我们找不到利率变动的基本趋势，既没有明显的利率上升趋势，也没有明显的利率下降趋势。政府会根据经济形势的变化在一段时间内把贴现率调节到低于4%的水平。从变动贴现率以促进经济发展这个角度来讲，英国走在了其他国家的前头。早在1845年，英格兰银行的贴现率就首次降低到了2%的水平。而以法兰西银行为例，法兰西银行到了1852年才把贴现率降低到3%，到了1867年才把贴现率降低到2.5%，到了1877才把贴现率降低到2%的水平。而柏林银行却到了上世纪20年代，才把贴现率降低到3%的水平。不过德国在普鲁士银行和德意志帝国银行存续期间，利息率曾经在1880年下降到4%以下。在奥匈帝国货币改革后出现了经济危机，为应对此次经济危机，1903年奥匈银行曾把利息率降低到3.5%的水平。随着银行体系和货币管理体制的技术性改进，到现在为止的利息率均出现了下降的趋势，这应该是一种进步。"

施沃纳还提供了下面的这个表（表二）。

也就没有什么意义了。①

但是，还有另外一个重要因素不应被忽视。在发达的资本主义制度下，利息率是相当稳定的，而利润率却下降了，其结果是导致总利润中利息所占的比重（以牺牲企业利润为代价）有某种程度的增加。换句话说，食利者所占的份额以牺牲生产资本家为代价而获得了增加。这一现象虽然同利息率下降的信条有矛盾，但却与事实相一致，它同时也是生息资本也就是银行的影响和重要性增加的一个原因，它是导致资本向金融资本转化的一个重要杠杆。

表二　　　　过去五十年中每十年的平均贴现率数据

银行 年　份	英格兰 银行	法兰西 银行	德意志帝国 银行	奥匈 银行	总平均
1897—1906	3.52	2.85	4.28	4.05	3.67
1887—1896	3.04	2.71	3.59	4.21	3.38
1877—1886	3.19	2.96	4.11	4.26	3.63
1867—1876	3.25	3.89	4.34	4.85	4.09
1857—1866	4.28	4.48	4.83	5.06	4.79

"在1857~1866年这十年间，各银行的平均贴现率达到4.79%的历史最高水平，并在1867~1876年这十年间保持了4.09%的高水平。在1877~1886年间，平均贴现率下降到3.63%，并在1887~1896年间达到3.38%的历史最低水平。在过去的十年间，平均贴现率为3.67%，比前二十年高，但比金融和工业高速发展的1857~1876年这二十年间的平均贴现率要低好多"。

从这些数据中我们可以得出这样的结论：利息率并不是由利润率所决定的，而是由货币需求的变动所决定的。这里的货币需求变动是由经济发展的速度、范围等变动所引起的。

研究表明，高利率是由政府调节货币管理体制所引起的，比如，1799年的汉堡的贴现率高达15%，在这样高的利率下，只有那些限量发行的最好的票据才能够得到兑现（图克：《价格史》，第一卷，第241页）。造成这种情况的原因是弹性货币管理体制的缺乏，就像美国现在由于缺乏弹性的货币体制进而造成利率水平极高且波动性很大。这些利率变动与经济中的利润率变动没有任何关联。

① 亚当·斯密曾经说过："在货币使用较多的地方，货币的使用报酬一般较多；而在货币使用较少的地方，货币的使用报酬则较少。"（斯密：《国富论》，第一部分，第9章）斯密的这一原则虽然说得很清楚，但却并不正确。

第二编　资本的动员。虚拟资本

第 7 章 股份公司

一、股息与创业利润

直到现在,经济学界仍然还是从组织形式及其直接产生的结果方面的差别来区分私人企业和股份公司。这种区分方法从客观与主观两方面来考察企业的优劣,客观方面:管理层对企业的责任和利益的多少、对企业进行监督的难易程度等;主观方面:企业可以使用的资本量、企业积累资本的能力等。但是,这种区分方法忽视了这两种企业形式之间最基础的差别,这些差别对于理解现代资本主义的发展十分重要,而我们必须要通过了解公司制度的发展及其原因才能理解。[1]

我们第一个研究对象是产业股份公司,从它身上可以看到产业资本家职能的转变。因为股份公司把私人企业里偶然发生的事件变成了一项非常普遍的和基础的管理原则,那就是把产业资本家从他的企业家的职能上解放出来。由于这种转变,只要资本家依然是企业的股东,那么投资于企业的资本就会成为一种纯粹的货币资本。尽管货币资本家的借款与企业的生产有着直接的关系,但是货币资本家完全不参与企业的生产经营。货币资本家的唯一职能就是借出

---

[1] 正是出于这种感情,使得埃尔文·施泰尼把自己在公司方面的著作命名为《股份公司的经济理论》(1908 年莱比锡版,东克尔和洪布洛特出版社)。虽然这本书里有很多关于股份公司方面的细致的观察和评论,但是他却从没认清股份公司的经济特征。

资本，然后一段时间以后收回本金和利息。这种职能的发挥是通过合法的合同手续来实现的，所以从这个意义上讲，股东其实就是货币资本家，他预付资本的目的就是为了将来有所回报（这里用这个比较普遍的表述方法）。与其他货币资本家择机进行投资一样，股东在投资时也会判断一下到底投资多少合适。不过尽管如此，这两者之间还是有区别的。以股本形式所投资的货币资本，其利息率并没有提前固定，股份只是一种对企业利润的索取权。与借贷资本的另一个区别是，这些货币资本家的最终收益是无法得到保证的。无论是与所投资企业的合同约定，还是自身的股东身份，都无法保证货币资本家能够获得固定的收益。

我们先来分析一下第一个区别。一开始我们就应认识到，股份形式的货币资本，其收益根本不可能是固定的。资本家建立企业的目的是为了赢利，建立企业的前提是假设他的企业在一般情况下的利润率能够高于社会的平均利润率。一般来说，股东的职能和货币资本家的职能十分相似，都是在企业具有偿债能力的条件下借给它钱来实现生产经营。一般来说，相对于货币资本家来说，股东承担着更多的不确定性，因此会获得一定的风险收益，但是这部分风险收益也不是提前就能确定下来的。在其他条件相同的情况下，与那些收益固定、十分安全的借贷资本相比，能够提供给企业家的可自由流动的股份资本数量比较少。出于这样一个事实，所以股份资本投资才会取得一定的风险收益。正是这种资本供给量的不同，才会导致固定利息证券市场上的利率千差万别。收益的确定性是大还是小，决定着资本的供给量，而资本供给量和需求量之间的关系的变换，又导致了市场上利率的不断变化。每单位股份的收益率大小取决于某一产业部门的利润率，而某一产业部门的利润率又取决于社会平均利润率。

不过，股东并不是产业企业家，而是货币资本家。借贷资本家和产业资本家之间的本质区别是，借贷资本家掌握的是货币资本，并且这些货币资本可以随意投向任一部门或企业，而产业资本家则只能把资本投入到一个特定的企业里。与股东仅有很少的资金不同，产业资本家需要拥有巨额的能够在某一工业部门中独立运作的资本量。产业资本家把资金全部都投入到自己的企业中,他只在自己的企业里辛苦工作,他的收入与企业的命运长期地联系在一起了。除非他卖掉自己的企业,否则他无法抽回自己的资金;而卖掉企业将意味着企业所有人的更换,即一个资本家取代另一个资本家。产业资本家与货币资本家不同,他所收取的回报是产业利润。另一方面,如果我们只把股东看做是货币资本家的话,那么股东就会把资金投入到任何可以赢利的地方,这点与产业资本家是不同的。

如果股东要想成为货币资本家的话,那么他必须要时时刻刻地都必须能完全控制自己的货币资本。但是事实上,股东的股本与企业家的投资一样,都与企业紧密地绑在一起了。股东的资金会被用来购买设备、原料、给工人支付工资等,也就是,股东的货币资本被转变成了生产资本($G{<}_A^{P_m}$),并进入到了产业资本的循环中。只要股东投入资金,他就不能把资金抽回来。他没有这笔资金的完全占有权,而只拥有这笔资金的部分收益权。在资本主义社会中,任何数额的货币资本都能产生利息;反过来说,每一项固定收益(不包括那些个人的不确定性较大的收益,比如工资)都可以按照当前的利息率换算成一笔资金①。这个理论可以通过以下事实得到解释:每一笔数额较大的资金总是能赢利的,而赢利的途径就是获取利润的索取权。所以股东随时可以通过出售手中的股票收回自己的投资。从这个角度来说,股东与货币资本家是十分相似的。股票出售是通过股票交易所来实现的。股票交易市场的建立使股东完全具备了货币资本家的特征,并且每个人都可以成为股东。同样,货币资本家在投资于股票的时候,依然还可以保持着自己的特征。与投资于其他证券的资本一样,流动资本在股票投资上也互相竞争,这与流动资本在固定收益的借贷项目上互相竞争也是一样的。这些在股票投资上的竞争,使得股票的价格趋近于拥有固定收益的类似投资的价格,使得股

---

① 在考虑资本的职能的时候,我们应当这样认为,货币和商品的价值并不是由它们自身的价值决定的,而是由它们给它们的所有者能带来多少剩余价值决定的(《资本论》,第三卷,第418页)。

东的收益从产业利润率的水平上下降到了利息率的水平上。

这种股票收益下降到利息率水平上的历史趋势同时还伴随有股票交易的发展。在股份制企业还不占主导地位和股份谈判还没有充分发展起来的时候，股票分红里不仅包括企业利润，而且还包括资本利息。

现在股份制企业盛行，那些货币资本在转化成产业资本的时候已经不必要获得平均利润率了，而只需要拥有与利息率相等的收益率就行了，现在的工业都是依靠这些货币资本来运转的。这似乎已经成为了一个公开的矛盾，货币资本以股本的形式转化了为产业资本。在货币资本的所有者看来，转化为产业资本的货币资本与那些借贷资本并没有什么区别，就像以前一样，企业依然获取平均利润。企业当然更不会压低产品的价格和获取更少的利润来向股东分发少于利息率的红利，毕竟每个企业都以赢利为中心，都会以生产价格（成本加平均利润）来出售自己的产品。很明显，前面提到的那些使得投资于股票的货币资本具有借贷资本特征的因素，并不足以解释为什么股票收益会下降到利息率的水平上；那些无法解释的利润部分就是企业的实际利润（平均利润减去利息），我们接下来对此进行进一步探讨。

私人企业向股份公司转变，公司的资本额同时也会成倍地增加。股东投入的原始资金已经转化成了产业资本，并且也只会以产业资本的形式存在。这笔钱会用来购买生产设备，所以这部分货币会从货币循环中消失。当这些生产资料转化成了产品以后，产品会被销售出去，一笔新的资金会重新流入公司。所以我们后面要讲的通过出售股份所获取的资金，与那些股东一开始就投入生产中的资金并不相同。这部分资金并不构成公司的生产资本，而是股票流通所需要的额外资金。同样地，股票价格也不会从资本的角度来决定，而是从公司收益的部分所有权的资本化这个角度来决定。换句话说，股票并不作为公司整体资本的一部分来进行价格决定（否则股票价格将会是固定的），其价格是以当前的利息率对所获得的收益进行资本化运算得出的。因为股票并不包含对公司内部部分资本的所有权，所以它的价格并不会取决于公司所有资本的价格或价值。股票包含有对利润的部分索取权，所以它的价格首先取决于可获利润量的大小（如果它还是构成产业资本再生产的一部分，那么股票价格将会更加变幻莫测），其次才取决于当前的利率水平。①

因此，股票可以被看做是一种收益权，以及对未来生产的所有权或者对利润的所有权。因为利润被资本化了，资本化后的利润构成了股票的价格。所以，股票价格中似乎含有第二种资本，但事实上这只是一种假象。真正存在的只有产业资本和它产生的利润，但这并不会阻止虚构的资本在会计上的存在，也不会阻止大家把它叫做股份资本。事实上它并不是资本，而只是收入的价格。之所以收入也会有价格，是因为在资本主义社会里每一笔资金都可以产生收益，所以反过来说每一笔收益也可以看做是一笔资金。如果发挥作用的产业资本真的存在的话，那么这种假象也就得到了支持，而那些仅在会计意义上存在的资本，在这种情况下也将会拥有其他收益的索取权。国库券在任何情况下都不能代表现存的资本，那些借款人所出借的货币可能早已不存在了。国库券只是对国家每年部分税收的资本化，与那些花费在非生产性项目上的资本不同，是另外一种资本。

股票交易并不是资本交易，而只是对收益权的一种买卖。股票交易价格的涨跌并不影响其所代表的产业资本，它只代表这些产业资本的收益而非价值。除了收益以外，股票价格还取决于其资本化的利息率，而利息率的变动与任何特定的产业资本的命运并无瓜葛。以上的分析表明，把股票的价格当做产业资本价值的思想是错误的。

如此，"股份资本"总额，即资本化了的收益权的价格总额，就无需与那些最初转化为产业资本的货币资本总量一致了。而对于这些差别是怎样产生的以及差别具体有多大等，我们可以通过举例来说明。假设一个产业企业拥有 1 000 000 马克的资本，平均利润率是 15%，并且市场利息率是 5%，这样，这个企业能生产 150 000 马克的利润。这 150 000 马克按照 5% 的利息率水平资本化为年收入，就是 3 000 000 马克。通常地，在 5% 的利息率水平下，货币资本更愿意寻求一种具有固定利息的无风险证券。但是，如果有一个较高的风险溢价，比如说 2%，那么考虑到管理成本和董事的红利等成本需

---

① 股票的价格与生产性资本之间的仅有如下一个关系：股票的价格之和不能低于资本减去借债所剩下的那部分净资本。

要从公司利润中扣除（这些成本在私人企业中可以被节约），假设可支配利润将减少 20 000 马克，则就有 130 000 马克可以以 7% 的回报率支付给股东以利息，这时，股票价格就为 1 857 143 马克，以整数计就是 1 900 000 马克。但是现在仅仅需要 1 000 000 马克就能生产出 150 000 马克的利润，这样，剩下的 900 000 马克的资本就游离出来了。这 900 000 马克是由产生利润的资本向生息资本转化而产生的。如果不考虑降低总利润的高额管理费用，则这 900 000 马克就代表了收益按 15% 资本化与按 7% 资本化之间的差额。换句话说，就是赚取平均利润的资本与赚取平均利息资本之间的差额，称为"创业利润"。

当前流行的论调非常强调的是，与私人企业相比，股份公司的管理成本高昂。但是这一论调并没有认识到甚至更没有解释在生产成本较低的企业向成本高的企业的转化过程中利润是如何产生的，而是仅满足于谈论成本和风险。不过创业利润既非诈取，也非补偿或工资，而是属于一个独特的经济范畴。

就区分利息和企业家利润而言，经济学家们仅将股息看成是利息与企业家利润的简单加总。很明显，这种观点忽视了股份公司的鲜明特性。正如洛贝尔图斯所说的：

> 为了寻求术语表述的一致性，在此我只想指出，尽管股息包含了利息和企业家利润，但是贷款利息与企业家利润无关。[1]

这当然无法解释创业利润。

> 股份制企业的形式[2]使得资本所有者（那些将资本借给个体企业家而仅获得当前利息率的人）也可能获得企业家利润，并且像获得利息一样便宜。这就是股份制企业对资本家具有如此大的吸引力的原因。可以预想将来股份制企业将在产业领域中占统治地位。所谓创业诈取仅仅是浮游于实质表面的泡沫和浮渣。[3]

---

[1] 鲁道夫·迈尔博士编：《洛贝尔图斯·亚格措夫博士书信和社会政治论文集》，1880 年柏林版，第一卷，第 259 页。

[2] 这是不对的，公司并不是一个以生产为目的而组织起来的技术性机构，而是一个商业机构。

[3] 同[1]，第 262 页。

除了道德上的判断外，没有人解释创业利润，尽管创业利润为欺诈提供了可能性，但其本身并不是欺诈。洛贝尔图斯的观点是片面的从而也给他人带来了一定的误导。

> 总之，当以前的借贷资本转换为股票时不再行使借贷职能而成为其所有者手中创造自我价值的工具时，它就处于这样一种状态，在这种状态下，他们作为借贷资本家像神仙一样存在，并且几乎囊括了所有的资本收入①（洛贝尔图斯认为这些从资本中获得的收入等于企业家利润加上利息。——希法亭）。

洛贝尔图斯只看到了事物的过程方面，即货币资本转化为生产资本的过程方面，而没有注意到问题的本质在于转化的形式方面，这就使得货币资本转化为虚拟资本的同时为其所有者保持了货币资本的形式。②

---

① 鲁道夫·迈尔博士编：《洛贝尔图斯·亚格措夫博士书信和社会政治论文集》，1880年柏林版，第一卷，第285页。
② 然而，这个保守的社会主义者却准确地感受到了公司这种组织形式的革命性意义。"这种可以把资本汇聚起来的组织形式，可以完成十分特殊的任务，它能够完成上帝没有完成的任务，它能够跨越疆域和国界去完成万能的上帝所遗忘的或者没有准备好去做的事情。公司可以跨越海洋和穿透高山把各个国家联系起来。金字塔和腓尼基的大方块石头，与公司所创造的东西相比起来，只能说是小孩子的玩具。"在此，洛贝尔图斯的浪漫主义想象比起左拉的小说《金钱》中的萨尔卡还要丰富。他继续说："并且我对于公司还有一种非常特殊的个人情感，为什么呢？因为公司能够克服一切的困难并彻底地去完成任务。公司是一种多么有效的组织形式啊！以前普通的不具有股权性质的贸易组织充其量就是一把扫帚，而股份公司就是一辆清洁车，股份公司这辆清洁车的清洁速度是扫帚的十倍。股份公司的确非常高效，它可以更有效地解决社会问题，毕竟我们现在的社会问题那么多，急需股份公司这样的企业形式出现。"洛贝尔图斯还发表过与上述言论恰恰相反的评论："股份公司的出现将会淘汰私营企业家和借贷资本家。"（同①，第286页）
　　范·博尔格茨在《社会科学词典》的"股份公司"词条中，对于股份公司的描述十分天真："股份公司的目的和任务，可以看做是提高个人劳动者的能力、提高企业家的知识与经验以及增强资本的力量。"他的这种描述就像一本餐饮书中所描述的那样有趣：葡萄干和布丁的目的及任务就是让食物更加美味，同时还可以让厨师维持生计。

现在我们将目光投入到虚拟资本流通的特殊形式上来就可以看到：股票（S）被发行，获得货币（G）。这些钱的一部分（g′）作为创业利润归为创始人所有（例如发行银行），然后从该循环中脱离。另一部分钱（G′）转化成了生产资本，进入到我们熟悉的生产资本的流通过程之中。股票被卖出，如果它要再次参与流通，就需要一份额外的货币（G″）作为流通媒介。该流通（S—G″—S）发生在特殊的交易市场上，即股票市场上。因此，产生了如下图1的流通过程：

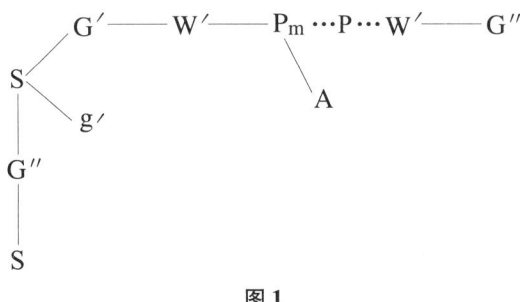

图1

股票发行后，就与其代表的产业资本的实际循环无关了，在流通中可能遇到的推动力或损失也不直接影响生产资本的循环。

股票的交易以及一般的虚拟资本的交易需要新的货币，包括现金和信用货币（例如交易票据），但是之前票据由商品价值支付，而现在则由股票的"资本价值"支付。由于收益取决于公司产品的价值实现，即取决于商品按价值或生产价格的出售，因此信用货币是间接通过商品价值支付的。况且支付多少是由商品价值决定的，因此在股票交易中它是由净收益中资本化了的数量决定的。在这种情况下，货币需求量由于这种证券的交换而大大减少了。

如果我们还记得资本等于100倍的利润除以利息率的话，则创业利润公式如下：

$$P = \frac{100Y}{d} - \frac{100Y}{p}$$

这里 P 是创业利润，p 是平均收益，d 是股息，Y 是企业产出。如果企业的毛产出由于管理成本下降了，则可以用 Y−e 代替公式中的第一个 Y。明显地,迄今为止经济学家们仅以单纯的文字描述了企业家的职能分离,也就是产业资本家向股东、特殊货币资本家的转化。因此,产生了股东逐渐向纯货币资本家转化的趋势,且这种趋势由于股票一直可以在股市中交易而强化了。

我对于股份公司经济的分析超出了马克思的观点。马克思在他对信用在资本生产中的作用的天才性勾勒(很可惜没有详细论述)中,认为股份公司是信用制度的产物,并且把它的影响描述如下:

第一,生产规模惊人地扩大了,单个资本不可能建立的企业出现了。同时,这种以前由政府经营的企业成了社会的企业。

第二,那种本身建立在社会的生产方式基础之上的并以生产资料和劳动力的社会集中为前提的资本,在这里直接取得了社会资本(即那些直接联合起来的个人的资本)的形式而与私人资本相对立,并且它的企业也表现为社会企业而与私人企业相对立。这是作为私人财产的资本在资本主义生产方式本身范围内的抛弃。

第三,实际执行职能的资本家转化为了单纯的经理,即别人的资本的管理人,而资本所有者则转化为了单纯的所有者,即单纯的货币资本家。因此,即使后者所得的股息包括利息和企业主收入,也就是包括全部利润(因为经理的薪金只是或者应该只是某种熟练劳动的工资,这种劳动的价格同任何别种劳动的价格一样,是在劳动市场上调节的),但这种全部利润也仍然只是在利息的形式上也即作为资本所有权的报酬而获得的。这样,这个资本所有权就同现实再生产过程中的职能完全分离了,这正像这种职能在经理身上同资本所有权完全分离一样。因此,利润(不再只是利润的一部分,即从借入者获得的利润中理所当然地引出来的利息)表现为对别人的剩余劳动的单纯占有,这种占有之所以产生,是因为生产资料已经转化为了资本,也就是生产资料已经和实际的生产者相分离了,生产资料已经作为别人的财产了,而与一切在生产中实际进行活动的个人（从经理一直到最后一个短工）相对立。在股份公司内部，职能已经同资本所有权相分离了，因而劳动也已经完全同生产资料的所有权和剩余劳动的所有权相分离了。资本主义生产极度发展的这个结果是资本再转化为生产者的财产所必需的过渡点，不过，这种财产不再是各个互相分离的生产者的私有财产，而是联合起来的生产者的财产，即直接的社会财产。另一方面，这是所有那些直到今天还和资本所有权结合在一起的再生产过程中的职能转化为联合起来的生产者的单纯职能再转化为社会职能的过渡点。

在我们作进一步地阐述之前，我们还要指出一个经济上重要的事实：因为利润在这里纯粹采取利息的形式，所以那些仅仅提供利息的企业仍然可以存在。这是阻止一般利润率下降的原因之一，因为这些不变资本比可变资本庞大得多的企业不一定参加一般利润率的平均化。[①]

在这里，马克思主要考虑的是股份公司在经济上和政治上的影响，他并没有把股息看做是一种特殊的经济范畴，因此未能分析创业利润。考虑到最后对于平均利润率形成和利润率下降趋势的结论性说明，显然，正如私人企业一样，股份公司的利润也将参与利润率的一般平均化，且在正常情况下，股份公司的产品也同私人企业的产品一样服从相同的价格规律。考虑到马克思仅考察了那个时代的铁路股份公司，他的观点也许是部分正确的。之所以说是"部分"正确的，那是因为即使在那时创业利润也吸纳了部分利润，而且这必定会影响到铁路价格。

二、公司的融资。公司和银行

股份公司创立时，股份资本是可以计算的，这样，企业的利润

[①] 卡尔·马克思：《资本论》，第三卷，第516页。

能足以为该资本分配股息,为每一位股东提供其投资的利息回报。① 经济的繁荣或者其他的有利于股息提高的情形的出现,股价就会上涨。假定某企业在股息为 6% 时股价是 100,而当股息提高到 9% 时股价就是 150。股息的变化反映了单个企业家的财富变化;而对于那些新股民来说,这些变化被股票价格普遍水平的上升或下降所覆盖了。②

---

① 1908 年 5 月 16 日的《柏林日报》晚间版曾报道过这样一个例子:"最近几天,克佩尼克的亚硝酸盐工厂的股票上市交易,这只股票的升水率高达 80%。从 1901~1906 年间,这家企业作为有限责任公司的运作资本也就是 300 000 马克。在连续亏损几年后,这家企业有一年获得了 100 000 马克的利润,给股东的分红 15 000 马克。下一年获利 300 000 马克,给股东分红为 75 000 马克。由于连续两年获得的利润剧增,因此公司的创始人就打算把这家注册资本为 300 000 马克的有限责任公司,转变成为一家注册资本为 1 000 000 马克的股份有限公司。为了平衡新公司的资产与负债,新公司必须从原公司那里以 210 000 马克的价格接受账面价值为 60 000 马克的土地,以 140 000 马克的价格接受账面价值为 45 000 马克的建筑物,以 400 000 马克的价格接受账面价值为 246 000 马克的设备和原材料。这家新公司已经运营了两年,虽然在公司账面上,土地(除去新征地)和建筑都还有分别为 200 000 马克和 150 000 马克的亏损,但是在这两年里,公司的年分红分别为 15% 和 16%,而只有那些最不应该进行价值高估的机器设备的亏损,下降到了 250 000 马克。这家企业的生产技术主要来源于两个专利,其中一个专利在一年内就要到期了,另一个专利技术是公司从其发明者那里以 50 000 马克的高价买来的。这些事实表明,公司的发展状态很好,足以让那些发行机构按溢价的 80%(以原价格的 180%。——英译者)来发行公司股票。也就是说,公司原先 300 000 马克的资本出售的价格高达 1 800 000 马克,并且售卖款中还有 100 000 是以现金支付的。"在这个例子中,由于公司对自身专利技术的充分挖掘,使公司获得了超额利润,而专利技术的资本化,也使得公司的原股东的获利也增加了。

② 这个从 1907 年 6 月 1 日的《柏林日报》上摘录下来的数据表明,刚进入股票市场的资本的投资利润率并不比平均利润率高多少。

	5 月 30 日的市价(%)	股息率(%)	盈利率(%)
柏林商业公司	150.75	9	5.97
达姆施塔特银行	129.3	8	6.18
德意志银行	223.6	12	5.36
贴现银行	169	9	5.32

在实际运用中的资本与虚构股票资本的差异在股份公司的生存中进一步扩大了。如果一个企业的股息高于市场平均值,并且如果出现了增加资本的必要性或者可能性,那么这种较高的股息收益就会成为新的资本化的基础,名义资本的增加便会远远地超过实际运用的职能资本;反之,也可能会出现职能资本增加而名义股票资本却未增加的情况。例如,当纯利润被全部投入公司运营而非作为股息分配给股东时,就意味着未来收益的提高,就会对股票的市场份额起刺激作用。

股票价格不仅会随着收益的变动而波动,会随着职能资本量的变化而增加或减少,而且也会随着一般利息率的变化而变化。长期持续较低的利息率会提高股票价格;反之,则降低。

续 表

	5月30日的市价(%)	股息率(%)	盈利率(%)
德累斯顿银行	141	8.5	6.02
国民银行	121.5	7.5	6.17
波鸿铸钢厂	224.25	15	6.68
劳拉冶金厂	225.3	12	5.32
哈尔彭矿山铁路公司	207.6	11	5.29
哈尔森基兴矿业公司	195.5	11	5.62
芬尼克斯矿业公司	205.3	15	7.3
尤巴赫尔冶金厂	204.5	14	6.84
多纳斯马克冶金厂	264.5	14	5.29
克拉夫特铁厂	166	11	6.62
塔勒炼铁厂(优先股)	123	9	7.31
通用电气公司	198.5	11	5.54
拉默伊尔电气公司	122	8	6.55
霍夫曼车辆厂	335	22	6.56
加根瑙尔铁厂	105	8	7.61
舍林化学工厂	263	17	6.46
奥兰宁堡化工厂	184.5	10	5.42
舒尔特斯酿酒厂	288.5	18	6.23
联合酿酒厂(股票)	210.5	12	5.7

从股息的本质上可以清晰地看出，无论是以平均利息率还是以平均利润率计，都没有平均股息。最初，股息等于利息加上风险佣金，但是在发展中可以或高或低或者保持不变。因为此处收益不会像平均化的利润率和利息率那样在竞争中平均化，而仅是股票价格平均化了。

在通常情况下，股票资本的市场价格会高于生产资本的价值，即高于产生平均利润的资本的价值。另一方面，给定企业利润和市场利率，则股票资本的价格取决于股票的发行量。如果利率是5%，则一家拥有1 000 000马克且产生200 000马克收益的企业的股票市场价格是4 000 000马克。如果发行1 000 000的股票，则一张名义价格为1 000马克的股票会以4 000马克的价格出售；同理，如果发行2 000 000张，则就会以2 000马克的价格出售；而如果是4 000 000张，则就会以1 000马克的价格出售……

如果股票发行量很大，以至于发行价降到票面价值以下并低于平价，那么这就是常常所说的"股价掺水"。显然这里指的是纯会计处理方式。在收益一定的情况下，总体股票价格就也确定了。自然，发行股票数量越大，单只股票价格就越低。股价掺水的行为与创业利润无关，创业利润是在企业创立时通过从生产性的收益型的资本向虚拟的利率型的资本的转化中形成的。事实上，股价掺水并不是根本性的，它与创业利润不同，可以用法律手段来阻止其发生。德国《股票法》规定，股票溢价必须提取准备金，这使得股票按平价或者较小的溢价被转让给银行团体，然后再由银行将其出售给大众以获取利润（创业利润）。

然而，在某些情况下，股价掺水是一种把公司创建者的股票份额提高到平均创业利润之上的有效金融工具。如在美国，大型股份公司创建时往往发行两种股票，即优先股和普通股。优先股的利率受到限定，大概是5%~7%。这种股票一般采取累积制，即如果该股票的股息在一年内没有支付，那它就有权要求从以后的收益中作出扣除以作为补偿。只有在满足了优先股的条件下，普通股才能分配到股息。公司成立时，优先股数量都是设定好的，以确保优先股比实际执行公司职能的资本还要大。大部分的创业利润都被注入在了优先股当中，然后再发行数量差不多的普通股。一般情况下，普通股的市价最初是很低的，而优先股和普通股的加总通常略高于平价。然而，大多数普通股都掌控在创业者手中，以保证其控制权。① 而且，在公司创建时，优先股获得相对固定的平均化利息，而普通股却没有一个固定的股息，其收益取决于行情。因为收益的波动很大，所以普通股更受投机者的喜爱。但是，那些无需为这些股票支付成本的信息灵通的大股东，却能够利用这种波动进行投机活动以获利。

---

① 在英国的股份公司里也发生过同样的事情。在描述生铁企业和钢铁公司之间的共同利益关系时，麦克罗斯蒂指出："据观察，当公司通过发行债券或者优先股来筹集资金以扩大经营规模时，只要卖方（如比尔兄弟和杜尔曼·朗公司）维持一定的债券的股息和优先股的红利水平，公司的控制权就会由卖方掌控。这种现象在英国的股票发行市场上十分普遍。这种现象要求投资者必须对股票发行方进行严格的考察。"（亨利威·麦克罗斯蒂：《英国产业的托拉斯运动》，1907年伦敦版，第27页）"在许多情况下，发行股票的公司会持有大量的普通股，以维持对公司的控制权。在这种情况下，公众对于普通股是否会有分红就不太关心了。"（同上书，第54页）

在原来的德国（还有奥地利）的《公司法》中，公司的创始人会掌控公司因发展而产生的盈利，这与公司创始人掌控普通股的目的一样，那就是掌握公司的控制权，以促进公司的发展。按照规定，公司的创始人享有一些特权，比如新股发行必须按照面值卖给出资人一部分。但是由于这些特权阻碍了资本的流动，所以被废止了。1907年9月24日《柏林日报》对于这个问题曾有文章发表说："公司创始人享有的特权就像过去的纪念碑一样，在现实中还可以找到过去的痕迹，很多公司里还有创始人享有特权的现象。这些特权是在公司法还不健全的情况下产生的。在过去大家允许赋予公司的创始人一些特权，这是出于增强公司资本稳固性的考虑，但是现在事实已经证明这些特权的确是非常不公平的。在1884年对《公司法》进行修订时，就对公司创始人的特权进行了改动，并在1900年1月1日生效的《商业法》中完全废除了公司创始人的特权。但是由于新的《商业法》并没有完全改变现实的力量，所以公司创始人享有永久特权的现象依然存在着。在许多私下的协议中，让公司其他股东非常不愉快的创始人的特权依然存在。在柏林电气厂（这是一个关于创始人特权会有什么样的影响的例子），通用电气公司享有按面值购买一半新发行股票的特权。通用电气公司通过对柏林电气厂享有的这一特权，仅在1889、1899和1904这三年，就获得了高达15 000 000马克的利润。公司创始人和这些创始人的继承者，从这些特权中获取了巨额利润。不过，现在在股票市场上，大家都一致认为应该废除公司创始人的这些特权。"

另外，这种融资方式保证了持有普通股的创始人从公司创建中获取积累的超额利润，以及从将来的发展或更景气的市场条件中获取收益。另一方面，持有优先股的公众则得到略高于当前流通利率的固定收益。最后，在某种程度上，企业的真实情况会被掩盖，[①]

[①] 对于这个问题我们所能举的最好的例子莫过于美国钢铁托拉斯（《1901年产业委员会的报告》，第十三卷，第14~15页）。美国钢铁托拉斯这个组织，把美国过度资本化了的钢铁公司联合了起来。这份报告通过分析这些企业的优先股的价值，得到了这些企业的按照平价计算的公司的价值，其值仅为398 918 111美元。1909年3月29日《法兰克福报》对于"过度资本化"给予了更加明确的分析："加里的一些钢铁厂大约能值100 000 000美元，年产2 000 000吨钢铁。而在托拉斯组织里的一些钢铁厂，资本化的价值为1 500 000 000美元，但是年产量仅为10 000 000吨钢铁。从中我们可以看到，托拉斯内部的钢铁厂的年产量仅为加里钢铁厂的5倍，但是其资本化的价值却是加里钢铁厂的15倍，这种企业价值与经营能力之间的差别十分明显。"我们即使把企业的固定资产考虑进去，这种差别依然十分明显。《法兰克福报》的这段评论清楚地说明了投入生产的资本与股权资本之间的区别。

这种企业市值远远超过企业经营实力的现象，并没有让钢铁托拉斯停止每年给优先股分配7%的红利，也没有让钢铁托拉斯停止扩大普通股的分红规模。美国钢铁托拉斯始建于1901年，1901~1903年这段时间是钢铁企业的繁荣发展时期，普通股的股息率达4%。但在1903年，普通股的股息率下降到了3%，而到了1904和1905年，普通股并没有任何股息发放。但是在1905年经济形势好转之后，美国钢铁托拉斯就拥有了43 000 000美元的净利润可以用来发放红利；如果把43 000 000美元的利润全部发完，那么按照当时的股票数量，股息率将会达到8.5%。但是美国钢铁托拉斯却把这笔钱用来补充折旧、增加新投资和增加储备金了，仅支付了2%的股息。

对于美国钢铁托拉斯来说，其股息发放量只占公司的盈利总量的一小部分。比如1906年公司经营状况很好，当年公司拥有高达100 000 000美元的利润，其中有25 000 000美元的利润用来发放优先股的红利，剩下来的利润如果全部发放给普通股，那么普通股的股息率将会有14.4%。但是公司把50 000 000美元又投进了新的建设之中（其中有21 500 000美元用于加里钢铁厂的第二次安置），把13 000 000美元用于增加公司储备金，这样，持有普通股的股东仅仅获得了10 166 000美元的股息。1907年公司虽然盈利状况比1906年还要好，但是公司的管理层依然维持了1906年的政策，给普通股股东分的股息很少。1907年，如果把剩余利润全部用于发放股息，那么普通股的股息率将会达到15.6%，但是实际上公司只把年股息而这为敲诈行为提供了可能性。但是,过度资本化不会影响到价格。虚拟资本的名义价值的波动能够以某种方式改变价格规律是一种奇怪的想法。当然,不言自明的是,大的股票资本的持有者希望股价升高以保证自身收益。但是,即使资本账面价值降低到零,但也没有资本家会以低于他必须抛售的价格卖出,不管他掌管的是私人企业、股份公司还是托拉斯。

股份公司是资本家的联合,每个资本家投入资本并享有相应的参与权、投票权以及对公司的影响力,这由每个资本家所支付的资本量决定。每个资本家之间的唯一的不同就是资本量上的区别。因此,从整体上控制一个公司,只需要公司一半以上的股份就行,而不像在私人企业中那样必须占有完全资本,这就成倍地扩大了大股份资本家的权力。先不论信用,一个资本家如果想把他的企业转换为股份公司,那么他只需要其现有的资本的一半就能保持他在企业中的支配地位,而另外的一半的资本可以从企业中抽出来。当然,这后一半的资本的股息就没有了。然而,对外来资本的控制极其重要,

---

率维持在了 2% 的水平上,或者把季度股息率维持在了 0.5% 的水平上。而公司总利润中,却有 54 000 000 美元投资于公司建设;这 54 000 000 美元中,有 18 500 000 美元投资进了加里钢铁厂,有 25 000 000 美元用于增加了储备金。在 1908 年经济形势不太好时,公司依然可以支付 4% 的股息,但实际上持有公司普通股的股东们依然仅获得了 2% 的股息。1908 年公司并没有在建设上进行投资,但是却增加了 10 000 000 美元的储备金,以至于 1908 年年末的时候,公司储备金高达 1 330 500 000 美元。公司 1909 年第一季度的业绩比 1908 年同期的业绩要好,主要原因是美国钢铁市场上铁的价格下降。公司还是延续自 1900 年以后惯用的伎俩,季度股息率维持在 0.5% 的水平上,同时增加了 3 000 000 美元的储备金(参考 1909 年 7 月 28 日的《柏林日报》)。在 1909 年的第二个季度,美国钢铁托拉斯宣布给股东发放 0.75% 的股息,这就相当于年股息率达到 3%。到了第四季度,股息率多增长了 1%,这就相当于年股息率达到了 4%,而当时大部分的普通股均掌握在了公司创始人和大型金融财团的手中。这些金融财团在 1907 年金融混乱之后以非常低的价格买入了这些普通股,所以,在经过了长期支付普通股东极低的股息之后,这些公司创始人和大财团再去持有大量的普通股;而当自己持有普通股时,才去发放较高的股利,因此他们在很短的时间内都获得了很高的股利。这其实就是那些掌控美国钢铁托拉斯的大型财团的发家之道。

不考虑其他方面，对企业的控制权是影响股票市场上公司股票交易的关键。而在现实中，确保对股份公司控制权所需的股份量通常小于一半，只需要三分之一或者四分之一就行，甚至连这个数量也不到。谁掌控了公司，谁就像他人资本的所有者一样控制了公司中的外来资本。但是这种支配他人资本的方式与一般意义上的支配他人的资本完全不一样。随着信用体系在发达资本主义社会中的建立和发展，每一单位的自有资本也是借入资本的一个指数（从数学意义上来说是这样的）；在其他条件一样的情况下，信用量取决于自有资本量，尽管前者发展比后者快得多。大股东的资本量就是这样一个双重指数，他的自有资本控制了其他资本家的资本；而反过来，企业的整体资本力量又成为企业接受别人的借贷资本的吸引力。

　　当不仅仅涉及一个股份公司而是涉及到一个相互独立的公司体系时，大额资本控制一个股份公司的意义还要大得多。假定拥有 5 000 000 股份的资本家 X 控制了一个 9 000 000 股的股份公司 A，这个公司现在要建立一个拥有 30 000 000 股份的子公司，并且要持有其中的 16 000 000 股份。为了支付这 16 000 000 股的资金，A 发行了 16 000 000 股没有表决权的固定利息债券。凭着 X 所拥有的 5 000 000 原始股，他控制了两个公司，从而控制了 39 000 000 股的资本。接下来，A 和 B 可以以同样的方式建立新公司，因此 X 仅凭较少的资本就取得了非常庞大的资本的控制权力。随着股份制度的不断发展，产生了一种新的融资技术，这种技术旨在实现以尽可能小的自有资本对尽可能大的他人资本的控制。这种技术在美国铁路系统的融资中达到了一个完美的巅峰。① 随着股份公司的发展和财

---

① 对于融资技术的详细叙述超过了本书的范围，不过下面这个石岛铁路网（Rock Island railway system）融资的例子（参见 1909 年 10 月 6 日的《法兰克福报》），就会让读者更加清楚地了解正文中所述的内容了。掌握石岛铁路网建造权的是石岛铁路公司（Rock Island Company），这家公司没有发行自己的公司债券，但是发行了 54 000 000 美元的优先股，还分两次分别发行了 42 129 000 美元和 89 730 000 美元的普通股，总共发行普通股数额为 96 000 000 美元。并且这些股票中，仅有优先股具有投票权。这家公司拥有芝加哥、石岛和太平洋铁路公司的 145 000 000 美元的股权，此外它还拥

产的积聚,将资本分散于各种各样公司中的大资本家的数量也越来越多。大量股票的持有使得股东在公司管理方面具有了发言权。作为董事会的领导者,大股东首先以红利①的形式取得了利润的一部分,其次也有机会影响公司的经营,并可以利用对企业经营方面的熟悉的知识或者其他商业交易的机会而通过股票投机获利。由于自有资本的力量或者由于作为外来资本集中权力的代表(如银行董事),一部分人的圈子出现了,他们成为了许多股份公司的董事会成

有 4% 和 5% 的托拉斯附属担保债券 70 199 000 美元和 17 361 000 美元(关于托拉斯附属担保债券,参见托马斯·拉·格林的《公司金融》,1906 年纽约版)。这家铁路大公司下属又拥有两家铁路公司:(1)芝加哥、石岛和太平洋铁路公司。这家公司有 197 850 000 美元的债务,发行了 74 859 000 美元的股份,这些股权中有 70 199 000 美元是托拉斯担保附属债券的发行基础,交予委托人管理。(2)圣路易斯和圣弗朗西斯科铁路公司。这家公司拥有债务 227 000 000 美元,发行有 5 000 000 美元的 A 等优先股,16 000 000 美元的 B 等优先股,还发行了 29 000 000 美元的普通股,这些普通股中有 28 940 000 美元是由石岛公司掌控的对于芝加哥、石岛和太平洋铁路公司所拥有的利息率为 5% 的托拉斯附属担保债券,圣路易斯和圣弗朗西斯科铁路公司给予 60 美元,对于自己的面值为 100 美元的股票也给予 60 美元。

  这种设计独特的控股体系的用意十分明显,这个庞大的铁路集团的控制权掌握在拥有投票权的石岛公司的手中,因为带有投票权的优先股全由石岛公司掌控。在这个铁路集团形成时期,股票的价格只有 40~70 美元,创始人最多只需要 15 000 000 美元的资金就可以收购 27 000 000 美元的优先股股权,而这些优先股就足以让他们控制整个铁路集团。

① 据勒布(《董事会制度》,载于《国民经济和统计年鉴》,1902 年,第二十三卷,第 3 期)估计,1900 年德国在董事会里工作的人的年总收入达到 60 000 000 马克。在同期对德国董事会的详尽研究中(同上,1906 年,第二十三卷,第 3 期,第 92 页以下),弗朗茨·奥伊伦堡估计,1906 年德国公司的董事会的收入为 70 000 000 马克。平均来说,每家公司都会把自己名义资本量的 0.6% 拿来作为给董事会的奖金,平均每一位董事能够得到名义资本量的 0.1%。我们这里看到的是相对值,而在大公司里,这部分资金的绝对值更是惊人,可能是 6 000 马克或者 8 000 马克,甚至比这还要多。比如,德累斯顿银行给董事分配了 21 000 马克,费尔滕和纪尧姆公司给董事分配了 34 000 马克,而迪尔科普公司则给董事分配了 10 000 马克,德意志银行给董事分配了 32 000 马克,赫德尔矿山给董事分配了 15 000 马克,格尔森基兴公司给董事分配了 87 000 马克,巴伐利亚抵押银行给董事分配了 13 000 马克。

员。因此，一方面在各个公司间，另一方面在各公司和银行之间，以这种方式组成了私人联合。① 这必然会对公司的政策产生重大影响，因为这些不同公司之间有了共同的所有权利益。

为了实现企业内资本的积聚，股份公司从各方积累小资本。就单个规模而言，这些小资本都太小了以至于不能行使产业资本的职能；这些产业资本一般地是指股份公司特别多的大产业资本。最初，这种积聚理所当然地都是通过直接从单个资本家那里获得的。但是当个人资本积聚集中到银行后，这种积聚就改变了对象，即在此时，这些积聚都通过银行作为货币市场中介。

没有银行会考虑为单个的私人企业筹集资金，按照常规，银行最可能做的就是给这些私人企业提供"商业信用"。但对股份公司来说，这却完全是另一回事。在这种情况下提供资本，对银行来说只需要预付资本并将资本总额分成几部分股份，通过出售这些小的股份以收回资本。因此，这个过程就是个纯粹的货币交易过程（G—G'）。这些资本证券的流动性和可让渡性是股份公司的精髓，使得银行"创立"而且最终控制公司变成了可能。相应地，股份公司能够比私人企业更快地和更容易地从银行那里获取贷款。总体来说，后者必须能够通过赢利来支付贷款，而贷款限度是有严格限制的。但也是正因为债务规模很小，因此私人企业主具有相对的独立性。另一方面，股份公司不仅能够通过正常的赢利偿还银行债务，而且还能通过发行股票和债券增加的资本来偿还债务，并且这些债券发行也可以为银行带来创业利润。因此银行可以为股份公司提供比私人企业更多的信贷，而且具有更大的安全性。商业信用不仅仅是一种

---

① 私人之间的联合往往是公司之间进行联合的开端。由于一些外部原因，各个公司之间必须在组织上和制度上保持独立，但是只有通过一个统一的领导层把各个公司的管理联系起来时，这些公司的执行力才能达到最强。奥地利和匈牙利现在之间的联合，是以前奥匈帝国联合遗留下来的，但是这种遗留下来的联合同样也具有一定的意义，因为这种联合可能是两国之间的新的联合的开端。把劳动阶层的政治性组织和经济性组织，通过一个统一的领导层联合起来，能够共同增强这两种组织的力量。在德国的拥有自己的土地的农户阶层和生活在普鲁士的波兰人阶层中，我们可以找到这种政治和经济互相联合的组织。

支付手段，而且也是企业生产资本扩张的信用基础——资本信用。因为银行若认为有必要，就可以限制信用并且坚持认为企业应该通过新股票或者债券的发行以获得新的资本。①

银行不仅能够向股份公司提供比私人企业更多的信贷，而且还能够将自己的货币资本作为一种短期的或者长期的投资用于购买股票。无论如何，银行都会与股份公司产生一种长期的利益关系。为了确保信用用于恰当的目的，银行必须明确监督并为确保银行的金融交易有利可图，且还会尽可能地控制股份公司。

这种银行的利益关系促进其建立一个长期监督公司日常事务的机构，这最好通过监事会中的代表来进行。首先，它确保了股份公司的运营及其他经济交易都会与通过银行的股票发行活动相关。其次，为了分散风险和扩大自己的业务范围，银行总是试图与尽可能多的股份公司合作，同时也可由这些公司的监事会代表。通过股票的占有，银行甚至有可能代表起初独立的两家企业，从而银行在各公司兼任监事会席位的趋势就产生了。②

---

① 所以银行向私营企业主进行贷款，往往就是这个私营企业向股份制企业转型的前兆。
② 大的银行力图"能够在不同的工业企业和地域里建立起一个比较均衡的网络，以消除由于银行在发展过程中由于自身制度限制所造成的产业和地域的发展不平衡性。同时银行方面还努力与那些企业建立永久的合作关系，并通过把银行的代表安置进入企业的董事会来不断地对这种合作关系进行加深和扩展"（耶德尔斯：《德国大银行同产业的关系》，1905 年莱比锡版，第 180 页）。

耶德尔斯还提供了下面的这个表，这个表里的数字表示，1903 年银行在企业董事会里安置的代表的数量。

	德意志银行	贴现银行	达姆施塔德银行	德累斯顿银行	沙夫豪森联合银行	柏林商业公司	总计
董事	101	31	51	53	68	40	344
监事	120	61	50	80	62	34	407
	221	92	101	133	130	74	751

从此表中我们可以看出，仅柏林的六大银行就控制了 751 个董事会的席位。

组成监事会的产业家扮演了另一个不同的角色，就是建立相关股份公司之间的业务关系。因此，一个钢铁厂在煤炭企业的监事会中的代表旨在确保钢铁厂能够从煤炭企业中获取煤炭。这种个人联合的形式意味着监事会的席位集中在一小群资本家手中，尤其是当它成为曾经独立的股份公司之间的更紧密的联系的先驱或者推动者时，就显得更加重要了。①

三、股份公司和私人企业

股份公司的建立并不依赖于相对较小的必须把资本的所有权关系与资本家的职能相结合的资本家阶层。从开始创立直到建成，股份公司就与私营性质不同。股份所有者的死亡、遗产继承等等对公司都没有任何影响。但这不是股份公司和私人企业的本质性区别，因为私人企业发展到一定阶段，被雇用的职员的个人性质将取代私

  按照最近的德国董事会和监事会名录（1909年），董事和监事席位总数为12 000个，但是其中有2 918个席位仅由179个人掌控着。柏林商社的卡尔·菲尔斯滕贝格先生拥有的席位最多，达到44个；德累斯顿银行的欧根·古特曼先生则拥有35个席位。银行占所有的董事会席位的数量最多（具体情况可以参见奥伊伦堡的文章）。

  当然，美国的情况也是这样的。在1906年，摩根公司就曾持有5个银行的董事席位、50个铁路公司的董事席位、8个信托公司的董事席位、8个保险公司的董事席位和50个工业公司的董事席位（施泰尼策尔：《股份公司的经济理论》，1908年莱比锡版，第158页）。

① 与此相反的是，董事会并不像法律中所规定的那样履行职责。柏林电灯和电力设备股份公司的董事会主席就曾坦白地说："事实上，董事会和监事会并不能完全履行法律所赋予它们的权利，而法律制定者在制定这方面的法律时也并不知道它们在做什么。要让一个董事会的成员或者整个董事会去监视一家大公司各个分支机构的运营情况，几乎是不可能的。当董事会去关注一件具体的事情时，其他分支机构可能同时在犯着其他错误。所以，董事会只能颁布一些管理公司的条例，而这些条例只能保证公司的经营者能够不违反这些监事会确定的规则，但是并不能用这些条例去解决经营中的具体问题；那些经营中的具体问题，只有公司的经营者才有能力去处理。"（1908年11月28日的《柏林日报》）

人企业所有者的个人性质。在这个问题上,文献中提及的另一个区别——一方面企业家是企业的独立的负责任的代理人,另一方面企业家或股东又是一群无实权不懂管理的人,仅仅与企业有小部分的利害关系——在实践中也是不重要的。现实中,股份制企业,尤其是那些最重要的、收益最多的、具有开拓创新精神的企业往往是由寡头或者单个大资本家(银行)控制的,这些资本家在现实中与公司运营有着极大的利害关系,并且与大量存在的小股东相互独立并存。而且,处于产业官僚顶层地位的管理者通过分得的红利,尤其是通过大量的股票占有,与企业有着重要的利害关系。

这两种企业的客观差别要重要得多。诉诸货币市场就是诉诸一切拥有货币(包括对信用的支配)的人。股份公司不受单个资本量的限制,这些单个资本如果要执行私人企业产业资本的职能,那就必须首先集中到一个人的手里。这不仅扩大了参与循环的人的范围(任何人只要有钱就都可以成为货币资本家),而且每一笔某个最低数额以上的钱(也许只需要几先令),都可以在股份公司中与其他货币并在一起作为产业资本加以使用。因此,对股份公司而言,其建立和规模的扩展都要比私人企业容易得多。

在积聚资本的能力这一点上,股份公司的职能与银行是相似的。其不同之处在于:银行将其积聚的资本保持其原有的货币资本形式,然后以信用的形式提供给生产者,而股份公司则是以虚拟资本的形式积聚分散的资本。不过我们并不能因此就认为小资本积聚为大资本和小资本参与大资本是一回事,这些小资本可能正好就属于这些大资本。比较而言,小资本更容易与银行结合,而不是与股份公司结合。

首先,股份公司更容易获得它所需要的资本积累。私人企业的资本积累来自于其自身的利润,假设它现在达到了某个规模,并且其利润的一部分没有被消费掉,而是被当做潜在的货币资本,那么它必须要等到其数额足够时才能进行新的投资或扩张。另一方面,股份公司通常需要向股东派发股息,但有时也会把利润的一部分用于积累,特别是其股息大大超过平均利息率的时候。不过,关键在于股份公司的扩张并不是以其自身赚得的利润的积累为基础的,而是可以直接通过增加资本来进行。私人企业的扩张受到它所产生的利润的限制，但对股份公司而言，这一限制就被取消了，使得它获得了大得多的扩张能力。它可以吸走全部的闲置货币资本的供给用于公司的创建与扩张。它不仅仅靠自身利润的积累来获得增长，而且那些为了实现增殖而积累起来的全部资本，现在都被吸收进了股份公司。由资本分散在不同的、偶然的所有者手里所导致的障碍也没有了，股份公司可以直接从资本家阶级那里吸收结合起来的资本。

独立于个别资本，使企业的规模的扩大能够不受个人手里所积累的财富大小的限制。对于这一点，正是通过股份公司，才能使那些由于自己的资本需要量是个别企业不可能达到的、从而必须放弃的或者是由国家来经营（那将会导致企业脱离资本的直接控制）的企业，现在可以做到了，并且可以是它所需要的规模。这一观点的典型例证就是铁路，它为股份公司的这种扩张提供了强有力的证据。股份公司打破了私人财产的局限，因此似乎只受社会资本量而不受单个资本量的限制的意义，在它的初期表现得最为明显。①

已经转变为股份公司的资本主义企业的扩张挣脱了个人财产的桎梏，现在它可以只考虑技术需求了。新机器的引进、吸收相近的生产部门、专利的使用，现在都可以按照技术和经济的适用性要求来进行了。积累必需的资本这一在私人企业中起主要作用的前提，以前限制了它的扩张能力、降低了它的抗冲击能力，现在可以不必再顾虑了。商业机会可以得到更有效的、更彻底的、更迅速的利用，而这些对于正在变短的繁荣期而言，是十分重要的。②

---

① 对于这里提到的"社会资本"，它可以分为两部分：一部分是私营企业的个人资本；另一部分是股份公司中那些所有具有新的股权投资意味的资本。
② "股份公司是资本主义社会实施企业兼并和集中的最有效的、最锋利的、最确定的、最让人喜爱的武器。股份公司自身就是资本集中的一种组织形式，即把那些小的、分散的资本通过统一的领导组织起来，聚少成多，形成可以满足工业化生产需求的资本。股份公司不会像一般的私营企业那样，把公司的成败几乎完全寄托于企业的管理者身上，因此，股份公司具有更强的生命力；并且从理论上来说，股份公司给予股东的红利是可以没有上限的，它还可以转让和继承。以上对于股东的种种益处，使得股份公司能够比其他企业形式吸收更多的资本。股份公司可以通过吸收更多的资本来填

所有这些因素在竞争中都起着十分重要的作用。正如我们所知的,股份公司可以比私人企业更容易筹集到资本,因此在组织生产时它可以只需考虑技术的因素;私人企业则不然,它总是受到自有资本规模的限制,甚至在使用信用时也会发生这种情况,因为它所能使用的信用的数量也取决于它的自有资本量。然而,这种个人财产的限制在股份公司那里却完全消失了,无论是其在创建初期还是在后来的扩张中所进行的新的投资均是如此。因此,它可以获得最好的最先进的设备,随时需要随时购买和安装,不像私人企业得等到自己的资本积累达到足够的水平才能进行上述活动。因此,股份公司具有技术上的优势,而且重要的是它可以将这种优势保持下去。这也意味着股份公司可以在新技术和劳动节约措施还没有被大家广泛接受时就率先安装和使用,因此可以用这些改进了的先进技术进行更大规模的生产,从而与私人企业相比,可以获得超额利润。

而且,股份公司在信用的使用上也具有很大的优势,这正是我们在这里要分析的。通常说来,私人企业只能要求不高于其流动资本数额的贷款,超过这一数额的部分就是将借贷资本转变成了固定资本,这实际上是改变了借贷资本的性质;而这正是借贷资本家所关心的重点,其结果当然就是使借贷资本家变成了产业资本家。因此,对私人企业家的信用而言,只能由那些熟悉这个产业资本家的所有情况和经营方法的人来提供。

股份公司获得信用则要容易得多,因为它的组织结构很易于实施监督。银行可以委派一个银行雇员去实施监督,因此银行职员代替了银行家。银行同样还可以给股份公司提供规模大得多的信用,

---

补自己的开支和借款,这点是其他企业组织形式望尘莫及的。股份公司新吸收的资本可以很快地固定下来,这一点更加促进了股份公司的资本膨胀。股份公司以固定的加速度来扩充自己的资本,这点与工业、贸易和银行业的发展规律是相同的,都是一种经济规律,即如果资本量增加了一倍,那么能够带来的生产和销售也增加了一倍多(不过这并不意味着利润也会增加一倍多。——英译者)。所以,这种资本增长的趋势恰恰带动了资本的增长,并且这种资本增长的趋势在大型股份公司中的作用更为明显"(里斯纳:《德国大银行发展史》,第152页)。

因为股份公司自己也能很容易地筹集到资本,因此这种信用的风险是很低的;即便股份公司打算用这笔信用来购买固定资本,但股份公司仍然可以在合适的时机通过发行股票来动员资本归还银行的债务,而无需等到固定资本从流通中被收回。实际上,这种情况经常发生。这两个因素——易于监督、将信用用于流动资本之外的可能性——都使得股份公司可以获得更多的信用,从而增强它的竞争力。

因此,股份公司在其创建之时就享有的更容易获得信用、更大的扩张能力的经济上的优势,会导致其技术上的优势,这一组织形式还使得股份公司在价格竞争中同样具有优势。我们已经知道,股东作为货币资本家,并不指望从他所投资的资本中获得比利息更高的收益,但在形势有利的情况下,股份公司的收益率会远远超过利息率水平,尽管存在一些抵扣因素会减少总利润,比如创业者利润、高昂的管理费用和董事的红利等,但都不会影响这一结果。

不过,正如我们前面所指出的那样,产出的增加并不总是意味着股东会因此而受益。一部分的收入可能会被用于增强企业实力,或者用于设立准备金,以便在危机期间可以为公司提供比对一般私人企业的更大的支持。这些数额巨大的准备金,也使得企业可以实行更为稳定的股息政策,从而提高股票的市场价格。与此同时,股份公司会将一部分利润用于积累,从而在不增加其名义资本的情况下增加它的生产性利润的资本。这些措施对股票真实价值的提升程度,甚至超过了准备金增长的程度。这种资本价值的增殖,也许要在一段时间以后才能得到证实,它对大股东和股票的长期持有者比较有利,但对于小股东和短期股票持有者而言,他们会因为此而损失一部分本应获得的利润。

如果商业条件恶化、竞争变得更为激烈,那么那些执行上述股息政策的股份公司,由于其降低甚至消除了股份资本与实际执行职能的资本之间的差别,因此可以把它的产品的价格降到生产价格($K+\bar{P}$,成本价格加平均利润)之下,使其价格等于 $K + \Delta G$(成本价格加利息),因而可以继续分配等于或稍低于平均利息的股息。

股份公司的抵抗能力因此会大得多。而私人企业还在为实现平均利润而挣扎,因为如果它不能获得平均利润,那就得考虑收回它的资本。这样的动力与挣扎，在股份公司里就表现得不那么迫切了，至少在领导层和股东那里是这样的。私人企业家要靠他商业上的收益来生存，如果利润下降到某一水平，那么他的执行职能的资本就会萎缩，因为他得从中间抽出一部分资本用于生计，最终可能会导致破产。股份公司不会面临这些问题，它只要赚得相当于利息的股息就行了。只要公司的运营不造成实际的损失，股份公司一般都能继续其经营活动，它没有一定必须产生多少净利润的压力。① 而这种压力对于自己的资本正在减少的私人资本家来说，却是致命的威胁。当然，这种压力也许会影响股东，迫使他出售股票，但这对于执行职能的资本来说，却没有任何影响。如果净利润还没有完全消失，而仅仅是下降了，那么股份公司就会继续经营下去。如果净利润下降到了平均股息之下，那么股价就会下跌，新的买家及现在的所有者就会按变低了的资本价值计算其收益。尽管股价变低了，甚至个别产业资本家会认为企业已经不赢利了，因为它连平均利润都生产不出来，但对新的股票购买者而言依旧是有利可图的，甚至对现有股东来说，卖掉全部股票的损失会比继续持有它还要大。即便出现股份公司经营亏损的情况，它依然有较大的抵抗风险的能力。这种情况如果发生在私人企业家身上，他肯定是要亏损的，破产也就是不可避免的了。但股份公司却可以相对容易地实现改组，因为容易筹措资本，使股份公司能够筹集到继续经营和进行整合所必需的资金额。按照通行的规则，股东必须赞成，因为他们的股票价格所反映出来的状况，使得股东们不得不同意将实际的损失在名义上也反映出来。

通常的程序是将股票贬值，这样总利润就会在变小的资本的基础上加以计算。假如根本没有利润，那么股份公司就会重新去筹集

---

① "1886年，委员会听到了许多对于股份公司之间过度竞争的抱怨。许多当事人都说，商品价格过低的原因是大型股份公司在各个工业领域过度发展所造成的，这些股份公司甚至在不赢利的情况下还进入商业领域，造成竞争加剧。管理这些大型股份公司的人，这样做的目的并不是为了赢利，而是为了能够扩大生产规模"（杜刚·巴拉诺夫斯基：《英国商业危机的理论和历史的研究》，1901年耶纳版，第162页）。

新资本,将它与原来的贬值了的资本一起共同生产出足够的利润。需要提及的一点是,对银行来说,改组在以下两个方面具有重要意义:其一是可以带来利润;其二是造成公司被自己控制的机会。

资本所有权与资本职能的分离也影响了企业的经营管理。对股份公司的管理者而言,所有者对尽可能多地和尽可能快地获取利润的关心,以及潜藏在每个资本家灵魂里的掠夺式的经营的冲动,会被股份公司的管理者以纯属生产技术要求的方式压制在一定限度内。这些管理者比私人企业家更热衷于建造新厂房、将陈旧的设备现代化、积极参与开发新市场的竞争,甚至有时为了达到这些目的,他们不惜牺牲股东的利益。这些管理着他人财产的经营者在制定政策时表现得精明强干、大胆和理性,很少被个人顾虑所影响,特别是当他们的政策得到有影响力的大股东们的支持时就更是如此。因为这些大股东们很容易承受利润的暂时损失,他们更看重长期的回报,比如更高的股价、更高的长期利润,从而把早已让出自己股票的小股东的损失变成了自己的收益。因此,股份公司对于私人所有的企业而言是占有优势的,因为它的纯经济条件和要求甚至是在与私有财产相反的情况下(即有时这样可能会与技术经济的要求相矛盾)得到实现的。

资本的集中总是与作为新的独立的执行职能的资本的分离相伴随:

> 在这方面,资本家家庭内部的分产起着重大作用。
>
> 所以,积累和伴随着积累的积聚不仅分散在许多点上,而且执行职能的资本的增长还受到新资本的形成和旧资本的分裂的阻碍。因此,积累一方面表现为生产资料和对劳动的支配权的不断增加的积聚,另一方面表现为许多单个资本的互相排斥。①

股份公司的发展使得经济发展的进程独立于财产运动的偶然性,它反映了股票而不是股份公司的命运,其结果是造成企业的集中比

---

① 卡尔·马克思:《资本论》,第一卷,第 685~686 页。

财产的集中更为迅速。每一个这样的进程都遵循了自己的规律,虽然二者身上都共同地体现着集中的趋势。不过,从表面上看,在财产的运动中,积聚的倾向表现得更具偶然性和更少强制性,然而,实际上,它却经常地被偶然性所阻碍。正是这种表面现象使得一些人去谈论通过股份制实现财产民主化。产业资本积聚与财产的运动相分离的趋势是重要的,因为它允许企业只遵循技术和经济规律,而无需被私人财产所限制。这种积聚不是与财产同时进行的积聚,我们必须将它与财产运动同时进行的积聚①区分开来。

作为财产向股份财产的转化的结果,所有者也变成了权利较少的所有者。作为股东的个人,现在依赖于所有其他股东所作出的决策,他只是这个庞大群体中的一员,而且不是每次都有发言权。随着股份公司的扩张,资本主义的所有制变成了这样一种有限制的所有制,它只给了资本家剩余价值的要求权,但不允许他对生产过程实施任何重要影响。同时,这种有限制的所有制给了巨额股票所有者对少量股票所有者的不受限制的权力。在这种方式下,数量占绝大多数的小资本家的所有制越来越多地受到限制,他们对生产的无限支配权被取消了,生产支配者的范围日益缩小。许多资本家企业组成了公司,在这里,大多数资本家对管理是没有发言权的,对生产过程的实际支配落到了实际上只付出了一部分生产资本的那些人手里。生产资料的占有者不再作为个人而存在,而是形成一个公司,在那里,他们只有对个人收益有相应部分的要求权。

四、股票的发行

作为票据流通的中介,银行用银行信用代替了商业信用;作为闲置资本向货币资本转化的中介,银行向生产提供了新的资本;银行还执行着第三个职能,那就是通过把货币资本转化为产业资本和虚拟资本,银行供应而不是借贷生产资本,然后控制生产。一方面,

---

① 关于这两个概念的区别,请参见《资本论》,第一卷,第681页。

这种发展导致所有的货币都流入银行，然后再经由它这个中介变成货币资本。另一方面，当银行资本转化为产业资本之后，它的货币形态就消失了，因此，部分银行资本也就消失了。这一矛盾通过资本的动员，即资本向虚拟资本以及资本化收益凭证的转化，得到了解决。由于这一转化过程伴随着这一凭证市场的发展，而在凭证市场里，这些凭证可以随时再转化为货币，因而再次成为银行资本的组成部分。在所有这些过程中，银行都没有进入信用关系，也没有获得任何利息，它只是以虚拟资本的形式向市场提供一定数量的货币资本，而这些资本随后又可以转化为产业资本。虚拟资本在市场上被售出，银行则实现了由产业资本向虚拟资本转化中所产生的创业利润。因此，"信用发行"这一术语描述的不是信用关系，而是表明公众认为银行不会欺骗他们这种或多或少有些根据的信任罢了。

银行这种进行货币动员的职能来源于它对社会全部货币的支配权，虽然这种支配权也要求银行拥有巨额的自有资本。债务证书这种虚拟资本是一种特殊商品，它只有通过出售才能转化为货币。因此，它需要一段时间的流通，在此期间，银行资本被固定在这一商品上。另外，商品不是随时都可以出售的，然而银行却必须随时准备以货币形态履行其义务，因此，银行必须拥有自有资本，以便随时完成交易。而且，随着生产的发展，银行也被迫增加了它的自有资本，以满足这种增加了的市场需求。①

银行的权力越大，它把股息转变为利息也就完成得更加充分，创业利润也就更多地为银行所拥有。而与此同时，企业越强大和越稳定，它们就越能多获得归它们所有的那部分创业利润，就越能增

---

① 由于法律对于经济运行和企业经营的干预，银行的增长趋势可能因此而更加明显。比如，德国《公司法》要求，私营企业向股份公司转化时，其原来的私有股权必须要等到一年之后才可以进行交易。所以在这一年中，那些原来的私营股份只能保持生产性资本的形态，而不能转变成货币。所以股票发行活动，尤其是大型股份公司的股票发行活动，多是由大型银行来垄断承办的。这些大型银行具有大量的自营资本，而这种大型银行垄断股票发行的现象，也加剧了银行的兼并和膨胀。当然，股票发行也给银行带来了巨额利润。

加它们的资本。由此就引发了银行和股份公司在创业利润的划分上的竞争和斗争,并导致了银行产生了更强烈的动机去确保它对企业的支配权。

毋庸置疑,创业利润不仅是企业在真正意义上的创建初期产生的,而且不论是对完全新建立的企业还是对把现有的私人企业转化为股份公司的企业而言,它们都是一样的。从经济意义上说,创业利润也可以在现有股份公司每次增加资本的时候产生,只要其收益大于平均利息即可。

从某种程度上说,表现为利息率下降的仅仅是股息率不断下降到利息率水平上的结果,而创业利润却越来越多地表现为全部企业利润的资本化。这一过程是以银行的相对高的发展水平、银行与产业间的高度联系以及虚拟资本市场即交易所的相应发展为前提的。比如,在19世纪70年代,美国铁路债券的利息率是7%,现在则是3.5%。① 导致这一下降的原因是,原来的7%中的作为企业利润率所包括的一部分,现在被创业者资本化了。这一点的重要性在于,它说明了创业者利润是趋于增加的,因为股票和债券的收益越来越多地被归结为利息。对创业利润提高的趋势起反作用的是利润率的下降,但是利润率下降通常会被打断(与此相对立的是把利润率提得更高的反作用),其结果就是从长期看,创业利润提高是大趋势。后者在最近一段时间里已经出现了持续增长的趋势,尤其是在那些银行和交易所发展十分迅速的国家,以及那些银行对产业的影响已经产生的国家。

货币资本家通过货币借贷获得利息,而发行股票的银行却没有借出一分钱,因而也不获得利息;相反,银行却获得了源源不断的企业利润,它不是以年收入的形式而是以创业利润资本化的形式获得的。企业利润是一个持续的收入流,但它是以创业利润的形式一次付给银行的。银行把资本主义的财产分配看做是永恒的和不变的,并试图在创业利润中实现这种永恒。因此,银行已经一再地得到补偿了,一旦这种财产分配权被废止,那么它也没有权利要求更多的补偿,因为它已经被补偿过了。

---

① 爱德华·舍伍德·米德:《托拉斯的金融》,1907年纽约版,第243页。

第8章 证券交易所

一、证券与投机

证券交易所是证券市场。"证券"一词在这里我指的是代表一定数量货币的各种凭证,这些凭证可以分为两组:(1) 负债凭证(债务证券)或信用凭证,它代表着所发行的一定数量的货币,票据就是这种类型的典型代表。(2) 不代表一定数量的货币而是代表一定数量收益的凭证,它又可以分为两种:(a) 固定利息类,比如企业债券和政府债券;(b) 分红凭证(股票)。正如我们所知的,在资本主义社会,每种固定的(年)收入都被视作为资本收益,其数额等于现行利率下资本化了的收入。因此,这种凭证也代表了一定数量的货币,但它在以下几方面又不同于上面我们所说的第一种凭证。在信用证券中,首先考虑的是它所代表的货币的数量,货币或它的等价物已经被贷出去产生利息了。这种证券会在一段特定的时间内进行流通,直到它被资本重新支付时才收回到银行。票据是有期限的,一些票据的期满并不会影响被贷出去的资本回流到贷放者手中。现在贷放者手里又有货币了,又可以马上贷放出去了。因此,票据期满从而资本不断地回流到它的所有者手里,是这一过程不断更新的条件。

在第二组信用凭证或证券中情况就不同了,因为货币在这里是最终被贷出的。如果是国债券,那么货币就是从生产性使用中被抽出来很长一段时间然后最终消失了;如果被用来购买企业证券或股票，那它就已经转化为了固定资本和流动资本，充当购买手段了，它的价值内化在生产资本的要素中。货币现在被掌握在生产资本的销售者手中，永远不会再回到起点。因此，结果就是，股票不能代表这些货币，因为这些货币已经转给了商品（即生产资本要素）的出售者，变成了他们的财产。但是，股票也不代表生产资本本身。因为，首先，股东对任何部分的生产资本都没有要求权，只能有收益权。其次，股票不像货栈或仓库中的单据那样，它不代表任何特殊的使用价值；如果它真是在生产过程中执行职能的资本的一部分，那就具有使用价值了，但它不是，而仅仅是对一定数量的货币的要求权。正是这一点构成了产业资本的动员，这笔货币只能是一定利息率下的资本化的收益。因此，它的收益或者说年收入，是证券估价的基础，它只能按收益来计算货币额。

固定利息证券与第一组证券有一些相似之处，因为一定时间内的固定回报总是代表着一定数量的货币。但是，它却总是被划归到第二类中，因为它起先代表的货币已经最终被贷出，因而再也不会回到起点了，它所代表的资本是虚拟的，它的数量只能用收益来计算。固定利息证券与其他类型的收入的区别似乎是：（如果不考虑偶然因素的影响）前者的价格由利息率决定，后者的价格则由利息率和现行的资本收益两者共同决定。因此，前一个组别的证券对价格波动的反应相对较小，一旦发生价格波动，它会随着比较容易预见到的利息率的波动而逐渐变动。但第二组别的收益率却是不确定的，它总是面临着各种无法预见的数不清的变化，从而造成这种证券价格的剧烈波动，结果导致它成为投机的主要对象。

综上所述可以看出，人们通常习惯上把股票交易所称为"资本市场"，这种描述会遗漏掉这一机构的基本性质。第一组别的证券是债务证券，它们中的绝大部分是由流通所产生的，在商品的转型中，货币除了充当最终结算手段外不再介入其中，它们是代替现金的信用货币的一种形式。当它们在股票交易所被交易时，仅仅意味着信用的提供由一个人手里转到了另一个人手里。信用货币的流通，正如我们所知，要求以真实货币的流通作为前提和补充。因为信用货币既用于国际支付也用于国内支付，证券交易所也因此必须既供给国内信用货币又供给国外信用货币以及贵金属货币。因此，为了补充信用货币交易，证券交易所也变成了外汇交易中心，既从事现金交易也从事信用交易。在证券交易所里，那些随时可以使用的寻求投资的货币资本的溪流汇聚到这里，化身为各种不同种类的信用证券。在这种活动中，证券交易所与真正的信用机构——银行——展开了竞争。实际上，这两种机构既有质的区别也有量的区别。从量的角度来看，证券交易所的活动与银行是不同的，因为证券交易所不是将注意力主要集中在汇聚小额存款上，而是要吸引正在寻找投资的巨额的资本积累。货币的积聚对银行来说是最重要的职能，但在证券交易所里却是一个已经完成的事实。这两个机构的质的区别在于以下事实：证券交易所的重点不是提供获得信用的不同方式，而是提供维持信用货币流通所必需的货币。因此，货币被大量地投入到最重要的票据上，不论供给还是需求，都涉及到巨额的货币集中，而且正是在证券交易所里，形成了借贷资本的市场价格（利息率）。这是一种纯粹意义上的利息率，不考虑风险贴水，因为它是这个邪恶的资本主义世界里可能有的最好的证券，它的优秀是不容置疑的，就像上帝的仁慈是不容置疑的一样。它支付给这些最好的证券的利息（当然，这里所说的最好，不是指它的使用价值，也不是指用手工制作的纸的票据），似乎是由对这些货币资本的单纯占有产生的，仿佛这些钱根本没有被贷放出去，因为它随时可以通过证券的转手就把钱再收回来。无论何时，货币都只是暂时的投资，随时可以换作其他用途。绝对的安全性和短期的再支付使得这种投资只能有一个较低的利息率，因此只适合于那些暂时可以支配的巨额资本。这一类投资的利息率是形成其他产业利息率的基础，它还决定着自由浮动的货币资本在不同交易所的进出。这些货币以经常变化的规模在货币世界的流通中进入和流出。

证券交易所形成银行家与大资本家之间货币交易的市场，其票据通常都有某一家或某几家第一流的银行的签字。无论是国际银行还是国内银行，或是其他的大资本家，都把钱投在这些能产生利息的绝对安全的证券上。另一方面，大的信用机构在它所接受的要求超过其可以自由支配的资本时，就可以在交易所出售这些证券，以此换回必要的资金。①

虽然从事这种操作所需要的货币量在不同的时期会有很大的变动，但它总是以某个最低的量存在着以用来购买票据，然后在票据到期后又回到其起点形式即货币上。货币这种持续的回流——它的仅仅作为信用过程中介的职能，立刻使得本属于第一类证券的货币流通变为第二类的货币流通，例如，那些投资在股票上的货币。在后者的情形中，货币是绝对非流动性的，它已经被转化为了生产资本，已经到了售出商品的那些人手里了，它不会再回到证券交易所。在那里，货币已经资本化为了利息收入，实际上货币已经从货币市场上被抽走了。

证券交易所和银行在票据市场上是相互竞争的，而且银行的发展实际上还抢走了证券交易所的一部分生意，甚至还承揽了绝大部分的提供支付信用给产业资本家的生意，而这最初是证券交易所的主要职能。最终留给证券交易所的，只有充当银行本身的中介，以及国际支付和外汇交易的市场中介，甚至于就连这一市场的相当一部分的生意，也被银行出于维持国外分行的目的直接夺走了。银行的发展从两个方面减少了证券交易所的这部分生意：第一，银行直接把日益增长的货币以不断增加的规模投资于票据，不再需要经过证券交易所的介入；第二，通过替代，用其他的信用形式部分地替代票据。

票据代表着一种信用，这种信用是由某个生产资本家（所谓生产资本家，指的是每一个获得利润的人，因此也包括商人）给予另一个资本家的，作为现金支付的替代。接受它的资本家可以在银行贴现它，因此银行便提供了信用。然而，如果这两个资本家都在银行拥有存款或都开有账户，那么他们就可以用支票进行支付或者通过银行转账。这样，票据就成为多余的了，它已经被银行账户交易所替代了，而这纯粹成了个人行为，与可以流通的票据是完全相反的。银行在支付业务上的涉入不断增加，因为它的委托人不断地把

---

① 威·普里庸：《德国票据贴现业务》，1907 年莱比锡版，这本书的信息量很大。

商业票据拿来贴现，而证券交易所的这部分生意却因此而大受影响。而且，在有的国家，由于其实行的是发行证券银行的垄断，因此垄断地发行证券的银行在外汇交易市场上便占有支配地位；而如果这种地位弱化，则利益变化大的是证券交易所而非银行。因此，在这个信用货币流通领域，除了外汇投机外没有进行其他活动的余地，证券交易所在这里只不过是一个集中的为信用交易提供货币的市场而已。

真正的证券交易所活动的领域是利息证书或虚拟资本的市场。在这里，货币资本是以应转化为生产资本的资本投资出现的。货币通过购买利息证书而被最终贷出并不再收回，只有每年所产生的利息从银行流入证券交易所这一情形与投资在信用工具上的货币是不同的，后者的资本本身是要收回的。因此，为了销售和购买这些利息证书，需要有新的货币来服务于证券交易所自身的流通。相对于它所经手的总交易额而言，这个新货币的数量并不大。因为利息证书代表着对货币的要求权，所以它们可以相互抵消。而最终需要结清的差额一般都数额很小，这一差额会由专门的机构计算出来以确保现金只被用于结清差额。但是，证券交易所需要的流通手段，就其绝对数量来说，是相当大的，尤其是在投机高峰期，由于投机通常都是在同一方向的，所以需要用现金结清的差额明显地增加。

现在出现的问题是，证券交易所的活动和职能是否有其典型特征。我们已经看到，在票据市场上，它和银行的活动是一致的。同样，为投资而购买证券并不是证券交易所持有的职能，因为人们在银行同样可以很容易地买到，而且实际上越来越多的人们习惯于到银行去购买。因此，证券交易所的专业活动实际上是投机。

首先，投机看上去就像普通的买和卖，只不过它所购买的不是普通商品而是利息证书。生产资本家必须将他的商品资本转化为货币，也就是将产品销售出去，这样他的利润才可以实现。如果另一个资本家替他完成销售任务，那么产业资本家就必须出让一部分利润。

包含在商品里的全部利润只有在它被出售给消费者之后才能真正实现。这样，商品从生产者手里转移到了消费者手里以后，人们将其视为地理位置的变动（只要想想房屋的出售就可以了），或者混淆了运输与贸易,这是毫无意义的。买和卖并不包括地理位置的变动,而只是一种经济行为,是财产的转移,虽然在这一过程中的确有空间位置的变化。但是,谁会在参观剧场时仅凭对建筑物的了解就能获知戏剧的本质呢?

商品最终是被消费掉从而从市场上消失的。然而,利息证书就其本质来说是永恒的,它永远不会从市场上消失,即便是出于投资的目的被从市场上暂时抽出,它也可以随时回来,而且实际上在或长或短的一段时间内,它的确会以或多或少的数量重新回来。但是,利息证书从市场上被抽回,既不是投机的目的,也不是投机的结果。投机的股票是会在证券交易所不断流通的,它的运动是往返运动,是循环,而不是一直向前的运动。

商品的买卖是一个社会必然的过程,在资本主义经济中,社会基本生活条件通过它得到满足,它是这个社会的一个不可或缺的条件。然而,投机就不是了,它不影响资本主义企业,也不影响生产或产品。一个已经建成的企业不会受所有权的变化的影响,也不会受股份不断流通的影响,产量和收益也不会因为收益要求权的转手而改变,收益的价值同样也不会因为股票价格的变化而有任何变化。恰恰相反,在其他条件相同的情况下,收益的价值决定着股票价格的变化。对利息要求权的买卖纯粹是一种经济现象,仅仅是私有权分配的转移,对生产和利润的实现(通过商品的销售)没有任何影响。投机的获利或损失,仅仅来源于当时对利息证书的估价的差别,它们既不是利润也不是剩余价值的份额,仅仅是由于企业落入股东之手的剩余价值的份额的估价的波动所导致的。这种波动,正如我们将要看到的,不一定是由实际实现的利润量的变动所引起的,而是纯粹的边际收益。① 资本家阶级本身不付任何等价物无偿地占有

---

① 注意:这里我所指的并不是那些所谓的差额交易,因为在这种差额交易里,实际上并没有任何证券的转让,而且在股票的报价差额中已经包含了投机利润。从经济理论的角度看,任何投机所得都可以看做是一种边际利润。从这个角度上来说,股票交易也是非常抽象的。这有点像一些资本家和经济学家看待资本利润时的情形,不管这些资本利润是工业利润、商业利润、租金、利息甚或是投机所得,他们都把这些利润看做是边际利润。

无产阶级的劳动的一部分,因而获得的是自己的利润;而投机者仅仅是互相争利。一人所失就是他人所得,这是花别人的钱办自己的事。

投机就是利用价格变化来赚钱,但不是改变商品的价格。与生产资本家不同,投机者不关心商品的价格是否涨落,他唯一关心的是他的利息证书的价格。利息证书的价格是由利润量决定的,而无论价格是否上涨或下跌,甚至价格保持不变,利润量都有可能发生变化。影响利润的决定性因素不是商品的价格绝对水平,而是成本和价格间的相对关系。但是,对投机者而言,利润是否涨落也是不重要的,他所关心的只是他能否预料到这种涨落。因此,他的兴趣或者说利益,和生产资本家或货币资本家是完全不同的。生产资本家和货币资本家期望能够获得最大化的、稳定的利润,如果可能的话,最好是不断增长的利润。商品价格的上涨对投机者的影响只有一个,那就是将它作为利润增加的显示和表现。投机者只有在利润的上述变化被预见到会发生时,才会受到影响。但是,企业创造出来的利润是如何分配给生产资本的所有者或股份的所有者,是不必考虑投机者的意见而分配的。那些投机者并不是从利润的增长中获得收益的,他也许还能从利润的下降中轻松获利。因此,投机者并不在意利润的上升,而是在意由利润的升降所导致的证券价格的变化。他不会因为想分享高额利润而持有股票(这正是投资者所做的),而是试图通过股票的买卖来获得收益。他的收益不是来自于利润的分享,因为他也可以从利润下跌中获利;他的收益来自于价格的变动,这就是说,如果他能在某个时刻将股票以比买入价更高的价格卖出,或者能以比卖出时更低的价格买入,那就能获利。如果所有的投机者都处于市场的同一边,也就是说,他们都同时高估或低估了同一证券的价值,① 那就不会有任何投机者获利。投

---

① 这样说并不全面,他们还应当同时以相同的程度来对交易进行估价。投机利润在以下的这种情况里还是可能产生的:一个投机者的卖价高于另一个投机者所喊出的卖价,或者一个投机者的卖价高于另一个投机者的买价。

机者收益来自于对立的估价,只能有一方获胜。卖者和买者在某一时点上的不同估价,导致一些投机者受损,而另外一些投机者获利。一方的利润就是另一方的亏损,这与生产资本家的利润形成尖锐的对立。因为资本家阶级的利润并不是无产阶级的损失,而在正常的资本主义条件下,无产阶级也从未期望过能得到超过其劳动力价值的价值。

投机者在操作中加以考虑的因素是什么?投机的主要对象是没有固定利息的证券,它的价格波动主要取决于两个因素:利润和利息率的水平。一般来说,利润的水平是由平均利润率所决定的,但平均利润率却仅仅是无数的与平均水平有极大差别的个别利润的表现。然而,外人是无从知晓所有的个别利润的,因为它不仅取决于一般因素比如剩余价值量和投资的资本数量等,还取决于市场价格的所有偶然变动和企业家对商业机会利用的技巧。作为一个外部观察者,你只能看到商品市场上的价格的变化,但却无法知道真正的决定因素的状况,即市场价格与成本价格之间的关系状况。甚至就连勤奋的企业家,在一个循环结束后精确计算出结果之前,也不知道这两者之间的关系。而且,即便不考虑实际的利润量,还有一系列或多或少的随意的因素会影响这些证券的实际收益,这些因素有折旧、董事红利、准备金的提取等等,它们同时也给了企业管理者以权力,使他们能够在一定程度上任意决定收益水平,从而影响证券的市场价格。在任何情况下,绝大多数的投机者对决定股价的主要因素的状况是全然一无所知的。在经常遇到价格差别很小以及利润由于其资本化而导致其市场价格大幅波动时,那些一般的或多或少是表面性的企业家知识,对投机者而言,所起的作用是十分有限的;相反,通晓企业知识会给那些投机者以很大自信,并使他们有能力利用这一知识去规避风险,从而获得收益。

至于决定股票价格的第二个因素——利息率,它的情况就有所不同了。首先,正如我们所知,投机者的活动取决于他们对股票价格可能发生的运动的不同判断,这种不同,就跟人们由不确定性导致的对未来利润的不同判断很相似。另一方面,利息率又有点类似于商品的市场价格，在特定时期内它是一个既定的量，这一点是所有的投机者都熟知的。

其次，利息率的变化或者它最终变动的方向，是极有可能被预见到的，除非由于战争、革命或全国性的灾难等极端事件导致的突然的并多少有些冲击力的干扰，否则，利息率就只是货币需求的直接反应。利息率对股票价格波动的影响也趋于减少，因此，在萧条时期，低利息率会持续存在，投机者的活动会变得懒散或萧条，信心受挫，股价也低；反之，如果是繁荣时期，则投机活动十分活跃，高利息率的效果消失了，因为人们普遍对未来股市收益的增加持利好态度。因此，尽管利息率的水平是比未来利润的预期确定性大得多的因素，但还是后者决定了投机的方向和强度。所以，不确定性和不可测定的因素才是投机者应该考虑的重点。简而言之，在投机活动中，没有有把握的预见，它只能是黑暗中的摸索。股票市场投机就像赌博或打赌一样，但对于知情人来说，它是一场有把握的赌博。

对于价格而言，我们应该区分决定股票市场价格的真实价格决定因素，以及由供求关系变动所表现出来的偶然的影响。当然，这种区分在投机者看来是无关紧要的，他们只关心价格变动本身，而对造成变动的原因毫无兴趣。然而，正是投机活动本身，以及情绪与期望不断变化的投机者们，导致了这种不确定性，从而引起了供给和需求的无休止的波动以及股票价格的变动；反之，每一次的价格变化都为投机者提供了新一轮投机的原动力、新的交易和地位变化，以及供给与需求的进一步变化。以这种方式，投机为证券持有者们创造了一个随时准备好了的市场，也给了其他资本家集团将虚拟资本转化为真实资本的机会，他们要么将一种形式的虚拟资本投资转变成另一种形式的虚拟资本投资，要么随时将虚拟资本转化为货币资本。

但是，作为投机典型特征的不确定性还会产生另一个结果，那就是，它通过大投机者吸引小投机者的方式，创造了影响投机活动方向的可能性。因为投机者什么也不知道（他们常常连一般情况都不知道，至于特殊信息之类的东西就更不知道了），① 他们易于受市场征兆、气氛和一般趋势的影响。然而，这种氛围是可以被制造出来的，实际上也的确是被大投机者制造出来的，因为这些大投机者或多或少地会被当做是内行或知情人，他们会有一批追随者。大投机者们用制造大量购买的方式来稳定市场从而提升股票价格，一旦形成这种趋势，即由于跟随大投机者们行动，小投机者们也购买股票，其结果必然是对股票需求的大量增加，因此股票价格会持续上涨，虽然此时大投机者们已经退出了购买队伍。大投机者们现在既可以获得利润，也可以按照他们的意图将这种较高的市场价格或长或短地维持一段时间。在这种情况下，对更大资本的支配直接导致了他们在市场上的优势地位，因为市场走势是按照他们使用资本的方式来决定的。在生产领域中，大资本享有优势是因为它制造产品的成本更低，因此可以压低价格；但在证券市场里，资本直接作用于价格。证券的大批发商，也就是银行，可以利用它的优势地位推动投机朝着某个方向发展，它只需给它的大顾客一个暗示，让他们去买进或者卖出某只股票；在大多数情况下，这种暗示都会导致（他们早已预知的）市场供求关系的变化，然后这些人都获得了利润，个个都像是先知先觉似的。现在我们可以欣赏到这种同路人、局外人和大众的重要性了。职业投机者之间的亏损和盈利可以相互

---

① 在此我举个相当引人注目的例子："最近市场上流传芬尼克斯公司从美国接到了一个巨额的钢管订单，价值高达数百万马克。股票交易市场轻信了这一流言，大量购买国内的钢铁股份，提高了钢铁股的价格，特别是芬尼克斯公司的股价。当然，美国经济最近几个月并没有发生什么实质性的变化……但是在德国的工业区，特别是芬尼克斯公司的董事们肯定会乐得合不拢嘴。因为这一谣传使得社会各界都看好了芬尼克斯公司的发展，提升了它的股价。后来人们发现这家芬尼克斯公司只不过是一家不生产钢管并且在德国钢铁业联盟里也没有什么地位的小公司。所以简单地讲，这只是一场骗局。"（1909 年 7 月 15 日《柏林日报》）

所以，当阿诺德先生（《德国交易所调查报告》，第一部分，第 444 页）论述投机的智慧时，他其实是在利用听众的愚昧来进行投机。不管什么时候，他都是在把那些投机中的不合理的、偶然性的特征讲给那些小的投资者们和听众听。

抵消，但是那些简单地跟随大投机者们指引的大众，以及那些在大投机者们已经带着获利离开而还继续留在原轨道上的人们，他们还天真地相信他们分享丰收的果实的时候已经到来了，其实正是他们才注定要承受损失并由他们去支付差额；这个在经济周期的每一次改变中或者仅仅是交易所气氛的每一次转变中所产生的差额，都被大投机者们装进了口袋，成为了他们"生产活动"的回报。

而且，投机是非生产性的，它是赌博（公众现在就是这么看的）的一种形式。但是，这却无法否认投机在资本主义社会基础上或者至少是资本主义社会一定发展阶段上的必然产物。很明显，将资本主义社会的一切事物都看做是生产性的观点，只能是一种辩护和掩饰。事实的真相是，资本主义生产的无政府状态，生产资料的所有者和使用者之间的对抗，资本主义的分配方式，等等，所有这些都产生了大量的开支和花费，而这些开支和花费对财富的增长没有任何贡献，在一个有组织的社会里是可以被消除的。因此，从这个意义上说，它们是非生产性的。① 它们在资本主义社会里的必要性这一事实，并不能证明它们是生产性的，而只是对这个社会的错误组织方式的一种验证。但是，如果证券交易所要执行它所有的职能，那么投机就是必要的，这些职能我们会在后面作更为详尽的分析。

二、证券交易所的职能

证券交易所的职能会随着经济发展的进程而变化。最初它只是为货币和票据的流通提供服务，为了这一目的它只需要积累可以投资在这些票据上的自由货币资本就行了。后来，它演变成了虚拟资本市场，而虚拟资本首先是由国家信用的发展而产生的，后来又变成了政府债券市场。但是它的根本性转型发生在产业资本开始采取虚拟资本的形式，以及股份公司制在产业界开始蔓延的时候。提供

---

① 对于生产性劳动的狭义定义，可以参见卡尔·马克思的《剩余价值理论》，第一卷，第4章。

股票交易所的资源现在得到了迅猛的和无限制的增长，同时股票交易所作为随时准备获得资金或信用的市场的存在，是产业资本转化为虚拟资本以及股息归结为利息的前提。

虚拟资本市场的发展使投机成为可能；反之，投机又成为保持这一市场一直向商业开放的必要保证，这样它才能为货币资本转化为虚拟资本，以及虚拟资本又重新回到货币资本提供可能性，而且随时可行。鉴于如下事实：边际收益可以通过买和卖获得。于是，造成了对参与这种活动的持续的刺激，以此来确保进行这一活动的市场的持久存在。证券交易所的基本职能是为货币资本的投资提供这样一个市场，只有在这种方式下，货币资本作为资本的投资才是大规模的。因为资本要成为货币资本，其首要职能就是产生稳定的收益（利息）。其次，它必须通常是可以回流的，或者说如果不能实际回流，那就必须是可以随时通过出卖利息要求权而回流的。证券交易所首先使资本的动员成为可能。从法学的观点来看，这种动员只不过是所有权的转移，同时也是所有权的二重化。① 实际生产资料的所有权从个人手里转移到法人公司手里，而法人公司虽然是由个人的总和构成的，但这些个人却不再对这些财产拥有所有权，个人现在拥有的其实是一种收益要求权；他们的所有权，曾经意味着对生产资料真实的、不受限制的控制权，因此也意味着对生产本身的经营管理权，现在都被转化为了单一的收益要求权，对生产的控制权被剥夺了。

然而，从经济学的观点来看，资本的动员包含着随时将所投资的资本以货币的形式收回然后再转移到其他生产机构的可能性。资本有机构成变得越高，生产资本在物质要素上投资的实际变化的可能性就越低。由于生产资本的主要组成部分是固定资本，因而使得将其从某一特定生产部门抽回时的困难不断增加，从而使利润率平均化的趋势遇到了日益增加的障碍。这种平均化的过程实际上是以

---

① 按照卡尔纳的说法，就是法律制度变化的同时，法律准则却并没有发生变化（《马克思研究》，第一卷，第81页；以及卡尔·卡尔纳：《民事法规制度及其社会职能》，第74~77页）。

一种很缓慢的、逐步的、不完全的方式进行的，它主要是由剩余价值的积累投入到那些利润率较高的部门，以及从利润率较低的部门退出等这些新的投资带来的结果；与利润率相反，利息率在任何一个给定的时间段内都是相同的和统一的。所有资本的相等——对单个资本来说，这并不代表它们的价值都是相等的，而是相同的价值会产生相同的收益——在利息率的一致和相等中，终于找到了令自己满意的表现形式。对资本家来说，他们的资本的使用价值以及他们任何时候所投资的领域，这些都是没有差别的，都是只能带来剩余价值的一定价值量而已；如果从量上来考察，它们都只是获取利润的凭证而已。

因此，收益（或利润）的差别会导致等量资本估价的差别。比如说有两个资本，它们的价值量都是100，一个能产生10的利润，另一个产生的利润是5，那么第一个资本的估价就会是第二个资本的估价的2倍。这种不同资本之间的利润的差别，导致了一方面单个资本家之间为了获取尽可能多的利润而在各种不同的投资领域进行竞争，进而出现利润平均化（以前是剩余价值的平均化）的趋势，以及一般平均利润率的形成；另一方面，导致利润率的不相等又在不断地重新出现以及资本的不断转移，单个资本家只能通过对他的资本不断地按照利息资本化的收益进行估价来加以克服。如果这种估价在现实中达到了，如果资本家真的平等了，如果产生利润的每一件物品的价值都是相等的，那么资本就可以总是以其价值量的标准和以社会有效的方式在货币上得到实现，也只有在那个时候，相同的利润率才会在单个资本家身上得到实现。但是，这种实现是实际真实关系的颠倒，资本不再表现为一个决定其利润量的某一特定量；相反，它似乎是一个固定的利润量，一种决定资本数量的利润量。这种决定资本数量的方式在现实中的出现是当股份公司产生的时候，它使获取创业利润并决定它的水平成为可能。真实的关系看上去似乎是用头倒立地站着。那些用证券交易所交易员的眼光来观察经济事物的经济学家们，把真实关系的表述当做是错误的和荒谬的表述也就不奇怪了。

因此，所有资本的相等是在按收益对资本的估价中得到实现的。

但是，就像一切资本在证券交易所被估价的方式一样，它的实现仅仅是利息证书的资本化（即虚拟资本）在市场上得到实现而已。如果资本主义社会的内在规律将一切可获得的社会财富都归资本家阶级以资本的形式进行支配，以及确保等量资本获得等量利润的要求，驱使它去动员资本，并对它仅仅按照能够带来利息的资本进行估价，那么证券交易所的职能也就是通过提供这种资本转移的机制来完成这一动员的。

资本的动员使资本主义社会财产中转为收益凭证的比率不断增加，在这一过程中，它使得资本主义的生产日益独立于资本主义的财产的运动。在证券交易所进行的收益凭证交易，仅仅是一种财产的转移，它可以完全独立于生产过程来进行，而且也不再对它产生任何影响。现在财产的运动获得了独立，它不再由生产过程决定。在过去，财产转移的同时也包含着资本主义企业职能的转移，现在反过来了，不再是这样了。还有，在更早一些的时候，财产分配变化的主要原因是生产结果的改变，因此产业竞争在财产分配中起着决定性的支配作用。这一原因今天仍然在起作用，但又被其他的因素所补充。这些补充的因素是：收入证书的流通以及可能导致的财产的运动；尽管这种运动对生产关系的变化、对生产都没有任何影响。

在商品流通中，使用价值的转移和所有权的转移是紧密联系的。在简单商品生产中，使用价值的转移似乎是基础性的，是财产转移的动机，后者只是完成前者的手段。生产的决定性动机是创造使用价值，是需求的满足。但是在资本主义商品流通中，使用价值的流通也就是产品中所包含的利润的实现，利润才是经济活动的原动力。在资本主义社会中，劳动力作为商品向资本家的转移，表示资本主义财产的剩余价值的产生。另一方面，证券的流通仅仅是财产的转移，是单纯的所有权证书向财产转移的流通，它并不涉及到任何使用价值的运动的同时进行。在这种情形下，财产的运动不与使用价值的运动相伴随，这样，资本主义的财产就失去了与使用价值的任何直接联系。这种财产自身流通的市场就是股票交易所。

虚拟资本的动员与创造本身，就是资本主义财产在生产过程之外产生的一个重要原因。过去主要是由积累而形成的资本主义财产，现在由于虚拟资本的创造,开辟了获得创业利润的可能性。通过这种手段,大部分的利润都集中到了拥有大量货币的人的手里,正是这些人将产业资本变成了虚拟资本的形式。这些利润并不是以股东分红的方式,而是以分散的、年度收入的形式,流到他们手里,这是一种创业利润的资本化,它以货币形式得到收入,无论是从相对数额还是从绝对数额来看,都是直接以货币形式执行新资本职能后所产生的巨大的数额。于是,每一个新的企业从其创建之日起,就要向它的创建者支付一份贡赋,而创建者却无需做任何事情,也不需要和企业打什么交道。这是一个在大的货币持有者手里积聚新的巨额货币的过程。

财产集中的过程发生在股票交易所,并基本独立于产业的集中。那些完全熟悉股份公司行为的大资本家,对商业环境也有很深的了解,因此可以预测到股票价格的未来走向。他们的资本的力量,使得他们可以通过对自己有利的买卖行为,去影响股票交易的价格,并获得由此产生的利润。他们的这种权力还使得他们有可能对市场进行博得众人喝彩的干预,在危机或恐慌时期买进大量股票,等经济形势恢复到正常时期再将其卖出以获利。① 总之,他们是无所不

---

① 或许发生在1907年秋天经济动乱时期的一场并购案,是最能说明问题的。钢铁托拉斯兼并了它的主要竞争对手坦内西钢铁公司和煤炭公司。一位愤怒的记者在1907年11月17日的《柏林日报》上写道:"据有关人士证实,几天前被派往华盛顿的摩根的两位代表[安亨·加里(钢铁托拉斯)和亨·查·弗里克]给罗斯福总统下了最后通牒:要么顺从摩根的托拉斯收购坦内西钢铁公司和煤炭公司的方案,向政府保证不再进行反托拉斯干预;要么就接受全国性的经济恐慌,这种经济恐慌可能会造成全部银行的停业。"

在经济危机最为严峻的时刻,这种威胁果然奏效。出于必要,总统不得不下放权力给股票交易所。总统被迫忽略现行法律,放弃政府首脑的地位,其执行力被剥夺殆尽。而摩根集团却在此时以拯救美国托拉斯公司和林肯托拉斯公司为名,利用它的钢铁托拉斯确定了其在国内钢铁业的垄断地位。数天后,摩根公司通过它的一次拯救行动,成功取得了查·威·莫尔斯近海轮船联合公司的控制权。

这个事件恰恰表明了美国当前处理国家事务的真实状况。美国是由乔治·华盛顿、本杰明·富兰克林、杰弗逊等无私的爱国者创立的,到现在美国总统还依然继承着那种无私的奉献精神。

知的，就像精明的银行家塞缪尔·葛尼在上议院委员会所保证的那样，"营业上的一切波动对熟悉内情的人来说都是有利的"。①

股票交易所作为向产业资本提供经济支持的手段，通过它向虚拟资本的转化，赋予了单个资本以货币资本的特性。对股票交易所发挥其职能而言，市场规模是首要因素，因为它作为货币的性质，取决于在任何时候都能没有一点损失地出售股票和债券的实际可能性。这就是为什么出现了所有的交易都尽可能地向一个市场集中的趋势。因此，所有的银行和股票交易所的业务都日渐集中于主要的经济中心、集中于首都，与此同时，各省的股票交易所却变得越来越不重要了。在德国，柏林股票交易所的业务量远远超过了所有其他的交易所；在柏林之外，只有汉堡和法兰克福的股票交易所还有一些业务，但它们的重要性也在逐渐降低。

按照小资产阶级的理论，股票持有的发展会带来"资本的民主化"，但小资产阶级的实践虽然总具有一定的合理性，但却还是试图将股票的持有者限定在资本家上。大资本家实践的代表发自内心地赞成下述警告，这就是他们的权威阿恩豪尔德说过的话："任何需要固定收益的人都不应购买股票。"② 他之所以这么说，是因为波动的股票收益对任何靠收取利息生活的人来说，都是资本亏损的一种形式（因为高额股息可能会促使他增加自己的预算）。这种人不愿在价格高昂时售出自己的股份，却通常会在股息低和股票价格低迷从而自己经济困窘时决定出售股票（他们经常这么做，因为他们对真实的商业环境不了解，因此必然总是依赖于市场行情和交易所的"判断"；或因其他原因）。

三、股票交易所的交易

股票交易所的交易与一种买卖行为有关，这种买卖与其他类型

---

① 卡尔·马克思：《资本论》，第三卷，第496页。
② 参见：《德国交易所调查速记报告》，1893年，第一卷，第190页。

的买卖有根本的区别；这种区别不是由于程序，而是由于它所交易的商品。从经济学的观点来看，决定性的因素不是那里的交易所采用的技术，而是它的内容；这种技术细节的描述，与其说是理论分析，还不如说是实际操作人员的手册，那样还会更准确一些。再说，即便是从处理交易的方式使得交易内容所产生的某些结果更容易达到的程度来看，它也具有一定的重要性和使人感兴趣之处。

协调完成股票交易的特殊规定，即由于货币只执行计算货币的职能，而且只有很小数量的账目需要用现金支付，因此，信用的提供便与此类交易联系在一起了。为了将支付降低到最低程度，出现了专门结清这类凭证的买卖操作的专业机构。① 但是为了这一目的，必须将交易所的交易进行缔结使价格公之于众，股票的市价便会因此成为公开信息。股票价格的公开化还同时达到了交易所的主要目的，那就是作为证券交易的市场，凭证的交易应该可以在任何时候以大家都明确的价格进行交易。由于通过价格人们随时可以获知这一做法被固定下来，使得提供这种形式的信用——贷款——比以前在支付信用的情况下变得容易得多，因此现在的信用提供者可以准确地知道他放款的抵押物的价格。投机者把他用借来的货币购买的证券抵押给货币贷放者，因此同时就产生了对利用货币资本赚取利息的一种新的安全可靠的方式，那就是交易所证券的抵押贷款。

信用的提供使得投机者可以利用价格哪怕是最微小的波动来获取利益，而且他还可以突破自有资金的限制，将交易规模扩大到这一限制之上。因此，尽管价格只是小小的波动，但投机者却可以通过交易的规模获得丰厚的利润。另一方面，信用不仅允许投机的增加以及随时利用市场条件，而且自身也会有这一结果，因为投机操作的完成通常都是借由结算来操纵市场价格的波动的。信用的使用

---

① 比如，"自从1874年伦敦股票交易所成立以来，所有的股票交易包括一些其他证券的交易，都可以在这里完成，并且可以进行互相冲抵，支票只需要进行支付那些无法冲抵的部分就可以了。结果就是，在所有的证券交易中，只有10%是通过支票来完成的，而有90%是通过互相的冲抵来结算的"（雅雅：《英国的银行制度》，1909年莱比锡版，第95页）。在其他的股票交易中心也存在着类似的交易制度。

还给了大投机者以更大的优势，使他的财力成倍地增长，而且增长的速度远远快于他的财富增长的速度。

证券交易的另一个显著特征就是缔结的速度，这是程序被简化的结果。这种迅捷性是利用小幅的短期价格波动来获得利益所必需的。供求的快速变化和市场价格变化的速度，使得尽可能快地缔结交易具有极其的重要性。每一次新的转手都会给投机者带来新的获利的可能性，因此任何耗费时间的手续都是绝不允许的。在这一领域里，"时间就是金钱"这句话就是最好的表达。因此，同样道理，他们对所有关于结算时间要求的法律规律的厌恶以及对于法律干预的厌恶是很普遍的，因为这些会造成时间损失。

期货交易——将所有的交易都放在同一时间来完成——是利用信用的最佳方式。因为这种交易是投机者的主要工作，在这种交易中买和卖是同时进行的，而且大部分的交易是相互冲抵的，只有剩下的差额才需要用货币清偿（就这种交易而言，大部分的支付也是用信用清偿或者通过银行转账来进行的）。还有一种情况也需要货币，那就是只有一方的买或者卖的时候，但是与那些互相冲抵的交易相比，这种只有一方的交易是很少见的。这里，信用产生的结果是扩大了市场。期货交易会大大增加业务量，那些介入期货交易的证券总是可以找到市场。因此，通过买进或卖出来终结投机操作，以实现利润或将损失降到最低点是很方便的，除非遇到了市场恐慌的干扰。而且，由于期货投机并不是为了实际拥有证券，其目的仅仅是为了获得差额利润，因此这些证券随时可以被卖掉，并且交易量不是由证券的价格来决定的，而是由投机所引起的差额量来决定的。同时，实际存在的和在市场上出现的证券，只有在投机交易的买和卖不能彼此冲抵时，才是必要的。因此，所缔结的交易量与证券的实际价格总量并没有关系，甚至有可能是它的许多倍。而且，这种交易缔结条件的典型特征就是最充分地考虑交易进行的迅速性。

期货市场在简便性上的巨大发展，买和卖之间相互冲抵可能性的增加，都减少了参与这种投机所需要的资本量。因此，参与这种投机的人增加了，单个人的交易量也增加了。与现货市场相比，期货市场扩大了，但它为维持和发展投机操作所需要吸收的资金量却变少了，因此，它对为投机而形成的资本市场的利息率的影响也减弱了。然而，由于大量的投机是用借来的资本在操作的，而这个市场的利息率对投机活动的持续会有很大影响，因此期货市场通常更具有经常持续进行的趋势。这种操作持续性的加强导致了供求关系变动的减弱，从而降低了股价波动的幅度。同时，在更大的交易规模下，即便波动幅度大大降低了，但对刺激人们加入投机来说也足够了。它还产生了另外一个类似的结果，那就是期货交易使人们可以为投机目的而出售证券，从而可以比现货市场更好地抵制供给的片面增加。①

期货市场使下属情况成为可能：一段时间后才期满的资本按预定的价格进行投资，或者按照有利的条件预先取得一段时间后才使用。还有，我们前面已经提到过，通过信用提供和交易缔结的容易性，期货市场扩张了；期货市场比现货市场更能吸收资本；由于发行机构能够逐渐地并且不导致市场价格下降进而让渡它的证券，因而使得发行也变得容易了。② 期货交易也是执行套利操作以及不同的交易所之间的价格差异的统一标准方法。

投机要求获得可供支配的服务于自己目的的一定数量的证券。但那种处于安全之手的证券，以及作为长期投资于已经脱离市场的证券，是不适用于投机的目的的。相同的道理也适用于总额很小的证券。在那种情况下，数额很小的购买和售出对市场价格水平会有

---

① "复杂的股票交易程序不仅仅对确定股票的价格十分重要，而且在股票交易中，交易所的交易条件和实际操作方式，要比那些与交易相关的法律和技术支持更有意义。因为它们自身就包含着股票价格的信息，因此其重要意义不可忽视。不过，最后对价格具有决定性影响的因素还是股票供给和股票需求。不管是股票交易还是商品交易，不管是这个交易发生在现在还是发生在将来，不管这个交易是短期交易还是长期交易，不管交易的单位是什么以及交易的是什么产品，不管是股票交易者是谁（机构还是个人），上述影响因素都会对交易的价格产生影响，并且这些因素不仅仅能够确定价格，而且还是价格形成的重要因素。在一个有组织的市场中，上述因素中不论哪一个的改变，都会对价格的形成过程产生影响"（兰德施贝格尔：《德国农业交易所的改革》，载于《国民福利、社会政策和管理杂志》，1902年，第十一卷，第36页）。

② 参见：《德国交易所调查报告》，第一卷，《委员会报告》，第75页。

很大的影响,从而给了资本家以投机的机会,因为他可以将这些证券全部买进,形成对竞争对手的垄断价格。一个大的从而不易被支配的市场是投机的前提,垄断就是投机的死亡。

就像我们前面已经看到的那样,信用交易总是与投机操作关系密切。对投机交易来说,证券市价的总值并不是问题,价格可能变化的幅度才是问题的真正所在。在投机者所抵押的证券的数额足以补偿市价变化的情况下,信用的供给者才会提供信用。因此,举例来说,如果某种波动较小的证券的市价是110,投机者可以随时将其抵押换得90,那么对投机者而言,预先只要手里有20的准备金就够了。这是最常被使用的方法,证券经纪人、银行家和银行就是用这种方法来扩张信用的,使得他们的顾客可以参与证券交易所的交易。这种信用的抽回,或者说更难获得这种信用,是最受欢迎的迫使顾客离开交易的手段,使他们无法继续进行投机,被迫无论价格是多少都得售出其证券;而由于供给的突然增加导致价格下降,使得那些信用的提供者可以以十分低廉的价格得到这些证券,在这种情况下,信用的提供成了剥夺小的债务人的一种手段。

对大投机者的信用的提供则是以一种完全不同的方式进行的,在证券交易所,大投机者可以用延期交割的方式获得必要的资金。从形式上看,延期交割也是买进和卖出。如果某个买空投机者想在期满后继续持有他的证券直到下一个期满,因为他期望它所持有的证券在这一期间会有一个更大的价格上涨,到那时他再将其出售给某个货币资本家,然后再在下一期再将其买进,那么这时放贷者的利息是被计算在买卖价差之内的,不过这仅仅是个形式。实际上,放贷者在这一时期不过是代替投机者接受了证券而已。这里他和投机者的区别仅仅在于:他不承担风险,也不去寻求任何的投机利润,而只是将他的货币投出去一段时间,然后收取利息。但是,这种预付形式在这里是很重要的,因为这里的信用交易采取的形式是购买交易,证券的所有权在这一时间段内都被转移到信用供给者手里了,这使得他可以在这段时间内随心所欲地利用这些证券。如果这些证券是产业股票,那就很重要了,因为银行可能关心的问题是,在全体股东大会召开之时,利用自己对股票的大量占有来保证自己对会议决议的决定性影响。因此，银行可以采用延期交割的方式实现对股票的暂时性占有，从而获得对股份公司的控制权。通过降低费率来使签订的延期交割协议变得更具吸引力，银行发现这是一个更容易从投机者那里获得这些证券的方法。银行和股份公司之间的频繁转换，其目的就在于减少在特定时期内围绕某些证券的延期交割交易而展开的竞争。① 在这种方式下，股票获得了双重功能：它既是投机者的投机对象和赚取差额利润的来源，同时又是银行用于获取对股份公司控制性的影响，以及将它们的愿望强加于股东大会决议但又不必用自己的资金作长期投资的工具。②

在其他条件相同的情况下，证券交易投机的程度主要取决于投机者所能获得的货币量。证券转手的频率（每次转手都能带来差额利润）显然是独立于现有证券的数量的，由此便产生了银行对交易所投机的影响，因为它可以通过信用的满足或抽回，对投机的规模施加十分强烈的影响。对信用的最大需求来自于延期交割。巨额的浮动资本大都投资于这种交易之中，③ 这种投资对日利息率的形成有很大的影响。在货币闲置性变小的时期，它也会对贴现率产生影

---

① 发生这种事情还可能有其他原因："大陆的银行中推行延期交割政策的并不算少，当银行准备大规模发行某只股票时，便会降低延期交割的费率以制造一种比较活跃的交易气氛。银行由此而造成的损失可以通过发行股票时的盈利来弥补。"（菲利波维奇：《政治经济学大纲》，第二卷，第181页）

② 参见《德国交易所调查报告》第三卷第1930页上的柯尼希的论述。柯尼希认为，期货交易对于工业经济有不好的影响，他的理由是："那些进入期货交易的证券散布于股票交易所中，并且大多数的期货交易参与者与这些证券并没有长久的利益关系。这些交易仅仅关注股票而对期货交易本身并不关心，人们只想着让股票价格升高或降低。根据现有的期货交易程序，对于任何一个交易者来说，他都可以通过期货交易来在月底获取大量的股票，以使他非常容易地在股东大会上左右公司的日常经营。他能够以持有数百万股股东的身份出现在普通股东面前，而这数百万的股票的实际持有人却可能并不是他，但是这些普通股东却对此毫不知情。那些普通股东可能还没有回过神来，就已经被这个人的美丽谎言所套牢了。"

③ 参见迈埃尔的论述（《交易所调查报告》，第二卷，第1608页）。他认为，英国期货交易能够发展这么迅速的原因是，在期货交易产生前英国境内就已经拥有了大量的流动资本，而这些流动资本为延期交割的实施提供了保障。

响，从而影响黄金的走势。因此，通过限制这种信用的供给，银行可以直接影响利率，因为在这种情况下，信用的供给取决于银行的意愿度。这些都是纯粹的金融交易，对经济过程没有决定性的影响，它与信用被提供给贸易和产业是完全不同的。如果提供给贸易和产业的信用突然出现严重的紧缩，那就会导致崩溃和严重的危机。

随着银行制度的发展，证券交易的组织也发生了变化。最初银行家仅仅是为顾客办理交易的经纪人，但是随着银行资本实力的增长以及它对股票市场利益影响的增强，它日益将自己转回到交易领域。大量的交易不再在证券交易所进行，而是代之以银行的对顾客提出的账目抵消业务的办理，只有那些不能抵消的数额才在交易所进行，或是由银行用自己的资金来补偿。因此，从某种意义上可以说，交易所进行交易的数量的多少取决于银行的意愿，这也是银行影响证券价格运动的一个方法。于是，银行仅仅作为证券交易中间人的身份消失了，它自己也变成了交易者。"事实上，今天的银行已不再是交易代理，它已经成了自己的交易"。①

同时，大银行还从交易所手中夺走了它的其他的职能，把自己变成了证券市场。银行给证券交易所留下的只有不能在银行结清的差额的交易。②"大银行自身代表着大量的供给和需求，而这些原来都是有某个大的证券交易所来代表的"。③

---

① 《交易所调查报告》第一卷中的第 347 页载有阿恩霍尔德的论述。
② 比如，下边是柏林银行界的一名优秀员工的叙述（1908 年 2 月 25 日的《柏林日报》）："在现实交易中，只有一小部分是通过现金进行的。德国银行业的集中化趋势，使得许多大额的支票和交易可以通过相互冲抵来实现交割。在德国证券交易所内，只交割那些未能冲抵的差额。"

　　在奥地利也存在着同样的情况。在维也纳的通汇和现金结算联合会的总会上，一位股东曾经抱怨道："由于国内的商业命脉越来越多地掌握在了银行手中，以至于那些实力弱小的商铺不得不停业。实际上在很多情况下，交易所的交易并不需要通过结算事务所来进行。我们可以把每一家银行都看做是一个没有任何费用和职员的结算事务所。事实上，限制通汇和现金结算联合会的结算中介职能，恰恰促进了银行证券结算业务的发展。"（1905 年 2 月 1 日《新自由报》）
③ 《柏林工商年鉴》，1905 年。

随着银行体系日益增加的集中度,大银行对于证券交易所的权力也极大地增强了,特别是在公众参与证券交易投机出现下降的时期。

> 就证券交易已有的发展而言,人们预期谈论证券交易所的发展趋势,还不如去探讨银行的发展趋势,因为大银行正在逐渐地将交易所变成自己的附属工具,而且按照自己的意愿左右它的运动。就像去年春天,人们纷纷谈论自己对商业环境的预期是多么不乐观,就是因为有一家大银行施加的外力导致当时的证券价格突然崩盘,虽然这一崩盘也有自己的内在原因。因此,当大银行在本周内作出相反的动作来提升和恢复它过去给证券交易带来的气氛时,过去只注意负面消息的证券交易所现在也被那些积极的信号所感染了。①

除了对股票市场趋势的强大影响之外,作为它与产业界联系日益紧密的结果,现在银行对企业状况的理解也在增加,它参与企业利润,在特定条件下还会按照自己的意愿影响企业的利润水平。所有这些因素都使得银行可以以更大的安全性来从事投机。证券交易所的重要性的下降明显是与大银行的发展相关联的。②

---

① 1907年6月21日的《法兰克福报》。
② 1906年1月28日的《法兰克福报》曾经写道:"实际上现在的限月清算制度几乎已经形同虚设。国家的展期费率还是在公布着,但是由于大部分的延期交割业务是在大银行内部完成的,而这些大银行又拥有制定自己展期费率的权力,因此国家的统一展期费率实际上并不常用。市场中到底流动着多少交易额,我们并不清楚,因为只有一小部分交易是在股票交易所内完成的。"

从某种程度上来说,国外的股票交易所承担的责任和义务与国内的并不相同。特别是纽约股票交易所,在财产转移和财产没收上,它所发挥的作用要比欧洲交易所重要得多。政府的财政管理措施促进了股票交易所交易技术的完善。纽约股票交易所只允许现金交易,并且要求每天都要补足差额头寸。当市场中出现某些明显的动向时,特别是当这些动向都指向同一个方向时,就会产生巨额的货币需求,此时如果货币市场十分吃紧,那么美联储就会通过美国那些缺乏弹性的货币法规来提高法外利息率。由于许多小投机者无法支付较高的法外利息率,因此他们在强制清算制度下不得不以较低的价格出售手中持有的证券,而这时正是那些大投机者以较低的价格接盘的好机会。

在证券交易所里，资本主义所有制是以其纯粹的形式出现的，它表现为收益证书、剥削关系、对剩余劳动的占有。这些表现现在令人不解地消失了。所有制不再表现为任何特定的生产关系，变成了对收益的要求权，表面上看似与任何特定行为都不相关。所有制失去了与生产和使用价值的任何联系。任何财产的价值看上去都似乎是由收益决定的，是一种纯粹的数量关系。数字就是一切，事物本身没有任何意义。只有数字是真实的，但由于真实的东西不是数字，所以其相互关系就变得比毕达哥拉斯学派的信念还要神秘。所有的财产都是资本，但又不仅仅是财产。债务也是资本，就像政府债券已经证明的那样。所有的资本都是相等的，都体现在证券交易所中上下波动的用纸片表示的价值上。价值的实际形成是一个完全脱离财产所有者的领域并以完全神秘的方式决定他们财产的过程。

财产的数量看上去似乎与劳动没有任何关系，劳动和资本的收益之间的直接联系已经部分地被利润率掩盖了，现在则被利息率完全掩盖了。所有资本均转化为了作为虚拟资本表现形式的生息资本，虽只是一种表面上的转化，但却使人们不再可能看到真实的关系。把总是处于波动中的和生产领域完全无关的利息与劳动联系起来，从表面上看是很荒谬的。利息看上去似乎是资本的所有权的结果，是具有生产能力天赋的资本的果实。它是浮动的和不确定的，"财产的价值"这个范畴随着它波动；这个"价值"看上去是神秘的、不确定的，就像它自己的未来一样。似乎它在单纯的一段时间内就可以产生利息，庞巴维克就是根据这种假象建立了他的资本利息理论的。

第 9 章　商品交易所

证券交易所是证券交易的发源地。随着证券交易所的发展，投资银行业也在与交易所的竞争中发展起来，同时还将其作为中介机构来使用。期货生意虽然交易的是证券，但却不一定是证券交易的必需品，也不会对证券价格产生决定性的影响。但是，按证券交易程序进行的商品交易，其情况就完全不一样了。①

证券交易所里证券的易手具有动员资本的功能。通过股票的销售，单个资本家的虚拟资本（在这之前已经转化为了产业资本）已经再次转化为了货币资本。这种转化是独特的，跟商品交易相比，二者除了都有买和卖的环节这一所有的价值和财产的转移都普遍具有的经济特征之外，再也没有任何其他共同之处。商品交易跟它是完全不同的，因为正是在商品的流通中，社会的物质变换才得以进行。从一开始商品交易就跟证券交易彼此区分开来，就像商品和证券的区隔一样。将它们放在一起进行交易，特别是将商品交易与投机交易相等同，实际上是不顾二者的区别制造混乱。按照证券交易的程序或规则，我们应该对商品交易的概念或者说使商品交易区别于其他类型交易的典型特征，作一个清晰的考察。

通常我们习惯说，在交易所那个无数商人聚集的地方发生的交易就是证券交易。但是很明显，商人们是在自己的柜台前做生意还是在其他什么地方做生意，比如说在交易所进行交易，纯粹是

---

① 在贴限公司工作的鲁塞尔作了如下的定义："商业投机的本质就是预测商业环境的发展动向，以期在变化发生后通过期货交易制度获取利益。"（《交易所调查报告》，第一卷，第 417 页）

技术上的差别,而非经济上的区别。在交易所,交易缔结要快得多,而且还可以更好地了解市场整体状况,但这依旧是技术而非经济区别。

即便是就单个商人的一项重要职能即检验和确认商品的品质而言,现在也已经被演变和简化为了对供货样品质量标准的确定,但这依然是技术视角。无论这些供货条件是否得到满足,甚至是在双方存在争议的情况下是否得到确定,这些都是交易所自身应该解决的问题。对单个商人而言,这项职能的消失,是他在交易所进行商品交易的前提,然而,完成这种交易还需要其他的经济条件。

商品交易所里所交易的都是具有标准质量的商品。为了达到这一目的,每种商品都是具有固定使用价值的标准商品,它们中的任何一个单位的商品都可以被另一件商品所替代,只是作为交易所里被交易的具有同样使用价值的商品的数量。也就是说,在交易所里,它们的唯一区别是数量。按照商品的性质和交易规则,最终是按某一既定数量——多少公斤、多少袋——来成交的。因此,只有那些由于本身的性质的可互换性,或者可以相对简便地和低成本地被改变性质的商品,才适合在交易所里进行交易。

商品的可互换性是由使用价值带来的性质,这种性质有些商品有,有些则没有。但是对在交易所里进行交易的商品而言,仅有这些是不够的,还有一些别的要求。在普通的商品交易中,制造商将他们的商品按生产价格卖给商人,后者则以包含他们的销售利润的价格将商品再出售给消费者。只有当差额利润能以投机收益的形式加在商业利润之上时,这样的交易在商品交易所里才会得到实现。然而,投机的前提就是价格的频繁变动,最适合在交易所里进行交易的商品,是那些可以在相对短的时期内发生较大价格波动的商品。这些商品中最初出现的是农产品(小麦、棉花),以及那些它们的价格会受到制造它们所需的原材料的价格强烈影响的半成品和成品,当然,这些原材料的价格也是会经常大幅度波动的,比如糖。

按照罗宾诺夫所提供的材料,期货交易最早是在英国的金属、滑石等商品中发展起来的。① 随着电报和蒸汽轮船航线的开通，它扩展到了一些海外产品上，这些海外产品必须是季节性生产的产品，一生产出来便马上全部投入市场，而这些产品的消费却是会持续一整年的。因此，导致期货交易的原因在于，短暂的生产时间与由于持续性消费引致的漫长的流通时间之间的矛盾。由于证券市场交易的对象是资本化的收益凭证和向货币的再转化，这些对象自身就是可转换的，因此产生了同时将期货交易引入证券市场的要求。然而，在商品交易中，期货交易的引进是由商品转手的特殊情形所导致的，就像我们前面所说的生产时间与流通时间的差别。只有期货交易的需要才导致了这种常常靠人为的手段才能实现完全互换的商品的制造，也就是说，每一件商品都跟其他任何一件商品的使用价值是相同的。② 当价格波动消失后（这是卡特尔的形成所造成的结果，比如在石油业中），这些商品的期货交易也会消失，或者变成纯粹名义上的。

　　与上述交易直接相关的还有一个重要因素是，用调整供给和需求的方法来实现对其价格波动的控制的可能性很低。如果想要控制的对象是农产品，那就更困难了。一旦庄稼被收割，那么这些产品的供给就或多或少地给固定了，对它们而言，唯一可以调整的是对其的长期的需求。最后一点，应该说明的是，当它们在商品交易所被交易时，上述商品的供给必须大到足以能排除出现被瑞恩（ring，商人为获取垄断利润而采取的市场垄断方式，即一些从事国内或国际贸易的商人们，通过相互之间的串谋，按他们约定的统一的市场价格进行交易，从而试图垄断和控制某一特定市场。——中译者）或科尔奈（cornered，不正当的期货操作行为之一种，是存在于初期的商品交易所和期货市场中的、为获取投机暴利而进行的一种操纵市场价格和实现市场垄断的投机行为。——中译者）的这样一种危险境地，因为垄断价格的形成会抑制价格波动并进而抑制投机。

---

① 《交易所调查报告》，第三卷，第2072页。
② 这种人为想出的方法导致了许多滥用和解决困难问题的产生。不过，如果存在可以很容易就能证实商品质量的方法，那么这个问题就不会产生了，比如，我们可以用酒精度来衡量酒的纯度，用含糖量来衡量糖的质量。

商品期货交易的典型特征是，通过对其交易对象使用价值的标准化，使商品对任何人而言都纯粹是一个交换价值的载体、一个纯粹的价格承担者。现在，所有的货币资本在那里都被转化为了这种商品，其所产生的结果是，除了过去的专业人士和内行的商人以外，这一圈子外的一些人也加入了进来以从事这种商品的买卖。这种商品是和货币等价的，买者已经省去了检验其使用价值的麻烦，只需要关注哪怕是轻微的价格波动。① 他们的市场销售能力从而随时可以转化为货币的能力是有保证的，因为有世界市场，他们只需关心一件事，那就是价格的变化是导致获利还是带来亏损。因此，它们像所有的有货币要求权的证券一样，变成了适合投机的对象。所以在期货交易中，商品仅仅是交换价值，它变成了纯粹的货币代表，同时货币又总是代表着商品的价值。交易的基本意义——商品的流通——已经没有了，而商品与货币的性质以及它们之间的对立也随之消失了。只有当市场因为被科奈尔无法进行交易从而使投机消失的时候，或者所有的商品都突然必须转化为货币的时候，这种对立才会重新表现出来。就像货币在流通过程中扮演的是转瞬即逝的角色一样，商品投机中的商品扮演的也是相同的角色。同样，就像流通中存在着比实际存在的货币多得多的成交量一样，投机所达成的成交量也远远大于实际存在的商品数量。②

---

① "期货交易，不仅仅可以促进现货交易的进行，而且还可以给那些现在就拥有剩余资本的资本家和投机者提供一个延长资本投资期限的机会。即使这些投资者对于所投资的商品以及期货交易程序一窍不通，但他们依然可以完成期货交易。这种投机者与那些谷物商人拥有不同的动机"。谷物商人目的是要实现谷物的买与卖，而这些投机者是为了从谷物价格的涨跌中获取投机利润。不过，这些投机者和资本家在这里也同样承担着风险（福克斯：《商品期货交易》，载于《施穆勒年鉴》，1891年，第一期，第71页）。有必要提一下的是，所有资本家的目的都是为了赢利，只是他们赚取利润的方式不同而已。
② 哈弗雷羊毛交易所的奥费尔曼在报告中提到，在1892年有2 000包羊毛是通过实物交割来完成交易的，而在期货市场上卖掉的羊毛数量却高达16 300包。棉花市场与羊毛市场也类似，期货市场的年交易额是现货市场年交易额的10倍左右。当年大约产出了8~9百万包的棉花，而在期货市场上却有1亿包的棉花成交量（《交易所调查报告》，第3368页）。

最后，在所有的商品期货交易之后出现的必定也是商品从生产者向消费者的实际转移，这是一个真实的交易过程而不是投机过程，实际上这种真实的交易是投机的前提条件。包含一系列环节的期货交易，它的起点肯定是生产者（或者他的代理人、商人），终点则是消费者（例如磨坊主）。我们可以用下面这个方式来看这件事：部分商品始终被投机者支配，把它们当做股票来持有，当然它们的构成也可以不断变化，否则就必须将它们存放于某处，被其他的资本代理人所支配。这些资本代理人不是投机者，而是生产者和商人，并最终到达消费者手里。这种储备必须始终达到某个最低数量限度，以避免形成市场被瑞恩或科奈尔的危险。

由于投机者看中了这些商品，因此全新一轮的买卖开始了。这一系列的买进和卖出交易纯粹是投机，他们的目的是获取差额利润，它不是商业交易，而是投机操作。买卖范畴在这里失去了其商品流通的职能，没能使商品从生产者那里转移到消费者手里，而是成了某种想象。商人们在交易所出售其商品的价格时已经包含了正常的商业利润。如果某一制造商直接将其卖掉，那他就是自己完成了商人的那部分职能，从而全部的利润都归他自己。然而，在期货交易中，买卖行为是纯粹的投机活动，投机者要的是差额利润而非利润。如果有人赚了，那肯定就有人赔了。但是，这个不断持续的交易链条，由于它保证了商品向货币的不断转化，因此在达到一定程度后，已经转化为这些商品上的货币投资可以随时再转化为货币。因此，交易所的商品成了暂时游离的货币的适当的抵押品，从而银行可以用一种新的方式使用它的资本，即当这些商品的价格达到一定水平时，银行可以将它们作为抵押贷款或进行延期交割，这样，银行资本就可以参与商业活动了。当然，银行只会以它认为适合它的生息资本的形式来参与。银行用它的货币转化成的这种商品是可以随时再重新转化为货币的。一个善于经营的银行绝不会把自己的货币过多地与这种商品捆绑在一起，以避免在再转化为货币时使自己陷于不利的局面。银行之所以确信这些商品能够再转化为货币，是因为商品交易所的存在。在那里，买和卖，当然也包括投机，在不断地持续进行。因此，银行的货币不会被束缚，仍然是银行的货币资本，是银行按照它的方式投放的能带来利息的资本。但是，银行资本进入这一领域也给了投机者和商人扩张他们交易的机会。现在他们购买商品不再需要用现金支付全额价款了，而只需要持有能够抵偿可能出现的差额的货币量就够了，余下的部分由银行提供。对投机者而言，这相当于交易的扩张，因此刺激了投机，导致即便只是轻微的价格波动，交易量也会扩大，最终，虽然交易的次数平稳增长，但价格的差异却在缩小。

银行对商业的影响是一个完全不同的问题，但却有趣得多。现在，商业也可以用它的商品作为抵押来取得贷款了，而只需支付所借资本的利息即可。但商业本身并不产生利润，它只是按照使用时的资本量实现平均利润。由于商业现在也获得了巨额信用，因此它完成跟过去相同数量的商品销售额，只需要用很小的一部分的自有资本即可。这样，它的自有资本的商业利润就会被分摊到数量大得多的商品中，从而降低了对这些商品的商业加价。由于商业利润只是对产业利润的扣除，所以产业利润会按相同的比例增加，同时商品的销售价格却保持不变。因此，银行资本的介入产生了三个结果：（1）它增加了产业利润。（2）它减少了商业利润，无论是按商品总量还是按单位商品量计算。（3）它将一部分商业利润转化为利息，这是银行资本替代了一部分商业资本以后的必然结果；商品交易所的交易使这种替代成为了可能。

我们在这里必须说明的是，除了消费信用，利息总是利润或地租的一部分。但是，有一点也很重要，那就是借贷资本在生产过程中被当做产业资本来使用，因此它也能生产出利润。由于它是借贷资本，只需要获得利息，因此通过平均利润率与向借贷资本支付的利息率之间的差额，产业资本家的利润就增加了。虽然商业是不产生利润的，但是要从总利润量中为商业资本支付平均利润。而银行资本则不同，它不会为商人生产任何利润，却要求得到利息。商人按照他所使用的资本量（不包括他从银行那里借入的资本）获得平均利润然后再支付利息。而商业现在只需要较少的资本，结果利润量也变小了。这种被节约的利润归生产者和产业资本家。银行资本在这里的作用，与它在商业费用的节约中所起的作用是一样的。之所以会有不同的结果，是因为产业资本生产剩余价值，而商业资本却不能。

这种趋势在另一种情形下也会发生。交易所的期货交易为它所交易的商品创造了一个平稳的市场。生产者或进口商可以在这里随时出售其商品，资本的流通时间因此减少了。然而，正如我们所知的，每一次流通时间的压缩都会产生资本的游离。因此，期货交易也以这种方式降低了完成商品流通或交易所必需的资本量。不过，这种流通或交易只能实现利润，而不能生产利润。

对投机者而言，期货交易是他们最满意的投机形式，因为所有的投机都是利用不同时间的价格差异来获利的。投机活动不是生产活动，对投机者而言，如果他不参与买或者卖，那么时间就代表着金钱的损失，因此，他必须能迅速地利用每一次的价格变动，包括未来的价格变动。所以，他必须可以随时为将来某一时刻可能出现的情况而进行现在的购买或售出，而这正是期货交易的典型特征。用这种方式，投机创造了一个适用于一年中任何一个时间点的价格，它也因此给了制造商和商人规避价格运动无法预测的后果的可能性，以保护他们不受价格波动的冲击，并把价格变化的风险转嫁给投机者。当原糖制造商可以在交易所以 130 000 000 马克的价格把他未来某个时间才交付的原糖期货卖出时，他会愿意今天支付 100 000 000 马克用于购买甜菜。如果他能按今天的价格售出原糖，那就不必受任何未来价格波动的影响，从而确保他自己的利润。期货交易就是这样一种方式，通过这一方式，制造商和商人可以保证他们的利润。原来为了防止和抵抗价格波动而必须预留的、固定在产业或商业里的资本准备金的一部分，现在游离出来了。这些游离出来的资本，一部分用于交易所的投机。但是，由于这些资本在交易所更为集中，因此在总量上可以比分散于各个产业资本家和商人手里的资本更小一点。

资本主义利润产生于生产过程，但在流通中实现。当生产早已结束因而利润的数量对生产者和已经买进了该商品的商人而言是一个已经确定的量的时候，出于天性，不论是生产者还是商人，都会尽力地去确保其利润不受其流通时期内发生的价格波动的影响。在一定的发展阶段上,对于那些由于其产出量容易受到自然条件(比如气候)影响的从而导致其价格波动特别大且无法预测的商品,期货交易可以达到这一目的。它尽最大努力去消除由投机导致的波动,但这只能是通过制造由投机引起的更小的、更频繁的价格振荡的方式来达到这一目的。这种投机,从社会的观点来看是毫无意义的,但它之所以是必需的,是因为它带来了参与买卖的必要的规模,因此可以完成足够的交易量。它对抵御价格波动的保证作用,使得市场价格日益接近于生产价格。一个特殊的资本家阶层以及承接价格波动后果的投机者,因此得以形成。问题是,他们的资本是如何实现增殖的?

在分析证券投机时我们已经看到,这一资本产生了差额利润。一个投机者所得即为另一个投机者所失。一般来说,大投机者具有等待有利时机的实力,又能影响价格的走势,还有内部消息,因此他们可以获利,代价是小投机者和外行者的利益受损。① 剩下唯一的问题是,投机者是否能获得风险贴水。风险贴水虽然常常被谈及,但却很少有人研究它。首先,我们要确定的一点是,风险贴水不是利润的来源,它也无法解释利润的产生。利润是在生产中产生的,在数量上等于劳动力生产的剩余产品中所包含的又一部分剩余价值,它是不花资本家阶级分文的。风险程度的不同,或者换一个说法,在生产中创造的而在流通中实现的利润的确定性程度的不同,只会带来利润分配的变化。那些具有较高风险(它必然表现为更大的损失)的产业,会寻求更高的市场价格,因此,最终这些产业资本的利润率将会等于平均利润率。很明显,就可能导致任何一个生产行

---

① 我们大可不必过于吹捧那些商品期货交易的行家,因为"如果我们可以通过阅读市场交易报告来了解情况,那么就可以预测商品期货交易的发展动向和商品价格,那将是多么美好啊!不过,按照我的经验,我认为做商品期货最重要的是直觉。掌握尽可能多的最新消息就能做好商品期货,这只是一种口号而已,并不具有多大的意义。我们可以看到有很多商人都在不断地犯错误。这些商人对于商品期货市场的了解程度与一个农夫对它的了解程度都是同样的,阅读越多的市场报告,这些商人就越会迷惑。并且很多时候,市场的发展动向与大家的判断并不一样"。这是达梅交易员所说的(《德国交易所调查报告》,第二卷,第2858页)。

业收益下降的特殊情形而言，为了确保利润率的相等，必须要有足够高的价格水平才能做到。因此，光学镜头的价格必然包括生产这些镜头时玻璃损坏的平均成本，它是生产成本的一部分。同理，发生在商品运往市场途中的平均损坏和腐烂，也必须包括在售价内。但是风险就完全不同了，它是由流通过程中的偶然情况造成的，它会改变生产成本。例如，有一种用旧机器生产出来的商品在市场中销售，而此时如果用新机器生产它只需要原来的一半的时间，那么此时的这种"风险"是不会得到任何补偿的，该产品的销售者只能承受损失。

在期货市场上被频繁交易的那些商品，其情形也基本相同。比如，由于德国谷物的价格不仅仅是由德国当年的收获量来决定的，也就是说，德国的生产成本会直接反映在价格上，但是，美国、印度、俄国等国的生产成本也会在这一价格上有所反应，因此产生了不确定性。对于这些价格因素，德国的谷物价格是没有办法补偿的。①

一旦流通中出现大的、无法预料的波动，那么这些生产行业的资本家必须持有准备金，才能使他们弥补由于价格波动带来的损失，从而生产可以不受干扰地继续进行。这种准备金是流通资本必要量的一个组成部分，在计算平均利润率时是被包括在内的，由此产生的利润可以被视为风险贴水。即使是期货交易得到了发展，生产资本家也许还是需要这种准备金的，因为期货交易在任何时候都无法消除由于生产条件的变化而引发的价格波动。市场价格波动对国内价格的影响必须由生产者来承担。

商品市场只能用于对付流通过程所导致的价格波动。磨坊主以他今天购买谷物的价格来确保今天面粉售出的价格，谷物商人则通过把他今天购买的未来某个时刻才交付的谷物在交易所售出以确保自己的利润。这种保证实际上就是他确保了当他在未来的某个时间点需要真正履行合约时，可以按照现在确定的价格来执行。换句话

---

① 保护性关税不仅没有使德国国内的谷物价格与国际接轨，而且还使得德国的谷物价格高于国际价格，即使在国际谷物价格很低的情况下，由于关税的保护，德国的谷物生产商依然可以实现盈利。

说，对于商人或生产者来说，他们的购买和销售是同时发生的，而不是单独和分阶段进行的。但这样做是有前提的，必须有庞大的、有持续接收能力的市场的存在，比如说有期货市场，还要有经纪人，还要有那些不是为自己寻求保险而是为了参与未来的市场状况的人，也就是投机者们，他们自己给自己作担保，从商人那里把风险承接过来。因此，他们的利润是风险贴水，而不是必然会有和它对应的以差额利润表现的损失。投机收益的性质产生的后果是，只有当大量的外行参与到投机活动中并承受损失时，职业投机家们才能繁荣兴旺起来。没有"公众"的参与，就不会有投机的繁荣。[1]

积聚的逐步增长使这种保险失去了必要性。首先，对于已经变得足够强大的商业企业而言，有利的和不利的因素会相互抵消。大商业公司可以为自己提供这种保险，而且无需期货市场就能做到。其次，对小投机者而言，他们已经被迫逐渐退出市场了，因为他们要越来越频繁地承受损失；[2] 股票的发展以及证券投机的发展，吸引着他们日益远离商品交易所。第三，辛迪加和托拉斯迅速终结了投机者们对商品交易投机的控制。

那么，期货市场对商业循环的必要性是什么？是中等规模的商人对它的需要最迫切，它对生产者也有一些利用价值，否则生产者就得自己去执行这个重要的商业职能。如果商品的加工已经由大的资本主义企业完成了，而原材料的生产还是分散的，那么期货市场就有存在的必要性。在这种情况下，商品交易所进行了必要的产品集中。现代面粉制造业的发展时期就是一个很好的例子，商品交易所带来的这种更快速的、彻底的集中，比该行业最初开展批发业务

---

[1] 柏林商业协会主席肯普夫先生就参与期货交易问题曾表态："当市场波动较大时，所有人都会参与期货交易；当市场波动不大时，只有那些较富裕的人才会参与期货交易。"(《交易所调查报告》，第二卷，第813页)
[2] 那些比较有道义的商人看到弱小的投机者损失惨重时，也会替他们感到伤心。在这个问题上，弗·加姆普先生和霍维茨先生有过一段很有趣的对话，他们认为这并不符合商人赚钱的本性。商人就应该要么保持自己的自然本性，要么就把那些怜悯之情全部抛弃 (《交易所调查报告》，第三卷，第2459页)。从探讨政治经济学的道德原则这一角度来看，我们可以把交换看成是对道德的一种侮辱，而交换的其他职能却并不在伦理学的分析范围之内。

时的发展还要大。对于那些有较长的流通时间、生产分散在数不清的工厂里、结果很难预料的从而其流通期间的价格波动很大且不固定的生产行业来说，期货市场是最迫切需要的。

一旦期货交易被建立起来，那么对商人和生产者来说，参与的必要性就会不断增强，因为期货市场是价格形成的主要因素。另外，如果期货交易只限于职业商人，那么它就失去了最重要的职能，即保证将价格波动的损失转嫁给投机者的可能性。

由于投机者并不想长期持有其投机对象，因此每个投机者既是卖者也是买者，这一点是很明显的。出售商品的卖空投机者为了弥补损失也会变成买家。但是，他在不同的时间进行买和卖，利用这段时间的价格波动来获利，而实际交易的安全性，也正是要求规避价格波动，希望购买和销售能够按照某个提前约定的价格来进行。

投机者利用价格波动，但这个波动不是由他造成的，而是由实际的商品交易造成的。这种波动既可能源于供求关系的变动，也可能源于商品生产成本的变化。投机的供给和需求也会改变价格水平从而产生价格的波动，当然这些波动最终会彼此抵消，因为每个投机者都既是卖者又是买者。自然，这一点都不会影响到投机的走势。例如，买空投机走势在占据支配地位一段时间后，只要这一走势能坚持下去，价格就会高于实际商品交易时的水平。因此，投机会导致更频繁的从而在多数情况下幅度也更小的价格波动，从长期来说，这些波动会相互抵消。

期货交易将所有的交易集中在一个地方，使那里的批发商对地方商人形成优势，导致地方商人逐渐退出。① 但是它也形成了另一种可能性，即在交易所所在地，以前的外行纷纷进入，形成与这些老商户的竞争。这就是为什么期货交易的引进会频繁遇到老的职业商人的反对的原因。期货交易在达到一定程度后，它所需要的专业知识比传统的职业商人的知识要少，银行资本的参与又使得那些只有很少自有资本的人也参与进来。虽然这里发生了集中是在一个新的基础上进行的情况，但是从总体上看会形成这样的印象：只有投

---

① 《交易所调查报告》中的《委员会报告》，第90页。

机者和外行参与，期货市场会衰落；① 相反，期货交易的废除可以强化大商人的地位，因为他们不需要期货市场的保险。

期货交易的危险之一就是造成科奈尔的可能性。如果卖者在某个供货日不提供商品，而买者又有权在市场上自己买进，那么损失就由卖者承担。而如果市场上可获得的供给不能满足需求，因为买家已经提前把大量供货买进并储藏起来了，则就会因此导致出现极高的虚拟价格；这一价格完全由买家决定，卖家就只能依靠买家的怜悯了。商品的存货量越小，被科奈尔的可能性就越大。这种情形也可以被人为地制造出来，如果期货交易的供货条件对商品质量标准提出非常高的要求的话；反之，如果供货标准降低，则情况产生就会变得困难一些。科奈尔一般只能在特殊情况下和短时间内发生，比如，在收获期即将到来之际，谷物的存货量会比较低，大部分的存货都已被售出。但是，异常的高价一般会导致人们误认为早就消费掉的那些供给出现在市场上了。如果这些新出现的供给超过了买者的需求，则科奈尔就会瓦解。通常，即便是成功的科奈尔，也只是形成对外行人组成的投机集团的剥夺，对商品的现货交易和实际价格的影响是很小的。

众所周知，1896年6月22日，德国的《交易所法案》部分地废除了期货交易，这也部分地使得这种交易变得更为困难。谷物交易大大减少，尤其是在法院判决这种合约的执行还必须符合《商业法》之后，"参与期货交易的人越来越少，以至于少到了几乎无法进行交易的程度"。它还增加了保证业务的难度，在这种情况下，结果会如何呢？

由于难度的增加，已经有一些大公司相信，没有期货市场的保证它们的生意也能照常进行，而这些大公司在这几年里由

---

① "那些实力弱小又很不专业的咖啡商人从咖啡交易中退了出来，现在咖啡交易市场被大型联合组织所控制"（《交易所调查报告》，第2065页）。范·居尔彭是相关专家，他曾说："大量的资本进入到同一个商品的交易中时就可以完成更多的事情。"

伦敦的一些大型谷物企业反对引进期货交易，因为期货交易会削弱它们的垄断地位（同上书，第3542页）。

于价格平稳甚至在价格有所提高的情况下，已经获得了非常满意的利润。但是，一般来说，那些更可靠一些的公司却认为这种做法是一种危险的投机，它们宁愿选择小一点但却更可靠的利润……在目前情况下，很明显，有两三家大公司谈到要将整个生意中越来越大的部分掌握在自己手里。因此，与银行的情形一样，立法是鼓励集中的。但很值得怀疑的是，从长期来看，这种发展方向和趋势是否真的能让那些赞成这一立法的、认为它目前已经取得了很大成功的人满意。对于农场主来说，为了获得更为有利的价格，广泛的竞争所提供的担保要比由几家大谷物公司来决定价格好得多。①

地方商人们都对期货交易更感兴趣，因为期货的出售使他们可以以更好的条件来抵押商品。由于这些商品已经按照固定的价格销售出去了，因此如果价格下跌，他们在价值上也没有任何损失。商人们因此可以再次获得资本，并以一个好价格从生产者那里再次购进一大批新的谷物。②

通过降低生产资本的流通时间和承担风险，投机者可以对生产本身产生影响。在期货交易出现之前，主要是由局部的生产者承担风险的，而现在不需要了，也不再需要持有商品库存了，它们现在都集中在了商品交易所里，因为有限的生产职能已经不够了。通过将某一个人的业务与另一个局部的生产者的合并，他们变成了全能的企业家。他们可以更容易地完成这一切了，因为他们的流通资本和资本准备金的一部分现在被游离出来了。正是在这种方式下，独立的羊毛梳理业者现在变成了多余的人，因为以前由他们承担的风

---

① 亨·吕施：《德国〈交易所法〉之下的柏林谷物贸易》，载于《国民经济和统计康拉德年鉴》，1907年，第三十三卷，第1期，第53页。
② 同①，第87页。兰德斯贝尔关于它的发展曾发表预言："非常明显的是，那些最大的谷物商人并没有参与期货交易，而只是安排保险的方式来确保交易安全。废除谷物期货交易，只会造成谷物交易向那些拥有大量资本的大谷物交易商手中集中，就像停止某些证券的期货交易就会造成这些证券的交易向大型银行集中一样。"

险现在已经转移到期货市场上了。他们现在自己成了毛纺织业者；或是相反，毛纺织业者被融合进了羊毛梳理公司中。①

期货交易节约了生产者的流通资本，首先是通过减少流通时间，其次是通过减少生产者为对抗价格波动而持有的自我保证金（准备金）。这些都增强了大企业的资本实力，它们是期货市场上的主要受益者。那些被游离出来的资本变成了生产资本。

企业内部的劳动分工不仅要考虑技术因素，而且还要考虑商业因素。许多局部生产过程，特别是从原材料向半制成品转化的过程，依旧能保持其独立性，就是因为局部生产者也执行着重要的商业职能。局部生产者从制造商或进口商那里购进原材料，然后与他们分担价格波动的风险。如果制造商们无需他们的帮助，那么他们借助于期货市场自己就能够对抗这种风险。现在，这种独立性就变成多余的了，他们可以将原材料加工也并入自己的工厂里。商业职能的消失使技术的独立性也成为多余的了，在这里还出现了消除中间人的趋势。商品交易所给了我们一个使商业交易多样化的表象，但是，正如我们已经知道的那样，这种买和卖只是投机的形式，而不是商业交易。

我们知道，期货交易是使银行资本通过提供信用从而参与商品交易的手段，不论银行提供的信用采取的是抵押贷款的形式还是延期交割的形式。但是，银行业可以利用它强大的资本实力和对市场的整体了解，用它自己的资本进行相对安全的投机。它的联系广泛，几乎扩展到了期货市场的所有范围；银行对市场的了解使它有机会进行安全的套利业务，并由于这一业务的庞大规模而获利丰厚。银行支配的商品量越多对供给量的影响就越大，从而也就越能安全地从事这种投机交易。这就是为什么银行要致力于增强它对期货市场里交易的商品的控制力的原因。银行还尽力直接从生产者那里获得商品以此排挤其他商人，它或者是出于自己利益的考虑购进商品，或者是以代理的方式操作。在后一种方式下，为了与其他商人竞争，银行可以接受并承受小得多的利润，因为它还可以获得投机利润以

---

① 《交易所调查报告》，第三卷，第3373页，奥费尔曼的叙述。

及开展更大规模的信用业务。通过它与产业的联系，银行利用它所拥有的影响力来代替商人与产业界的联系。一旦银行控制了市场，那么银行与产业双方之间的关系就会变得更为密切。银行对商品价格的兴趣，不仅是出于自己作为投机者的考虑，而且还是出于企业利润的考虑，即期望商品有一个更高的价格，因为它与企业之间存在着多种信用关系。同时，由于银行想要获得对商品尽可能大的控制力，从而从产业行业中获得利益，因此银行是想方设法去保护产业行业尽可能地不受萧条的影响，这样它就可以利用它的影响力来加速卡特尔的进程。虽然卡特尔也会使银行在国内市场（但不是世界市场）中变成多余的，但是这一损失银行可以通过参与多种形式的卡特尔利润的分配得到完全的补偿。当由于历史的原因使得无论是一般的还是特殊的生产部门，都不能形成强大而有效率的批发贸易时，银行的这种渗透和控制就表现得更为明显。例如，在奥地利，银行借助商业手段渗透进了制糖业、石油工业（尽管成就要稍差一些），变成了那些在很大程度上依赖于它的企业迈向卡特尔化的主要推动者。期货交易就这样促进了这种趋势的普遍化，并最终导致了自己的消亡。

垄断同盟彻底消灭了商品交易所，因为它可以确定长期价格，从而使利用价格波动获利成为不可能的事。当然，"时间的分工"还在一如既往地继续着，这只能使像埃伦贝格教授这样的人感到惊奇。德国煤炭辛迪加和钢铁同盟已经使埃森和杜塞尔多夫交易所的标价成为纯粹名义上的东西。

> 这样，埃森煤炭交易所成了一只装着煤炭标价的提包，这只提包被定期地从煤炭辛迪加大楼带到交易所大厅，而整个的所谓的杜塞尔多夫商品交易所只不过是一个信件而已，一个产业资本家按惯例送给杜塞尔多夫交易所负责人的信件。①

这种情况也适用于酒精的期货交易。

> 这里可以相当准确地说，通过中央办公室（酒精销售机构）

---

① 1907 年 10 月 19 日《柏林日报》。

完成的部分交易已经变得没有任何意义了，部分批发交易在辛迪加里也不再能找到地方了，这部分交易都关系到商品交易所的生意。代理人和中间人业务，以及与这一行业没有直接联系的商人，由于辛迪加的创立都变成多余的了，而且已经被排挤出去了。①

实际的贸易商已经转变为了辛迪加的代理人，他们为固定佣金（30~40芬尼）而工作，他们的人数似乎有一定程度的稳定。1906年，有202个这样的代理人，售出约40%的产品。

就商业交易所的利润来自于商业利润而言，如果交易所消失了，那么这些利润就应该由生产者占有。这一情形也适用于由于生产时间（季节性的生产）和消费时间的不一致所产生的利润。例如，酒精的价格夏季要高于冬季。在季节性生产结束时，产成品会转手到经销商手里。夏季的价格高是因为它包含着储藏成本、利息损失等。但是，酿造者必须在生产季节结束后尽快地将成品卖出去，但这样又会造成过度供给。但假如在夏季不生产，那么供给就不可能增加，而商人又有足够的资本，所以他们不会在时机不好的时候被迫出售商品。这些生意人手里的资本实力（他们也有用延期交割和抵押贷款的方式来筹集供自己支配的银行资本），和通常只进行小规模生产的生产者的资本实力，是不同的，这种不同会影响价格决定。当然，这种价格不是指消费者支付的价格，而是商人支付给生产者的价格。生产者的卡特尔化会改变这种情形，使它更有利于自己而不利于商人。酒精经营负责人施特恩先生对此作了精确的表述，他说："辛迪加允许在酿造季结束后提高价格，这对酿造业者是有利的；而在自由市场，却对投机者有利。"

卡特尔化对农业生产尤其有利（农产品生产"合作"只不过是萌芽状态或小规模的卡特尔），因为正是在这里，资本主义对价格机制的调节是最不适用的，资本主义社会的无政府状态与农业生产的

---

① 《关于德国酒精制造业联盟的德国卡特尔调查对席审理》，由酒精销售中心负责人布尔楚特斯基所叙述。

自然和技术要求是最不一致的。与在工业中所取得的成功情形相反，资本主义在农业中无法实现其理性的生产体制。资本主义价格形成与农业生产的自然及技术条件之间的矛盾，由于期货市场的存在而变得尖锐化了，因为期货市场使得价格持续波动。由于在价格运动中频繁地出现了戏剧性的变化（投机造成了或者至少是加剧了这一变化），结果导致人们产生了谴责期货市场的倾向，将期货市场指责为是整个资本主义生产方式的错误。如果这种观点被别有用心地利用的话，那么将很容易导致农业生产者与期货交易商的激烈对抗。①

就目前而言，卡特尔能减少经济的无政府状态，其效果在农业生产领域尤其明显。农业的内生特征是，不同年份之间的产量会由

---

① 兰德斯贝格尔下边所说的话十分正确："一些重要的经济现象表明，农民是反对期货交易的。与其他工业生产部门相比，农业生产对于气候和地域特征的依赖性更大，所以农业的生产成本不像其他工业部门那样富有弹性。又因为农业生产会积压大量的土地，这就决定了在农业生产领域，资本的流动性很差。同时由于自然条件的限制，农业无法像其他生产部门那样实现充分的专业化生产以降低单位生产成本，也无法在短期内调整产量以应对市场需求的波动。在农业生产部门，商业周期的影响会超过人为因素（生产成本）的影响，而这种现象在其他生产部门并不多见。几十年来，中欧地区的农业经营形势不容乐观……这种商业周期已经影响到了期货交易，整个贸易的链条，从生产到分配，都无法摆脱商业波动的影响。因此，贸易业必须发展出一种特殊的新功能以应对经济波动，而发挥这一功能的器官就是期货交易。期货交易的任务就是描绘世界市场的真实状况，并从经济学的角度把市场的状况表达清楚。如果忽略掉那些期货交易中可能出现的滥用和失误，那么期货交易就能反映世界经济的真实运行状况。但是农业生产商从期货市场上读到的尽是坏消息，这就使得有一部分人老是想废除期货交易。"（兰德斯贝格尔：《德国农业交易所的改革》，载于《国民福利、社会政策和管理杂志》，1902年，第十一卷，第44页以下。）

大家都知道，当一个国家宣布废止期货交易时，那些拥有大量资本的商人和实力雄厚的投机者就会想方设法地避免这一禁令，或者干脆去其他国家投资。棉花生产商库富勒尔博士曾说："在不来梅这个几乎承担了所有中欧棉花进口的地方不存在期货交易，但是那里的棉花交易却依然受到利物浦和纽约棉花期货交易的影响。"（参阅：《国民经济、社会政策和管理杂志》，第十一卷，第83页所载的《关于奥地利国民经济学家协会座谈报告》）同样地，奥地利禁止棉花期货交易，这只会造成期货投机交易转移到布达佩斯进行。

于自然条件的变化而急剧变化,而产品的数量却直接影响价格,过量的产出会在该年产生很大的价格下降压力并增加消费,价格的下降又会使第二年的生产受到限制;如果第二年出现了歉收,那么会发生供给短缺,结果导致农产品价格的快速上升和消费的戏剧性下降。小规模、分散的生产对这种现象基本上是无能为力的。但是,卡特尔对于价格形成却具有强有力的影响,因为它可以在丰年进行大量储藏,再加上对生产的调节,因此可以有效地防止价格过度波动的情况发生。当然,资本主义卡特尔也会利用自己的这种力量,通过降低产量来维持长期的高价,而不是为农业创造更为稳定的生产条件。

施特恩先生,前面提到的那位经营负责人,就有这样的观察:

> 辛迪加可以对多余的产出进行虽不是不受限制但却是数量巨大的储藏。在自由市场中,过多的剩余会引起产品价格的下降,直到降到低于生产成本时为止。辛迪加可以将国内价格与出口价格分离。如果这种过剩被直接输出到国外,那么自由市场上整个产出的价格水平就取决于出口的收入。例如,在1893~1894年间就出现了20 000 000立升的酒精过剩,但这一过剩一点也不危险,却足以将该年的平均价格降到31马克。要是辛迪加这一年多出口10 000 000立升酒精的话,也就是每100立升损失5~8马克,那么总计损失就是500 000~800 000马克。仅这一项出口,酿造者的损失就可以大大减少,据我估计,整体价格可以比现在提高5马克,那么这项500 000~800 000马克的出口损失,就可以使全部300 000 000立升产品的价值增加大约15 000 000马克。

> 交易所是不会使存货增加的,任何剩余产出都会被生产的下降很快抵消。在存在酒精自由市场时期,生产季节结束时(每年的9月30日)所有的存货通常为大约3 000万立升。有几年存货少一点,偶尔也会降到900万立升,但这只有一次,其他时候存货量会多一点,约为1 500万立升。而如果存货量发生1 000万立升左右的上下波动的话,那么虽然其数额也仅是总量的3%~5%而已,但却足以对价格形成巨大的压力。因此,甚至是很小的剩余产出也会使投机者神经紧张,从而会在他预测

丰年即将到来的时候将存货抛出。交易所的这种表面上的平衡，其实基本上就是一种投机者焦虑和精神紧张的状态。

接着他又解释了自己为什么不喜欢通过交易所来达到平衡。"交易所是用低价来达到平衡的"，而他的雇主，即已经卡特尔化了的酿造者和酒精制造商，渴望的却是在高价上实现平衡。

许多期货交易的鼓吹者也宣称，期货交易是更准确的价格决定的保证。期货市场里有大量专业人士的参与，众多专家的意见所产生的结果，一般来说总是比其他人更准确一些的。但是作为一个谷物商人的好的品质，并不能使他具有预测即将到来的丰年的规模大小的神秘能力。这种能力既不能被某一谷物商人所拥有，也不能被他们中的任何人所拥有，不管这个群体有多大。"理智总是在少数人这边"，这种说法也许不适合用在商品交易所的交易者身上，即便他们在其他方面具有预测能力，但肯定不具有预言家的天赋。实际上，期货价格纯粹是一种投机，即便是像酒精辛迪加这样的对国内价格形成具有毫无疑问的直接影响力的因此可以提供期货供给的辛迪加，也是非常不情愿做这件事的。酒精辛迪加的经营负责人乌图赫特就宣称：

> 我们在期货供给上总是遇到这样或那样的困难。如果事情能按我们的意愿来解决的话，那么我们的态度也许会更谨慎一些……当有人提供产品时，他得提前知道必须拥有多少产品才能把价格稳固住。自然，只有在这一季过去几个月之后我们才能了解和确定这一点，甚至于即便到了那时，我们也不敢确保不犯错误，因为只有春季那几个月的产出才能决定整个生产季的产出究竟是大还是小。在海外市场的情形不明朗的时候，这一点表现得尤为明显。然而，必须承认，辛迪加的管理中心因为对产量有全面的了解，又可以控制80%的产量，所以它的信息的可靠性要高于商品交易所的操作人员。

期望知道期货价格的原因在于，加工行业在签订供货合约时必须知道原材料的价格；如果原材料的生产季与加工行业的订货期不一致，那就需要知道期货价格，尤其是那些面临价格剧烈波动的商品的价格。因此，加工业者将风险转移给他的原材料供应方。辛迪加也会利用它手里的权力,通过维持价格的稳定或者把期货价格提高到使它自身也要避免风险的程度,从而为自己解除风险。乌图赫特很直接地说:"由于面临不确定的环境,我们要十分谨慎小心,确立估价时要宁高勿低"。在一份辛迪加的备忘录里有这样的记录:

> 在辛迪加存在的头四年,期货报价是在每一营业年度之初公布的,但到了1904~1905年,我们把它调整为在形成生产发展计划后再提出我们的一般供货报价。

在德国证券交易所的调查报告中,那些本身不是商业界人士的委员会成员们(像内阁大臣维耐尔、自由保守党议员冯·加姆普等)认为,证券交易是合法的,但基于谋取差额利润的市场交易就不同了。这样的区分一直遭到商人们的反对。前者只是不理解,在一切资本主义交易中,使用价值是完全无关紧要的,它只是可悲的必要条件。纯粹的差额交易实际上是下述事实的最完美的体现,即对资本家而言,只有交换价值才是重要的。差额交易的确是资本主义基本精神的最合法的产物。就价值的世俗的现象形式——使用价值——而言,这种交易自身就是从这里抽象出来的。这种经济的自在之物应该表现为某种超经验的东西是很自然的,但在非资本主义认识论者那里,它被描述为一个骗局。① 他们看不到每一次资本主义交易的经验的现实背后所隐藏的东西,那就是这一交易自身的超经验的事实,而只有这种超经验的事实才能解释经验的现实。值得

---

① 所以专家西蒙下边的言论是正确的:"任何一个企业都是以取得尽可能多的边际利润为经营基础的。"帝国银行总裁科赫却反驳说,商业交易的目的是把商品从一个人手中转移到另一个人手中,而差额交易却并不如此。科赫的反驳有点不着边际,甚至西蒙本人也说很难理解。事实上,普通交易和差额交易的区别在于,前者的利润是由平均利润构成的,而后者的利润则是一种绝对意义上的边际利润(《交易所调查报告》,第二卷,第1584页)。

资产阶级经济学往往把经济行为的社会功能和行为人的行为动机混淆在一起,它认为,经济行为的社会影响力取决于行为人的行为动机,而事实上这些行为人在作出经济决策时对此并不了解。所以我们就不能看到经济学在这方面存在的一些特殊问题:不同的动机引发的不同的经济行为,不同的经济行为带来的不同的社会经济生活。我们的目的就是发现这些经济行为之间的联系,找出资本家的生产行为的社会意义。

注意的是，正是使用价值的捍卫者自己，当他们一接触到交易所时，就忘记了使用价值的概念。不论这种交易涉及的对象是收益证书还是商品，只要这些收益证书或商品实现了转移，在他们看来，这些交易都应被看做是现货交易。他们完全忽略了一个事实，即证券的流通对社会而言是无关紧要的，而商品流通则是社会的生活条件。

有一个例子可以说明忽视使用价值的差异的后果是多么荒谬。为了实现互换，商品必须符合某些固定而准确的标准，如某个既定数量下的一定重量、某个特定的颜色或气味等，只有这样，商品才符合适宜于供货的某个"等级"。在汉堡的咖啡期货交易中，它的供货等级就是低劣等，基于此，所有高等级的咖啡都被掺入了黑豆、小石子而使品质下降了。在柏林，这个等级标准较高，因此在汉堡被掺进去的那些杂质不得不精心地挑拣出来，这样咖啡才能达到适宜供货的标准。这是资本主义非生产性费用最典型的例子。① 不过这还算是好的。在汉堡，市场被陷于交易的绝境，咖啡的供给变得稀缺，市场上能供货的，只有那些掺了石子等杂质的咖啡。高品质的咖啡因为不符合供货标准，还必须支付贴水。换言之，提供高质量的咖啡货品必须支付罚金。但这是符合资本主义的逻辑的，因为买者是这一陷于交易绝境的联合体的成员，他们不关心使用价值，只关心交换价值。交换价值决定全部的经济活动，他们的目的不是生产或供给使用价值，而是获得利润。②

资本主义生产方式的辩护者试图用以下方式来证明下述各种现象是必然的，他们把由资本主义生产中产生的特殊的、经济的从而也是历史的形式，与同短暂的形式相比必然是长期的技术内容二者等同起来，然后再从这种错误的等同出发，反过来推论形式的必然性。因此他们强烈坚持每个社会劳动过程必须被管理和监督，为的是要证明由于生产资料私有制所导致的资本主义管理的必然性，进而私有制本身的必然性。在他们看来，商业不是一种特殊的流通活动，而是在消费

---

① 《交易所调查报告》，第二卷，第 2079 页。
② 同①，第 2135 页。在此以后的章节里，此书还举了有关谷物和酒精的相似案例，其中有一个案例说明精制酒精可以被原酒精所替代。

者中进行物品分配的一种方式。比如埃伦伯格就把贸易解释为用空间进行分配的方式，投机则被他解释为用时间进行分配的方式。① 按照这种解释，由于分配在一定技术发展阶段理所当然地是必要的，所以贸易和投机也是必要的，它们的消失是不可能的，是一种"乌托邦"。如果再将这种"必要的"与"生产的"等同起来，那就会跟埃伦伯格得出一样的荒谬结论，即投机是一个跟农业一样的生产行业。为什么一样呢？因为土地和股份或证券一样都能带来货币。商业还被与运输、包装、拆分等混淆在一起，投机则被等同于储备，这些业务在每一个技术发展阶段的生产方式下都是必要的。即使是像勒克西斯教授那样有敏锐观察力的人，在分析期货交易时也会产生混淆。② 因为他没有看出，不像商品的实际交易，商品期货市场的交易活动只是经济行为的一种特殊形式。他忽视了投机的作用，试图通过证明期货交易是实际交易来论证期货交易的必要性。

他的对手加姆普却毫不费力地说明，期货交易创造了数量巨大的商品交易额，却对从生产者转向消费者的分配理论没有任何贡献。勒克西斯指出，期货交易使寻找买家变得容易了，这是正确的，只是这个买家不是通常意义上的消费者，而是另一个卖家，也就是投机者。所以，先从绝对的分配需要推出商业，特别是推出期货交易和投机的绝对必要性，这是完全错误的。商业仅仅是在资本主义社会才被用来满足分配需要的，甚至就是在资本主义社会它也只是暂时有必要的，它的衰退已经被辛迪加和托拉斯所证明了。任何人将商业视作为生产性的，也就是说不仅仅视作为实现利润而且还生产利润，那就会面临无法解决的困境，即他把商业费用的节约视为卡特尔的一项优点，但又默认只有在商业活动造成开支时它才是优点，也就是说，它是非生产性的。

---

① "与生产部门和加工部门一样，商业贸易和投机其实也都是一种生产行为。商业贸易之所以被称为是一种生产行为，是因为它打破了一个地域内的产品稀缺度的自然限制；而投机之所以被称为一种生产行为，是因为它可以实现产品稀缺性的调整。从经济学的角度讲，商业贸易所利用的是商品价格的地域差异，而投机所利用的则是商品价格的时间差异"。
② 参见：《交易所调查报告》，第二卷，第3523页及以下章节。

事实上，期货交易的必要性仅在于以下几点：（1）它使生产资本家（产业资本家和商人）将流通时间压缩到零，因此使他们避免受到发生在流通期间的价格波动，其方式是将风险转移给执行这种特殊职能的投机者；（2）它使得货币（银行）资本代替商业资本来执行部分的商业职能，这部分的活动会以利息而不是平均利润的形式给银行资本带来收益，二者之间的差别可以增加产业（企业）的利润；（3）期货交易使货币资本［这一点与上述第（2）点有密切关系］转化为了商业资本，同时又保有其货币资本的特性，它为银行资本开创了将其支配权延伸到商业和产业领域，从而对大部分的生产资本在银行的控制下越来越多地具有货币资本特性的可能性。

第 10 章 银行资本和银行利润

资本的动员为银行资本打开了全新的活动领域：股票发行和投机。从理论上看，这些活动是与银行的支付与信用职能结合在一起，还是分别由银行的不同分支机构来处理，是没有什么不同的。重要的是，这些职能的差别所具有的经济意义是什么。在任何情况下，当代的趋势都是这些职能合并的增长。这一趋势不论是在单个企业中，还是在由单个资本家或资本家集团控制的执行互补职能的企业联合体中，都得到体现。从根本上看，导致这些合并活动的因素是资本作为严格意义上的货币资本参与到或融合到所有的资本活动当中，比如以货币形式作为随时可以从流通过程中抽回的借贷资本。甚至连那些还没有发生职能合并的单一企业，同一货币资本通过由这些企业中的某一个企业提供给其他企业，从而在某种程度上也达到了这一目的。只有对这些不同的职能进行分析，才能弄清楚银行利润的来源，以及这一领域中的利润和资本（既包括银行的自有资本，也包括归它支配的其他资本）之间的结构与关系。

我们知道，利润产生于生产过程并在流通中实现，同时我们也知道，为流通活动而追加的资本用于商品的购买和销售。这些流通活动的一部分是商人从产业资本家那里拿走的，它变成了社会资本中独立执行职能的资本的一部分，即商业资本。被商人使用的资本也会获得平均利润，但它只是产业资本家在生产过程中产生利润的一部分，是本来应属于产业资本家的利润的相应扣除。① 流通还要

---

① 若想详细了解，请参阅《资本论》的第三卷第四部分：商品资本和货币资本向商业资本和金融资本的转化。

求有其他一系列的金融活动（准备金的维持、支付手段的准备与发放、账户的收集与支付等等），为了节约劳动，这些簿记业务可以集中起来，从而节约流通费用，减少完成这些工作所需的资本量。

货币在产业资本和现在我你都可以补充进来的商品经营资本的流通过程中（因为商品经营资本承担了产业资本的一部分流通运动，并把它当做自己的特有运动）所完成的各种纯粹技术性的运动，当它们独立起来并成为一种特殊的资本职能，而这种资本把它们并且只把它们当做自己的特有的活动来完成的时候，这时就把这种资本转化为了货币经营资本。产业资本的一部分，确切地说，还有商品经营资本的一部分，不仅要作为一般货币资本，而且还要作为正在执行这些技术职能的货币资本不断处于货币形式。现在，其中的一部分从总资本中分离出来，并在这样一种货币资本的形式上独立起来，这种货币资本的资本主义职能，是专门替整个产业资本家和商业资本家阶级完成这些活动的。就像在商品经营资本的场合一样，它也是从流通过程中以货币资本形态存在的一部分产业资本中分离出来的，替其余的全部资本完成再生产过程中的这些活动。所以，这种货币资本的运动仍然不过是处在自己的再生产过程中的产业资本的一个独立部分的运动。①

显然，货币经营者所使用的货币资本的总量，就是商人和产业家的处于流通之中的货币资本；货币经营者所完成的各种活动只是他们为之服务的商人和产业家的活动。同样很清楚的是，货币经营者的利润只不过是从剩余价值中所作的一种扣除，因为他所完成的活动只与已经实现（即使只是在债权形式上实现）的价值有关。②

在发展过程中，银行将簿记业务承揽过来，这项工作所需要的资本量由其技术性质和业务规模决定。在这些资本上，像商人以其商业资本、产业家以其产业资本实现平均利润一样，银行也实现了

---

① 《资本论》，第三卷，第 371~372 页。
② 同①，第 379~380 页。

平均利润。① 然而，这只是银行资本的一部分，在这一部分上它的利润在严格意义上可以称之为平均利润，余下的银行资本的利润就完全不同了。

作为信用的提供者，银行用归其支配的全部资本（自己的和别人的资本）开展业务，它的总利润来自于自己贷给他人的借款所收获的利息，它的净利润——扣除费用之后——是得到的利息与付出（向存款所支付的）的利息二者之间的差额。因此，这种利润不是严格意义上的利润，其水平也不是由平均利润率来决定的，而是像其他货币资本家的利润一样，是由利息产生的。银行在信用流通中所处的中间人位置，使得它不仅可以用自己的资本来赚取利润，而且还可以跟其他货币资本家一样，用它的债权人来获取利润，因为它支付给债权人的利息低于它向它的借款者索要的利息。这种利息只是现有的平均社会利润的一部分，或者说是对它的一种扣除。但是，与商业资本家或其他经营货币业务的资本家不同，银行资本对平均利润率水平的决定没有任何影响。

利息率的水平取决于借贷资本的供给与需求的总体状况，因为银行资本只是其中的一部分。利息的水平决定了总利润。为了将尽可能多的货币吸引过来归自己使用，银行反过来还向它的存款者支付利息，因为在其他条件相同的情况下，存款的数量决定了任何银行可供支配的资本量，而银行支付给存款的利息水平又决定着存款的数量。对存款展开的竞争迫使银行不得不支付尽可能高的利息率。银行作为贷放者收到的利息，与它支付给存款者的利息之间的差额，构成了银行的净利润。

对这一过程我们可以作如下概括：利息率首先要受制于借贷资

---

① 下面的计算能够说明问题。我们首先假设生产资本为 1 000，并且这些资本赚取了 200 的利润。商业资本的数额为 400（说得有点多了），货币经营资本（金融资本。——英译者）为 100，所以社会总资本量为 1 500。因为我们要把 200 的利润平均分配给这些资本，所以平均利润率为 13.33%。产业资本家将会从中得到 133.33 的利润，商人能够得到 53.33 的利润，而金融资本家则能够得到 13.33 的利润（根据沃特尼克的提示，我修正了原著中的计算错误）。

本供求的整体状况，它决定着银行的总利润，银行总利润是由银行从它贷放出去的货币中获得的，这些贷放的货币中既有银行的自有资本，也有它吸收的存款中归它自己支配的部分。银行自有资产与其顾客的存款之间的比例，无论是对利息率还是对总利润量，都是不重要的。当然，只有一部分的货币存款可以真正地被银行支配和使用，而另一部分则必须当做准备金来持有，但是这个准备金不能带来任何利息，而且与总量相比也只占很小的比例。银行间的竞争决定了它们为存款支付的利息率，而这个利息率在总利润和费用既定的情况下决定了净利润。很明显，在这里重要的不是银行的自有资本，因为它们的利润不是由它决定的，而是由银行支配的借贷资本总量决定的。利润的水平是一个基本的已知数，自有资本的数量必须随着它来作出调整。银行只能在它的利润允许的范围内将借贷资本转化为自有资本。但是，对资本而言，就像其他任何领域一样，银行也只是一个投资领域或场所，只有当这一领域所实现的利润与产业或商业领域相同时，资本才会流入这一领域，否则它就会从这一领域中抽回。银行的自有资本必须以这样的方式来计算，那就是它由此产生的利润等于平均利润。假设一家银行拥有的归其支配的借贷资本量是100 000 000马克，获得的总利润为6 000 000马克，净利润是2 000 000马克。如果现有的利润率是20%，那么就可以推算出银行的自有资本量是10 000 000马克，而其他的90 000 000马克就都是它所获得的顾客的存款。这就解释了为什么股份银行创建时或资本增加时，虽然银行资本不生产企业利润（产业利润）而只是实现利息，但却产生了获取产业利润的机会。因为银行利润等于平均利润，而只要给股东支付利息就有可能产生创业利润；如果银行在货币市场上处于支配地位，那么就可以拿走全部的或部分的创业利润从而增加准备金。准备金当然属于银行的自有资本，不过它只是在账面上被分配到较小的名义资本上；反过来，准备金又使得银行可以将其更大部分的资本投资到产业上。

对利润而言，银行自有资本与归它支配的资本的划分是不重要的，二者之间的比例也是不固定的。这个事实使人产生了这样的印象：银行自有资本的数量可以是任意的，是可以被推算出来的，而它的利润，虽然不是真正的平均利润，但在数量上却是相等的。如果银行制度已经发展到了这样的程度，以至于可获得的借贷资本量全部都由现有银行来支配，那么新银行的创立将变得十分困难。因为现有的处于银行外部的资本量对它而言是不够的，或者它只有通过与其他银行的激烈竞争才能吸引到资金，但结果会怎样依旧十分值得怀疑。

银行资本不仅与产业资本有本质的区别，而且它与商业资本以及货币经营资本也有着本质的区别。就后者的活动领域而言，资本的数量是由技术条件决定的，是由生产过程和流通过程的客观条件决定的。产业资本的数量取决于生产过程的整体发展状况、现有的生产资料的数量（包括自然资源和对它的利用能力）、现有的劳动人口数量。这些因素的利用以及对劳动人口的剥削程度，决定了利润量，这一利润量会以同样的方式在产业资本家、商业资本家和货币经营资本家之间进行分配。在商业资本和货币经营领域中，所需要的资本量也是由流通过程中的技术条件决定的。由于流通并不产生利润，只会造成费用，因此导致出现了将这一领域的资本的使用降到最低限度的趋势。另一方面，银行资本，包括银行的自有资本和归它支配的资本，只是借贷资本，它实际上只不过是生产资本的货币形式。它的重要特征是：它的大部分仅仅是形式上的存在，是纯粹为了计算而存在的。

存在于银行利润和银行自有资本数量之间的相同关系，在由股票发行和投机行为所产生的利润中，也可以看到。创业利润或是由股票发行所带来的利润，既不是严格意义上的利润也不是利息，它只是资本化的企业家收益，它是产业资本转化为虚拟资本的前提条件。决定股票发行中所获得的收益水平的首先是平均利润率，其次才是利息率。平均利润减利息决定企业家收益，是现行利息率的资本化，它构成了创业利润。后者在任何情况下都与银行自有资本的数量没有关系。产业资本向虚拟资本的可转换性，唯一取决于可获得的借贷资本的数量，这种资本依旧保留着生息资本的形式，随时都准备着转化为生产资本。为了向股票投资，必须要有足够的货币存量。但是有一点必须在这里区分清楚，即已有的产业资本向股票资本的转化所固定住的货币量，仅仅依赖于证券市场上股票流通所必需的货币量，而这一货币量本身又取决于这些股票是作为长期投资留在"安全之手"还是作为投机证券被快速地转手。当然，股份资本的发行也代表着新企业的建立或现有企业的扩张，因此需要有足够多的货币资本量。首先，为了完成 $G - \begin{matrix} A \\ P_m \end{matrix} \cdots P \cdots W' - G'$，其次，用于股票发行本身。可获得的借贷资本的数量既决定着利息率（它是资本化的决定因素），也决定着股票发行带来的利润大小（它也因此独立于银行自有资本的数量）。但是，从长期来看，股票发行的收益必须等于这一资本的平均利润率。另一方面，银行倾向于增加其自有资本，目的在于增加信用业务量和它的安全性。投机利润与其是相似的，银行参与投机并不取决于自有资本与吸收存款的差额，而是取决于二者总和的大小。

然而，就像我们已经知道的那样，由于信用的提供以及金融化和投机造成了集中的趋势，因此银行也加大了将资本的尽可能大的部分作为自有资本的力度。因为与借来的资本不同，银行的自有资本不会面临突如其来的偿还要求，因此它可以更安全地投资于产业企业上。特别是在创建公司的时候，那需要在一段或长或短的时期内将货币资本固定在产业上，直到将股份售出时它才会重新回流到银行。这就意味着通过增加自有资本，银行可以在更大的范围内更全面地参与到产业企业中，并最终实施对它的控制，而且还可以对商品和证券投机施加更大的影响力。结果，只要来自利息和股票发行的利润的允许，银行就会不断地增加它的自有资本。

但是，即便不考虑随着资本的增加其价值也必须增殖这一点，借入资本也不能随意地向自有资本转化。银行扩大自有资本的目的是为了向产业投资，从而赚取股票发行收益和获得对企业的控制权。而如果银行的唯一职能就是提供支付信用，那么当它增加的自有资本超过一定限度时，就变得没有必要了。因为在那种情况下对借入资本的支配是决定性的因素，银行除了从作为支付手段且随时可用的资本上获得利息之外没有任何其他收益。但如果银行的职能不仅限于此，那么，一旦它将可获得的借贷资本总量的绝大部分当做自有资本时,就会将其中较大的部分投资在产业上。而与之相反的情况是,因为只有可获得的借贷资本的一部分需要作为支付手段(流通信用)来使用,因此余下的部分就可以用做产业投资了(资本信用)。可获得的全部借贷资本在流通信用和资本信用上的分工或分割,是环境条件的客观要求,是由当时的生产和流通过程的状况决定的。即使这一限度是有弹性的,但银行也不能忽视这一限制的存在。如果银行资本不是保持其货币形式,那么银行满足支付的能力就会受到威胁。另一方面,可获得的借贷资本的这种分工,并不取决于在它所支配的资本中究竟有多少是它的自有资本以及多少归它的存款者。

银行增加自有资本的目的是为了投资于产业,它将外部资本转化为自有资本的界限,是其可获得的总资本中可以用做投资资本的部分。在这一界限之内的发展趋势是:把借贷资本中日益增加的部分转化为银行自有资本。因此,银行自有资本的数量不是仅仅由它的意愿来决定的,也不仅仅取决于所增加的资本的投资机会。

银行资本的增加是纯粹的法学交易,而不是经济职能的变化。只有通过把借入的货币资本转化为自有资本,银行才能增加其必须以货币形式持有的资本。因为在任何发达的货币制度下,一切可获得的货币都被银行集中;银行资本的增加仅仅意味着银行可支配的存款的一部分现在通过股票发行的形式,被转化为了银行资本。当然,借入资本向银行自有资本的这种转化,对货币资本的供给和需求没有任何影响,因此也不会对利息率产生任何影响。①

在其他条件相同的情况下,产业资本的增加会导致利润量的增加,因为产业资本在生产过程中产生了剩余价值。很明显,银行资本的增加不会使银行所获得的利息总量发生变化,因为在既定的需求下,利息量由借贷资本的供给来决定,而借贷资本不会因其在银行与个人之间的分配(这仅仅是所有权的)的不同而发生任何变化。发生变化的仅仅是银行净利润的计算,这一净利润在银行自有资本

---

① 有人认为银行自有资本的增加会使银行降低利息率,这种想法是极其幼稚的。

增加时会以一定比例变小。

产业资本、商业资本和货币经营资本是社会资本的不同组成部分，它们在一定时间内彼此间必须有一个既定的比例关系。从抽象意义上看，所有的社会资本可以都是银行资本，因为银行资本毕竟只是归银行支配的资本，没有什么资本不是要经过银行的。当然，大部分的银行资本都是虚拟资本，它们仅仅是真实的执行职能的生产资本的货币表现，或只是剩余价值的资本化的证书。因此，与产业资本的增加不同，银行资本的增加不是增加利润的前提条件；相反，对银行而言，利润是一个既定的因素。如果利润上升了，那么银行就会增加它的自有资本，因为增加了的资本使它可以在不承受任何大的风险的情况下，将更多的银行资本转化为产业资本。提供产业信用以及通过股票的发行和持有来参与产业企业，是导致银行增加自有资本的主要原因。这一点可以通过下面这个实例得到证明：英国专门从事储蓄业务的银行，尽管它们的交易额有很大的增加，但其资本量并没有增加，因而股息的分配非常高。

因此，不应对问题作出这样的设想：银行资本的流进或流出会以改变利息率的方式来影响银行的利润。只有利润的分配会改变，因为这些利润的分配对象是银行的自有资本，而这一资本的数量是时大时小的。

这一事实还有另外一个意义，那就是采取股份资本形式的银行资本的增加，也就是说，虚拟资本的增加。我们已经知道，货币资本向虚拟资本的转化，并没有改变单个资本家作为货币资本家或借贷资本家的性质。转化为虚拟资本的货币依旧是银行资本，因此，从经济学的意义上说，它依旧还是货币资本。这些银行资本的一部分转化为产业资本的方式有两种：其一是通过向产业资本家提供信用，也就是说，只是将资本借给产业资本家；其二是占有企业的股份，这样，只要银行的资本量允许，就可以长久地持有它。在后一种情形下，银行资本的增加的结果是，先是将货币资本转化为银行资本，然后再将银行资本转化为产业资本。私人货币资本家不是直接地将他们的货币投资在产业股票上，而是投资在银行股票上，然后再由银行以购买产业股票的形式将其转化为产业资本。这里的区别在于：银行现在不仅仅是交易的中介，而是银行资本的所有者，它成为了产业企业的合伙人、共同所有者。并且，银行的所有权导致的结果也与个人股东完全不同。因此，出现了这样一种趋势：私人的可支配的货币资本先以尽可能大的数额转化为银行资本，然后再将后者转化为产业资本。在这一过程中，虚拟资本被双重化了：货币资本被虚拟化为银行股份资本，从而实际地转为银行财产；而银行资本则虚拟化为产业股票，从而实际地转为生产资本要素、生产资料和劳动力。

用大量的外部资本（存款）开展业务的银行的股息政策，必须比产业企业更加稳定，尤其是当其存款主要是来源于以下这些人的时候更需如此，即那些只通过股息的稳定性这一外部标准来判断银行经营的好坏并在发生波动时抽回自己存款的人。这里我们谈的是非资本主义性质的存款。产业企业在股息政策上则要更独立一些。首先，因为它的信用提供者对它的支付能力一般都更了解；其次，因为它需要经常地支付信用来作为对生产商品的补偿。至于其他的信用，企业就不像银行那样经常需要了，会有较长的时间间隔期。这种较大的独立性使它可以影响股票价格，从而给了"内部人"在证券交易所进行投机从而获利的机会。它还有利于更好地适应市场波动和积累的需要，这二者对产业企业的重要性都比银行大一些。

另一方面，银行比产业企业更容易实行较稳定的股息政策，因为行情波动对银行收益的影响并不像它在产业企业中那么强烈和片面。首先，绝大部分的银行利润对利息率绝对水平的依赖程度，都低于其对借入资本与贷出资本利息率之间的差额的依赖程度，而且这种差额要比利息绝对水平的波动稳定得多，尤其是在银行的资本集中已经达到了相当高的程度的时候。在一个商业周期中，既会有有利时机，也会有不利时机，它们彼此会相互抵消。最有利的时机是在繁荣的上升阶段，此时会产生利息率的逐步提高和产业资本的强劲需求，从而股票发行活跃并有大量的创业利润，同时，银行也会从账户管理、商业信用和证券交易投机的发展中获得了更多的利润。在繁荣的高峰期，不论是利息率的绝对量还是存贷款利息差额都会增加。但是在另一方面，股票发行和创业利润却开始下降了。

银行信用会代替股票发行和债券,以满足产业对资本的需求;而证券投机在危机爆发前的一段时间里,就会因为过高的利息率而受到制约。在萧条的第一个阶段,利息率处于它的最低点,此时是发行固定利息债券的最有利时机。银行从国家和城市那里的借款以及按现行已提高的市价出售的自己储备的固定利息证券所获得的收益,都大量增加。产业以前产生的银行债务的一部分,现在已经被转换为了股票和债券的发行,而且由于此时货币市场资金充裕带来了新的发行利润,因此所有这些因素在或大或小的程度上都使由信用供给利息所造成的收入下降得到了补偿。

银行之间不仅会以其自有资本进行竞争,而且也会以归它支配的整个资本进行竞争。但是,货币市场上的竞争与商品市场上的竞争是有根本区别的,其最重要的区别是:在货币市场上资本是货币形式,而在商品市场上则必须先将货币资本转化为商品资本,它包含无效转化的可能性,也就是说,这种转化可能会造成价值的减少,从而带来亏损而不是利润。商品竞争是为了资本的实现,而不是资本增殖的实现。在货币资本的竞争中,资本自身是安全的,其目标是所获增殖的水平、利息的水平。但是,利息的决定方式并没有给竞争者留下多少活动空间,它首先是由中央金融机构对所有其他金融机构的贴现政策决定的,因此只留下了狭小的自由活动空间。这一点对竞争相对较小的严格意义上的银行信用业务(包括借款和贷款)而言意义尤其重大。活动空间越小,这一业务量的大小的重要性就越大。只有这一业务规模非常大时,才能降低佣金,增加对存款的利息的支付。然而,这种条件对规模相同的企业来说,其相互之间的差别是很小的;而且,只有很大的企业与小企业相比,由于具有节约和易于避免损失和分担风险的优势,因此才会产生超额利润。另一方面,在产业里由于专利等技术优势(在产业间的激烈竞争中起着十分重要的作用)所产生的超额利润,在这一领域里没有任何作用。

竞争在金融企业的股票发行中的重要性要高于信用的供给。在这里,创业利润的规模为互相压价的竞争留下了一定空间,空间的大小不是首先取决于银行的条件,而是取决于产业由于其已经获得的银行贷款而导致的对银行的依赖程度。

在产业里，必须区分竞争的经济方面和技术方面，但是在银行中，技术只起了很小的作用，相同类型的银行使用的技术方法都是一样的（不同类型的银行彼此之间又不存在直接的竞争）。在这里，一开始就只有经济上的区别，这种区别纯粹是量的区别，是所积聚的资本量的区别。这是一种相当独特的竞争，它使得银行以如此不同的和相互交替的方式，时而相互竞争，时而相互合作。类似的情形有时还在具有相同规模的产业企业里也能看到，它们偶尔会就某一项业务彼此达成协议，比如在投标中。然而，在产业里，这样的协议常常是卡特尔执行其排除竞争对手策略的前奏。

如果说一般利息率是信用提供的竞争障碍的话，那么平均利润率则构成了支付交易领域的底限。在这里，业务量的大小决定能获得的佣金的数量，从而给了大银行以很大的优势。

最大的安全性——这一银行专业的技术特征，使得银行内在地回避竞争，因此卡特尔在产业中排除竞争以获得"稳定的利润"的做法很受银行的青睐。

银行收益并不是真正意义上的利润。但是，以银行自有资本为基础计算出来的总收益必须与平均利润相等。如果低于平均利润，那么资本就会从银行中抽走；如果高于平均利润，那么新银行就会被建立起来。由于银行资本采取的是货币形式，或者说在很大程度上它可以随时转化为货币，因此利润平均化会很快就会实现。由于这一原因，因而也不会有银行资本的"过度生产"。银行自有资本的过度增加会导致资本的抽回以及在其他领域的投资，而不会出现像我们在产业领域里所看到的那种和贬值相伴随的普遍危机。银行危机只会由产业的过度生产或过度投机所导致，表现为货币形式上的银行资本的稀缺，因为银行资本被束缚在了某一形式上，从而无法直接转化为货币。

随着银行的发展，银行与产业间的关系也日益密切地交织在一起，从而出现了这样一种趋势：一方面，银行间的竞争被逐渐排除；另一方面，所有资本都被以货币资本的形式集中起来，只有通过银行才能交由生产者支配。如果这一趋势继续持续下去，那么最终将会导致只有某一家银行或某个银行集团获得对全部货币资本的控制权，于是，这种"中央银行"便可以对社会生产实施整体的控制。①

在信用交易中，物的关系总是与人的关系相伴随的，它直接表现为社会成员间的关系，并与作为经济范畴的物（比如货币）的社会关系相对立。这也就是通常所说的"信任"。在这一意义上，发展完备的信用体系是资本主义的对立物，它代表着组织和控制，是与无政府主义相对立的；它来自于社会主义思想，但却被用于适应资本主义社会的需要；它是一种冒牌的社会主义，是迎合资本主义需要的社会主义；它为了少数人的需要而把其他人的货币社会化了。在开始时就突然为"信用骑士"开辟了最广阔的前景：资本主义生产的障碍——私有制——似乎要被摧毁了，整个社会的生产力要被个人的支配替代了。这种看法使人们陶醉，陶醉之后再去欺骗其他人。

信用最早的先驱者是那些资本主义的浪漫主义者，比如罗和贝拉。过了一段时间后，实干的资本家占了上风，贡德尔曼战胜了萨卡尔（贡德尔曼和萨卡尔是法国著名作家左拉的小说《金钱》中的两个主要人物。——英译者）。

---

① 银行系统是整个社会经济往来的记账簿，它可以实现社会资源在整个社会中的分配调度。银行制度把那些尚未利用或者未利用充分的资本全部集中起来，然后提供给商业资本家和产业资本家使用，因此资金的借出者或者使用者并不是这笔资金的真正主人。这种经济活动剥离了资本的私人属性，同时也具有违逆现有资本定义的深远意义。

"最后可以毫无疑问地说，在资本主义生产方式向社会化大生产的转化过程中，信用制度发挥了极其重要的杠杆作用。但是，信用制度也仅仅是促进生产方式转变的要素之一；相反地，由于对资本主义生产方式和作为它的一种形式的信用制度缺乏足够的认识，人们往往会把银行制度和信用制度与社会主义联系在一起。只要生产资料不再向资本转化（也包括废除土地的私人所有权），信用制度也就将毫无意义了……但是只要资本主义生产方式继续存在下去，那么那些以赚取借贷利息为目的的资本将依然是信用体系的基础"（《资本论》，第三卷，第712~713页）。

第三编　金融资本及其对竞争的限制

第 11 章 利润平均化的障碍及其克服

资本主义生产的目的是利润。获取尽可能多的利润是每一个资本家的动机，并变成了资本主义竞争的必然结果之下的经济行为的指导原则。因为每个资本家只有通过不断努力来争取跟上竞争的步伐并超过其对手，才有可能继续生存下去，而要做到这一点，只能是一种方式，那就是成功地将自己的利润率提高到平均水平之上，从而获得超额利润。①

利润最大化这一主观愿望是所有资本家行动的动力，但却产

---

① 霍布斯这样概括这些尝试："人的本性就是不断地追求更多的权力和利益，直到死的那一天。人之所以如此贪得无厌，并不是由于他们希望能够从拥有更多的财富中得到更多的乐趣，也不是由于他们不满足于自己的现状，而是因为他们并不能肯定他们现在所拥有的一切，就能保证让他们过上稳定舒适的生活。"（《利维坦》，第 11 章，第 2 段）

对社会和人性有深刻见地的大师左拉，通过贡德尔曼这个人物生动地揭露了资本主义的本性：赚取利润的唯一目的是赚取更多的利润。贡德尔曼的日常需求已经减少到了只靠喝牛奶来维持生存的地步了，但是他却依然费尽心机地牟取暴利。因此他和萨尔卡（贡德尔曼和萨尔卡都是左拉小说《金钱》中的主要人物。——英译者）一样，都是资本主义原则的忠实贯彻者。这里的资本主义原则是对资本的欲望、对权力的渴求以及对奢华生活的孤注一掷。小说中的贡德尔曼反映出了借贷者和股票投机者身上的本性，左拉对于这两类人物的描写，要比易卜生在其著作《约翰·盖贝尔·布克曼》（在这本书中，人们的社会需求被资本主义精神严重扭曲）中的描写生动得多。因为布克曼的行为出发点不是利润和利益，而是自身的社会需求，这是与资本主义精神相违背的。那些有关资本主义的悲剧，大多数都是以资本主义的利益追求和个人的社会需求之间的矛盾为核心的，而这正是这些悲剧脱离现实的主要原因。现实中真正的资本家只拥有小说中人物特征的一小部分，他们与那些具有悲剧色彩的守财奴并不一样。

生了一个客观的趋势，即所有资本的统一的平均利润的确立。①

这一结果是通过资本在投资领域的竞争达到的，即通过资本不断地流入那些利润率高于平均利润率的部门，以及从利润率低于平均利润率的部门抽回资本来达到的。然而，资本的持续的流入与流出却遇到了障碍，但它会随着资本主义的不断发展而增强。

劳动生产率的提高、技术的进步，使等量劳动所推动的生产资料的数量增加了。从经济学的观点看，这一过程反映为资本有机构成的提高，在总资本中与可变资本相比，不变资本所占的比例的增加。② C∶V 比例的变化，表现了从手工生产时期到早期的资本主义工场手工业时期以及再到现代工厂的场景。在早期的资本主义手工作坊里，狭小的劳动空间，工人们都拥挤地围在几台小机器前；到了现代工厂里，则是庞大的自动化机器后面散落的几个工人，有时甚至几乎看不到工人，他们的人数似乎还在继续减少。

技术进步还带来了不变资本组成部分的变化。固定资本增加的速度快于流动资本，下面的段落就说明了这一点：

> 冶炼过程的技术进步导致了公司规模的扩大和资本集中的不断增强。根据吕尔曼（《50 年来高炉生产的发展》，杜塞尔多夫，1902 年版）的资料，高炉的容积率自 1852 年以来增加了

---

① 经济主体之间的关系决定了经济主体的行为动机，这种行为动机将会使得经济状况具有平均化的趋势，比如相同的商品具有相同的价格、等量资本获得等量利润、相同的劳动具有相同的工资和剥削率等。但是如果仅仅从经济主体的行为动机方面来考虑，我们是无法对这种平均化的趋势进行详细的量化分析的。为了能够进行深入的量化分析，我们首先要了解社会总产品的规模，因为这种平均化趋势是在对社会总产品进行分配时才产生的现象。我们无法通过分析经济主体的心理来得到经济科学量化分析的结论。
② 在现代的轧钢厂中，劳动力的使用数量有明显的下降，比如，"仅一个升降机就把相关岗位上的劳动力数量从 15～17 位下降至了 4～5 位。从 1880 年到 1901 年，美国每吨钢材所需要的劳动力支出下降也十分明显：
"钢轨碾压工人，从 15 位下降到了 1 位以下。
"钢丝碾压工人，从 212 位下降到了 12 位以下。
"钢丝坯加热工人，从 80 位下降到了 5 位以下"。
（汉斯·吉德翁·海曼：《德国大钢铁工业中的混合工厂》，1904 年斯图加特版，第 23 页）

4.8 倍，每个高炉的生产能力增加了 33.3 倍，高炉容积每吨的生产力提高了 7 倍。

在 1750 年，西里西亚 14 个烧木炭的高炉共生产生铁 2 500 吨，到了 1799 年，柯尼希许特尔两个烧焦炭的高炉的设计年产量为 20 000 吨。厄切尔霍伊泽尔在 1852 年夸口说他的日产出是 50 000～60 000 普鲁士磅。每个高炉日产量的最高统计数据是：德意志帝国矿业联合公司（蒂森），518 吨；俄亥俄钢铁公司第 3 号高炉，806 吨。换句话说，美国一个高炉 30 个小时的产量，就是西里西亚高炉以前一年的产量；美国高炉 36 个小时的产量，则是 150 年前 14 个西里西亚 14 个高炉的年产量。

高炉的投资成本也大大增加了。上面提高的柯尼希许特尔的高炉，其造价大约为 40 000 塔勒（thaler），日产 1 吨的投资约合 20 000 马克。1887 年，根据韦丁的计算，这一数字（日产 1 吨的投资）下降到了 5 400～6 000 马克之间，而每座高炉的造价大约为 1 000 000 马克。然而近来，由于许多新设备的引进和手工劳动的基本被排除，使得每吨日产出的成本已经上升至 10 000 马克，这意味着在鲁尔区现在要建一座 250 吨的高炉需要 2 500 000 马克，而庞大的美国高炉的造价估计已经达到 6 000 000 马克了。

除了西格兰德和上西里西亚，德国现在几乎没有日产量低于 100 吨的高炉，新建高炉的年产量最低也必须是 30 000～40 000 吨。不过拥有几个这样的高炉会有很大的优势，因此每个企业都努力增加自己的高炉数量。在这种方式下，管理的总费用（行政与管理人员、实验室、维护与维修工程师）和必要的设备机器（鼓风机、热风炉）的开支，可以被分摊在更大的产出上。只有在拥有几座高炉的情况下，企业才可以实现一座高炉年年都生产同一种生铁。这样，把高炉从生产一种生铁转换为生产另一种生铁的麻烦问题就消除了，它也使得按生产的生铁的种类来专门设计和建造高炉成为可能。最后，在产量高且拥有多座高炉的情况下，它还使得利用现代发明（原材料的合理运送、铸造机、搅拌机、高炉煤气机）在经济上具有合理性。①

将具有极高资本有机构成的产业部门，与那些同样使用昂贵的机器但由于技术条件的不同因而资本有机构成很低的生产部门进行比较，会是很有趣的：

制鞋业所需要的资本量，可以用一个一半是缝的一半是钉的日产为 600~800 双鞋的工厂为例进行说明：

厂房	100 000 马克
场地	50 000 马克
蒸汽机（50 马力）	21 000 马克
电力设备	20 000 马克
制鞋机器和其他设备	80 000 马克
楦子	25 000 马克
固定资本	296 000 马克

如果我们假定流动资本一年周转两次，那么就可以得到以下数字：

6 个月的原料	350 000 马克
6 个月的工资	100 000 马克
6 个月的其他费用	90 000 马克
流动资本	540 000 马克

因此，我们可以说，除了需要固定资本大约为 300 000 马克外，流动资本大约 500 000 马克也是必需的。这个雇用 180~200 名工人的工厂需要的总资本是 800 000 马克。②

与它形成鲜明对比的是如下案例：

如果现在要在德国西部新建一座生产能力为 300 000~400 000 吨的大型联合托拉斯工厂，还要购买土地和矿山，总费

---

① 汉斯·吉德翁·海曼：《德国大钢铁工业中的混合工厂》，1904 年斯图加特版，第 13 页及以下。
② 瑞赫：《德国造鞋业》，第 54 页。

用将至少需要:

铁矿山 1 000 公顷	10 000 000 马克
鲁尔区的 6 个煤田	3 000 000 马克
包括炼焦厂在内的具有 100 万吨开采量的煤矿	12 000 000 马克
高炉设备	10 000 000 马克
炼钢和轧钢厂	15 000 000 马克
钢铁厂的场地、铁路支线、工人住房等	5 000 000 马克
总　计	55 000 000 马克

这样一个工厂需要工人 10 000 名。在美国,投资一个生产能力是它的 2 倍(日产 2 500 吨)的钢铁厂,至少需要 20 000 000 ~ 30 000 000 美元;相反,1852 年,投在整个拿骚钢铁工业上的资本是 1 235 000 弗洛林。①

然而,固定资本的这种巨大膨胀意味着一旦资本被投资下去,它从一个生产领域向另一个生产领域的转移将会变得日益困难。流动资本在每一次周转期结束后都转化为货币,然后可以再投入到其他的生产部门,但固定资本在一系列的周转期中会被完全束缚在生产过程中,它的价值只能逐渐地转移到产品中,然后逐渐地再转化为货币。总资本的周转时间因此被延长了。固定资本的数量越大,它在投资中所占的比例越大,在总资本中的相对比例也会更大,要不受损失地实现其中所包含的价值以及转移到更为有利的投资场所的难度也就越大。这种情形改变了资本间为了争夺投资场所而展开的竞争。代替古老中世纪的法律限制的阻碍资本流动的新的经济限制产生了,虽然它只会影响那些已经转化为生产资料的资本,而不是那些等待投资的资本。另一个限制是,技术进步扩大了生产规模,增加了不变资本量特别是固定资本量,因此需要一个大得多的资本绝对量来满足它随着生产规模的扩张或新的工厂的建立所产生的资本需求量。然而,通过剩余价

---

① 汉斯·吉德翁·海曼:《德国大钢铁工业中的混合工厂》,1904 年斯图加特版,第 26 页。

值的逐步积累所达到的数额是远远不能满足这一资本需要量的，因此，新资本的流入，要么将会是数额不足，要么将会是时间太晚。但是，资本的自由运动是利润平均化形成的必要条件，无论流入还是流出受到任何的影响，这个平均化就都会被破坏。因此，利润平均化的趋势是由个别资本家努力追求自己的利润最大化引起的，这一限制的消除也必须从个别资本家开始。而这就是资本的动员。

要实现资本集中，创造资本结合就够了。但是，资本的动员同时也扩大了资本结合的范围，因为它使得产业资本（包括固定资本）可以不断地再转化为货币资本，而且使这一过程尽量不受在固定资本发挥作用期间的周转期结束时资本实际回流的影响。当然，这一再转化不可能是社会规模上的，而只能是一定数量的不断变化着的个别资本。但是，这种向货币的持续再转化能力赋予了借贷资本以流动性，也就是说，货币资本可以先预付出去一段时间，然后再带着包含着利息的增加了的货币量返回，这就使得产业投资可以获得适量的货币量，否则这些货币就不可能执行产业资本的职能。

这些货币必须是在它的所有者手里会闲置一段时间，或者是作为纯粹的借贷资本被暂时使用。它的构成会不断收缩或膨胀，但是这些闲置货币中的一部分是可以经常地被转化为产业资本并从而被固定下来的。这些货币在数量上的不断变化会表现为股份所有权的不断变化。当然，它向产业资本的转化只能发生一次，而且是全部的转化。闲置资本最终会转化为货币资本，然后再转化为生产资本。从闲置资本中流出来的这些新的货币量，会被当做股票的购买手段来使用，然后再当做股票转手的流通手段来使用。对于这些货币的所有者而言，当他们的最初转化为产业资本的货币为他们执行资本职能且被收回以后，现在又可以派上其他用途了。有一点在这里我们必须顺带说明一下，当股票价格上升时，在其他条件不变的情况下，股票交易会需要更多的货币，而此时进入流通的货币量，就会比最初转化为产业资本的货币的数量大一些。这里我们可以看到，作为规律，股票的价格总是高于其由货币转化而来的产业资本的价值。当然，资本的动员对生产过程没有任何影响，它影响的仅仅是所有权，只是创造了一种按照资本主义方式进行的所有权的转移而已,也就是说,资本被当做了资本进行了转移,而且被当做了一笔可以带来利润的货币进行了转移。由于它不会对生产产生任何影响,因此从这种转移结果上看,是利润占有证书的转移。资本家关心的只是利润,至于利润来自哪里,则没有任何区别。他不生产商品,而是要从商品中获得利润。

在其他条件相同的情况下,如果一只股票带来的利润额,与另一只股票同等,那么二者就没有什么区分,因此,每只股票的价值都由它所能带来的利润决定。购买股票的资本家,实际上是用与任何其他资本家相同的货币量购买了同样的利润。因此,从个人的角度来看,资本的动员确保了每个资本家都能获得平均利润。但是,这只是对个人而言的,因为当他购买股票时,实际存在的不平等被消除了,而事实上,不平等是持续存在的,就像消除不平等的趋势也持续存在一样。

资本的动员不会对现实的资本的利润平均化趋势产生任何影响,但单个资本家为争取其利润最大化的努力依然持续存在。现在的更多的股息和更高的股价,对新的资本投资来说,显示了它是一个适合投资的对象;其所达到的利润水平,曾经是资本家的个人秘密,而现在则通过股息水平得到了一定程度的体现,这也有利于新的资本作出哪里是适合投资场所的决策。比如,如果投资在一个钢铁厂的资本额为 1 000 000 000 马克,可以获得的利润是 200 000 000 马克,而相同的资本投在另一个工厂只能获得利润 100 000 000 马克,假设资本化率为 5%,那么钢铁厂股票的市场价格将会是 4 000 000 000 马克,而另外那家工厂的股价就只有 2 000 000 000 马克。用这种方式,对个人所有者来说,区别就消失了。但是这并不妨碍新的资本投向钢铁厂,因为在那里可以获得高于平均利润的回报。事实上,正是股份制度才有利于资本流向上述领域,这不仅是因为我们前面已经说明的那样,巨额资本需要量的障碍已经被克服,而且还因为这一领域的差额利润的资本化,使得大量的创业利润得以保持,鼓励了银行参与到这一生产部门。利润率的差别在这里采取的形式是创业利润数量的不同,但是随着新积累的剩余价值不断流入到这些有最高创业利润的领域,它最终也会平均化。

同理，资本的动员也不会影响阻碍利润平均化的趋势。然而，总是与资本的动员相伴随的资本结合，可以消除那些由于新的投资所需的资本数量所引起的障碍。随着资本主义社会财富的增长，集中大量个人货币量的能力，单个企业的规模已不再是其建立时的障碍，其结果是：利润的平均化成为可能，且可能性在增加，而方式则只有一个，那就是通过新资本向那些高于平均利润率的部门的流入。不过这样的话，会导致投入到有大量固定资本的生产部门的资本的抽回是极其困难的。在后一种情况下，资本的减少只能通过旧设备的逐渐磨损或破产情况下的资本的消失来实现。

生产规模的扩张同时会造成另一个困难。在高度发达的资本主义生产领域里，一个新企业的建立从一开始就必须是大规模的，因此它的建立会立刻大大增加这一产业的产量。那种谨慎的、逐步增加产出的做法也许符合企业的营销能力，但却不符合企业技术上的要求。产量的迅猛增长足以补偿企业由于利润率下降（从平均利润率之上降到平均利润率之下）所造成的损失。

因此，阻碍利润平均化趋势的行为就出现了，而且还随着资本主义的发展而增加。当然，在不同的生产部门之间，按照资本的构成尤其是固定资本占总资本的比例的不同，阻碍的强度也会不同；阻碍强度最大的是资本主义生产最发达的部门，如在重工业部门，它的固定资本是最重要的因素，那里也是资本一旦投入进去就最难抽回的部门。

在这些领域里的这些因素对利润率有哪些影响呢？人们可能会说，因为这些产业需要巨额的创办资本，只有极少数人有这样的实力，因此竞争便少得多，利润自然可以更高一些。产生这种想法是可以理解的，但是这种说法仅仅在这样的时期才是成立的，即资本只能靠单个人的资本实力来执行职能。不过，资本结合的可能性很轻松地就克服了这一限制，资本需要量大并不构成筹集它的障碍。另一方面，在这样的产业部门里，通过抽回资本来实现利润的平均化几乎是不可能的，注销这些资本也是极其困难的。这些高度发达的产业企业，肯定会在竞争中将那些小企业迅速地消灭掉，或者是从一开始这个行业就根本没有小企业存在，就像许多电力公司一样。不仅大公司占据了统治地位，而且这些资本密集型的大公司变得相互之间越来越实力相当，因此由技术和经济实力差别而产生的竞争优势正在稳步下降。竞争不再是强者与弱者之间的斗争,在那种情况下后者肯定是会被吃掉的,且这一领域多余的资本也会被清除。现在,竞争是实力相当者之间的斗争,谁能生存下来,要等到很长一段时间之后才能见分晓,同时它还意味着所有参与者可能会遭受到同样的损失,因此相关企业必须千方百计将斗争继续下去。如果已经将巨额的资本投入到其中却又不想承受资本的价值贬值的话,那么结果只能是,在这些领域中想用注销资本的方式来解决问题是极其困难的。同时,任何一个新的企业的建立,由于从一开始就必须具有很高的生产能力,因而会对供给产生很大的影响。在这些领域里,有一种情况是很容易发生的,那就是利润率在很长的一段时期内都会低于平均利润率,而且它与平均利润率的差距越大,形势就越危险。与资本主义生产的发展相联系的利润率的下降,使得有利可图的生产空间不断缩小。如果利润率只有20%,那么与以前40%的利润率相比,一个小得多的价格下降就足以消灭掉全部的利润,从而使资本主义生产的唯一目的落空。这也正是在这些产业中,由于它们拥有大量的固定资本,因而使得它们尤其不愿意去开展竞争,从而导致利润率下降的情况的出现;但同时它们又发现,这些已经投在固定资本上的资本要改变它们的既定分配的格局,已变得日益困难了。如果展开自由竞争,那么这些产业的利润率可能会远远低于平均水平,并且它的平均化过程将是十分缓慢的,如果新资本的流入完全停止,而且随着人口的增长使得消费也获得缓慢增加的话。如果新资本(股份资本)从一开始就只是以低于平均水平的利润率来预期其可能获得的利润率的话,则利润率下降的趋势还会被增强。

另一方面,低于平均水平的利润率,会在那些个人或单个资本仍占支配地位的且所需资本相对小的领域里占据统治地位。这些领域吸引的资本数量,是那些不能在高度发达的产业部门中进行竞争的资本,或是那些因为数量太小因而所有者自己无法作为生息或产生股息的资本进行投资的资本。这些领域是零售商业和小规模的资本主义生产,这里有激烈的竞争和旧资本的不断地被消灭,当然,新资本会立即代替它。这些领域里充满了总有一只脚踩在无产阶级中的分子，他们经常面临着破产的威胁；他们之中只有很少的几个人能逐步发展成为大资本家。这些生产部门是以非常不同的方式，被迫逐渐地处于对大资本的间接依赖的。

除了这些生产部门的过度拥挤之外，还有另外一个导致利润率下降的因素，这就是在贸易上展开的残酷竞争，因此有大量的开支用于加快商品的周转以及增加销路。大量的广告被投放，成批的促销人员被派出，几乎十个销售人员争夺一个顾客。所有这些都需要货币，而货币又使这些领域的资本膨胀。但是由于它们不是用于生产，因此不会增加利润。这样，在必须在变大了的资本量的基础上计算的利润率自然就下降了。

现在我们就可以明白，在资本主义发展的两极上，利润率被压低到平均水平以下的趋势是怎样由完全不同的原因造成的。在资本足够强大的地方，出现了一种力图克服这一趋势的对立的趋势，最终的结果是，自由竞争被废除，保持利润率长期不被平均化的趋势出现，直到最终这种不平等自身由于不同的生产分工的消失而消除。①

在产业内部引起的这种趋势，尤其是在最发达行业中产生的这种趋势，被银行资本出于自身利益的考虑又更推进了一步。我们已经看到，产业的集中导致了银行资本的积聚，银行业务在特殊环境条件下的发展又进一步强化了集中。我们也说明了银行资本是如何通过股票发行来扩张产业信用，以及如何受到产业利润前景的吸引，因而对企业金融化的兴趣日益增加的。在其他条件相同的情况下，创业利润取决于利润总水平，因此，银行资本开始对产业利润发生兴趣。伴随着银行资本的积聚，银行以信用供给者和金融代理人的身份参与产业企业的范围也扩大了。

享有技术和经济优势的产业企业在成功地干掉竞争对手之后，

---

① 了解利润率平均化的趋势，对于理解资本主义生产方式的变化和价值规律都很重要。价值规律并不直接控制经济主体的行为，而只能影响整个社会的交换；而每个经济主体的交换行为，都只能是整个社会的交换行为中的一部分。从另一个角度讲，个人之间利润分配和财富分配的不均等是社会分配的重要特征。正是因此，我们经济生活中才会有财富积累和集中化，才会有兼并、联合、卡特尔和托拉斯。

在市场上可以占有支配地位、增加销量；竞争对手退出后，超额利润的确会获得一个很长时间的增长，其数额要大于它在与对手的竞争中所导致的损失。但银行还有其他考虑。一个企业在竞争中的胜出意味着另一个企业的失败，而银行可能在那个失败了的企业里也有自己的利益。这个企业已经大量吸收了银行的信用，那些已经借出去的资本现在就要面临危险了。竞争本身就包含着所有企业都有损失的可能性。现在银行不得不削减信用，放弃有利可图的金融交易，因为胜出的企业不会对此作出任何补偿。这种实力强大的企业是银行的对手，银行没法向它要得太多。一般来说，如果竞争的企业是它的顾客，那么银行就只能是承受损失。因此，银行对消除它有资本参与其中的企业之间的竞争有着压倒一切的兴趣。而且，每个银行都对利润最大化感兴趣，在其他条件相同的情况下，这一点是可以通过特定产业内部的竞争的完全消除来达到的。这也是为什么银行热衷于垄断的原因。在这种方式下，银行资本和产业资本消除竞争的想法是一致的，同时银行资本实力的增强使得它可以达到这一目标，即便是遭到了一些拥有特别有利的技术条件的企业的反对（那些企业更愿意选择竞争它也会再所不顾），银行也不会改变它这一初衷。产业资本应该感谢银行资本，在没有干预的自由竞争依然存在的经济发展阶段就将竞争消除了。①

---

① 毫无疑问，英国银行系统特殊的发展道路，使得英国银行对于工业部门的影响十分微弱，这是英国产业集中化趋势发展困难重重的原因。因此，在英国，当工业企业卡特尔形成后，在经济繁荣时企业之间可以达成松散的定价契约，以提高商品的价格。但是在经济萧条时，这种松散的卡特尔组织就会瓦解，价格联盟将会崩溃（参阅亨利·麦克罗斯蒂的《英国工业中的托拉斯运动》，第63页以下内容，文中列举了很多联盟崩溃的案例）。近些年来，由于受到美国和德国的竞争，英国工业部门发展得更加有组织了，企业间的联合也增加了许多。英国工业企业重新拾回了它在世界市场中的垄断地位，这恰恰证明了在资本主义社会，竞争是多么重要。

英国银行业的发展则显露出另外一种现象。在德国和美国，能为工业部门的共同利益而努力的人是银行董事会的成员，他们通过私人关系为工业企业获取利益。但是在英国，这种现象则不那么明显，因为工业企业之间更多的是依靠企业内部董事会成员之间的私人关系。

除了这种限制竞争的总趋势外，产生于产业周期某些阶段的其他趋势也起着补充和辅助作用。首先要注意的一点是，在萧条期间，增加利润的动机会变得十分强烈。繁荣时期需求超过供给，它的表现形式是，产品尚未生产出来之前就早已被卖出去了。① 还有一点也应该注意，在这一时期需求会被频繁地作为投机对象。人们买进是出于对价格持续上涨的预期，而价格上升在限制消费需求的同时又促进了投机。如果需求超过供给，那么市场价格就会由那些效率最差的企业决定，而拥有更为有利的生产条件的企业则可以实现超额利润；即使没有任何的正式协议，企业家们也会紧密地结合在一起。

萧条时期的情况则完全相反，人们在尽全力节省一切可以节省的东西，每个人都只顾自己而完全不顾他人。

> 在竞争中一时处于劣势的是这样的一方，他们个人不顾自己那群竞争者，而且常常因直接反对那群竞争者而行动，并且正因为如此，使人可以感觉出一个竞争者对于其他竞争者的依赖；而处于优势的一方，则或多或少地始终作为一个团结的统一体来共同与对方相抗衡。如果对这种商品来说需求超过了供给，那么在一定限度内，一个买者就会比另一个买者出更高的价钱，这样就使这种商品对全体买者来说都昂贵起来，以至于其价格提高到了市场价值以上；另一方面，卖者却会共同努力，力图按照高昂的市场价格来出售。相反的情况是，如果供给超过了需求，那么一个人开始廉价地抛售，其他人则不得不跟着干，而买者却会共同努力，力图把市场价格尽量压到低于市场价值的水平。只有各方通过共同行动比没有共同行动可以得到更多的好处，他们才会关心共同行动。只要变成劣势的一方中的每个人都力图找到最好的出路，共同行动就会停止。另外，只要一个人用较便宜的费用进行生产，用低于现有市场价格或

---

① 在1907年6月中旬，大部分德国和英国的纺纱厂就已经接到了1908年的第一季度的订单。1907年1月，德国的煤炭消费者就已经与煤炭辛迪加签订了15个月以后（也就是1908年3月）的煤炭固定销售合同（1907年7月16日《法兰克福报》）。

市场价值出售商品的办法能售出更多的商品,能在市场上夺取一个更大的地盘,那他就会这样做,并且开始逐渐迫使别人也采用更便宜的生产方法,把社会必要劳动时间减少到新的更低的标准。如果一方占了优势,那么每一个属于这一方的人就都会得到好处,好像他们实现了一种共同的垄断一样。如果一方处于劣势,那么每个人就企图通过自己的努力来取得优势(例如,用更少的生产费用来进行生产),或者至少也要尽量摆脱这种劣势,这时,他们就根本不顾他们周围的人了,尽管他们的做法不仅影响他们自己,而且还影响到他们周围所有的同伙。①

因此矛盾出现了:对竞争的限制,在最没有必要的时候,也就是繁荣时期,却是最容易做到的,因为生产者之间的协议只是对既定事实的认可;相反,萧条时期,也就是最需要限制竞争的时候,但任何协议的达成都是极其困难的。这可以说明一个事实,即卡特尔总是在繁荣时期最容易组织起来,或者至少是在萧条期结束之后;但是在萧条时期,它们却频繁瓦解,至少是组织得非常不紧密。②同样明显的是,垄断联合在好的年景里对市场的控制会比在萧条时

---

① 《资本论》,第一卷,第 228~229 页。马克思下边的论述也非常饶有兴味:"在一个群体中,如果每个人都无法得到一定份额的收入,那么他们就会有联合起来以提高总收入的意愿,这就是垄断形成的直接原因。但是,如果群体中的每个人都发现,只有他们在减少整个群体的总产出时他们的收入才能增加,那么这些人就不会联合起来,而且会相互斗争,这就是竞争形成的直接原因。"(《关于需求的性质和消费的必要性的原理》,1821 年伦敦版,第 105 页)
② 历史已经告诉我们,卡特尔也是一种"必然产物"。虽然在大多数情况下,经济发生危机或者经济下滑能为联合各个企业创造优越的条件,但是事实上,当经济繁荣发展时,组建卡特尔这种垄断组织是最容易的。因为在经济繁荣时,在共同利益驱动下组建卡特尔组织,可以让这些厂家维持最优价格水平,实现更高的利润。另一方面,如果各个企业之间竞争非常激烈,常常不惜一切代价地去争取订单,把商品价格压得非常低,那么它们之间就很难形成卡特尔(弗尔克尔博士:《德国印刷纸生产者协会的报告》,载于《关于德国卡特尔的纠纷案》;另外还可以参阅海因里希·库诺夫关于卡特尔历史的叙述:《卡特尔的理论和实践》,载于《新时代》,第二十二卷,第 2 期,第 210 页)。

期有效得多。①

除了造成利润率及其平均水平长期下降，并且只有通过消除其原因——竞争——才能加以克服这一趋势之外，还有一种利润率下降现象的产生，这是由于其他产业的利润率的上升所导致的。如果说前一种类型的下降是由长期因素所导致的，那么第二种下降就是由产业周期的条件所导致的；第一种下降最终会在所有发达的资本主义生产部门中出现，而第二种则只会影响特定的生产部门中出现；最后一点，前者是由产业内部的竞争所导致的，而后者则来自于不同产业部门之间由于原材料供给而产生的相互关系所导致的。

在繁荣时期，在扩张生产所需资本量相对较少以及生产可以在多个点上快速增长的时候，生产扩张发生得最为迅速。这种生产的快速扩张，在一定程度上抑制了价格的上涨，在大部分产成品制造业上这一点表现得比较明显。另一方面，在采掘工业中，生产就不能如此迅速地扩张，因为开采新的矿井或安装新的高炉，都需要花费一段相对较长的时间。② 在繁荣的初期，增加的需求可以通过对

---

① 列维就曾观察到，尽管国际市场上稀缺资源的价格起伏不定，但是美国市场上的钢轨价格从1901年5月到1905年的夏天都没有改变，一直维持在28美元的水平上。"美国钢铁联营这种垄断组织，似乎在经济形势不好的时候就失去了垄断力量，而在经济形势好的时候又可以重新控制市场。

"比如，在1892年钢铁价格大幅下滑时，由于钢铁联营组织内部的主要成员卡耐基钢铁公司和伊利诺伊斯钢铁公司产生严重分歧，导致钢铁联营组织的崩溃。同样，在经历了1896年短暂的经济繁荣之后，第二个联营组织也于1898年破裂。然后整个钢铁市场便是一片消沉，这又使得钢铁企业在1898年重新商讨措施，建立起新的卡特尔组织"（海尔曼·列维：《美国钢铁工业》，第201页）。

② 在德国鲁尔矿区，建立一座新的矿井大约花费五到七年的时间；而在美国，建立一家独立的钢铁厂和轧钢厂则需两年的时间，如果工厂要建高炉，那么工期会更长（海曼：《德国大钢铁工业中的混合工厂》，1905年柏林版，第221页）。

本文在这里所描述的是一种竞争现象，因此它不属于《资本论》所研究的范围。不过马克思在另一篇文章中分析了类似的竞争现象："按照自然规律，动物和植物的生长都是受制于自然条件的，它们的数量不能像机器设备、煤炭和其他固定资产那样增长迅猛，因此，下边的假设是可能实现的，即在机器设备、煤炭等工业资产迅猛增长的时候，动植物的供应量却

现有生产能力的更集约的利用来得到满足。但是在繁荣的高峰时期，来自于产成品制造业的需求的增长速度，要快于采掘业的产出的增长速度以及原料价格的上升速度，因此也会快于产成品价格的上升速度。因而，采掘业的利润率上升是以加工工业的损失为代价的，而后者可能还会因为原料的短缺，使它们充分利用高峰这一有利时机的努力进一步受到制约。

萧条时期情况就反过来了。与产成品制造业相比，原材料供给产业的货币的流出和生产的缩减会更明显，生产者的损失也会更大一些，因此原材料供给行业的利润率低于平均水平的状况也会持续很长一段时间。这一因素一方面有利于产成品制造业的利润率重新恢复到正常水平，另一方面却使得原材料行业的萧条更严重和持久。1874~1878 年间在美国钢铁业发生的危机，就显示了在自由竞争条件下这种萧条状况是很严重并持久的。费拉德尔菲亚的生铁价格从 1873 年的 42.75 美元，降至 1878 年的 17.63 美元。①产业周期过程中价格的严重波动还可以用下列数字来说明，请注意这一时期生铁的生产成本是逐渐下降的：贝氏炼钢炉所用的 1 号赤铁矿石的价格，从 1890 年的 6 美元持续下降到 1895 年的 2.9 美元。1894 年，贝氏炼钢炉用的铁矿石的售价为 2.25 美元，非贝氏炼钢炉用的铁矿石的售价为 1.85 美元。此后钢铁业出现了一个短暂的高涨，这些铁矿石的价格也立即分别上升到 4 美元、3.25 美元和 2.4 美元。②在匹兹堡，贝氏炉用的生铁的价格在 1884 年是 2.37 美元，1897 年是 10.13 美元，1902 年是 20.67 美元，1904 年是 13.76 美元。最好的英国生铁的售价，1888 年时是 10.86 美元，1895 年时是 11.30 美元，1900 年为 20.13 美元，1903 年是 13.02 美元。③列维提供了下述有指导性

增长缓慢，这就会造成动植物的需求量大于供给量，导致动植物的价格上涨。"（《资本论》，第三卷，第 140 页）这里所描述的现象是因为不同商品的生产周期长短不同所造成的。自然有机物的生产取决于自然法则和条件，而工业产品的生产则取决于资本数量，特别是固定资本量。

① 列维：《美国钢铁工业》，第 31 页。
② 同①，第 98 页。
③ 同①，第 121 页。

的表3·11-1,以显示经济下降期间原材料和生铁制成品之间的价格关系:

表3·11-1

年份	2 240磅贝氏炉生铁的价格(美元)	2 240磅优质矿石的价格(美元)	2 000磅焦炭的价格(美元)	41 22磅矿石加24 23磅焦炭的价格(美元)	生铁价格与矿石加焦炭费用之间的差额(美元)
1890	18.8725	6.00	2.0833	13.56	5.31
1891	15.9500	4.75	1.8750	11.01	4.94
1892	14.3667	4.50	1.8083	10.47	3.90
1893	12.8692	4.00	1.4792	9.15	3.72
1894	11.3775	2.75	1.0583	6.34	5.04
1895	12.7167	2.90	1.3250	6.94	5.78
1896	12.1400	4.00	1.8750	9.63	2.51
1897	10.1258	2.65	1.6167	6.84	3.29

从这些数字中我们可以看出,那些完全依赖煤和矿石的流入的公司在1890年以后所陷入的情形。原材料的价格的确是惊人地下降了,但是它的成本与制成品价格之间的差额下降得更多,因此原材料的客户即使用者的状况大大恶化。在生铁价格下降快于或大于它的原材料时,旧的趋势又开始发挥作用了;而这个旧趋势,就像我们前面说过的那样,导致了企业的结合或联合。[①]

利润率的差距必须要缩小,而这只有通过采掘工业和加工工业之间的联合才能做到,这也就是说,通过联合制的形成。当然,在商业周期的不同阶段,联合的动力会不一样。在繁荣时期,联合的动力来自于加工工业,因为这样可以克服原材料价格上升或原材料短缺的问题。到了萧条阶段,原材料的生产者会吸引加工工厂加入他们的企业,以避免不得不以低于生产价格的价格出售其原材料。他们还会自己从事加工工业,从而在制成品上实现更大的利润。从

---

① 列维:《美国钢铁工业》,第136页。

长期来看，这些商业部门会有这样一个趋势，即任何时候利润较少的生产部门，都想使自己依附于那些利润较高的部门。①

根据形成方式的不同，可以将联合制划分为几种不同的类型：向下的联合制，比如轧钢厂获得了高炉和煤矿；向上的联合制，比如煤矿购进了高炉和轧钢厂；或者，有时也会出现混合型联合制，即钢铁厂既得到了煤矿又得到了轧钢厂。

因此，正是利润率的差距导致了联合的形成。联合后的企业可以消除利润率的波动，而那些没有加入联合制的企业，只能眼睁睁地看着自己的利润由于那些联合企业的优势而不断减少。

联合制的另一个好处是，它使得消除商业利润成为可能，并以此来增加产业利润。当产业集中十分发达时，商业利润也可能会被消除。商业的功能——把分散的各个资本主义企业结合在一起行动，以此来满足其他产业资本家对它们的产品数量的需求——已经变成多余的了。一个织工宁愿从一个纱线商人那里获得他所需的各种不同类型的和数量的纱线，也不愿同一大堆的个体纺纱者打交道。同样地，纺纱者也宁愿将他的全部产品卖给一个商人，而不是卖给许许多多的织工。在这种方式下，流通时间和流通费用都被节约了，资本准备金也就减少了。

生产标准化产品（大批量消费品）的大的联合公司，和那些产品只能满足单个企业需求的企业，情况是有所不同的。在这里，商业完全是多余的，商人和商业的利润可以通过这些企业间的联合来完全消除。通过这种联合来消除商业利润，与相同类型的企业之间的联合，二者的特点是不同的，因为相同类型企业的联合在其存续期间不存在商业关系。但是，商业利润仅仅是总利润的一部分，它的消失也只是相应地增加了产业利润。一旦这些实行了联合的企业与继续保持独立的企业展开竞争，那么这个增加了的利润就会使它们立即获得竞争优势。

---

① 海曼：《德国大钢铁工业中的混合工厂》，第 223 页。在美国，铁路建设对钢铁的需求是促进钢铁业早期发展的首要因素，所以，当经济周期使得钢铁价格波动很大时，美国钢铁业就有了组建钢铁联合组织的意愿了。

如果两种类型的企业利润率相同，都等同于平均利润率，那么联合在最初就并不享有什么优势，因为它也仅能实现平均利润率而已。但是，联合首先使商业周期的波动变得平缓，因此联合了的企业就会有一个更稳定的利润率；其次，它消除了中间人交易；第三，通过为技术改良提供机会，与那些没有实行联合的企业相比，联合了的企业可以获得差额利润；第四，在严重萧条时期，当原材料价格下降慢于制成品的价格下降时，与那些没有联合的企业相比，联合起来的企业可以强化自己在竞争中的地位。

联合既限制了社会劳动分工，同时又推动了联合制内部企业的劳动分工，还增加了企业的管理职能，并且从一开始就具有资本主义生产方式的特征。

> 最后，正如工场手工业部分地由不同手工业结合而成一样，工场手工业又能发展为不同的工场手工业的结合体。例如，英国的大玻璃工场自己制造土制坩埚，因为产品的优劣主要取决于坩埚的质量。在这里，制造生产资料的工场手工业同制造产品的工场手工业联合起来了；反过来，制造产品的工场手工业，也可以同那些又把它的产品当做原料的工场手工业，或者同那些把它的产品与自己的产品结成一体的工场手工业，结合起来。例如，我们看到制造燧石玻璃的工场手工业同磨玻璃业和铸钢业（为各种玻璃制品镶嵌金属）结合在一起。在这种场合，不同结合方式的工场手工业成了一个总工场手工业在空间上多少有些分离的部门，同时又是各有分工且互不依赖的生产过程。结合的工场手工业虽有某些优点，但它不能在自己的基础上达到真正的技术上的统一，这种统一只有在工场手工业转化为机器生产时才能产生。①

在资本主义发展的最新阶段，联合所产生的巨大进步应归功于强大的经济力量，尤其是卡特尔的形成。然而，作为经济力量结果的联合一旦形成和存在，它必将对生产过程中技术进步的采用创造

---

① 《资本论》，第一卷，第381~382页。

现实的机会。例如，人们只需考虑将高炉和加工联合在一起，才能将高炉废气作为动力这一有效利用成为可能。这种技术进步一旦达到，就会反过来有力地推动联合的形成，而这种联合靠纯粹的经济因素是无法达成的。

因此，联合指的是有原材料供给关系的资本主义企业间的这种结合。另外，我们要区分联合的不同形式：一种是不同产业部门之间的结合，它是由不同生产部门之间利润率的差异而引起的结合；另一种是同一产业部门内部的结合，这是由于以抑制竞争来提高本部门的低于平均利润率水平的利润率为目的的结合。在前一种情况下，参与联合的各企业所分属的不同产业部门的利润率，不会因为这一联合而有任何变化，部门间不同的利润率依然存在，但参与联合的那些企业除外。在第二种情形里，利润率的预期是上升的，因为这些部门通过联合可以抑制竞争。从理论上说，这种情况甚至在仅有两个企业的情况下也可能发生，因为它既可以在这两个企业之间结束竞争，也可以通过二者的联合使它们可以控制市场和提高价格，从而限制其他企业与它们的竞争。当然，也可能会出现另一种情况，那就是联合后的企业运用它们的强大的市场地位直接将其竞争对手打败，只有达到这一目标之后，利润率才会开始上升。

企业间的联合可以采取两种形式：一种形式是企业可以保持自己形式上的独立性，它们的联合只能用协议来规定，这种联合的情形其实就是"利益共同体"；另外一种形式是，如果它们融合成一个新企业，就变成了人们所说的"合并"。利益共同体和合并都可以是垄断的，也可以是局部的，即自由竞争在这些产业部门继续存在。①

首先，利益共同体会尽可能多地将企业包括进去，从而尽可能

---

① 我们必须认识到，当一个组织具有决定市场价格力量的时候，这个组织就应当看做是一个垄断组织。一些独立于这个垄断组织之外的企业，事实上也在接受垄断组织的领导，接受垄断组织所定的市场价格，因此，即使市场上有这么一些独立的企业，但从经济理论的角度看，这些自由竞争依然是不存在的。不过，为了不与那些理论工作者的研究相冲突，我把这些垄断组织称为垄断的联合，而不是利益共同体（利夫曼：《卡特尔和托拉斯》，1905年斯图加特版，第12页）。

地排除竞争,以此来提高价格从而增加利润,这就是卡特尔,或者换言之,卡特尔就是垄断性的利益共同体。合并的出发点也是这一目的;如果也采用相同的手段,就是托拉斯。因此,托拉斯就是垄断性的合并。①

其次,利益共同体和合并既可以采取水平方向的结合,也可以采用垂直方向的结合。所谓水平方向的结合是指同一产品的生产部门之间的结合,而垂直结合则是指处于生产过程前后相互连接阶段的企业间的结合。因此,才会有水平的或垂直的合并和利益共同体,或者有水平的或垂直的卡特尔和托拉斯这样的叫法。我们还要注意的一点是,利益共同体是目前更常用的方式,但它的形成不是靠正式合约,而是通过个人之间的联系来达成的,这种个人联系实际上表现了资本主义企业之间的相互依赖关系。合并和利益共同体在商业、银行业和产业方面都是可能的。这种发生在同一领域的联合,我把它称为同行联合。但联合也可以在不同行业之间形成,比如商业企业与银行之间,如银行设立了一个商业部门,或百货公司开了一家储蓄银行。同理,产业企业可能会设立一家商业公司,比如在大城市的制鞋厂经常会开设零售店,将产品直接销售给顾客。这种情况我称之为跨行联合。

这里应该指出的是,就像自然界的物种一样,产业的不同部门并不是固定不变的。联合制,从逻辑推论上说,只是对过去相互分离的部门的一种综合。因此,很容易理解的是,钢铁工业将形成一个统一的产业部门,它将煤矿和铁矿石的开采都包括了进来,就像它将钢轨和钢丝的制造包括进来一样。由于每个钢铁厂都包括所有相关这类产品的生产,所以专业化的工厂就消失了。于是,在这样的产业部门中,从利益共同体到托拉斯,所有的能削弱竞争的方式都是可能的。

垂直结合,不论采取的形式是利益共同体还是合并,都不是限制竞争,而是强化联合企业在与依旧保持独立的企业的竞争中的竞争力。另一方面,水平结合即便只是局部的,但也能够减少竞争;

---

① 利夫曼:《卡特尔和托拉斯》,1905年斯图加特版,第13页。

而如果能完成全面的结合，则就可以消除竞争。除了这些经济上的优点之外，联合、合并和托拉斯都享有技术上的优势，这也正是大公司不同于小企业的地方。由于企业和产业的性质不同，这些优点也会有所不同。但是，这样的技术优势自身就足以导致联合制和合并的形成，而利益共同体和卡特尔则纯粹是由于经济上的有利性而产生的。

作为规律，所有这些产业企业的联合，都是由把银行和企业联系在一起的共同利益促成的。比如，一个在煤矿当中有重大利益的银行，会利用它对铁厂的影响力来迫使后者向某煤矿购买煤炭，这也就是联合的萌芽形式；或者，银行在两家正在不同的市场展开激烈竞争的同行业企业里都有利益，就会导致银行努力促使二者达成协议，这就是水平联合的利益共同体和合并的准备阶段。

这种形式的银行介入加速和促进了产业集中化趋势的生产，但银行可以使用不同的手段来达到这一目的。竞争斗争的结果就是参与制，因此避免了不必要的浪费和对生产力的破坏；但另一方面，如果没有竞争，就根本不会有现在的竞争的结果——所有权的集中。其他工厂的所有者没有被剥夺，这仅仅是没有所有权集中的生产和企业的集中；就像股票市场上是没有生产集中的所有权集中一样，现在在产业里发生的集中都是没有所有权集中的生产集中。这一事实的显著表现是，所有权的职能已经逐渐地与生产的职能相分离了。

另外，银行对这些过程的介入意味着：第一，对它以信用方式借出去的资本的更大的安全性；第二，从股票的买卖、新股票的发行等类似行为中获利的机会。因为这些企业的联合意味着更大的利润，而这些增加的利润的一部分会被银行占有和资本化。银行对联合的过程感兴趣，不仅仅是因为自己是信用机构，而且首先是因为它是金融机构。

集中的增加同时也为其自身的进一步发展设置了障碍。企业越大、越强、越相似，它们通过竞争消灭对方从而扩大自己的生产的可能性就越小。而且，低利润率和对本来就低的价格可能会因为生产的扩大而进一步被降低，阻碍了原本在技术上是可行的生产的扩张。不过，大规模生产的优越性不会被萧条的市场环境完全消除，因此,用合并的方式将以前彼此分离的企业联合成一个大公司,就是此时的出路。

垄断联合要占总产量的多大份额才能实现支配市场价格的地位呢?虽然现在还没有一个对所有产业都有效的统一答案,但答案的基础还是有的,如果我们能回忆起我们在前面说过的关于繁荣和萧条时期竞争行为的不同的话。当处于经济景气时,需求超过供给,产品的价格会尽可能地提高,此时,外部企业的产品售价高于而不是低于卡特尔的价格。而在供给超过需求的萧条时期就不同了,此时卡特尔必须清楚联合是否真的能控制市场;如果它的产出对于满足市场需求是绝对不可或缺的,那么联合就能实现对市场的控制。卡特尔只会在对价格满意时才出售产品,这仅仅是因为没有它的产出市场需求就无法满足。卡特尔可以按它选择的这种价格售出市场所缺少的量,但这一数量必须是严格控制的和逐步投放的,不能一下子涌入市场,这样外部企业就可以卖掉它们的全部的产出。首先,这种价格政策最有可能被采用的产业部门,是那些产出的限制不会带来太大损失的部门,尤其是那些劳动力是主要的生产要素之一以及资本不断贬值对它们没有很重要影响的部门。这两个条件在采掘工业中都存在。矿石和煤炭不会贬值,劳动力是生产的主要因素。其次,这种价格政策会被采用的产品是:对它的消费在萧条期间只会轻微地减少产量的产品。当上面提到的这两个情况都不存在时,卡特尔如果想要继续维持销量,那么就只能被迫在价格上对与其竞争的外部企业作出让步。在这一点上,卡特尔不能支配总产出,它失去了对市场的控制,这样自由竞争就会被重新建立起来。

对生产的限制会提高生产成本、降低利润率,但它又是必需的,因此它会遇到即便是在萧条时期也想维持价格的趋势的抵抗,而这反映出了卡特尔对市场的控制。但是,如果卡特尔只能满足市场的平均需求,而给外部企业留下了令它们满意的商业需求空间,那么这种对生产的限制就是可以避免的。但是这一条件只能在下述情况下才能发生,即外部企业的产量不能超出繁荣时期所产生的追加的新的需求量,否则就会出现限制卡特尔销售的危险;其次,外部企业的生产成本高于卡特尔。只有在这种条件下,价格水平才是对卡特尔来说是有利润的,并且还可以把竞争对手驱逐出市场,从而确保自己的销量。换句话说,必须把商业波动所造成的全部负担让外部企业来承担。当竞争对象被逐出市场之后,在繁荣时期,卡特尔还可以获得大量的额外利润,萧条时期则获得正常利润。在这种条件下,毫无疑问,就垄断联合的利益而言,不必阻止外部企业的全部活动,虽然因为其支配地位,它有实力经常这样做。

那么,在这种不利的情况下外部企业如要继续其生产,需要什么条件呢?这主要取决于那一时期垄断联合企业在规模和技术装备上的优势有多大,但这种优势经常也是暂时的或不充分的。当卡特尔的集中导致了它对生产有了更强大的支配能力,可以因此在经济垄断之外又有自然垄断时,情况就不同了。比如说,那些拥有优质煤矿或铁矿以及拥有优越的水电资源的卡特尔,就会让外部企业处于十分不利的地位。因此,后者无法将其产量提高到对卡特尔构成威胁的地步,只能在繁荣期市场价格高过它们高昂的生产成本之时才能进行生产。

钢铁托拉斯为我们提供了一个这类政策的极好例证。这类公司本来可以很容易地增加产量,可是它们不这么做,仅仅是因为要避免在萧条时期出现生产过量的情况。

> 生铁工业的那些大联合制企业的想法是,每当它们发现一个新市场时,最好的做法就是只提供基本产出。为了达到这一目的,在需求活跃时期,它们允许那些不属于联合体的外部企业以及那些生产成本高的企业稳步扩大生产,甚至将更多的订单转给它们去做。随着价格的上升,一些小的企业也有利润了,投机热导致了新的非联合企业的生产。总之,与以前非常低的成本相比,现在的生产增长是在高成本水平的基础上进行的。这样的趋势会一直持续到新增的需求得到满足而价格又开始下降为止。现在,那些在繁荣高峰期投入使用的高炉,如果它的生产成本很高,那就要从市场上消失了,因为它不能带来利润。只有那些生产成本最低的公司才能生存下来,因为它们还能产生利润,而它们就是上面我们提到的所有的钢铁托拉斯、大联合制企业以及拥有特别优质的高炉的独立企业。

我们再来看一下，那些大企业以及我们上面提到的那些所有的公司是如何确定生产形式，以保证它们无论是在经济好或是不好的情形之下都可以生产利润，并为自己的产品开创出新的市场的。在好的年景里，这些公司不会受到外部企业的日益增加的竞争活动的威胁，因为如果它们自己去满足这些增加了的需求的话，那么一旦后面萧条来临，它们就要更多地承担过度生产的后果，而现在这一后果可以让外部企业去承担。①

莱茵·威斯特法伦煤业辛迪加的情况有点不一样。外部企业在这里是不太重要的。1900年，辛迪加煤矿占整个多特蒙德矿山管理区总产量的87%，辛迪加之外的全部其他企业的产量总共才占13%。因此，辛迪加控制了市场和价格。这就是为什么即使是在危机时的1901年，它依旧可以选择限制产量，但价格却保持着1900

---

① 列维：《美国钢铁工业》，第156页。列维利用下面生铁的生产数据，对上面的论述作了说明。下面的数据中只包含了铸铁和炼铁的生产数据，而铸铁和炼铁并不是企业的主要生产项目，不过这些数据足以说明问题了。生铁的生产情况如下表所示：

年份	公司（毛重，单位：吨）	单独的企业（毛重，单位：吨）	公司在总生产中所占的份额
1902	7 802 812	9 805 514	44.3%
1903	7 123 053	10 693 538	39.3%
1904	7 201 248	9 286 785	43.9%

这家公司在1903年的产量比1902年下降了，而那些单个企业的产量却增加了，所以这家公司在总生产中所占的份额从44.3%下降到了39.3%。不过在经济低迷的1904年，这家公司的产量却依然有了一定的增长，而那些单个企业的产量却大幅下降了1 400 000吨，使得那些单个企业的产量比1902年的还要低。

在这里值得提一下的是，那些把独立于卡特尔组织之外的企业看做是精神病和罪犯的人的想法是极其肤浅的。这种想法即使从卡特尔谋取利润的角度来看也是十分荒谬的，更别说从社会伦理的角度来看了。因为正是有了这些独立的单个企业间的竞争，卡特尔组织才能不断地完善自己的运作和管理，同时这些独立企业的存在还维护了消费者的利益。

年繁荣期的水平的原因。结果,其他企业在 1901 年和 1902 年可以在一定程度上增加产量,而辛迪加的产量却因为它更重视价格水平的维持反而减少了。①

另一方面,当生产的扩张不会受到自然垄断的限制时,或者当产量的增加远远超过繁荣时期所增加的需求,而成本却保持不变甚至下降时,垄断联合企业就会被迫实行不同的政策。此时,对市场的控制主要取决于联合企业能否控制总产出的绝大部分,否则,萧条将会使得形成的卡特尔对于参与者来说毫无价值,也许它们还会毁掉这个卡特尔。

自然垄断的存在与否,主要是会影响价格形成和生产成本,因此也会影响垄断联合的稳定性和执行力,以及它控制市场的程度与能力。为了能够支配市场,对于联合制企业来说,至关重要的一点是,将总产出的绝大部分掌握在自己手里。

对市场的持续控制的可靠程度可能会有很大的差别。市场控制力最强且最有保障的时候,是经济垄断外加自然垄断时期;同时,已经组成的垄断联合具有很大的优势,因为它庞大的资本准备金的存在,使得它可以将大量的资源长时期地固定起来。生产原材料的辛迪加的力量,主要来自于它对生产的自然条件的垄断,而矿山法规在大多数情况下也会极大地促进这种垄断。

经济垄断可以通过垄断联合所拥有的专利权这种法律垄断形式而得到强化。在这里,由于这些公司的资本量大得多,因而它们在与单个独立的竞争对手争夺新的专利权时优势也要强得多,从而可以进一步强化自己的垄断地位。②

---

① 《关于德国卡特尔的纠纷案》第一卷(1903 年柏林版)第 80 页上基尔多尔夫的论述。

② 另一方面,在一些特殊的情况下,如果在占有专利技术条件下继续和其他企业竞争,能够让企业获取更多的利润,那么专利技术的占有就会使得企业间的联合更加困难。"在纺织行业中,只有几个企业存在着。兰开夏郡有八家大型的纺织设备生产企业,它们不仅仅垄断了国内的纺织设备市场,而且年出口额还高达 4 500 000 英镑。很多人不止一次地建议它们能够联合起来,但是每次都以失败而告终。机械工业是一个很容易产生发明的行业,如果这些发明成了某个企业的专利技术,那么这个企业在一段时期内就拥

在自然垄断和法律及纯粹的经济垄断的中间阶段,是对运输手段的垄断,因此托拉斯会努力争取获得对陆路和水路运输的控制权。运输手段的国有化削弱了垄断的实力,在一定程度上还减慢了企业财产的集中过程。为了建立新企业所需要的资本数量越大,这种经济垄断的力量也就越强,银行与垄断联合组织之间的联系也就变得越紧密,因为没有银行的帮助,大的产业企业几乎不可能存活到今天。

有了竞争优势;而一旦拥有了竞争优势,那么这个企业与其他企业的联合意愿就降低了。并且还有好多企业家都不愿意将自己举世闻名的企业,合并于一个不以自己企业名字命名的组织里。特别是那些靠自己双手和智慧打拼天下的企业家,更加不愿意让自己的企业被垄断组织合并"(麦克罗斯蒂:《英国工业中的托拉斯运动》,第 48 页)。

在这种情况下,那些小的垄断组织与那些大型垄断组织之间是水火不相容的。不过,企业间交换专利的意愿也促进了很多垄断组织的形成。德国化学工业的协议,以及德国通用电力公司和美国威斯汀豪斯公司之间的协议,就属于这种情况。

第 12 章 卡特尔和托拉斯

资本主义企业联合的形成方式有三种不同的区分。水平联合和垂直联合的区分是纯技术派的区分方式的一种，我们已经分析过了这些联合的形成是如何由于技术和经济的原因所导致的。

局部联合与垄断联合的区别取决于它们在市场上的不同地位：它们是否控制价格；或是相反，不得不接受市场价格。在这一联系上应该注意的一点是，控制价格的能力并不是取决于同一类型的参与联合的所有企业。在商业或经济周期的所有阶段，只要联合能控制对于市场需求的满足来说不可或缺的那部分产出，或者能将其生产成本始终保持在低于外部企业的水平就足够了。只有在这一时期，即萧条来临时期，对生产的限制才是必要的，不过这时限制的是外部企业的产出，而价格只需降至能弥补卡特尔的生产成本这一水平上就行。

利益共同体和合并的区分仅仅在于正式组织的形式的不同：利益共同体是以两个或两个以上原本独立的企业通过协议而组成的；而合并则是两个或两个以上的企业统一合并成为一个新企业。它们的区别仅仅在于组织形式的不同，而没有任何实质的不同。它们的区别更多的是取决于利益共同体据以形成的协议内容的不同。任何情况下，协议都会在某些方面限制参与企业的独立性，而合并则完全消灭了企业的独立性。但是，在对独立性的限制和独立性的完全消失之间，并没有一条明显的分界线。协议对参与利益共同体的企业的限制越多，其经济结果也就更多地与合并靠近。而且，对企业独立性的限制也可以有多种方式：第一种，企业组织可以以这样的方式来确立它们的协议，即企业的经营管理必须接受或默许公共机构、中心机构的监督，而这一机构则通过统一确定支付日期和条件等方式，也就是将商业交易的"条件"标准化的方式，来实现对流通领域的竞争的某些限制。

形成垄断的利益共同体的协议的内容，是由它的目的所决定的，即通过提高价格来增加利润。而达到这一点的最简单的方式是，加入价格协议。但价格不是任意的，而是取决于供给与需求。单纯的价格协议只会在繁荣时期有效，因为那时价格趋于上升。但即便是在那一时期，协议对价格的限制也只是在一定限度内的。价格的上升鼓励了生产的扩张和供给的增加，但却最终导致了价格协议无法维持。一般来说，这种类型的卡特尔最多能撑到萧条来临时，通常它都会瓦解。①

如果这种类型的卡特尔想把协议继续执行下去，那它就必须走得更远一点，在供给和需求之间建立联系，这样协议的市场价格才能得到维持。因此，必须调节供给和设定生产限额。实行这样的政策当然是符合卡特尔的整体利益的，但并非总是符合其中的每个成员的利益的，尤其是那些通过生产扩张能够降低生产成本的成员，它们经常试图回避卡特尔的规定。对付这种回避的最好的预防措施是取消其成员自行销售产品的职能，改由卡特尔的中央销售代理机构来执行销售职能。

然而，增加控制的可靠性不是上述措施的唯一后果。在卡特尔存在期间，它还禁止单个企业与其顾客之间的任何直接交易，因此剥夺了这些企业的商业独立性。于是，卡特尔可以将其成员捆绑在一起了，不仅是用协议的内容的方式（因为那个东西在任何时候都

---

① 恩格斯在下述描述的是这样一种卡特尔形式："资本主义生产力的发展速度十分迅猛，并且打破了资本主义的商品交换规律，这引起了资本家们越来越多的重视。这种现象主要有两种表现：一是保护性关税得到大量施行，新的保护性关税政策与旧的保护性关税政策有明显的不同，受保护性关税政策保护最多的恰恰是那些能够出口的商品。二是所有生产企业里的企业主纷纷组建卡特尔或托拉斯，通过调节生产来调节产品价格和企业利润。不过，毋庸置疑的是，这种实验只有在经济形势比较好的时候才能奏效，而当经济危机袭来时，这些卡特尔和托拉斯都会被抛弃，此时，调节生产肯定不会是资本家的责任。在经济危机期间，卡特尔组织还负有另外一个使命，那就是促进大资本兼并小资本。"（《资本论》，第三卷，第142~143页）

可以轻易回避），而且是用共同的经济安排的方式。一个成员企业如果离开了卡特尔，那就不得不重新建立与顾客的联系，重新建立销售渠道。有时这一企图甚至还有可能会落空，或者即便是成功了，其付出的成本也将是非常巨大的。用这种方式，卡特尔获得了更大的稳定性和持久性。通过剥夺参与者的商业独立性，从而将成员间简单的协议变成一个商业统一体，这样的卡特尔被称为辛迪加。联合采取辛迪加的形式是可能的，但只有达到下述条件时这种可能才会变成现实，即买者加入卡特尔的任何一个企业的购买都是一样的，这一点是以生产的某种标准化为前提的；而这一前提——标准化——又是建立像辛迪加这样的更紧密的、持久的和约束严格的组织的先决条件。这也就解释了为什么生产特定商品的卡特尔企业会更困难一些的原因，因为它从商标、专利等等的使用上获得了超额利润，因此竞争的消除对它来说就不那么重要了。它只是被迫加入卡特尔或联合，以免它的原材料供给被卡特尔化。通常，卡特尔化会使生产变得更加简单化。①

对于垄断的利益共同体协议的内容的发展，可以用更为简单化和图式化的形式表示如下，虽然有些重要阶段可能会被遗漏掉：第一步，最松散的形式，它实际上是准备阶段，也就是格龙策尔所说的"卡特尔的条件"。第二步，价格的联合管制，但目的在于维持价格水平，因此必须相应地确定供给量。价格管制，如果不想让它只是一个短期的和暂时性的东西，那就必须对生产实行管控。为了防止回避协议内容的约束，就必须将销售权从各个企业手里转移到所

---

① "卡特尔组织希望其内部企业所生产的产品能够统一，消除产品之间在质量、形状、用料等方面的差异。这种事情也可以通过人为的手段来实现，就像在进行商品交易时，我们必须要对所交易的商品设置一定的标准一样，以使这些商品能够满足交换需求。同样地，我们也可以通过设定一定的标准来让企业共同执行。卡特尔组织可以通过建立一个属于组织内的企业共同遵守的详细生产标准，这样就可以消除各个企业间的产品差异了，比如，国际镜面卡特尔组织就把玻璃镜面的厚度统一规定为 10~15 毫米。

"奥匈麻绳卡特尔组织就曾对所有的麻绳产品设置了生产标准，并要求组织内部的所有企业都要遵守这些生产标准。同样，奥匈黄麻卡特尔也设置了麻袋的统一生产标准"（格龙策尔：《关于卡特尔》，1902 年莱比锡版，第 32 页以下）。

有企业的共有机构中,即设立销售办公室或中心,这样企业便会失去它的商业独立性和它与顾客之间的直接联系。如果利润不是完全按谁创造谁占有的原则来进行分配的,而是按照所有参与者事先的约定来进行分配的,那么这一协议还可以得到更为有效的维持。同理,原材料的购买也可以在集体的基础上进行。最后一步,对于每个企业技术的自主性的干预。设备条件差的企业也许会被关掉,而其他的企业可能会更专业化,就只生产某一种或几种由于其技术设备或最靠近市场等原因而使其特别适宜生产的产品。① 所有这些都可以达成协议并在利益共同体中执行。但是,这种类型的利益共同体与合并的区别仅仅在于,它的上层组织机构过于臃肿。这就容易使人们产生一种误解,即将卡特尔和托拉斯当成是彼此排斥的或者是可以相互替代的。卡特尔的组织形式可以将其参与企业的独立性限制到这样一个程度,以至于从形式上完全与托拉斯没有什么实际的区别。但真正的问题在于,对独立性的限制能给参与者带来什么样的好处。就提供的这些好处而言,托拉斯从一开始就有了,而在卡特尔中,则取决于它赖以建立的协议的性质和结果。②

---

① 卡特尔组织也会发布一些影响企业生产和技术的措施,德国钢铁企业联合会董事会主席沙尔特布兰德就曾说过:"我们必须认真思考怎样才能在未来的商业联营中管理我们的销售以获取最大的利润,以及我们怎样分工才能降低生产成本,或许可以通过让企业实行生产专业化来降低生产成本。"(《关于德国卡特尔的纠纷案》,第十卷,第236页)奥地利的机器制造卡特尔,就对其内部的企业进行了分工,所有企业的生产利润统一由卡特尔管理和分配。

② 格龙策尔(《关于卡特尔》,第14页)认为,"卡特尔与托拉斯之间存在着质的区别,欧洲在这几十年内卡特尔组织发展得十分迅猛,但是我还从来没有看到过卡特尔组织和托拉斯组织之间互为转化的例子"。在这里格龙策尔犯了一个错误,即他误把卡特尔和托拉斯的法律定义当做了这两种组织的本质。事实上,卡特尔向托拉斯转化的事例不多恰恰表明了卡特尔和托拉斯之间在本质上是一致的。不过我们必须看到,好多独立的卡特尔组织由于其发展限制越来越多,现在有向托拉斯转化的迹象。很多卡特尔组织之间也存在着各种各样的差异,这可能是由于卡特尔所在的环境不同造成的,也可能是由于受法律的影响不同所造成的。比如,美国法律对卡特尔组织就设置了很多障碍,这导致了在美国的托拉斯组织比较多。

垄断联合是一种为了实现经济支配的组织，因此它与国家统治组织很相似。卡特尔、辛迪加和托拉斯之间的关系，也因此类似于同盟国、联邦制国家和统一的国家之间的关系。将卡特尔赞美为"民主的"是托拉斯的对立面的说法，与有人将过去的德意志同盟也视为"民主的"一样，显得是那么荒谬！

就控制价格而言，托拉斯的优势要大于卡特尔。卡特尔被迫将其价格固定的基础建立在其成员公司中生产价格最高的那个上，而托拉斯只有一个统一的生产价格，这一价格是其参与的企业的生产价格的平均化。托拉斯所确定的价格允许其企业将产出最大化，它通过销量的上升来弥补单位商品利润下降所造成的损失。而且，托拉斯还可以关闭利润少的企业，在这一点上，它比卡特尔要容易得多。当产量必须削减时，托拉斯只需削减高成本企业的产量从而降低平均生产成本即可；相反，当需要增加产量时，它就将产量增加集中在那些更有技术优势的企业身上。一般来说，卡特尔不得不在所有的成员企业间公平地分配增加的产出。在这种方式下，技术优越的企业可以从卡特尔的固定价格中获得不会在竞争中被平均化的超额利润，因为卡特尔排除了竞争，因此这种超额利润似乎具有级差地租的性质。它与级差地租的区别来自于下述事实：它不像最劣等的土地那样，效率最差的企业不是为满足市场需求所必需的；如果它的生产可以被转移到更有效率的企业里，那么差的企业就可以被关闭。由于卡特尔的价格首先得到维持，因此增加了的产量对于那些低成本的生产者来说就意味着超额利润，从而使得高成本的企业即便就是停止生产了也成为有利的事。不过在这种情况下"级差地租"就消失了，只有卡特尔的高利润还保持着。

生产成本的不同在生产原材料的卡特尔里显得尤为重要，因为地租（或矿山地租）的数量是其生产价格的决定性因素。因此，在这种情况下，一方面，它出现了非常明显的关闭利润少的企业（特别是那些只产生很少地租的企业）的趋势；另一方面，它又有维持高价格的趋势，这又导致了对产出相对更严格的限制。自然垄断有助于达到上述的政策效果。高昂的原材料价格会影响加工工业的市场价格，也会影响到它的产量。

第 13 章 资本主义垄断与商业

产业的资本主义联合通过商业对流通和它的中介产生反作用。在这里，我把商业看做是一个特殊的经济范畴，以区别于它的那些诸如计重、测量和运输等的技术职能。商品生产要求必须有商品的全面空间位置的变换，而这一过程是通过购买和销售来完成的。如果这些变成了某些资本的一个独立职能，那么这些资本就是贸易或商业资本。很清楚，当这些行为（否则就得由生产者自己来完成）变成自主的行为的时候，也即独立化的时候，它们也不会因此就变成创造价值的活动，商人们也不会变成生产者。不过，商业的独立化使购买和销售集中化了，它节约了储存和保管等费用。一句话，商业降低了必要的流通费用，因此也减少了部分的非生产性费用。但是为了能够进行交易，必须要有一笔货币，然后再将这笔货币转化为商品。在资本主义社会中，每一笔货币都具有资本的性质或特点，如果商业的职能变得独立化了，那么投资在商业上的货币也必须变成资本，也就是说，要带来利润。但是很清楚，这一利润不是从商业中产生的，也不是从商业这种购买只是为了再出售的行为中产生的，那里仅仅是占有利润而已。利润的数量是由资本量决定的，因为在发达的资本主义社会里，等量资本获得等量利润。但是，这一利润本身来自于生产中创造的利润，而产业资本家必须把原本归他的一部分利润让渡给商业资本家，并且其数额应该大到足以吸引必要的资本投入到商业上。

在商品生产普遍化和资本主义发展以前，商业和高利贷及借贷资本一样，它们的出现要早于产业资本，通过将社会的财富的集中，特别是货币财富的积聚，创立了资本主义发展的起点。借助信用这一经常被用来确立资本主义依赖关系的重要手段（经常采取的是商品信用的形式），它使古老的手工业生产产生对它的依赖，因此开始了资本主义家庭手工业和最初的工场手工业。产业资本后来的发展结束了产业对商业的依赖，并使二者的行为相互分离。

　　商业自身的发展是由两个因素决定的。一方面，它由交易的技术条件决定。商业把产品从各个生产中心集中采购过来，然后将它们出售给最终消费者。这些消费者越分散，零售店就会越多，这不仅会体现在数量上，而且会体现在时间和地点上。零售商业的性质取决于它的收入结构和最终消费者的地理位置的集中程度，这两个因素都会因为所处国家的社会发展和社会结构的不同而不同。就商业技术这方面而言，大公司对小公司的优势恰恰是最明显的。购买和销售的成本、簿记等，它们的增加跟交易量没有任何比例关系，因此导致了集中趋势的出现。但是由于商业离最终消费者越近其销售的地点和时间就越分散（而这正是商业的特点），因此商业公司的规模受到其最终消费者数量的限制；而这一限制虽然经常是有弹性的，但总体上的趋势是随着当地的发展而扩大的，而且在任何情况下都会对经济规模产生影响。在每一个阶段建立更大的公司的趋势都在为自己开辟道路，只是力度和速度有所不同而已。商业的地理位置的非集中化需求，可以通过同一公司设立更多的分店来得到满足。另一方面，人口在城市的集中，使得零售店可以集中到大的百货公司里，但这只是集中的开始。商业的技术要求将百货公司自身与大的采购机构联系在一起，而大的采购机构是由许多百货公司联合而成的，并会对它们的金融进行一定程度的控制。但是大百货公司巨大的金融需求也迫使它们与银行形成更为密切的关系。①

---

① 下面的这段消息在1908年7月的各大报纸上都可以找得到：苏黎世的瑞士布劳恩百货商店集团在德国财团的参与下变成了一个有限责任公司。百货商店向有限责任公司的转变，现在已经不是什么新闻了。但是这个瑞士的布劳恩百货商店的转变能够吸引这么多人的注意，背后是有其原因的。这个德国财团由柏林的黑希特·普法伊弗尔商行控制，普法伊弗尔商行是德国最大的出口贸易商行，它已经成为了许多国家的百货商店的重要采购商。

伴随着这一集中过程,零售店也出现了降低其自身独立性的趋势,因为消费品制造商自身承担了销售其产品的工作。这一过程在托拉斯完全消灭了独立零售商的地方发展得最快,就像美国烟草公司所做的那样。①

与瑞士布劳恩百货商店的协议规定,普法伊弗尔商行将来要对布劳恩百货商店的所有采购经营负责,并且要支付布劳恩百货商店的所有采购费用。这个商行拥有许多购货组织,去年初它与汉堡的爱慕登·泽内商行组成了利益共同体,这个共同体组建得非常成功和深入,以至于普法伊弗尔商行现在在国内也参与了埃姆登所属的两百家商店的采购业务。此外,这家商行还与纽约的多家商店有业务往来。根据德国《服装设计师》杂志的报道,它每年为纽约百货商店采购的货物金额高达 6 000 万马克。大型百货商店可以进行大规模采购的经营优势,促进了许多购物中心的出现。那些从这些购物中心进货的商铺,在财务上严重依赖于这些大型购物中心。

① 阿尔格农·勒在《美国零售商业的托拉斯化》一文(载于《新时代》,第 27 年度,第二卷,第 654 页以下)中的叙述非常有趣:为了保护自己的独立性,雪茄商人们组建了一个商业联合会,叫做独立卷烟商业公司。烟草托拉斯组织为了应对这个事件,组建了拥有 20 万美金资本量的联合卷烟商业公司。"独立卷烟商业公司收购了许多商业终端公司,同时还设立了许多店铺,这些店铺向消费者提供品种更多、质量更好的产品,购物环境也比竞争对手更加吸引人。同时这些店铺还降低了商品价格,后来又统一实行了商品销售折扣制度,这一切都使得公司拥有了稳定的顾客来源。但是可惜的是,这种竞争并没有持续太久,不到一年的时间,独立卷烟商业公司就被迫把自己卖给了联合卷烟商业公司,而且还必须遵从联合卷烟商业公司所制定的收购协议。从这里我们可以看到,那些小公司越是积极进取,其被那些大型垄断企业消灭的速度也就越快。我们必须对下面的观点毫不怀疑:托拉斯组织会一直把这种消灭其竞争对手的战役打下去,并且消灭速度可能会越来越快,直到它受不到任何威胁时为止"。

阿尔格农·勒继续论述了在咖啡、茶、牛奶、冰激凌、燃料、其他商品等方面的商业集中情况,并且对于这种商业集中作出了如下概述:"商业集中化的趋势还在继续,形势对那些小企业越来越不利,可能所经历的路径各有不同,但是这些小企业的最终结果都是一样的:

"第一,一些工业托拉斯在取得了相关产品的垄断地位后,就会放弃原来帮它们卖商品的零售商,把它们的业务拓展到销售领域,直接把产品卖给消费者。

"第二,一些大型托拉斯可能依然还会通过零售商来销售自己的产品,但是这些零售商已经不再是独立的零售商了,而只能算是这些大型托拉斯另一方面，这一集中趋势也会遇到一些阻碍。开一个小零售店是相对容易的，并且越小越容易，因为当这样的小零售店向生产者购买商品时，信用特别容易获得（它只需要商品信用），同时这也是它们的竞争手段之一。在这些小零售店里，低利润率是主流，这使得它们只能充当资本主义的代理人，你生产我销售，其结果是不会产生消灭它们的强烈的经济动机。

除了这些将产品直接卖给最终消费者的在零售店中发挥作用的技术因素之外，在产业内部，它们与批发商的关系也是十分重要的，因为这是关系到产业资本家之间或他们与作为他们的商品的总销售商之间的交易。在这里，产业的集中对商业的发展起了反作用，迫使商业作出调整以适应产业企业。产业企业的集中程度越高以及它们的产量越大，支配这些产出的商人所需的资本量就越大。而且由于集中减少了产业企业的数量，商人变得多余的程度就越大，因此那些巨大的集中的生产场所无需独立商人的介入就可以彼此直接联系，并且其关系也表现得更为简单。产业的集中不仅带来了商业的集中，而且使它变得多余。商人的数量变少了，因为单个商人变大了，每个独立的商业资本家所承担的和完成的交易量和范围增加了。在这种情况下，商业中的一部分现有的资本变成了多余的，可以从

斯的代理商而已。

"第三，在一些大城市，一些百货商店已经占取了零售商的大部分市场，并且这个过程还在不断加速。这些百货商店拥有巨额的资本，并且在很多情况下都同属于一家公司，然而在这一领域更大规模的商业集中已经开始了。通过这种方式，百货商店与金融集团、工业托拉斯等都有了进一步的联系。

"第四，就像连锁商店在城市里威胁到了小零售商的生存一样，那些接受邮购的大型商店也威胁到了农村地区的零售商。电话业、电车业在城市的迅速发展，以及免费邮递业务在农村地区的发展，大大拓展了这种商业模式的发展范围。很多时候，这些邮购商店同属于一家在城市里也做连锁商店业务的公司。

"第五，小商铺之间的竞争仅仅加速了这种商业集中化的进程，就像资本主义早期竞争在工业领域中所起的作用一样。在这种竞争中，许多商人都会想方设法要比对手更强一些，以期望能够扩展他们的经营范围，同时也达到限制对手发展的目的。"（参阅维尔纳·桑巴特：《现代资本主义》，第二卷，第22章）

流通中抽回。

投资在商业中的资本等于年社会产品价值除以商品资本的周转次数，再乘以年社会产品在到达最终消费之前所经历的中间阶段的次数。但是这一数量只是从簿记角度来计算的，因为商业资本的大部分都是由信用构成的。商业资本只是用做商品流通，但正如我们所看到的，这一流通的进行，其中的大部分并不需要现实的货币的使用，产业资本家只是彼此之间开展和抵消信用。实际的商业资本数量是很小的，也只有这一部分资本才能给商人带来利润。产业资本家的利润取决于他们的全部资本，而无需考虑这些资本究竟是自己的还是借来的，因为它们都是生产资本。商业利润由它实际使用的资本来决定，因为这不是生产资本，它只是执行着货币或商品资本的职能。在这种情况下，信用的使用不仅意味着财产的分离从而利润的分割，并且也意味着资本的绝对的缩减和与之相伴随的利润的减少，即由产业资本家支付的归商人所占有的利润的减少。在这里，信用直接降低了流通费用，就像纸币所起的作用一样。

然而，商业利润是生产过程中创造的全部剩余价值的一部分。在其他条件相同的情况下，归商业资本占有的份额越大，归产业资本家占有的份额就越小。因此，在产业资本家和商业资本家之间存在着利益的冲突，这种利益冲突导致了他们相互之间的斗争，并以一方的胜利和另一方独立性的丧失而告终。在这种资本家之间的利益斗争中，决定性的因素是相互之间的资本的相对实力，但这一实力不能仅仅从纯粹的数量上来理解。前面的探讨中我们已经知道了资本的形式也是十分重要的。在其他条件相同的情况下，对货币资本的控制可以带来优势，因为当信用体系发展了之后，产业资本家和商业资本家对货币资本的依赖程度都增加了，因此，通过不同的方式，产业资本和商业资本的依赖性也都增加了。

只要自由竞争占据着统治地位，那么商业就可以为了自己的利益而利用产业资本家之间的竞争来与之斗争。这一点在那些生产相对分散的产业部门显得尤其明显，在那里，商业可以达到一个集中的更高阶段。信用关系的作用方向是一致的，只要信用大部分是由银行资本家主要提供给商业资本家的，那么商业资本家就享有了金融优势，他可以利用这一优势向生产者要求获得一个有利的价格、有利的供货条件和支付时间。通过这一手段,商业资本家可以在繁荣阶段捞到好处,在萧条阶段则将损失转嫁给生产者。这也是生产者不断对商业资本家的独裁进行抗议的时期。然后,商业资本家的行为起到了使企业联合起来成立卡特尔的作用。然而,随着银行与产业关系的变化,以及产业的资本主义联合的兴起,这一情形被彻底改变了。

局部的产业联合减少了交易的数量,垂直联合通过相互之间的直接联合使交易变成了完全是多余的,水平联合在集中的过程中其作用也基本相同,但垄断联合却具有完全消灭商业独立性的趋势。我们已经知道,对市场的实际控制最初成为可能就是在商品通过中央代理机构来销售的时候。但是为了在这些产业部门和企业中调节产量,中央代理机构必须能够不断地对可能的销量进行估计。由于消费是由价格水平决定的,因此垄断联合必须在任何阶段都不能受到任何独立因素的干扰、控制。这些独立因素恰恰就是商业资本家。如果商业行为包括价格的决定都由商业资本家来进行的话,那么他们就会利用这一有利的市场条件为自己谋利。他们可以为了投机目的而囤积商品,在繁荣时期再以更高的价格将其售出。一方面,这将会导致生产的缩减,而卡特尔却无法获得更高的利润以补偿其产量缩减的损失;另一方面,如果卡特尔出现方向判断的错误,以这些投机作为确定产量的唯一基础,那么也许会误导来自这些商业资本家的需求。因此,垄断联合将会尽力消除所有形式的独立商业,因为只有到那个时候它才可以完全控制价格水平。

然而,正如我们已经看到的那样,卡特尔化自身已经包含着产业资本与银行资本的内在联系,因此卡特尔通常会更强大一些,并将它的意志强加给商业。它这么做的目的就是试图剥夺商业的独立性,减弱商业对价格的影响力。因此,卡特尔化将会使作为资本投资领域的商业消失。它限制了商业交易,并完全消除了其中的部分交易,让自己的付薪雇员和卡特尔的销售渠道来执行另外的几项职能。实际上,部分以前的商业资本家现在已经变成了卡特尔的代理人,完全按照卡特尔要求的价格进行购买和销售,其中的价差就构成这些"商人"的佣金。但是,佣金的水平不再由平均利润率来决定,而只是卡特尔支付的固定工资而已。

但是，如果这两种资本主义形式的力量对比不同，那么商业和卡特尔之间的关系也会有某种程度的不同。很可能商业的集中条件变得比产业更有利，在这种情况下，一小部分的商业资本家可以与数量众多但资本数量较少且产品销售依赖这些商业资本家的产业企业相对立。那时候，商业资本家就可以利用他们的资本数量更大这一优势，通过在金融上参与这些企业的方式，将其部分资本转化为产业资本，然后再利用他们对产业的决定性地位优势迫使企业将产品低价卖给他们，以产业损失利润的方式来增加他们的利润。最近几年，在几个消费品生产行业（其产品销售给大的资本主义百货公司）里，这种依赖关系更加强化了。

在资本主义发展的较高阶段，这种依赖关系再现了资本主义早期的一些情形，比如，导致了资本主义家庭手工业的出现，在这一过程中，商人代替了手工业者。类似的关系在那些卡特尔化的条件已经成熟的产业中也可以看到。在这里，已经投资了一系列企业的商业资本，可以在本应由银行资本发挥作用的领域中来发挥作用。

在这种情况下，商业资本家直接参与了卡特尔，但是他们这么做的原因是，因为事实上通过金融参与，他们已经介入和参与了产业生产。① 不过实际上，任何变化都没有发生。因为在这里太多的

---

① 在波西米亚的褐煤贸易组织，零售商即是矿山的所有者，也是他所代表的公司的共同所有人。两大煤炭代理商行佩特舍克和魏因曼都在奥辛建立了分支机构，"它们都为大波西米亚公司负责褐煤的销售业务……而原来这两家公司都只是中间代理而已。到了19世纪90年代初期，以布吕克斯矿山公司的崛起为开始，这种情况就逐渐改变了。在过去一直是魏因曼商行负责这个公司的销售业务，后来在布吕克斯公司以非常低的价格获得了曾被水淹过的奥赛格煤层之后，它就上升为了波西米亚褐煤工业中的佼佼者。与此同时，布吕克斯的股权结构也发生了改变，因此大多数股份转到了佩特舍克商行领导下的辛迪加名下。由于公司权力关系发生了改变，公司的煤炭销售业务也转给了这家公司，于是一种全新的权力关系建立起来了：煤炭代理商即是公司大股东，同时还与公司签订了销售协议，并且在公司经营管理中和生产上都有一定的话语权。那些与之竞争的其他企业也不得不走上同样的发展之路，它们也都是通过大量购买股票的方式来取得对自己所代表的公司的管理权的，同时也与自己所代表的公司结成了恒久的利益共同体"（1906年2月25日《新自由报》）。

商业资本家被剥夺了价格决定的权力,失去了为产业提供销售服务的职能,现在产业自己就直接建立了与消费者的联系。

因此,通过使得某种商业职能完全失去必要性和减少其他部分的成本的方式,垄断联合消除了商业的独立性。某些企业为了赢得消费者而降低的流通成本,虽然是以其他企业销量的减少为代价的,但效果却是一样的。用于这一目的的首先是销售员的差旅费(他们的人员数量取决于产品在各企业间的分散状况)和广告费,这些费用都是非生产性流通费用。对单个企业家而言,他们能够带来利润的多少取决于他们能够成功地增加多少销量。对作为整体的这一生产部门来说,这些费用原本是归它们占有的利润的损耗。卡特尔化能够大大地降低这些费用,其所使用的方式有:广告仅限于产品介绍,将销售员的差旅费降低到已经缩减的、简化了的并且已经加速了的活动所要求的最低限度,等等。

奥地利经历了一个独特的发展过程。由于历史的原因,真正的资本主义批发业在那里并没有得到很好的发展。在大批量消费品制造业领域,尤其是在投机起作用的领域,比如糖业贸易,银行承担了本应由批发商执行的职能。银行之所以可以轻易地做到这一点,是因为承担这一工作只需要数量很小的一笔资本即可。结果,不论是作为批发商还是作为信用的供给者,银行都有将它们卡特尔化的兴趣。因此,奥地利为银行资本对卡特尔化的直接的和自觉的影响,提供了一个最清晰的例证。那时,银行还保持了它作为卡特尔的销售代理人的职能,并为它的服务收取佣金。类似的趋势最近在德国也出现了,比如,沙夫豪森州银行就已经为自己的卡特尔的产品设立了专门的商品部。①

---

① 1905年6月18日的《新自由报》对信用银行接管布拉格的糖业商行这件事情曾作过非常精彩的评价:"糖业贸易受这些发展趋势的损害非常严重,早在19世纪90年代,伯明翰地区的大部分的糖类商品贸易就被布拉格的大型糖行所控制,这些糖行从糖类贸易中赚取了大量的利润。在布拉格,糖类贸易有两大特征:一是这些商人的交易额十分巨大;二是这些糖商与海外市场有着密切的联系。银行业在糖类交易上只能以代理的方式帮助自己的糖商进行销售,只能提供一些正常的信用支持。但最近十年,许

整个过程的结果就是商业资本数量的减少。但是如果资本被减少了,那么由此原本归它占有的利润也就减少了。当然,我们知道

> 多私有的小型糖行破产了或者被银行兼并了,其余的也不得不缩减自己的业务量。在布拉格,只有一家糖行生存了下来,这家糖行直到现在都还在代表13家糖商,每年的交易额也都是数十万担。那些已经把业务扩展到整个帝国的大型私人糖厂,在销售的时候根本不需要中介,而是自己组织批发和销售。那些中小企业则与银行结成亲密度不同的合作伙伴,银行向它们提供信用支持,同时还帮助它们做商品出口和国内零售业务。不过这些银行也是常常要承担全部的销售风险的。于是像以前那样的大规模、高利润的糖类中间交易环节就被取消了,波西米亚糖厂的三分之二的销售业务被布拉格地区的一些银行(大部分都是维也纳银行的分行)所承担了。
>
> "如果要重新构建整个糖类贸易的流程,那么银行的信用支持以及新建一批糖厂企业就十分必要。19世纪80年代和90年代,在波西米亚和摩那维亚许多新的糖厂相继建立起来了,主要得益于易北河附近专做出口贸易的大型糖厂的支持。这些糖厂多由外资所建,并且提供信贷支持的银行纷纷表态说自己会承担这些糖厂将来的销售业务的。在糖类卡特尔组织建立后,许多中小型的糖厂如雨后春笋般地建立起来了,由于这些糖厂规模小、实力弱,它们的经营在很大程度上依赖于银行的信贷支持。同时,那些现有的糖厂为了更新自己的设备、扩大自己的业务范围,也急需与那些能够给它们提供资金的企业或银行建立更为密切的合作关系,于是导致了糖厂的销售业务大部分流入放贷者手中。例如,一些维也纳的银行在布拉格的分行以及一些地方银行,通过这种方式在糖业贸易中取得了一席之地,并把自己的经营重心转移到了糖类产品销售和贸易上来。农业银行承担了15家糖厂的销售业务……英国银行成为了11家糖厂的代理销售商,信用银行则集中了5家大型企业的糖类经营事务,齐弗罗斯泰因什卡银行是许多地方糖厂的销售代理商。银行首先从粗糖工厂购买半成品,然后把半成品送到精炼厂进行精加工,再然后又从这些精炼厂收购成品白糖,最后投入国内和海外市场。最近几年,由于出口贸易对于奥地利的工厂越来越重要了,因此银行的地位也发生了一些变化。出口贸易要求厂家到各个国家推销自己的商品,做商品销售代理所获取的佣金有限,更是没法与套汇交易和投机交易可以赚取的利润额相比……做销售代理需要代理商承担完全的销售风险,国内的糖厂很少有能够应对国际贸易风险的实力,于是国际糖类产品贸易代理业务就完全被银行所控制了。工厂把自己的产品卖给银行,而银行则利用自己的优势从国内外市场上获取利润。不过,承担全部的销售风险对于一些比较谨慎的银行来说还是比较难以接受的。但是不管怎么样,承担销售风险已经成为代理销售中很重要的一部分,而且现在相关业务也是在朝着这个方向发展的。

这一利润是产业利润的扣除，而商业资本的这种减少也是非生产性费用的减少。但它对价格会产生怎样的影响呢？生产价格是由生产成本加总利润决定的。利润在企业家利润、利息、商业利润、租金等方面的分割对价格没有任何影响。卡特尔已经代替了商业资本家，一些商业活动也被取消了，这些仅仅意味着产业资本家不再需要把他们的利润让渡给商业资本家了。至于消费者所关心的生产价格，则不会有任何变化。① 流通费用构成对利润的扣除，这些费用的减少

"那些交易额较大的商品交易，也都是由那些与卡特尔有亲密联系、能够控制相关产业的银行来完成的。比如，农业银行就承担了火柴厂、糖浆厂、搪瓷器厂、包装纸厂、淀粉厂以及一些其他化工行业卡特尔的销售业务。银行联合会与纸板厂也有类似的业务关系，信用银行也承担着联合黄铜厂的销售业务。这些业务联系都只是一种代理关系，并不是严格意义上的交易关系，但是由于销售业务向大型销售代理商手中集中，导致了许多中间商失去了原来的业务。由于银行之间的激烈竞争，销售代理业务的利润率大幅下降，现在的利润额只是原来高额销售代理费用的一小部分而已。传统银行业务利润率的降低，使得那些拥有商业销售网络的银行萌生了创建自己的贸易平台的想法，现在我们就可以看到许多银行都在朝这个方向努力着。"

① 由于产业资本和商业资本在各个工业部门的分配比例不同，因此在个别情况下可能会带来产品价格的改变。比如，我们首先假设在机器制造业，生产资本的数额为1 000，而商业资本为200。假设平均利润率为20%，那么商业资本的利润额就为40，这时消费者总的购买支付就为1 200（这也是产业资本家给商人发货的价格）再加上240（是商业资本家的成本和利润之和），加起来就是1 440。假设在纺织行业，有1 000的生产资本和400的商业资本，但是400的商业资本必须要转化成生产资本，这时产品的价格就会变成1 680。假设卡特尔组织成功地把销售成本降低了一半，并且消除了商业资本（机器制造业和纺织业都满足了这一假设。——英译者），那么机器制造业内部的生产资本的数额就会变为1 000＋200/2＝1 100，其利润额为340；而纺织业内部，其生产资本的数额就为1 000＋400/2＝1 200，其利润额为480。这时，我们可以看到纺织业的利润率明显要高于机器制造业的利润率，于是就会发生资本转移和产品价格的改变等一系列的利润率平均化的过程。但这是个零和博弈的过程，事实上，这种利润平均化的过程实现起来非常困难，并且常常是很难完全实现的，因为卡特尔组织会对这个过程进行干预。

如果那些独立的商人能够被消费合作社、批量购买协会、农业购买合作社等组织所取代，那么情况就明显不同了。因为这将意味着那些有组织的消费者将会完全取代商人的地位，那些商业利润也将全部归消费者所有。这种不断发展的集中化趋势，可以有效地节约商品流通成本。

意味着产业利润、企业家收益获得了相同数量的增加。仅仅是因为对商业利润的迷信,坚信商业资本家只是通过对成本价的加价来赚得利润的,才导致了某些人依旧保持着这样的愿望:商业费用的下降多多少少会给消费者带来产品价格的下降。①

商业活动的减少还会将原本在商业中使用的资本释放出来,这些资本现在需要寻找新的投资场所。在有些情况下它会增加资本输出的压力。

保留商业的外在形式是符合卡特尔利益的。关于这一点,煤炭辛迪加的领导基尔多尔夫说:

> 要获得消费的最终资源——单个的消费者,要求有庞大的机构,因此而增加的管理费用肯定会超过由直接供货使价格提高所产生的利润,企业将变得无法承受其成本之高,管理层也会变得过于庞大,以至于无法监督和控制。因此,在一定限度内,一个强大的中间商具有绝对的必要性,绝不能完全被消除。②

当然,实际上,这不是商业资本家的问题,而是辛迪加代理人的问题,他们的独立性是虚假的,就像家庭工业里的手工业者号称自己是独立的手工业者一样。唯一的区别是,生产中的技术变迁达到某一点时,会使家庭工业变得无利可图,但对商业却没有什么影响。在拿固定薪水的商业代理人和实际上接受佣金的"独立商人"之间,并没有什么真正的经济区别,因为通过确定销售范围,不同区域的固定价格以及不同区域之间的价格差异是由辛迪加决定的,

---

① 批发商恩格尔说得很对:"辛迪加的目的就是让自己取得垄断地位,并且完全取消批发这一环节。当然取消批发环节以后商品的零售价格根本不会有什么降低。那些工厂和辛迪加的目的就是为了攫取批发商所赚取的利润。"(《德国印刷纸厂联合会的纠纷案》,第四部分,第 114 页)

　　煤炭辛迪加的目的也是如此。"它利用在陆路运输和批发业务上的垄断地位,在不公开涨价的掩饰下,通过提高运输费率来加重对消费者的剥削,并且还把那些涨价所带来的本应归中间商所有的利润,全部收入自己的囊中"(卡夫曼:《卡特尔和托拉斯》,第 98 页)。

② 《德国印刷纸厂联合会的纠纷案》,第一卷,第 236 页。

结果是，雇员的收入和商人的收入基本相同。由不同的报酬类型——在这种情况下是指工资，商人的收入构成是：他的资本所产生的利润加上他作为辛迪加代理人所应该获得的工资——所创造的虚拟的独立性，节约了监督和控制的成本，就像计件工资对计时工资所发挥的作用一样。而且，这一制度还大大降低了所需的资本的数量：商人的自有资本可以非常小了，因为卡特尔价格的稳定性和地区垄断减少了风险。因此，大部分交易可以用信用手段来完成，进行支付所需的货币又通常可以通过贷款获得，而这一部分资本也只需要支付利息而已。辛迪加只关心减少商人的数量，因为它自己的销售已经被简化了，同时还将商人所赚取的佣金率（一些需要较高技巧的业务）降低到员工的工资这一水平。这种虚假的独立性能维持多久，从经济学的角度来看是无所谓的。基尔多尔夫自己都说，中间人的交易被消除的程度，从目前来看还是不确定的，但是"它必须与煤炭行业的历史发展相联系"。他还强调说，很明显，"在煤炭产业还是分散在许多独立生产者的时期，煤炭贸易是交由大商人来完成的，但现在这样已经不再是必需的了"。①

就连那些大的煤炭商人对这一情形也作过类似的表述，尽管他们说话时有很明显的保留。我们在这里引几段话就足够了，批发商福温克尔（杜塞尔多夫）说：

> 当我说我们不再是真正的商人的时候，我是基于下述考虑来得出这一观点的：煤炭辛迪加预先给我们规定了我们要去买什么种类的煤、以什么价格购买、去哪里销售以及销售时的价格。很明显，几乎没留下商业自由的空间。但是，我不相信煤炭辛迪加对商人的干预会到此为止。作为批发商，我们必须清楚，这一进程未来不会有什么不同，而只会是我们的数量越来越少。这一点在今天表现得非常明显，那就是，想从现在开始进行任何规模的批发交易都是不可能的，因为你根本得不到任何的煤炭供给，就连现存的贸易也被限制在了无法进行扩张的

---

① 《德国印刷纸厂联合会的纠纷案》，第一卷，第235页。

范围之内。①

这些"商人"被剥夺了所有的独立性,因为就像煤炭商人贝尔温克尔(多特蒙德)说的那样,"辛迪加在每一个销售协会的监事会里都有代表和投票表决权","还有权随时检查账目"。他非常正确地总结道:"最终的结论是我们活动的自由被剥夺了,我们变得更像是销售代表了。"

未来情况还会变得更糟,福温克尔先生这样描述:

> 辛迪加创造了一个奇迹似的组织,我不由得在想,批发商除了极少一部分以外,其他都将会消失。到那时,批发商还有什么存在的理由呢?最终给批发商留下的是对小的消费者的供给以及那些需要信用的人,还有在滞销期间为了减少波动而积累的大量的煤炭存货。这些就是批发商们未来存在的全部理由了。已经下降了的45%的煤炭交易,就像我们今天早上所听到的那样,在未来很可能至少会再下降20%。②

这是一个准确的描述,它说明了具有特殊职能的媒介 W—G—W 的流通过程的商业,是如何逐渐变成多余的。给商人们剩下的业务就只有分配、保管和储藏产品了,而这是任何进行大批量生产的社会制度里满足消费需求所必需的职能。那些已经消失的商业贸易,就像福温克尔先生所抱怨的那样,已经变成了完全自动化的过程。③

福温克尔先生还详细地描述了批发商人是如何被辛迪加的代理人所逐渐替代的,他将自己所参加的销售协会的工作相当准确地说成是一份"闲差",那是按照辛迪加的意愿设置的。现在的参与者一旦死亡,他所占的份额就要转归辛迪加。辛迪加"现在成了参与者,因此很明显,这个低级的辛迪加(意指商人协会)最终会被主流的辛迪加所取代"。④

大商人以及销售协会的垄断,使得大商人具有了让小商人处于依

---

① 《德国印刷纸厂联合会的纠纷案》,第一卷,第228页。
② 同①,第230页。
③ 同①,第229页。
④ 同①,第230页。

附地位并规定其售价的权力，简言之，就是将小商人变成代理人。于是就像煤炭批发商海德曼（汉堡）所说的那样，"当我从账本上发现那些人（从他那里获得煤炭的小商人）的债务日益攀升的时候，我告诉他们，你们只有在以这一价格结清货款之后才能得到这些煤炭"。①

市议员（斯图亚特）里费博士谈到上西里西亚的批发商时说：

> 我们在这里所谈到的批发商业企业，是一些一流的批发商业企业（策扎尔·沃尔海姆公司和弗里德兰德尔公司），当然，它们有一大批二流的批发商业企业跟随着它们，或者坦率地说，是完全依附于它们的；这些二流的批发商业企业的背后又有一批一流的、二流的、三流的商人，他们都是依赖性的，上一等级的批发商即便不是基于彼此的契约，也是自愿按照协议（指上西里西亚煤炭协议）来行事的。

这里要简单说明一下，上西里西亚这两家煤炭公司的独立地位，是由于早在协议达成很久之前它们就已经获得了煤炭交易的控制权。这些煤矿主要是由私人拥有的，而这两家公司在这些煤矿中都有不同程度的金融利益在里面。它们不仅控制了销售组织，而且还在这些煤矿中拥有一定的股份，采取的方式或是直接占有股份，或是以信用的方式来占有。

在莱茵·威斯特法伦，股份公司制使煤矿对商业具有相当大的独立性。在西部，商业也不集中，也许是因为那里的市场更大，因而竞争也就不那么激烈。还有一个更重要的事实是，与上西里西亚的那些私人拥有的老煤矿相比，西部的煤矿要更现代一些。这也就是为什么在上西里西亚这两家最有实力的商业公司得以至少维持住它们的地位的原因，即便是在商业无法保持的时候。它们实际上已经变成了卡特尔的贸易组织（是实际上的，而非形式上的，因为卡特尔并不关心贸易的形式，只是把销售留给煤矿自己去做）。它们得以保持住地位，不是因为它们的商业公司的身份，而是因为它们的资本。而西部的商人们，他们的重要性要低一些，因为商业的集中度也低，因此正在失去生存的空间。甚至连批发商也或多或少地正在变成代理人，

---

① 《德国印刷纸厂联合会的纠纷案》，第一卷，第二部分，第455页。

就像作为煤矿高级监察员的瓦赫勒博士告诉我们的那样。①

商业从属于辛迪加也使得后者更容易制止国外的竞争,因为国外竞争对商业的依赖程度要大于国内生产。因此,商人克勒克纳(杜伊斯堡)说:"销售铸铁的商业公司必须接受生铁辛迪加的条件,即禁止它们做国外生铁的生意或者将生铁进口到德国。"②

那些还没有被大资本主义商业卡特尔化的独立的小产业企业,为卡特尔化已形成的优势产业提供了一个鲜明的对照,它们这种依赖性在因信用的提供被加强时会变得尤其严重。

> 从商业的角度看,许多的小制造商完全是依靠商人的怜悯。在我们这个生产制成品的行业里,很不幸,非常多的工厂没有足够的资本,无法站稳脚跟,因此为了在这一行里能存在下去,它们被迫按任何得到的报价出售其产品。它们的产品被商人们拿走了,有时还会被商人们要求延期支付,这样商人们就可以在不远的将来将这些小制造商捏在自己手里,然后规定它们所有的业务。③

哈根商会秘书格施泰因先生就这些小钢铁厂所发表的上述谈话,可以看出商人们的抵抗是造成卡特尔形成的一个重要障碍。

另一方面,从价格的角度来说,卡特尔化并不能给制成品工业带来明显的利益。

> 如果制成品行业的企业主联合起来,固定的价格又只能带来很有限的收益(很不幸我们经常会有这种体会),那么大规模生产的行业就会在它们完成产品制造的过程中制造麻烦,而原本那些产品在它们自己的工厂里也需要的,只不过它们的成本与那些制造商的成本有很大的差别而已,而那些制造商们却不

---

① 《德国印刷纸厂联合会的纠纷案》,第一卷,第二部分,第380页。
② 辛迪加代理人那虚伪的言辞真是可笑。"作为一家商业贸易企业,我们认为这种做法是合法的,因为这样做的目的是为了保护国内的经济"。掠夺国内市场、人为地制造煤炭和钢铁短缺、哄抬国内物价、在国外进行倾销等等,这些行为暴露了辛迪加的真正动机。
③ 商会秘书格施泰因的陈述,见于《纠纷案》第六次会议,半成品协会,第44页。

得不按大规模生产的卡特尔所确定的价格来购进生产所需的原材料。就像我们已经听说过的那样，现在自己制造自己所需的物品的制造商已经非常多了。经理福克斯先生昨天告诉我说，像波鸿、多特蒙德联盟、柯尼希斯·劳拉冶炼厂这样的大企业，现在都加入了与铁路货车制造厂的竞争当中，虽然铁路货车制造厂当然不如那些小钢铁厂那么典型，但它生产出来的产品绝对不能算做是制成品。作为回答，我告诉他说，这不仅会损害货车制造厂的利益，而且也会损害为货车厂制造配件的那些小钢铁厂的利益，因为大钢铁公司不仅生产成品汽车，而且还生产所有的相关配件，如缓冲器、交叉接头、离合器等所有配件。柯尼希斯·劳拉冶炼厂制造自己的货车所需要的每个配件，从车轮到最后一个零部件，也许弹簧、螺丝和铆钉会除外。多特蒙德联盟也为自己的货车制造生产所有的配件，还生产其他的小钢铁产品，比如用于铁轨上的螺栓。①

但是，如果商业想通过它对小资本家的影响来阻止卡特尔的形成，那就必须通过自身的结盟来尽力强化这种影响。格施泰因也提供了这一做法的一些实例。比如，柏林的大五金商店就组成了一个协会来对价格形成强大的影响；但泽的商人也集体购进了一家公司，然后以有限责任公司的形式组成五金商人协会；总部设在缅因兹的德国五金商人协会制定了关于商品购买的规则，规则规定，协会成员必须从他们的供货商那里得到一份书面保证书，"保证不在市场上出售他们的任何产品"，协会成员还被要求承担一些义务，比如不从那些向消费者直接销售产品的企业里购买产品。在有些地方，有些协会甚至会将国家铁路公司也视为消费者，企图阻止制造商直接向国家铁路公司供应各种商品。②

---

① 商会秘书格施泰因的陈述，见于《纠纷案》第六次会议，半成品协会，第445页。
② 同①，第447页。另外，格施泰因秘书在这本书的556页还叙述了那些大型企业是怎样苛刻地对待自己的小供应商的："一家大型冶金厂对自己订购的工具材料制定了苛刻的要求，其中也包括买价，还进一步提出要求，'根据1904年的生产安排，我们并不会固定进货量，我们可以随时变更进货量。'"

下面这一段落是一个很好的例子，它说明了大资本是如何轻易地制造依赖关系的，有时这种依赖关系采取的形式是：以牺牲制造者的利益为代价，批发商得以增加自己的商业利润，并将由于他自己的投机而造成的风险转嫁给产业资本家。

另一方面，新闻纸的投机干扰了辛迪加稳定价格、使供求相互适应的努力。一般的纸张尤其是新闻纸，不是投机的商品。按照德国各地造纸厂的情况来看，总是那些批发商在纸张价格下跌时卖空，完全不考虑生产者的成本，他们还以最不光彩的方式在购买时对那些需要他们订单的纸张生产者在价格上施加压力。事情已经发展到这些商人们散布谣言来迫使那些位于山区和偏远地区的造纸厂以低于市场的价格来出售商品的地步了。

相反，当纸张价格上升时，还是这批批发商，他们使尽各种手段来迫使纸张生产者与他们签订大批供货合同，或将大量的纸张卖给他们，虽然那时他们自己不会向他的顾客卖出一张纸。在这种情况下，主要的牺牲者是印刷业者，他们被迫为商人的投机买单，但纸张生产者肯定会成为第二批受害者，因为高涨是短暂性的，一旦市场价格开始下跌，那些相关的商人就会立刻对价格施加压力，或者如果商人们接受不了这个价格，他们就不会销售纸张生产者的纸张。只有极少数的时候纸张生产者会采取各种法律手段来对抗商人，因为如果不采取这些手段，他们将会永远失去他们的顾客的。①

辛迪加的组成立刻改变了这一状况。单个的商人现在要面对的是统一起来的工厂，资本的力量现在在产业资本家这一边。不仅如此，商人们现在显露出了他们的真面目，相对于生产的不可替代性而言，他们只是从事辅助的行业而已。生产的天然必要性现在确保了它成为通过商业来进行资本主义分配的必要的前提条件。辛迪加是在"法律的范围内"限制商业。如果商人转售纸张时是以稳定的购买价格加适度的利润为基础的话，那么这种商业就会被视为是合

---

① 《德国印刷纸厂联合会的纠纷案》，第四卷，罗伊特经理的叙述，第110页以下。

法的；同时他们还要遵守造纸业者认为可以接受的、在纸张销售上符合商业习惯的条件。这样，纸张商人们就变成了辛迪加的代理人，他们为固定佣金而工作。他们的自由被剥夺了，他们大声抱怨自己受到的不公平待遇，留恋地讲述着他们的甜蜜事业的过去的好时光。在加之于他们的所有条件中，他们发现最苛刻的是他们现在只能从辛迪加那里购进商品。他们不仅不准利用生产者之间的竞争，而且自身还变成了巩固辛迪加的工具并使束缚他们的垄断工具永久化。他们必须放弃所有的希望，因为在辛迪加销售办公室的大门上写着这样的字："只能从辛迪加成员那里购买，只能按辛迪加规定的价格出售。"这些字让他们是如此恐惧，就仿佛是罪人看到了但丁写在地狱之门上的诗句所产生的恐惧一样，这就是资本主义商人们的末日。①

消除商业投机的一个手段是签订长期合约。比如煤炭辛迪加价格一旦确定下来就会固定一年，在这一年内它们不会有任何变化，在任何情况下都必须服从这一"基本规则"。②

瞬息之变！在 1893 年股票交易所的调查报告中，投机充斥了资

---

① "所以，建立辛迪加的目的就是为了消灭印刷纸贸易流程中的批发商。在辛迪加成功地消灭了许多普通纸和印刷纸代理商之后，市场上还存在着许多只经营印刷纸的代理商，于是辛迪加决定拒绝跟那些做投机销售印刷纸同时还阻挠着新的代理商进入的商人开展贸易往来。很多时候辛迪加都拒绝向其他商人销售印刷纸，甚至在辛迪加刚开始组建的时候，就拒绝了向那些打算在印刷纸行业发展的商人销售印刷纸"（同上书，第 111 页）。

② 《德国印刷纸厂联合会的纠纷案》，第一册，第 94 页以下。1899 年夏天，德国煤炭辛迪加要求其购买商把订单的期限设置为 1900 年和 1901 年两年，并且它还利用其垄断地位提高了煤炭的价格。1899 年 3 月份的煤炭价格是 14 马克，但是订单上的价格却是 17 马克，钢铁冶炼厂不得不接受这些不公平的条款，否则它将会陷入买不到煤炭的境地。

这个案例比较有意思，因为它反映出当发生经济危机时，辛迪加在促进经济复苏上几乎没有任何影响力。煤炭辛迪加与冶炼厂的协议包括了1899 年，签约时间大约距离经济危机爆发的时间还有 27 个月。到了 1900 年中期经济形势开始逆转，而 1901 年经济则全面衰退，但是煤炭的价格却依然没有降下来，结果这场经济危机让那些加工企业损失惨重（《德国印刷纸厂联合会的纠纷案》，第三次会议，第 638、655、664 页)。

本主义世界的每一个角落。每个行业都是投机,包括制造业、商业、差额贸易。每个资本家都成了投机者,甚至连那些考虑到哪里去出卖他们的劳动力才能得到一个最好的价钱的无产者也变成了投机者。但是,在卡特尔的调查报告中,神圣的投机被忘记了。现在,投机成了十足的罪恶,因为它导致了危机、过度生产。总之,资本主义社会流行的各种疾病都是由它带来的。消除投机是现在的口号。代替投机理想的是对"稳定价格"这一投机死亡的理想的投机。证券交易所和商业是投机性的、无耻的活动,为了有利于产业垄断的发展,必须将其废止。产业资本合并了商业利润,自身又被资本化为了创业利润,变成了以金融资本为资本最高形式的三位一体的战利品。因为产业资本是圣父,它带来的商业和银行资本是圣子,而货币资本则是圣灵,这三位一体的东西就是金融资本。

卡特尔利润的确定性和投机收益的不确定性的对比,反映了从事这两种活动的人们的心理差异,也反映了他们在公众面前出现时的信任度。卡特尔将自己美化为生产的主宰,它的功能是明摆着的。它把它的成功归功于生产组织的有效性和非生产费用的降低。它把自己当做是反对个人主义的无政府状态这一社会必然性的代表,认为它的利润是自己作为组织者应得的报酬。卡特尔的资本主义思维方式使得它理所当然地认为,组织的成就应该归功于卡特尔,即便卡特尔不是唯一的创始人也应如此。它是新时代的代表。哈维迈尔训斥那些旧秩序的维护者,"单干的时代已经过去了。如果大众的利益要牺牲个人的利益,那么个人应该并且也必须让步"。① 这就是他所说的社会主义,他陶醉于胜利之中,没有注意到有一天他和他的同类也可能会属于那些不得不让开的个人。卡特尔巨头没有任何顾忌,当哈维迈尔以其可爱的坦率宣称他丝毫不关心他人的伦理观的时候,② 基尔多尔夫先生则是自豪地强调他在自己的大家庭里的主宰地位。

---

① 工业委员会:《关于托拉斯和产业联合的初步报告》,第 223 页。
② 同①,第 63 页:"我并不关心你们的那种只值两分钱的道德观。"他还补充道,降低价格以消灭竞争对手,这在资本主义社会是很正常的事情。他还说:"我们并不是为了要考虑竞争对手的健康情况才成立托拉斯的。"(第 223 页)

在他们的伦理观中，最严重的罪行就是破坏团结、自由竞争、拒绝参加垄断利润团体，对于这一罪行，他们认为社会排斥和经济破产就是应得的惩罚。① 名单都已经分发出去了，在那上面，拒绝参加辛迪加的酿造业者，他们的姓名被用黑体字印刷出来。②

投机者的公众印象就完全不一样了。他们以谦逊、内疚的面貌出现。某个人的所得即是某个人的所失。即便某个人是必需的，但对他的需要而言也只是资本主义社会缺陷的表现而已。作为投机者他们的收益的来源是不明确的，因为他们显然不是创造价值的生产者。如果他们的收益多到了超出公众预期的程度，那么对他们的成就的赞赏里就会夹杂着怀疑和猜测。他们在公众面前是很难感到轻松的，总是害怕会有新的交易所法规出现。他们向人们道歉并恳求对他们的判决不要过于苛刻。"这是所有人类制度的命运，它没有我们所期待得完美，但也无法不犯错误"。③

当他们发现还有像范·德·博尔格教授那样的信徒时，他们应该感到幸运，因为那些人会安慰他们说："不时地被赌博的欲望所控制是人类的本性。"为了缓和反对者的批评还会向他们保证说："所有的这些有害的后果，归根到底都是由于人类的本性里难以根除的弱点和激情。"④

但是，我们当然不会对任何资本家过分苛刻。他们之中已经有人承认，"钱是破坏性的力量，人的个性会随着收入的增加而迅速改变。"⑤ 有人对此十分恼怒。科恩教授由于缺乏对他们的理解以及宗教信仰上的矛盾等原因所发表的一系列言辞，都伤害了他们的脆弱

---

① 《德国农业通信》杂志与农场主联盟的关系密切，在其1899年第8号杂志上刊登了下面这个惩罚性的报道："那些拒绝加入农场主联盟的酿造商，将不会得到我们的专业技术认可。我们应该避免与这类人交往，即使这种人渣被洗劫一空，也无法消除我们的愤怒。"

② 《德国印刷纸厂联合会的纠纷案》，总书记克普克所述。

③ 《德国交易所调查报告》，第一卷，第464页，贴现公司律师鲁塞尔的话。

④ 《社会科学辞典》，第181页。

⑤ 《德国交易所调查报告》，第二卷，第2151页，范·居尔彭的叙述。瓜伊塔先克先生不止一次地告诉我们："如果他让这些地方银行的经营陷入困境，那么他将不得不经营更多的纯投机性证券。"（同上书，第759页）

的灵魂。他们极有耐心地忍受着教授先生令人乏味且令人精疲力竭的关于交易所的谈话,也以泰然自若的心情倾听着他关于普鲁士大学的职能的有趣的演说。但是事情不能太过分。他们当然不会反对这位教授关于大学的目的是充当证券交易所和社会民主的中介以及从伦理学上捍卫和证明证券交易所的正当性的论点。但是当这位博学的先生继续说出下述话时,"如果没有大学,这些矛盾就会爆发",他们就会觉得这个自大狂只会令他们大笑。此时他们不会把教授的话当真,因此会回答说:"我们同意证券交易所所追求的伦理目标(请注意,此时他们还是投机者),但这不是我们建立交易所的原因,它是为了自我利益而设立的。商人们设立交易所难道是为了把它变成慈善机构吗?"①

伦理的政治经济学无法回答这一问题,科恩教授在这种情形下看上去就像一条落水的长卷毛狗,不过是一条没有被恶魔缠身的长卷毛狗。

---

① 《德国交易所调查报告》,第二卷,第 2169 页。

第 14 章　资本主义垄断和银行。资本向金融资本的转化

资本主义产业的发展产生了银行的集中，这个已经集中化了的银行制度本身，是达到作为资本主义集中的最高阶段的卡特尔和托拉斯的重要力量。那么后者又会对银行制度产生怎样的反作用呢？卡特尔和托拉斯是拥有数量巨大的金融资本的企业。在资本主义企业的相互依赖关系中，资本的数量是企业之间谁依赖谁的主要决定因素。从一开始，卡特尔发展的结果就是，银行为了保持自己对于卡特尔和托拉斯的独立性而进行彼此间的联合和扩张。用这种方式，卡特尔化自身就要求银行间的联合；反过来，银行的联合也要求卡特尔化。比如，不少银行对钢铁企业的联合很感兴趣，它们尽力撮合这种联合，即便是违背了个别企业主的意愿也无所顾忌。

现在，由产业资本家设立的利益共同体所产生的结果是，两家原本是相互竞争关系的银行现在有了共同的利益，可以在同一个领域开展共同的行动。以类似的方式，产业的联合也可能会影响到银行在产业中的扩张活动，那些原来只关注原材料生产行业的银行，现在也被迫将其行动扩张到了加工工业领域。

卡特尔自身以大银行为前提条件，因为从规范的角度来看，大银行的作用就是提供巨额信用，以满足整个产业部门的货币支付和生产投资的需要。但是，卡特尔也使得银行和产业间的关系更为密切。当竞争在那些产业里被消除后，首先会带来利润率的增长，这是一个十分重要的作用。当竞争的消除是由于合并而达成的时候，一个预期会带来更高利润的新企业诞生了，这个利润会被资本化进

而形成创业利润。① 随着托拉斯的发展，这一过程在两个方面起着更为重要的作用：首先，它使银行产生了非常强烈的促进垄断化的动机；其次，一部分的创业利润可以被用于以较高的价格促使或引诱使那些反对它但又影响较大的生产者将工厂卖给它，这样就有利于卡特尔的创建了。这一点还可以用以下方式来表达：卡特尔产生了对某一特定产业企业的产品的需求，这种需求会使该企业的产品价格发生一定程度的上涨，② 然后，这个升高了的价格会用创业利润的一部分来支付。

卡特尔化还意味着已经卡特尔化的企业的收益具有更大的安全性和一致性。经常威胁到单个企业生存的竞争的危险，已经被消除了，这导致了这些企业的股票价格的上涨，也使得新股票发行会带来更多的创业利润，而且，投资在这些企业里的资本的安全性也有显著提高。它使得银行会进一步扩大产业信用，以此来获取产业利润的更大份额。因此，作为卡特尔化的结果，银行与产业间的关系更密切了，同时通过将资本投资到产业方面，银行还获得了对产业的更大的控制力。

我们已经知道，在资本主义生产的初期阶段，银行可获得的货币来源于两个方面：一个是来源于非生产阶级；另一个是来源于产业资本家和商业资本家的资本准备金。我们也知道，信用在这种方式下是如何发展的，从而不仅将资本家阶级的全部准备金，而且将非生产阶级的货币的大部分，都置于产业的支配之下。换句话说，

---

① 美国糖业托拉斯是哈韦迈尔在 1887 年组建的，初建时其成员只有总资本量为 650 万美金的 15 家小公司。这个托拉斯的总股权资本面值设定为 5 000 万美金。这个托拉斯在成立后马上提高精制糖的价格和压低粗制糖的价格。1888 年的一次调查显示，该托拉斯每吨精制糖的利润为 14 美金，以此计算，该托拉斯的股息率可以设在 10%，这就相当于那 15 家小公司在组建托拉斯时所实际缴纳的资本量的 70%。并且这个托拉斯还时不时地支付额外股息，并同时还积累下了大量的准备金。现在这个托拉斯拥有的股份总值为 9 000 万美金，其中一半为股息率为 7% 的累积股息型优先股，另一半为股息率同样为 7% 的普通股（1909 年 7 月 1 日《柏林日报》）。在《产业调查委员会关于托拉斯和工业联合制企业的报告》中，也有大量类似的案例。
② 我们这里所说的"资本价格"，指的是资本化的利润。

第 14 章 资本主义垄断和银行。资本向金融资本的转化

现代产业企业所使用的资本数额，要远远大于产业资本家自有资本的数额。随着资本主义的发展，非生产阶级的货币被银行所支配，然后转移给产业资本家的数量还会持续增长。对于产业必不可少的这笔货币的支配权是掌握在银行手里的，其结果是，随着资本主义信用体系的发展，产业对银行的依赖性增加了。另一方面，银行只能以支付利息的方式从非生产阶级那里吸收货币，然后将其当做长期持续增长的资本。过去银行可以这么做，只要货币量不是太大，就可以以投机信用和流通信用的形式来使用。随着一方面是可获得的货币量的增长，另一方面则是投机和商业重要性的下降，银行趋向于将越来越多的货币转化为产业资本。如果没有生产信用的不断扩张，银行可获得货币的存款量早就下降了，存款的利息率也会下降。事实上，英国发生的部分事实正是这样。在那里，储蓄银行只能提供商业信用，结果存款的利息率就十分低，存款因而也被不断地抽回，转而以购买股票的方式用于对产业的投资。在这种情况下，公众直接做了本应是那些和产业企业关系十分密切的银行所做的事情。对公众而言，其结果都是一样的，因为这两种情况下他们都得不到合并所带来的创业利润，但是对于所涉及到的产业企业而言，它们对银行资本的依赖程度在英国要比在德国要小一些。

因此，产业对银行的依赖是财产关系的结果。产业资本中那个不断增长的部分，并不属于使用它的产业资本家。产业资本家只能通过银行来支配这些资本，而银行是代表所有者的。另一方面，银行不得不把它不断增长的这一部分资本投资在产业上，并因此在越来越大的程度上把自己变成产业资本家。这一部分货币形式的银行资本，实际上已经由这种方式转化为了产业资本，我把这种银行资本称为金融资本。对于它的所有者而言，它总是保持着货币的形式，它是以货币资本这种生息资本的形式投资的，因此可以以货币资本的形式被收回。但是实际上用这种方式投资的资本在银行资本中的比例是较大的，它被转移到了产业中，成为生产资本（生产资料和劳动力）被投资到生产过程中。用于产业的比例不断增长的资本是金融资本，是由银行支配并被产业资本家使用的。

随着股份公司的发展，金融资本也获得了发展，并通过产业的

垄断化达到了顶点。产业利润具有更多安全性和规律性的特征，使银行资本投资到产业中的可能性就增加了。但是，银行支配银行的资本，而拥有多数银行股票的所有者却支配着和统治着银行。很明显，随着财产权不断增加的集中，控制银行的虚拟资本的所有者和控制着产业的资本所有者，逐渐地变成了相同的人。就像我们已经看到的那样，当大银行对虚拟资本的支配权不断得到增强时，情况就更是如此。

我们已经看到产业是如何变得日益依赖于银行资本的，但这并不意味着产业巨头也变得日益依赖于银行巨头。就像资本在其自身发展的最高阶段变成了金融资本那样，资本巨头也变成了金融资本家，通过他对银行资本的支配，他对整个国家的资本的控制和集中也在不断增强。个人联合在这里也起了重要的作用。

随着卡特尔化和托拉斯化，金融资本获得了最大的权力，而商业资本却经历了最严重的衰落。资本主义发展的循环完成了。在资本主义生产的一开始，货币资本以高利贷和商人资本的形式，在资本积累和手工生产向资本主义生产的转化中发挥了十分重要的作用。但也就是从那时起，"生产资本"的反抗出现了，即赚取利润的商业资本家和产业资本家反对赚取利息的资本家，① 从而高利贷资本变得从属于产业资本。作为货币经营资本，高利贷资本执行着货币的职能，否则产业资本和商业资本就不得不自己来执行它们的商品转化过程中的这些职能。作为银行资本，它在商业资本家之间安排信用活动。资本的动员和信用的不断膨胀，逐渐地造成了货币资本家地位的根本改变。银行的权力增加了，它变成了产业的创建者并最终成为了统治者；它还作为金融资本来掠夺产业利润，就像以前的古老的高利贷者以利息的形式掠夺农民的收益和地主的地租一样。黑格尔派会说这是否定之否定，银行资本是对高利贷资本的否定，而它自己又被金融资本所否定了。后者是高利贷和银行资本的综合，

---

① 实际上，"由于放高利贷的人赚取了地主的土地租金的一部分，因此这种方式被认为是资本积累的主要手段之一。但是，产业资本家、商业资本家和地主阶层都讨厌高利贷这种原始的资本积累方式"（马克思：《剩余价值理论》，第一卷，第19页）。

它在经济发展不断提高的阶段上最大限度地获取社会生产的成果。

然而,商业资本的发展就完全不同,产业的发展逐渐地将它从在工场手工业时期占据的对生产的统治地位上排挤下来。不过这种衰退是不确定的,金融资本的发展使商业的意义在绝对上和相对上都下降了,它将曾经骄傲的商人变成了被金融资本垄断的产业的代理人。

第15章 资本主义垄断条件下的价格决定和金融资本的历史趋势

局部联合代表着集中的一个更高阶段,它与集中的早期形式是不同的;早期的集中是消灭弱小的企业,而现在的集中则是工厂的联合,企业的所有权并不一定会同时被统一,也不意味着竞争环境的任何根本性的改变。就它的成本的下降大于其他企业或者大于联合之前而言,联合的确是在竞争中更有效率了。如果联合的数量足够多和足够大并使它在总产出中能占据更大的份额的话,那么它的生产成本就会对价格产生决定性的影响,因此联合具有压低价格的趋势。不过,这一趋势不会阻碍它从联合后的企业里获得差额利润这一好处,事实上,这也是联合的前提。

卡特尔和托拉斯的垄断联合,其情形又不一样了。它们的目的是提高利润率,一旦它们消除了竞争,就可以通过提高价格来达到此目的。于是,问题就出现了:卡特尔的价格是如何决定的?这一问题常常与一般的垄断价格决定相混淆,而且在许多问题上都存在着诸多的自我矛盾,比如,垄断联合是否是真正的垄断,或者它的垄断特征是否受到一定程度的限制等。如果真的是这样的话,那么这种联合所确定的价格必定等于或低于垄断价格。然而,后者自身也必须由下述的相互依赖关系来决定,即一方面是生产成本和产出量之间的关系,另一方面是价格和销售量之间的关系。垄断价格会是这样一种价格,即它是使一定的销售量成为可能的价格,而这一销售量又必须是在这样的生产规模下的销量,也就是不会使生产成本的增加大到使单位产品的利润有显著下降的程度。更高的价格会降低销量,因此会降低生产规模,因而会提高成本和减少单位产出的利润；而更低的价格则会使利润减少过多，以至于即便是更大的销量也无法弥补这一损失。

在垄断价格占据统治地位的地方，不确定和不能预测的因素是需求。要想说出需求将会对价格上升作出怎样的反应是不可能的。垄断价格的确可以根据经验来确定，但是它的适合的水平却不能从理论上得到客观的理解，只能靠心理和主观来把握。由于这一原因，古典经济学派的代表人物（我把马克思也算在内）从他们的推理中排除了垄断价格，即不能任意增加供给的商品的价格。而与之相反的是，心理学派的大多数人爱好的是"解释"垄断价格，从所有的商品的供给都是有限的出发，将所有的价格都视为垄断价格。

古典经济学家将价格理解为社会生产的无政府状态的这一特征的表现形式，认为价格水平依赖于社会劳动生产力。但是价格的客观规律只能通过竞争来发挥作用。如果垄断联合废除了竞争，那么它同时也就废除了这一客观规律对价格发挥作用的唯一手段。价格不再是一个客观决定的量，而是变成了一种记账活动，是由行政命令来决定的；价格变成了前提而不是结果，是主观的而不是客观的，是任意的和偶然的，而不是独立于参与者的意志和意愿的必然的东西。看上去垄断联合在证实了马克思的集中的理论的同时，也具有推翻他的价值理论的趋势。

让我们作更进一步的考察。卡特尔化是一个历史的过程，它先后影响了不同的资本主义产业，只要时机成熟和有利。我们已经看到，资本主义的发展是如何趋向于在所有的产业中创造这种条件的。在其他条件相同的情况下，即假设银行在所有产业中所获得的影响力相同的情况下，在产业周期的相同阶段，所有的产业的资本有机构成也相同，这样，一个产业中的单个企业的资本量越大，该产业中的企业数量就越少，该产业也就越适合于卡特尔化。

让我们来假设这些条件最先在铁矿业中获得，这样，铁矿业被卡特尔化了，铁矿产品价格也提高了，其直接的结果就是采矿企业的利润率的提高。然而，铁矿石的销售价格的提高，意味着生铁生产者的更高的成本价格，不过它不会马上影响到生铁的销售价格，生铁市场没有因为铁矿业的卡特尔化而发生变化。供给与需求的比例关系从而价格都保持不变。因此，卡特尔利润率的上升会产生使生铁生产者的利润率下降的后果。但这意味着什么呢？

从理论上说，这可能会出现以下结果：资本从利润率低的领域流出然后进入利润率高的领域。那些以前投资在生铁生产上的资本，现在会被投资于铁矿的开采。铁矿采掘业会出现竞争，而且竞争会尖锐化，因为生铁生产减产了，换句话说，就是矿石的价格会下降，而生铁的价格却会上升。经过一段时间的波动，也许就在这一时期里，卡特尔解体了，以前的状态又重新恢复了。但是我们已经知道，就是在这些生产行业里，资本的流入和流出会遇到十分巨大的阻力，因此想用这一方式来实现利润的平均化是不可能的。

卡特尔价格只对那些不得不在市场上购买铁矿的生铁生产者来说是重要的，为了避免了卡特尔的影响，这些生铁企业只需要自己与铁矿企业合并即可。以这种方式，它们就可以独立于卡特尔，利润率也能回到正常的水平。与其他企业相比，这些最先进行垂直联合的企业还可以获得超额利润，而没有联合的那些企业将被迫支付提高了的原材料价格以及铁矿商人的商业利润。如果铁矿企业将它们的活动扩展到生铁生产领域，结果与上面所说的垂直联合企业是相同的，在与非联合企业的竞争中它们也会更有优势。卡特尔由此也证明了自己是联合和更大的资本集中的一个强大推动力。这种力量在那些购买和加工卡特尔产品的产业中表现得更为显著。

前面的叙述说明了联合的趋势如何导致了商业周期的某些特征被强化，而这种被强化了的趋势同时又如何被卡特尔化所改变。垄断联合企业即便是在危机时期也能保持其产品的高价，而它们的那些非卡特尔化的顾客就不可能了。危机的后果在后者那里被加剧了，因为它们不能通过更便宜地购进原材料来降低生产成本。在这一时期，非卡特尔企业从自己的矿山中获得廉价原材料的压力会变得更大，如果它们没有成功地获得原材料的话，那么整个的情形就都变了，就连那些技术装备精良的企业也会生存不下去。它们只能破产或是将企业廉价地出售给铁矿开采企业，而后者因为廉价获得了工厂，未来的利润也就有了保证。

不过，还有另一条道路可供生铁企业的资本家来选择。作为相互独立的单个生产者，因为在面对原材料价格的提高上的无能为力，因而他们会与矿山所有者的联合力量相对抗；而当他们想将增加的原材料成本价格加至与生铁同样的价格时，同样也表现得无能为力。一旦他们自己组成卡特尔，那么所有的情况就都会发生变化。那时他们就可以用统一的力量来面对卡特尔，并以顾客的身份发挥自己的作用。另一方面，他们自己也可以确定产品出售的价格了，利润率也得到了提高。实际上，上面提到的两种方式即垂直联合和卡特尔化都在被使用着，这一过程的结果很可能就是矿山所有者和生铁生产者形成垂直联合的垄断联合。

很明显，这一过程会被其余的生铁购买者所效仿，然后他们吞并一个接一个的资本主义生产企业。卡特尔的榜样的力量会被广泛扩散。卡特尔化的直接结果就是以牺牲其他资本主义企业为代价换得自己的利润率的提高。这种利润率的差别不会被资本的转移而平均化，因为卡特尔化意味着这一投资领域的资本主义竞争已经被限制了。资本的自由运动所受到的各种经济因素或财产关系（比如原材料的垄断）的限制，实际上是废除销售者之间的市场竞争的前提条件。利润率的平均化只能通过自身的卡特尔化或以垂直联合的方式来消除卡特尔的上述两种方式，进而实现对较高的利润率的占有。上述两种方式都意味着集中的增强以及对卡特尔化的进一步促进。

然而，如果由于某种原因使得进一步的卡特尔化不可能进行，那么这又会对卡特尔价格产生怎样的影响呢？以及价格水平又会是怎样的呢？我们已经知道，由高昂的卡特尔价格所产生的利润率的增加，只能通过卡特尔化的其他产业的利润率的减少来获得，因此，卡特尔利润首先是对其他产业利润的占有或分享。正如我们所知的，在那些只使用少量资本和生产相当分散的产业里，它们的利润率会下降到社会平均水平以下，这是一个趋势；而卡特尔化又进一步强化了这一趋势，并且还会进一步压低这些产业的利润率；至于能压低到多低，就取决于产业的性质了。如果这些产业的利润率被过分压低，那么资本就会从这些领域中抽回。从这些产业的资本的技术形式来看，这么做是没有什么困难的。

真正的困难开始于这些资本该投到哪里去这一问题，因为其他的只使用少量资本投资的生产行业，也同样遭受着卡特尔的剥削。①其最终的结果是，这些领域的尚保留着独立性的资本家的利润，变成了监督者的工资，这些资本家实际上也就变成了卡特尔的雇员，变成了类似于工场手工业时期的中间师傅、中间资本家或企业家。

实际上，卡特尔价格依赖于需求，但这种供给本身是资本主义的需求，因此从理论上说，卡特尔价格最终肯定会被平均化为生产价格加平均利润率。但是这一平均利润率已经发生了根本性的变化：对于大的卡特尔化的产业有一种平均利润率，而对于那些已经依赖于它的小规模的产业来说，有另一种平均利润率。卡特尔化了的大规模产业夺走了小规模产业的部分剩余价值，从而使得小规模产业的收益变成了纯粹的工资。

但是，这种价格决定就像单个或局部的卡特尔一样，仅仅是暂时的。卡特尔化意味着平均利润率的一种变化：在已经卡特尔化了的产业里，利润率上升了；而没有卡特尔化的产业里，利润率则下降了。这种利润率的不一致导致新的联合和进一步的卡特尔化。对于那些依旧处于非卡特尔状态的产业而言，利润率会持续下降。卡特尔价格上升到生产价格以上的数额，就是那些非卡特尔化的产业价格降到生产价格以下的数额。至于那些非卡特尔化的产业里的股份公司，它们的价格也会降到成本价格加利息以下，否则就不会有资本的投资。因此，卡特尔价格的上升是有限度的，它会受到非卡特尔化的产业利润率能够被压低的程度的限制。后者的低水平的利润率平均化，是通过投资在这一领域中的资本的竞争来实现的。

卡特尔价格的上升会对非卡特尔化的产品的价格产生影响。这种变化会带来非卡特尔化的产业的利润率的平均化。如果非卡特尔化的产业也形成联合，那么它们的产品价格就会保持不变。这种相同的价格会使利润率变得比以前更低，因为原材料的价格（也就是生产成本）已经上升了。如果以前生产价格为100，利润率是20%，

---

① 同时卡特尔的利润来源也有了变化，这时利润虽然依然由未支付的劳动和剩余价值所构成，但是其中有一部分剩余价值是其他资本家所雇用的劳动力所生产的。

则现在利润率就降到了10%。因为产业的卡特尔化，就使得成本价格已经从过去的80上升到了90。但是由于成本价格的上升在不同的非卡特尔产业中会是不同的比例，而这主要取决于它们的资本有机构成，因此它们的利润率肯定会被平均化的。那些使用大量原材料的产业，因为价格已经被卡特尔化提高了，因而不得不提高其产品的价格，从而使那些使用较少原材料的产业可以降低其价格。换句话说，那些资本有机构成高于平均水平的产业，其产品价格会上升；① 而资本有机构成低于平均水平的产业，其产品价格会下降；而那些具有平均水平资本有机构成的产业，其产品价格则保持不变。通常，人们都把关注的焦点放在产品价格的上升上，认为生产成本的任何上升毫无疑问地都可以转嫁给顾客。但是，生产成本的上升在某些情况下可能会导致价格的下降。

价格形成还具有其他的一些特征。假设卡特尔产业的资本量是500亿，利润率是20%，生产价格是600亿，而又假设其中的500亿被非卡特尔产业所购买，那么，在相同的利润率下，它们的生产价格将会是600亿，因此，总产品的价值是1 200亿。但是，卡特尔化的产业已经提高了利润率，因此降低了非卡特尔化的产业的利润率，比如说10%，这样，非卡特尔产业的利润就减少了，因为它们现在得为原材料的购买支付550亿而不是500亿（在这个例子里我暂时不考虑与此无关的可变资本）。但是，如果卡特尔现在得到了550亿而不是500亿，那么它一定会因此而收获660亿而不是600亿。不仅是对资本主义的消费者，而且是对所有的顾客，价格都是一样的。因此，按照我们的假设，最终到达消费者手里的那100亿，会以110亿来出售，而不是以100亿来出售。这样，消费者购买非卡特尔化产品时支付的是老价格，而购买卡特尔化产品时支付的是更高的价格。一部分的卡特尔利润由此从消费者那里产生，也就是说，从所有的从其他来源中获取收入的非卡特尔化群体中产生。但是，更高的价格也许会导致消费者减少消费。这里我们遇到了卡特尔价格的

---

① 我这里所指的是没有卡特尔组织的工业企业的平均资本有机构成的情况，而不是社会总资本的构成的情况。

两个限制条件：首先，价格的上升必须使非卡特尔化的产业也能得到继续进行生产的利润率；其次，它不能使消费严重减少。第二个限制条件由那些不直接生产的阶级的可支配收入的数量来决定。但是，对于卡特尔化的产业的整体而言，由于生产消费远比非生产性消费重要，因此第一个限制条件是决定性的因素。

非垄断产业利润的减少会限制它的发展。利润率的下降意味着新资本流入这一产业将会十分缓慢，同时它还意味着市场竞争会更加激烈，由于相对小的价格下降就有可能使原本就微弱的利润会全部消失，因此这种竞争会变得更加危险。它还会带来另一个后果，那就是在那些卡特尔化的产业优势已经把利润压缩为监督工资的地方，不会再有任何的空间可以组织股份公司，因为创业利润和股息只能由超过监督工资的收益差额来支付。因此，卡特尔化会阻止非卡特尔化的产业的发展，但同时却会加剧这些产业的竞争，从而强化它们的集中趋势，直到这些产业卡特尔化的条件也最终成熟或者被一个卡特尔化的产业所合并。

作为采用先进技术的结果，自由竞争会带来生产的持续扩张。对于卡特尔来说，这种技术进步也意味着利润的上升，因此它也被迫采用这些新技术，否则就会有危险。因为某些局外企业可能会拥有这些新技术，并使用它来对卡特尔重新开展竞争。这种危险是否会变成现实，主要取决于卡特尔已经建立的垄断的类型。如果卡特尔拥有的是生产的自然条件的垄断（比如矿业辛迪加），或者其生产要求非常高的资本有机构成，以至于新企业所需的巨额资本量只能通过银行来提供，而银行又不愿意去损害卡特尔的利益，此时的卡特尔就会对新出现的竞争有很高程度的防备。在这种情况下，技术进步就意味着超额利润，它是不会被竞争所消除的，生产价格也不会下降。先进技术的采用不会有利于消费者，而只会有利于组织严密的卡特尔和托拉斯。当然，技术进步也可能导致产出的增加，而产出的增加要求销售价格下降，因为这样才能扩大消费，但这并不是必然出现的情况。比如，对于钢铁托拉斯来说，它很可能会只在一部分工厂里采用这些新技术，而关闭另外一些工厂，使得它的产量正好能够满足现行价格水平下的需求。这样，价格水平会保持不变，而生产成本却下降了，利润当然也就增加了。不过，产量却没有增加，技术进步只会造成工人被解雇，而且不再有可能找到被其他企业雇用的机会。同样的情形也会出现在卡特尔的组织里。最大的企业采用了新技术，扩大了它的产出，为了做到这一点，它还会从留在卡特尔里的那些小企业中，把分配给它的限额全部买到，然后关掉这些工厂。先进技术的使用在带来更大集中的同时，却没有生产的任何扩张。

卡特尔化带来了对超额利润的更大预期。① 我们已经看到了这些超额利润是如何被资本化的，然后又如何作为被集中起来的资本流入银行的。但同时，卡特尔倾向于减缓资本的投资，不论是在已经卡特尔化的产业里，还是在没有卡特尔化的产业里，它都有这一倾向。因为在已经卡特尔化的产业里，卡特尔关注的首要目标就是限制产量；而在没有卡特尔化的产业里，利润率的下降是不利于进一步的资本投资的。结果是，在用于积累的资本量迅速增加的同时，

---

① 卡特尔组织能够赚取剩余利润，这里有一个非常有趣的例子。直到19世纪90年代，美国都一直是德国制鞋设备的唯一供应方。那些为德国出口设备的美国工厂组建了一个名为"德国联合制鞋机器公司"（DVSG）的卡特尔组织。这个组织决定，其所生产的设备不再出售，而只以固定的租金出租。为此，那些需要这些设备的德国制鞋厂，不得不与该组织签订期限为5~20年的设备租赁合同。"这个合同要求设备的供应商免费为购买方安装和维修设备，并以合理的价格为购买方进行设备的技术升级。而制鞋厂的义务则是给设备供应商支付固定的设备租金，以弥补供应商制造设备的成本。同时设备每运转1 000次，还要给供应商支付一定的费用……这就相当于制鞋厂每制造一双鞋，就要向设备制造商支付15~25芬尼的费用。设备制造商要把这笔费用统一交给DVSG，这笔费用的数额非常巨大，比如，埃尔富特的工人总数是885人的三家制鞋厂，一年支付的总费用就高达61 300马克"（卡尔·雷埃：《德国制鞋大工业》，第32页）。有趣的是，使用美国的制鞋设备让德国的厂家拥有了更多的竞争优势，因此使它们获取了超额利润。美国托拉斯组织也只要求把超额利润的一部分拿出来，这样可以实现共赢。这种制鞋设备租赁，让那些制鞋厂家可以更容易地拥有和使用这些制鞋设备，同时也增强了制鞋厂家对美国托拉斯组织的依赖。所有的新技术改进，都可以马上应用到这些制鞋设备上来，这就提高了制鞋厂的利润额和销售额，同时也使得托拉斯组织可以获得更多的费用收入。因此技术改良的最大受益者是托拉斯组织，其次才是制鞋厂，而最后才是消费者。

资本投资机会却减少了。这个矛盾需要解决,解决的方法是资本输出;虽然资本输出自身不是卡特尔化的结果,而是一个与资本主义的发展不可分离的现象,但是卡特尔化突然加剧了这个矛盾,使得资本输出变得紧迫起来了。

如果我们现在提出卡特尔化的真正界限是什么这一问题,那答案肯定是:没有绝对的界限。但现在却出现了卡特尔不断扩张的趋势。就像我们已经看到的那样,独立的产业正变得日益依赖于已经卡特尔化的产业,直到有一天最终被它所吞并。这一过程的最终结果是总卡特尔的形成。到那时,全部的资本主义生产都将会被一个机关或机构来进行自觉调节,所有的产业产量也都将由它来决定。价格的决定会变成纯粹名义上的,仅仅是为了在以卡特尔巨头为一方和以所有其他社会成员为另一方的双方之间进行总产品的分配。到那时,价格将不再是人与人之间的物的关系的结果,而是成了物在人与人之间进行分配的单纯的计算工具;货币也失去了作用,到最终它会完全消失,因为现在要完成的任务是实物的分配,而不是价值的分配。随着生产的无政府状态的消失,商品客观价值的幻想也会消失,货币自身也消失了。卡特尔将会分配产品。生产的物的因素会被再生产出来并重新拥有新的生产。一部分的产出会被分配给无产阶级和知识分子,余下的就全部归卡特尔来按其意愿使用。这是一个自觉调节的社会,但是以对抗的形式存在。然而这种对抗只是分配的对抗,是可以自觉进行调节的,因此可以用货币来补偿。在它的完备形式上,金融资本会离开它最初赖以生存的土壤。货币的流通已经变成不必要的了。货币不停息地流动在已经被调节的社会里也到达了目的地,流通的永动机发现了它最终休息的地方。

建立总卡特尔和形成中央银行的趋势正在融合,通过它们的联合,产生了金融资本的巨大的集中力量。在这里,所有的局部资本都被集合为一个整体。金融资本表现为货币资本,它的发展形式是能够产生货币的货币(G—G′),这是资本运动的最一般的、最不可理解的形式。作为货币资本,它被以两种形式提供给生产者,即借贷资本和虚拟资本。在这一过程中银行是中介,同时银行还试图将这一资本的越来越大的部分转化为自有资本,这样金融资本就被赋予了银行资本的形式。这种银行资本由仅仅是形式上的资本即货币资本，逐渐转换成了实际执行职能的资本即产业资本。同时，由于金融资本消除了银行资本与生产资本的分离，因而商业资本也就逐渐失去了其独立性；在产业资本自身内部，以前彼此分离和独立的生产企业联合起来了，并且这一联合过程突破了不同领域或企业的界限。劳动的社会分工——只有通过交换活动才会作为整个社会有机体的组成部分相互发生关系的不同生产企业的划分——正在不断消失；另一方面，在联合了的产业内部，劳动的技术分工正在不断深化。

因此，资本的特殊性质在金融资本中被抹去了，资本现在表现为了一个统一的力量、一个统治一切社会生产过程的力量、一个直接由生产资料和自然资源及积累起来的过去的劳动所有制中产生的力量，还有作为财产关系直接结果的对活劳动的支配权所产生的力量。与此同时，被几个资本家团体积聚和集中在手中的巨额的财产，表明了资本家自身与那些没有任何资本的大众的直接对立。因此，在财产关系问题获得了它最清晰的、最无可争议的和最尖锐的表现的同时，金融资本自身的发展也越来越成功地解决了这些社会经济的组织问题。

第四编　金融资本与危机

第 16 章 危机的一般条件

资本主义生产要经历繁荣与萧条的循环，这是一个经验的规律。从循环的一个阶段过渡到另一个阶段，是以危机为标志的。在繁荣时期的某一时间点上，一些生产部门的销量开始下滑，其结果是价格也会下降，并且滞销和价格下跌会逐步蔓延，生产受到制约。以价格和利润的下降为标志的循环的这一阶段会持续或长或短的一段时间，然后生产会再度逐步扩张，价格和利润开始上升，产出量会比以前有更大的增长，直到达到一个新的转折点。这一周期性现象的不断出现，使我们不禁要提出一个关于其产生原因的问题，而答案则只能是在对资本主义的生产体制的分析中找到。

商品的二重性即既是商品又是货币，是产生危机的一般性的可能条件，它暗含着商品流通过程中断的可能性，如果货币被储藏起来而不是用于商品流通的话。W′—G—W″的过程的终止，是因为已经实现了 W′里的价值 G，不会继续去实现 G″里的价值，因而 W″也就不能被售出，因此出现停滞。

但是，只要货币仅仅执行流通手段的职能，只要商品直接交换为货币以及货币直接交换为商品，那么一定数量的货币被储藏起来就仅仅是一个个别的和偶然发生的现象，它只会使某些商品不可能被售出，但不会导致商品的普遍的滞销。然而，当货币的职能演变为充当支付手段并且商品信用也发展起来时，情况就发生了变化。现在商品的滞销使得之前的债务无法清偿。正如我们已经所看到的那样，到期支付的承诺已经作为流通手段或支付手段被用在大量的交易中了。如果有一个人不能到期支付，那么其他的人也可能会因此而无法到期支付，而由作为支付手段来使用的货币所引起的债务链条就会断裂，某一点的滞销就可以蔓延至所有其他人，从而变成普遍性的滞销。因此，支付信用使得不同的生产部门相互依赖，创造了局部滞销转化为普遍滞销的条件。

但是，危机的一般的可能性只是它发生的条件。没有货币的流通和货币支付手段的这一职能的发展，危机就不可能发生。从可能性变成现实性有一个漫长的过程。在简单商品生产条件下，或者更准确地说，在资本主义商品生产之前，是没有危机的。对经济的干扰不是来自于经济规律意义上的危机，而是由于特殊的自然的或历史的情形引起的灾害，比如歉收、干旱、瘟疫和战争，它们的共同点都是再生产的不足，而不是生产过剩。实际上，这一点是不言而喻的，如果我们考虑这种生产基本上依然只是为了满足个人的需要，而生产只是手段，消费才是目的，那么商品流通就相对不那么重要了。只有资本主义生产才会将商品生产普遍化，才会导致使一切产品都采取商品的形式，并最终（这是关键点）使得商品销售成为再生产得以重新进行的前提条件。①

产品向商品的转化使生产者依赖市场，并把由于私人生产的经济单元的独立性导致的在简单商品生产中就已经存在的生产的内在的不规律性，转变为资本主义生产的无政府状态；当商品生产普遍化和互相分离的地方市场演变成为一个无所不包的世界市场时，这种资本主义生产的无政府状态就会成为危机的第二个一般性条件。

通过消费与生产的分离，资本主义创建了危机的第三个一般性条件。首先，它使生产者与其产品相分离，只给生产者留下其产品价值中相当于他的劳动力价值的那一部分价值。这样，它创造了雇

---

① 它不仅仅存在于农业社会中，而且在资本主义社会中，这种自给生产也是有意义的，只要所生产出来的东西可以进入再生产的过程，比如，生产出来的粮食可以用来播种，生产出来的煤炭可以用于煤炭采掘中，等等。在这种生产方式下，工厂所生产的产品成为另一个工厂的原料，而这种生产方式促进了企业之间的联合。由于所生产出的产品并没有直接进入市场，而是作为另一个工厂的固定资产进入另一个加工过程，因此这种生产方式被称为自给生产。当然，这种生产方式与以前的自给自足的生产方式有着本质的区别，因为这种自给自足生产目的是为了满足商品生产的需求，而不是为了满足消费的需求。

佣阶级——一个其消费与其总产品没有直接关系的阶级。因此，总产品也不再用于满足该阶级的消费需要；相反，该阶级的消费在一定程度上还依赖于其不具有任何影响力的生产。资本主义生产并不是为了满足需要，而是为了利润。资本主义生产的内在目的是实现和创造利润。

换句话说，不是消费和它的增长，而是利润的实现，才是决定生产什么、生产多少、是扩张还是缩减产量等的决定性因素。为了获取特定的利润和实现资本的一定程度的增殖，商品才被生产出来。因此，生产并不依赖于消费，而是依赖于资本对增殖的需要；一旦资本增殖的机会恶化，生产就会缩减。

当然，即使是在资本主义生产方式中，生产和消费依旧有着一般联系。这是所有社会形式都共有的一个自然条件。但是在一个为满足需要的经济体中，消费决定生产的扩大，它的界限仅仅由技术发展水平来决定；但在资本主义经济体中，情况却正好相反，生产的规模决定消费。生产受当时的资本增殖的可能性、资本增殖的水平、为获取某一利润率所必需的现有资本和追加资本等条件的制约。生产的扩张在这里遇到了单纯的社会障碍，这一障碍产生于该社会的特定结构，并只为这一社会结构所特有。危机的可能性暗藏在生产的无规律之中，也就是说，是隐藏在一般的商品生产里的，但它只会在这样一个无规律的生产体系中变成现实可能性，也就是说，在消除了其他社会形式都具有的消费与生产之间具有直接联系的要求，以及在生产与消费之间插入资本按某一比率增殖要求的经济体中产生现实可能性。

类似于"商品的生产过剩"和"消费不足"这样的表述并不能说明任何问题。严格地说，消费不足只能在心理学意义上使用，在经济学里，它除了表明该社会的消费少于它的生产之外没有任何意义。然而，如果生产按正常比例进行，那么这种情况就是无法想象的，并且也是不可能发生的。总产品等于不变资本加可变资本加剩余价值（$c+v+m$），但其中由于 v 和 m 被消费掉了，因此已经被消费掉的不变资本要素必须得到补偿，尽管生产可以无限制地扩大，但却不会导致商品的生产过剩。换言之，它不会导致生产出来的商品（在这里出于分析的目的，商品被视为使用价值）或者说物品，超过可以被消费的数量。①

有一件事情很清楚，由于周期性经济危机的发生是资本主义社会的产物，因此原因也肯定存在于资本的性质里。它肯定是由于其社会特性产生的干扰，从这一点上来说，资本主义生产制度下的消费关系所提供的狭窄的基础是危机的一般条件，因为扩大这一基础的不可能性是滞销的前提条件。如果消费真的被扩大了，那就不可能有生产过剩。但是在资本主义条件下，消费的扩大意味着利润率的减少。由于大众消费的增加取决于工资的上升，而工资上升则会降低剩余价值率从而降低利润率，因此，作为资本积累的结果，如果对劳动的需求增加了［但增加得过大会导致利润率的下降，此时（作为极限）增加的资本不能比原有的资本生产出更多的利润］，那么积累就必然会因为不能达到增加利润这一基本目的而停止。就是在这一点上，积累的一个必要前提——消费的扩张，与另一个前提——利润的实现，产生了矛盾。实现利润的条件无法与消费的扩大互相一致，因为前者是决定性的，因此矛盾也就发展成为了危机。这就是为什么消费这一狭窄的基础只是危机的一般条件的原因，而且也不能仅仅用"消费不足"来解释。危机的周期性尤其不能用这种方式来解释，因为没有任何的周期性现象可以用不变的条件来解

---

① "认为经济危机产生的原因是消费者没有足够的支付力和消费者的支付力不足，这绝对是一种同义反复。在资本主义社会里，大家只知道三种消费方式：支付金钱购买商品、救济贫民和抢劫。如果说某个商品卖不出去，这就等于说没有任何有支付能力的消费者愿意购买它（无论这个商品是用来消费的还是用来生产的）。有些人说正是由于工人阶层的工资太低，也就是说工人阶级从社会分配中所取得的收入份额太低，才导致了经济危机的发生。这种说法是站不住脚的。因为在经济危机发生前，我们可以看到工人阶级的收入是在增长的，其在社会分配中的份额也在增长，因此，有效需求不足并不是经济危机产生的根本原因。根据那些支持者的健康的观点，工人阶级经济地位的改善应该能够消除经济危机。但是资本主义生产方式自有其特殊的运行规律，并不会因我们或好或坏的动机而改变。看起来它只允许工人阶级享受短暂的富裕生活，并且还把经济危机安排在这短暂的富裕生活之后"（《资本论》，第二卷，第475~476页）。恩格斯后来又补充道："那些洛贝尔图斯危机理论的信奉者，可以参考一下这里的评论。"

释。因此，马克思在下述段落中的陈述和我们前面所说的内容没有任何矛盾：

> 总商品量即总产品，无论是补偿不变资本和可变资本的部分，还是代表剩余价值的部分，都必须卖掉。如果卖不掉，或者只卖掉一部分，或者卖掉时价格低于生产价格，那么个人固然被剥削了，但是对资本家来说，这种剥削并没有原样实现，这时榨取的剩余价值就完全不能实现，或者只是部分地实现，甚至资本也会部分地或全部地损失掉。直接剥削的条件和实现这种剥削的条件不是一回事，二者不仅在时间上和空间上是相互分开的，而且在概念上也是分开的。前者只受社会生产力的限制，后者受不同生产部门的比例和社会消费能力的限制。但是社会消费能力既不是取决于绝对的生产力，也不是取决于绝对的消费能力，而是取决于以对抗性的分配关系为基础的消费能力。这种分配关系使社会上大多数人的消费减少到了只能在相当狭小的范围内进行并达到最低限度。这个消费能力还受到追加积累的欲望的限制，受到扩大资本和扩大剩余价值生产规模的欲望的限制。这是资本主义生产的规律，它是由生产方法本身的不断革命、由不断和这种革命联系在一起的现有资本的贬值、由普遍的竞争斗争和为了保存自身及避免灭亡进而改进生产和扩大生产规模的必要性决定的。因此，市场必须不断扩大，以致市场的联系和调节这种联系的条件，越来越多地采取了一种不以生产者意志为转移的自然规律的形式，它也越来越无法控制。这个内部矛盾试图用扩大生产的外部范围的办法求得解决。但是，生产力越发展，它就越和消费关系的狭窄基础发生冲突。在这个充满矛盾的基础上，资本过剩和日益增加的人口过剩结合在一起是完全不矛盾的。因为二者结合在一起的时候所生产的剩余价值的量虽然会增加，但是生产剩余价值的条件和实现这个剩余价值的条件之间的矛盾，正好因此而日益加剧。①

---

① 《资本论》，第三卷，第286~287页。

周期性的危机是资本主义特有的特征，只能从它特有的性质中产生出来。①

一般来说，危机是流通的中断，它自身表现为大量的销售不出去的商品，以及商品价值（它们的生产价格）实现为货币的不可能性。因此，它只能用商品流通的特殊资本主义条件来解释，而不能用简单的商品流通来解释。商品流通的特殊的资本主义特征是，商品是被资本生产出来的，是作为商品资本被生产出来的，因此它必须得到实现；这种实现的基础是资本本身的特殊条件，也就是它实现价值增殖的条件。

马克思在《资本论》第二卷中，从单个资本和社会资本这两个角度对这些条件进行了分析，从而将只有魁奈尝试过的而其他人不敢尝试的这一工作继续了下去。马克思将魁奈的《经济表》描述为古典政治经济学至今所提出的最有天才的思想，而我们则可以说，马克思自己对社会生产过程的分析，毫无疑问的是这些天才著作里的最杰出的部分。然而，马克思《资本论》的第二卷的分析却被经济理论家们大大忽略了。实际上，从纯粹经济推理的角度来看（他的这部分的分析是他的全部重要贡献中的最杰出的部分），不借用马克思的分析和结论，就无法理解危机产生的原因。②

社会再生产过程的平衡条件

让我简单重述一下马克思的分析中最重要的结论。首先，在他

---

① "但是，怎样才能对诱发经济危机产生的原因作进一步的分析，这是比较困难的。我认为，应该从资本主义生产方式的变动、竞争和信贷等这些能够代表资本主义社会功能特征的几个方面，来分析经济危机产生的原因，而不是从商品和货币这些表面的东西中去分析"（马克思：《剩余价值理论》，第17章，第10部分）。

② 杜冈·巴拉诺夫斯基的主要贡献在于，在他的著作《关于英国商业危机的理论和历史研究》中，他指出了研究经济危机问题的重要意义。我们仅需注意这一点就够了。

的研究中假设资本主义生产保持原有的水平，只是进行简单的再生产，价格和价值的变化暂不考虑。

总产品，也就是社会总产品被划分为两类：（1）生产资料，这一类的商品必须或者至少可以进入生产消费领域；（2）消费资料，这一类的商品由进入资本家阶级和工人阶级的个人消费所构成。

投在这些部门的资本也被分成了两部分：可变资本（v）和不变资本（c），后者又可以进一步划分为固定资本和流动资本。

代表在生产中被消费掉的不变资本的那部分价值（c），与投资在生产中的不变资本价值是不等量的，因为固定资本只会将其价值的一部分转移到产品中动去。在下面的例子里固定资本也暂不考虑。

总商品产品可以用下述公式来表示：

I　　$4\,000c + 1\,000v + 1\,000m = 6\,000$　　生产资料

II　　$2\,000c + 500v + 500m = 3\,000$　　消费资料

总价值是 9 000，不包括以其自然形式继续执行职能的固定资本（这里被忽略了）。

如果我们考虑简单再生产基础上的必要交换（在这里，全部的剩余价值都被用于非生产性消费），而不考虑完成这一交换所需的货币流通，那么可以马上得到三个要点：

第一，作为工人工资的这 500v 和资本家的剩余价值的 500m，在第 II 部类必须以消费资料的形式消费掉；但是它们的以消费资料形态存在的价值 1 000，却掌握在第 II 部类的资本家手里，用于替换预付的 500v 和代表这 500m 的剩余价值。因此，第 II 部类的工资和剩余价值可以在第 II 部类内部进行相互之间的交换，这样，II（500v + 500m）就从总产品中消失了，它等于 1 000 消费资料。

第二，第 I 部类的 1 000v 和 1 000m 同样必须消费一定消费资料，也就是第 II 部类的产品，因此，它必须与第 II 部类余下的产品，也就是不变资本的数量 2 000c，进行交换。因此，第 II 部类会得到相同价值量的生产资料，得到第 I 部类生产的包含着第 I 部类的 1 000v 和 1 000m 的价值的产品。这样，第 II 部类的 2 000c 和第 I 部类的（1 000v + 1 000m）从计算中消失了。

第三,现在还剩下第Ⅰ部类中的4 000c,它由生产资料构成,只能用于第Ⅰ部类,被用于替换被消费掉的不变资本;它通过第Ⅰ部类内部各资本家之间的相互交换来解决,就像第Ⅱ部类的(500v+500m)通过第Ⅱ部类的工人和资本家或单个资本家之间的交换来解决一样。

固定资本的替换起着特殊的作用。一部分的不变资本价值由劳动资料转移到劳动的产品中去。这些劳动资料以它们最初的自然形态继续在生产过程中执行着生产资本要素的职能;它们的磨损和损耗,是持续使用一段时间的结果所带来的价值损失,会在用它们所生产出来的产品中以要素价值的形式再现。

另一方面,当代表着固定资本损耗的那部分商品的价值转化为货币时,这种货币是不会再转化为生产资本的组成部分的,虽然它补偿了生产资本的价值损失,它会在生产资本中沉淀下来,并保留了它的货币形态。这种货币沉淀会在再生产期间不断重复,这个期间可长可短,主要取决于不变资本中的固定资本要素以其旧的自然形态在生产过程中能继续执行其职能的时间的长短。当固定资本要素如建筑物、机器等被报废,进而无法继续在生产过程中执行其职能时,其价值早就全部转化为货币并存在那里在等着它们了,这些固定资本将全部由货币来补偿,即由货币价值沉淀的总和、由固定资本逐渐转移到它所参与生产的商品中去,并且通过因商品的出售而转化为了货币形式的价值总和来补偿。然后,这些货币就会被用于固定资本(或它的要素,因为不同的要素有不同的寿命)的物质替换,这样,生产资本的这一组成部分就得到了有效的更新,即它是一部分不变资本价值(不变资本中的固定资本部分)的货币形式。

因此,这种储藏的形成本身是资本主义再生产过程的一个因素,它是固定资本价值或它的个别要素在货币形式上的再生产和储存,直到固定资本全部被损耗完毕,并将其全部的价值转移到它所生产的产品中去和在实物上进行替换它。然而,这种货币仅仅是失去了它作为储藏货币的这一形式,当它再转化为新的固定资本要素时,会替换那些已经完全损耗的要素,并再次能动地进入以流通为媒介的资本的再生产过程之中。但是,如果简单再生产过程能够没有间断地进行，那么每年被损耗掉的固定资本部分就必须等于其不得不更新的部分。

比如，我们可以设想这样一个情形：Ⅰ（1 000v + 1 000m）和Ⅱ2 000c进行交换。在这个 2 000c 里，200 的固定资本已经被替换了，余下的 1 800c 要转化为流通中的不变资本，与第Ⅰ部类的 1 800（v + m）相交换。当第Ⅱ部类手里也有拥有为购买第Ⅰ部类的固定资本 200 的储藏货币时，第Ⅰ部类的这 200c 才能被购买。因为这笔货币必须得到补偿并作为自己的固定资本磨损以货币形式来保存。也就是说，那些已经提前以货币形式储藏了固定资本损耗的资本家，会在今年进行他们的固定资本的实物更新，方式就是用 200 的货币购买第Ⅰ部类所余下的 200（v + m）。然后，第Ⅰ部类再用另外的 200 货币，从第Ⅱ部类其余的资本家那里购买余下的消费资料，他们则将这笔货币储藏起来以作为对其固定资本损耗价值的准备金。这样，第Ⅱ部类那些今年进行了固定资本实物更新的资本家，为第Ⅱ部类其他的资本家提供了能把自己固定资本的磨损部分货币化并以货币形式保存的货币。因此，我们必须假定，磨损掉从而必须更新的固定资本，与以原有的自然形态继续发挥作用的固定资本之间的比例是不变的。因为如果被损耗的固定资本增加到了 300，那么流动资本就会减少，而Ⅱc 就只有比原来少的流动资本，从而无法在原有的规模上继续进行生产。而且，如果这一部分的固定资本增加到了 300，而第Ⅱ部类只有 200 是处于货币形态的可以用于固定资本的实物更新的货币，那么第Ⅱ部类就会有 100 的固定资本无法销售出去。

因此，即便只是每年损耗的固定资本与继续执行职能的固定资本的比例发生变化（事实也总是如此），但在保持固定资本完全不变的情况下，固定资本与流通资本的比例的失调也是有可能发生的。我们还看到，如果要使简单再生产成为可能，那么必须保持这种确定的比例关系，也就是说，Ⅰ（v + m）必须等于Ⅱc。然而，资本主义生产的无政府状态总是干扰着这一比例关系的实现。为了确保生产的连续性，一定数量的生产过剩就成为了必需，只有这样才能应付没有预计到的消费需求及这种需求的不断波动。正在周转过程中的资本价值回流的干扰和不规律性总是在发生；为了克服这种不规律性和排除干扰，资本家就必须总是掌握有一定的供给储备，这种储备既要有商品形式的，也要有货币形式的，而且还要有追加的货币来作为货币资本的准备金。这些都必须是处于流动形式的货币，因为正是商品资本的周转会受到干扰，因此在这种情况下资本家必须尽快地获得其他的商品。只有在货币形式上，价值才具有一般等价物的形式，才能随时转化为任何它想转化的商品。也就是在这种情况下，资本主义生产方式的无政府状态才使货币的产生有了必然性。

> 再生产的资本主义形式一旦废除，问题就归结如下：寿命已经结束因而要用实物来补偿的那部分固定资本（这里是指在消费资料生产中执行职能的固定资本）的数量的大小，是逐年不同的；如果在某一年数量很大（像人一样，超过平均死亡率），那在下一年就一定会很小。假定其他条件不变，那么消费资料年生产所需的原料、半成品和辅助材料的数量就不会因此而减少，因此，生产资料的生产总额在一个场合必须增加，而在另一个场合则必须减少。这种情况只有用不断的相对的生产过剩来补救：一方面要生产出超过直接需求的一定量的固定资本；另一方面，特别是原料等的储备也要超过每年的直接需求（这一点特别适用于生活资料）。这种生产过剩等于社会对它本身的再生产所必需的各种物质资料的控制。但是，在资本主义社会内部，这种生产过剩却是无政府状态的一个要素。①

在一定限度内，这种相对的生产过剩必须在资本主义社会里不断发生，并且表现为排除干扰而经常存在的商品储备，以及归产业资本家支配的货币资本储备或准备金，以确保一旦发生干扰时就可以提取这些必要的商品储备来继续进行生产。而那些货币资本的准备金则必须是资本家随时可获得的，以便他们可以应付正常时期也可能出现的暂时性干扰。我们不应把这种货币资本准备金和商品滞

---

① 《资本论》，第二卷，第546页。

销时的准备金混淆起来。在繁荣时期，生产迅速扩张，而以前作为准备金的货币资本会被转化为生产资本，因此，准备金会减少，这意味着一个排除干扰的因素被拿掉了。因此，它成为了危机的原因之一。

另一方面，需要强调的是，这个相对生产过剩的必要性不是资本主义社会本身所产生的，而是由它的再生产过程的性质所导致的，它使这些表现为资本主义社会的固定资本的生产要素获得了很大的重要性。这个由技术和自然状况所导致的生产过剩的必要性，实际上只是建立一种商品的储备，这一储备同样也是那些直接满足需求的有调节的经济体所要求的。我们不应该将它与发生在危机期间的那种普遍的生产过剩相混淆。但是，在资本主义社会中，这种生产过剩可能也是加剧危机的一个因素。

资本主义积累过程的平衡条件

简单再生产在资本主义社会中实际上并不存在。在这一社会里，资本积累是关系到生死存亡的事情，虽然在这一过程中也不排除在商业循环的某个特定年份再生产保持不变或甚至下降的可能性（对比例关系的要求就已经具有一定的复杂性，如果要想使积累的过程也能够不受干扰地顺利进行，那么所要求的条件就更会复杂得多）。马克思给出了以下公式：

Ⅰ（生产资料的生产）：$4\,000c + 1\,000v + 1\,000m = 6\,000$
Ⅱ（消费资料的生产）：$1\,500c + 750v + 750m = 3\,000$
社会产品价值 $= 9\,000$

假设第Ⅰ部类将其剩余价值的一半（$=500$）用于积累，另一半作为收入而用于消费，于是我们便有了如下的交换：作为收入被花掉的第Ⅰ部类的（$1\,000v + 500m$）会和第Ⅱ部类的$1\,500c$相交换。这样，第Ⅱ部类的不变资本会得到补偿，而第Ⅰ部类所要求的消费资料也会得到供给。这种交换与我们在简单再生产条件下所遇到的交换情况完全相同。如果资本有机构成保持不变,则第Ⅰ部类所剩下的那500m就会转化为资本,其中的400变成不变资本,100变成可变资本。存在于生产资料形态中的这500m,其中的400必须以被扩大了的第Ⅰ部类的不变资本所必需的生产资料的形式存在,从而增加它的不变资本数量,余下的100m则必须转化为可变资本,即必须从第Ⅱ部类中来购买生活资料。由于这100m目前是以生产资料的形式存在的,因此第Ⅱ部类不得不用它来扩大自己的不变资本。这样,对于第Ⅰ部类,我们有了如下的资本:$4\,400c + 1\,100v = 5\,500$。

现在第Ⅱ部类有了1 600c作为不变资本,为了让这些不变资本发挥作用,还需要以货币形式追加50v来购买新的劳动力,因此可变资本从750增加到了800,第Ⅱ部类不变资本和可变资本总额所增加的这150,由其剩余价值来承担。因此,在第Ⅱ部类的750m中,只剩下600m作为这一部类资本家的消费基金,他们的年产品现在划分如下:

Ⅱ $1\,600c + 800v + 600m$(消费基金)$= 3\,000$

于是我们现在可以得到如下公式:

Ⅰ $4\,400c + 1\,100v + 500$(消费基金)$= 6\,000$
Ⅱ $1\,600c + 800v + 600$(消费基金)$= 3\,000$

$$\text{总计} = 9\,000$$

在上述数字中,资本的数量如下:

Ⅰ $4\,400c + 1\,100v$(货币)$= 5\,500$
Ⅱ $1\,600c + 800v$(货币)$= 2\,400$ $\Big\} = 7\,900$

而开始生产时的资本是:

Ⅰ $4\,000c + 1\,000v = 5\,000$
Ⅱ $1\,500c + 750v = 2\,250$ $\Big\} = 7\,250$

这里我们可以看到一系列的新的复杂性。首先,第Ⅰ部类应该用于积累的500m,必须以这样的生产资料生产出来,其中的4/5是适合于第Ⅰ部类的不变资本的,1/5是适合于第Ⅱ部类的不变资本的。因此，第Ⅱ部类的积累规模取决于于第Ⅰ部类的积累。在第Ⅰ部类中，有一半的剩余价值被用于积累，但在第Ⅱ部类就不可能了，它的750的剩余价值里只有150可以用做积累，余下的4/5则必须被消费掉。

现在让我们来考察一下积累的进一步发展。如果生产确实是以增加了的资本量来进行的，那么到这一年的年底我们就可以得到：

$$\left.\begin{array}{ll} \text{I} & 4\,400c + 1\,100v + 1\,100m = 6\,600 \\ \text{II} & 1\,600c + 800v + 800m = 3\,200 \end{array}\right\} = 9\,800$$

如果积累以这种方式继续下去，到第二年年底我们就可以得到：

$$\left.\begin{array}{ll} \text{I} & 4\,840c + 1\,210v + 1\,210m = 7\,260 \\ \text{II} & 1\,760c + 880v + 880m = 3\,520 \end{array}\right\} = 10\,780$$

在这个例子里，我们假设第Ⅰ部类的剩余价值的一半用于积累，因此 $\text{I}(v + 1/2m) = \text{II}c$。如果要使积累得以进行，那么 $\text{I}(v + m)$ 必须大于 $\text{II}c$，因为第Ⅰ部类的 s 的一部分实际上是不可能转化为 $\text{II}c$ 的，它必须充当生产资料。另一方面，$\text{I}(v + 1/2m)$ 则可能比 $\text{II}c$ 大，也可能比 $\text{II}c$ 小。只不过对于我们目前的目的来说，没有必要详细讨论这一问题。①

增加了的生产要求有更多数量的黄金来满足它的交易。在流通速度不变和不考虑信用的情况下，这个增加了的黄金数量必须由黄金生产来提供。因此，资本主义生产遇到了一个天然的障碍，这就是，虽然信用制度可以将这一限制大大推后一步，但仍不可能将其完全消除掉。

现在让我们来考察包括积累在内的那些流通过程得以进行的必要前提条件。在我们的例子里，我们假设第Ⅰ部类的500m用于积累，其中的400转化为不变资本，那么，怎样的流通过程才能使它成为可能？第Ⅰ部类又用什么货币来购买这400？

我们首先考虑一下单个资本家的积累。在达到某一既定数量之前，他是不可能将剩余价值转化为资本的。因此，在此之前他每年

---

① 更多例子详见《资本论》第二卷第596页以下。

年底都会将一部分剩余价值转化为货币,再将这些货币以储藏货币的形式保留若干年。不同产业部门的资本以及每个产业里的单个资本都是处于剩余价值向资本转化的不同阶段的,因此,当一部分资本家把他已经达到足够数量的潜在的货币资本转化为生产资本时,其他的资本家还在努力地增加着他的潜在的货币资本数量。因此,这两类资本家是互相对立的,即一方是买者,另一方是卖者,各自只能完成其中的一项职能。

假设 A 出售 600($400c+100v+100m$)给 B(他也可以代表不止一个的买者),这时他已经卖掉了 600 的商品并换回了 600 的货币,其中代表 100 的剩余价值已经被他从流通中抽回并被作为货币储藏起来了。但是这 100 的货币仅仅是包含有 100 价值的剩余产品的货币形式,进行储藏的并不是生产的一部分,也不是生产的增长的开始。资本家的行为仅仅是把出售剩余产品所获得的 100 的货币从流通中抽回,然后持有和储藏它。不仅 A 会进行此类活动,而且在流通领域的许多点上还有其他的资本家如 A^1、A^2、A^3 等,也都在热衷于这类货币储藏活动。因此,在许多个这样的点上,货币被从流通中抽回,并被积累成无数的单个的储藏货币或潜在的货币资本;这些点看上去就像流通中的许多障碍一样,因为它们使货币的运动停止,使货币在一个或长或短的时间内失去流通能力。

然而,A 能积累和储藏这一数量的货币,仅仅是因为他是他的剩余产品的出售者而不是买者。他的包含着他要转化为货币的剩余价值的剩余产品的不断生产,是他进行这种储藏的前提条件。因此,虽然 A 从流通过程中抽回了一些货币并储藏起来,但在另一方面他却还在不断地把商品投入到流通过程之中,而并没有从流通中抽回他的其他商品。因此,这样,B^1、B^2、B^3 等资本家也就可以把货币投入到流通中而只抽回商品。

和以前考察简单再生产时一样,我们在这里又看到,年产品的不同组成部分的交换,也就是这些组成部分之间的流通(这种流通必须同时包括资本的再生产以及资本重新恢复它的不同形式,如不变资本、可变资本、固定资本、流动资本、货币资本、商品资本等),其前提绝不是接着以卖为补充的商品的单纯的买，或者接着以买为补充的商品的单纯的卖，以至于事实上，像政治经济学，尤其是重农学派和亚当·斯密以来的自由贸易学派所假定的那样（在与重金主义和重商主义制度的斗争中，由于论战利益的引诱而误入歧途。——希法亭)，只有商品和商品进行交换（也就是说，货币仅仅是流通手段，因而相对来说是多余的。——希法亭)。我们知道，固定资本一经投入，在它执行职能的全部时间内就不用更新，而是以它的原有形式继续发挥作用，它的价值则逐渐地以货币形式沉淀下来。①

这里第一次使货币成为可能的是价值流通对生产过程中固定资本的技术职能的持续性的分离和独立化。因为社会作为一个整体是不可能发生这种分离的；一旦旧的固定资本被报废，必须要有新的固定资本提供出来以便更新。但是对单个资本而言，这种价值磨损部分可以以货币形式保存和持有若干年。

我们又已经知道，Ⅱc的固定资本［Ⅱc的全部资本价值转化为在价值上与Ⅰ(v+m)相等的要素］周期性更新的前提，一方面是Ⅱc中要有由货币形式再转化为实物形式的固定资本的单纯的买，以及与此相适应的Ⅰm的单纯的卖；另一方面是Ⅱc中要有沉淀为货币的固定（损耗）价值部分的单纯的卖，以及与此相适应的Ⅰm的单纯的买。在这里，交换正常进行必须具有的前提是，Ⅱc的单纯的买，按价值量来说，和Ⅱc的单纯的卖相等……不然，简单再生产就会遭到破坏。一方单纯的卖必须要由另一方单纯的买来抵消。同样，这里必须具有的前提是，Ⅰm中的A^1、A^2、A^3等的货币储藏的部分的单纯的卖，必须要与Ⅰm中的B^1、B^2、B^3等把储藏货币转化为追加生产资本要素的部分的单纯的买保持平衡。

既然平衡的形成是由于买者后来作为出售同等价值额的卖者出现，以及卖者后来作为购买同等价值额的买者出现的，那么货币就会回流到在重新购买时就先预付货币的已出售的那一

---

① 《资本论》，第二卷，第576~577页。

方。但是就商品交换本身而言,实际平衡要取决于互相交换的商品具有同等的价值额。

不过,既然发生的只是单方面的交易,一方面是大量的单纯的买,另一方面是大量的单纯的卖;并且我们知道,在资本主义基础上,年产品的正常交易决定了这种单方面的形态变化。所以,这种平衡只有在如下的前提下才能保持:单方面的买的价值额要与单方面的卖的价值额相互抵消。

在所有的这些单方面的交易中,货币不是仅仅作为商品交换的媒介来发挥作用的,而是作为一个过程的发起人和终结者来发挥作用的。在这一过程中,一方仅仅是商品,另一方则是商品价值的独立形式——货币。所以,为了使这种单方面的过程能够持续进行下去,货币是必需的。

商品生产是资本主义生产的一般形式这个事实,已经包含了在资本主义生产中货币不仅仅是起流通手段的作用,而且还起着货币资本的作用,同时也会产生这种生产方式所特有的使交换从而也使再生产(或者是简单再生产,或者是扩大再生产)得以正常进行的某些条件;这些条件会转变为同样多的造成生产过程失常的条件,以及具有转变为同样多的危机的可能性。因为在这种生产的自发形式中,平衡本身就是一种偶然现象。①

通过对其剩余产品的出售,资本家 A^1、A^2、A^3 等形成了他们的追加的潜在的货币资本的储藏。在当前情况下,这个剩余产品由生产资料构成,它们是资本家 B^1、B^2、B^3 等在生产过程中所使用的生产资料;只有在他们手里,这些剩余产品才能发挥追加的不变资本的作用,虽然最终甚至于在它们被售出之前,它们会回到第 I 部类的资本家 A^1、A^2、A^3 等手里并被作为积累而储藏起来。如果我们只考虑第 I 部类再生产的那部分价值量,那么我们依旧处于简单再生产的范围之内,唯一的区别是其他的已经被生产出来的使用价值的不同。在相等的价值量下,在已经生产出来的产品中,更多的是用

---

① 《资本论》,第二卷,第 577~578 页。

于生产生产资料的生产资料,而不是用于生产消费资料的生产资料。

第Ⅰ部类的Im的一部分,以前在简单再生产条件下是与Ⅱc相交换的,因此是用生产资料来交换消费资料的,现在的构成则是用生产资料交换生产资料,以便能够作为第Ⅰ部类的不变资本。仅就这一点我们就可以得出结论:就价值量的考察而言,扩大再生产的物质基础是在简单再生产情况下就已经被生产出来了,它是被第Ⅰ部类的工人阶级的剩余劳动创造的;被直接用于生产资料生产的扩张,是由第Ⅰ部类的追加的可变资本创造的。

资本家A^1、A^2、A^3等的追加的可变资本,是通过他们的剩余产品的出售而形成的,它的形成不需要花费资本家的分毫,而仅仅是追加生产出来的第Ⅰ部类的生产资料的货币形式。

> 因此,追加的潜在货币资本在流通领域许多点上的大规模生产,不外是潜在的追加生产资本的多方面的生产的结果和表现,这种生产资本的形成本身并不是以产业资本家方面的任何追加货币支出为前提的。①

A^1、A^2、A^3等资本家(Ⅰ)的这个潜在的追加生产资本向潜在的货币资本(储藏货币)的相继转化,是由他们的剩余产品的相继出售引起的,因而是由没有购买作为补充的反复进行的单方面的商品出售引起的,这种转化是靠反复从流通中取出货币以及形成与此相应的货币储藏来完成的。这种货币储藏(金生产者是买者的场合除外),绝不包含贵金属财富的增加,而只包含到目前为止处于流通中的货币的职能的改变。以前它作为流通手段执行职能,现在则作为储藏手段以及作为正在形成的潜在的新货币资本执行职能。因此,追加货币资本的形成与一个国家现有贵金属的数量彼此之间是没有任何因果关系的。

由此还可以得出结论:已经在一个国家执行职能的生产资本(包括并入生产资本的劳动力,即剩余产品的创造者)越多、劳动的生产力越多,从而生产资料的生产迅速扩大的技术手段越是提高,因而剩余产品的量,无论是从价值方面或是在价值

---

① 《资本论》,第二卷,第581页。

借以体现的使用价值量的方面越大，那么下列两者也就越大：

（1）A^1、A^2、A^3 等资本家手中的剩余产品形式的潜在的追加生产资本量，以及（2）A^1、A^2、A^3 等手中的要转化为货币的剩余产品的量，即潜在的追加资本的量。

因此，如果说像富拉顿这样的人不知道普遍意义上的生产过剩，而只知道资本即货币资本的生产过剩，那就再一次证明，甚至最优秀的资产阶级经济学家也根本不了解他们的制度机构。①

如果由资本家 A^1、A^2、A^3 等（Ⅰ）直接生产和占有的剩余产品是资本积累即扩大再生产的现实基础〔虽然它要到 B^1、B^2、B^3 等资本家（Ⅰ）手中，才实际以这种资格执行职能〕，那么当它还是作为蛹化成的货币的形式——储藏货币时，也即是作为只是逐渐形成的潜在货币资本时，它是绝对非生产的，它在这个形式上虽然和生产过程平行进行，但却处在生产过程之外。这是资本主义生产的一个净损失。渴望利用这种作为潜在货币储藏起来的剩余价值来取得利润和收入的企图，在信用制度和有价证券上找到了努力的目标。货币资本由此又以另一种形式对资本主义的生产和发展产生了极大的影响。

已经执行职能的资本（剩余产品就是由于它执行职能而产生）的总额越大，转化为潜在货币资本的剩余产品的量也就越大。但是，当每年再生产的潜在货币资本的量绝对增大时，这种资本的分裂也就会更容易。因此，这种资本可以更迅速地被投入到一个特殊的企业中去，不论这个企业是在同一个资本家手中还是在另一些人（例如，参加遗产分配的家庭成员等）手中。在这里，货币资本的分裂是指完全离开原有的资本，以便作为新的货币资本投入到另一个新的独立企业之中。②

当剩余产品的卖者 A^1、A^2、A^3 等取得的剩余产品是生产过程的直接结果时，B^1、B^2、B^3 等却只能通过流通行为才能得到它们。为

---

① 《资本论》，第二卷，第 581~582 页。
② 同①，第 582~583 页。

此，他们首先得积累货币，就像 A^1、A^2、A^3 等所做的一样，通过出售各自的剩余产品才能达到目的。他们的以储藏方式积累起来的潜在的货币资本，现在可以作为追加的货币资本来实际发挥作用了。

这些剩余产品的交换所需要的货币，必须掌握在早期的资本家阶级手里。在简单再生产中，它们是作为用于消费资料花费的收益存在的，它们会按照每个资本家为交换各自商品所预付的货币的量，然后再回到每个资本家手里。但是，在扩大再生产条件下，虽然还是相同数量的货币的再次出现，但它们的职能却改变了。A 等资本家们和 B（Ⅰ）等资本家们会相互交替地供给对方将他们的剩余产品转化为潜在的追加资本所需的货币，从而相互交替地将他们新形成的货币资本重新作为购买手段投入到流通之中。

所有这些需要的前提是：一国现有的货币量（假设流通速度等保持不变）对于能动的流通的需要量来说是充足的。就像我们前面所看到的那样，简单再生产情况下也需要这一相同的前提条件，仅仅是储藏货币的职能在这里有所不同而已。

当然，这种图式的表达方式是非常简化的。很明显，作为一个整体，资本商品产业和消费商品产业之间必须保持一定的比例关系，在它们各自的内部也要保持某种适当的比例关系。这些图式还向我们证明，在资本主义生产中，无论是简单再生产还是扩大再生产，只要能够维持这一比例关系，就都可以不受干扰地进行；反过来，如果比例关系破坏了，比如已损耗的资本与可以用于新的投资的资本之间的比例关系破坏了，那么即便是在简单再生产条件下，仍然会发生危机。因此，我们绝不能得出结论说：资本主义生产的危机是由其内在的大众的消费不足所引起的。消费的过快膨胀与资本商品的生产不变或减少一样，都可以引起危机。由这些图式本身我们同样不能得出下面这个结论：普遍的商品生产过剩是可能的。但是，在现有的生产力所允许的范围内，生产扩张看上去是具有可能性的。

第 17 章 危机的原因

如果要分析资本主义生产中必须存在的复杂的比例关系（尽管它的特征是生产的无政府状态），那么就会导致提出这样一个问题：谁对这一比例关系的保持负责？很明显，由于价格调节着资本主义生产，因此是价格机制执行着这一职能，价格的变化决定着生产的扩张或收缩以及新的生产线的建立等。这也解释了价值规律这一客观规律作为资本主义经济体中唯一可能的调节者的必然性。对这些比例关系的干扰，必须从对这种生产的特殊调节的干扰来解释，也就是说，通过使价格不再成为生产必要性的适宜显示器来对价格构成进行干扰。由于这种干扰会周期性地发生，因此对价格构成的干扰也显示出了周期性。

资本家主要关注的不是他的产品价格的绝对水平，而是市场价格与成本价格之间的差额，换句话说，关心的是利润水平。这决定了他会将他的资本投向哪一个生产领域。如果出现了明显的利润率减少的情况，那么新的投资就会终止，尤其是在进行大规模的固定资本投资的时候，因为这些资本会被束缚相当长的一段时间，而固定资本的价格是计算利润率的关键性因素。

正如我们所知的，资本有机构成是变动的。由于技术的原因，不变资本的增长快于可变资本，固定资本的增长也快于流动资本。可变资本在资本中所占的份额的相对下降，导致了利润率的下滑。危机意味着销量的下滑。在资本主义社会，销量的下滑是以新投资的停止为前提的，而它又是以利润率的下滑为前提的。这种利润率的下滑是由资本有机构成的变化所引起的，而后者又是新的资本投资的结果。危机仅仅意味着利润率下滑的开始，但是在危机之前会有一段长时期的繁荣,在那一时期里,价格和利润都很高。这种资本主义世界的转折是如何产生的呢?从狂热的活动、高昂的利润、加速积累的极乐世界,变成了销量下滑、利润萎缩和广泛的资本闲置这样的毫无希望或绝望的世界,这种转变是如何发生的呢?

每一次的产业周期都是从生产的扩张开始的,其原因会因为特殊的历史条件不同而有所不同,但一般来说都可以归结为新市场的开拓、新的生产部门或企业的设立、新技术的引进和由于人口的增长所导致的需求的增长这几方面。需求增加时,某些生产部门的价格和利润都会上升,它们就会增加产出,从而为它们的生产提供生产资料的那些生产部门的需求也增加了。新的固定资本投资以后,旧的和技术过时了的设备都会被替换掉,这些都会是大规模的。当每个产业部门都由于其他产业部门所创造的对其产品的需求进而导致其生产扩张时,这个过程就变成普遍的了。各个不同的产业部门之间相互支持与依靠,它们各自成了对方的最好的顾客。

因此,周期是以固定资本的更新和增长开始的,它是推动繁荣到来的主要因素;随着持续的扩张,这种新投资也会伴随着对所有的现有生产力的最大程度的利用。

> 所使用的固定资本的价值量和寿命,会随着资本主义生产方式的发展而增加,与此相适应,每个特殊的投资部门的产业和产业资本的寿命也会发展为持续多年的寿命,比如说,平均为10年。一方面,固定资本的发展会使这种寿命延长,而另一方面,生产资料的不断变革(这种变革也随着资本主义生产方式的发展而不断加快)又会使它缩短。因此,随着资本主义生产方式的发展,生产资料的变换加快了,它们因无形损耗而远在自己有形寿命终结之前就要不断补偿的必要性也增加了。可以认为,大工业中最有决定意义的部门的这个生命周期现在平均为10年。但是,这里的问题不是在于确定产业的寿命。无论如何下面一点是很清楚的:这种由若干相互联系的周转组成的包括若干年的周期(资本被它的固定组成部分束缚在这种周期之内),为周期性的危机创造了物质基础。在周期性的危机中,产业的运行要依次通过松弛、中等活跃、急剧上升和危机这几

个时期。虽然资本投下的时期是极不相同和极不一致的，但危机总是大规模的新投资的起点。因此，就整个社会来考察，危机又或多或少地是下一个周转期的新的物质基础。①

但是，除了我们上面已经说过的需求的增加之外，还有另外一个原因也会引起繁荣开始阶段利润率的上升。首先，需求增加的结果会缩短资本的周转周期，而这二者又是同时出现的。既定产出所需的劳动时间被缩短了，因为技术进步使得更快的生产成为可能。比如，采矿业中辅助工人的使用被压低到保持现有产出所需的最低限度，以及机器通过加快运转速度，特别是使延长工作时间（通过清除空闲班次、加班加点和增加雇佣工人）等方式得到了更为有效的利用。其次，周转时间还会因为销售的顺利进行以及销售时间被压缩到零（因为工人是按订单来进行生产的）而得到缩短。许多重要的产业部门与相对遥远的国外市场相比，它们增加了在距离更近的国内市场上的销量，这也缩短了流通时间。所有这些因素都导致了年利润率的上升，因为生产资本（包括生产剩余价值的可变资本）的周转变得更快了。

周转时间的缩短还意味着相对于生产资本而言，产业资本家预付的货币资本量减少了。首先，在不大量增加货币资本需要量或者至少没有相应增加的基础上，通过加快机器的运转速度来缩短所需要的劳动时间的方式，以及普遍地对现有生产要素的更集约的使用，使得现有生产资本得到了更为有效的利用。其次，流通时间缩短了，使得资本家在流通时间内除了真正在生产过程中执行职能的资本之外，手里还必须掌握的那一部分资本量减少了。这样，与在生产中执行职能、创造利润的生产资本相比，仅仅用于流通目的的非生产性的资本减少了。同时，流通时间的压缩和周转的加快，还减少了作为商品储备闲置的、只能造成非生产性费用的那一部分资本的数量。因此，年剩余价值率和年利润率都上升了，并且后者的上升幅度还要更大一些，因为用于流通的资本数量减少了。同时，剩余价值总量也会增加，从而增加了积累的可能性。

---

① 《资本论》，第二卷，第211页。

因此,产业的繁荣仅仅意味着资本增殖条件的改善。但是,造成最初的繁荣的那些条件自身,也潜在地包含着使增殖条件逐渐恶化并最终导致新的投资的停止和销量的明显下滑的不利因素。

比如,在产业周期的第一阶段,如果需求的增加带来了利润率的上升,那么这种上升只会发生在后来的利润率下降的准备阶段。在繁荣时期,有大量的新资本投资,这反映了技术进步的最新进展情况。正如我们所知,技术进步会表现为更高的资本有机构成,而这意味着利润率的下降和资本增殖条件的恶化。导致利润率下降的原因有两个:第一,由于可变资本在总资本中所占的比例的下降,因而在相同的剩余价值率下,利润率会变低。第二,由于与流动资本相比,固定资本的数量增加了,因此资本的周转时间会被延长,这也会导致利润率的下降。

还有其他一些情况也会导致周转时间的延长。在繁荣的高峰期,单位产出的劳动时间也许会因为劳动力的短缺尤其是熟练工人的短缺而增加。在这里我们还没有进一步考虑这一时期经常发生的工资争议问题。还有其他一些对生产过程的干扰是由于对不变资本的过度使用而造成的,比如,在机器超高速运转的情况下,由于雇用了不熟练工人因而可能导致对机器的损坏,或者为了完全充分地利用产业短暂的繁荣时期进而忽略了机器的保养和维修。随着周期的继续,周转时间又再度变长了。一旦国内需求得到满足,国内企业就不得不去寻找更为遥远的国外市场,因而商品的销售和它们再转化为货币的时间就延长了。所有这些因素都导致了利润率在繁荣的第二阶段就开始下降。

还有一些其他的因素需要考虑。第一,繁荣时期,对劳动力的需求也会增加,劳动力价格的上涨,意味着剩余价值率的减少从而利润率的下降。第二,利息率会逐渐上升到正常水平之上,原因我们后面再讨论,结果会导致企业利润率的下降。当然,银行资本的利润会因此而增加(这一点经常被忽略)。但是在这一时期,银行不再能够为生产的扩张提供货币。首先,商品和证券的投机此时正是最盛行的时候,它们对信用供给的需求增加了;其次,正如我们现在所看到的那样,生产者之间相互提供的流通信用已经不能满足增长的需求了，因此不得不需要银行的帮助。而此时银行会趋向于以流动形式即货币来保持自己的利润，但这会阻碍它向生产资本的转化，进而阻碍任何实际的积累和再生产过程的扩大。同时，这还意味着对生产过程的干扰，因为银行提高利息率和以货币形式持有，其结果是阻碍了货币资本的再转化，从而使一部分原本打算用于扩大再生产的生产资本将无法销售出去。因此，企业利润的下降，对整个资本家阶级来说，都意味着增殖实现条件的恶化和更低的积累水平。

前面我们说过，当出现利润率下降的趋势超过由需求增加所导致的价格和利润上升的趋势时，危机就会从这一时刻开始。这里有两个问题：第一，为繁荣的结束准备了条件的这些趋势，是如何在资本主义竞争中并通过这种竞争来实现的？第二，为什么当它以危机的形式实现时，不是逐渐地而是突然地？后一个问题的重要性要小一些，因为对商业周期的波动性特征而言，繁荣与萧条的相互替代是具有决定意义的，因此这种变化的突发性就变成了次要的了。

现在我们至少清楚了，如果繁荣时期的价格上涨是普遍的和统一的，那么这种上涨就纯粹只是名义上的。如果所有商品的价格都提高了10%或100%，那么它们之间的这种交换比例关系就会保持不变。① 这种价格上升对生产也不会产生影响，也不会有资本在不同生产部门之间的重新分配，比例关系也不会发生变化。如果生产是在适当的比例关系（就像我们前面用图式所作的说明那样）下进行的，那么这种比例关系就不需要改变，并且也不会受到任何的干扰。然而，如果价格的变化是不一致的，那么情况就不一样了。价格构成的变化可能会造成不同的生产部门之间比例关系的改变，因为价格和利润的变化对资本在不同生产部门间的配置具有决定性的作用。一旦价格的上升必定伴随着的资本分配的巨变变得十分明显

---

① 从表面上来看，经济繁荣一般伴随着普遍的物价上涨，而经济萧条则一般伴随着普遍的物价下跌。这也是为什么大家一直都在从币值改变的角度来研究经济危机的原因。迷惑人的货币数量理论，就是把这种现象当做自己理论的基石。

时，这种可能性就变成了现实性。而且实际上，这些阻碍价格一致性上涨的因素的存在是很容易被观察到的。

在不考察技术革命而仅仅考察普通的、持续的技术进步的情况下，我们可以说，资本有机构成的最大变化就是利润率的下降，这种下降会在新机器的使用和固定资本总量最多的时候发生。因为已经被使用的机器和科学知识等的数量越大，生产过程的合理性、技术改进和更多科学方法的利用的可能性也就越大，因此资本有机构成提高的趋势也就更加强了。然而，资本有机构成的提高仅仅是生产率提高的经济表现，它意味着生产相同数量产品的价格降低了。因此，新的投资获得了超额利润，资本会流向这些投资领域。此时，干扰因素也开始出现并发挥作用了，从这些新投资中所获得的超额利润越大，投向这些领域的资本就越多。只有当这些产业部门的新产品投入市场并造成过量的供给压低了价格的时候，这一运动才会有所改变。① 然而同时，这些产业部门的需求会提高其他产业部门的产品的价格，使那些产业部门对资本产生吸引力。不过，因为它们的规模小一些以及技术发展水平较低，所以超额利润也会少一些。更进一步的结果就是，后一个产业部门的价格上涨会更大一些，因为它的资本增加的程度没有前者大。在前一个产业部门当中，超额利润是相当高的，后者则相对低一些。但是随着资本不断地流向第 I 部类所带来的超额利润的下降，和第 II 部类因为只有较少量的资本流入所造成的价格上升，二者间的超额利润差别会逐渐地平均化。

随着资本主义生产的发展，固定资本的数量增加了，不同产业部门之间所使用的固定资本量的差别也相应地扩大了。然而，固定资本的数量越大，建立新工厂所需要的时间也就更长了，从而不同

---

① "毫无疑问，洛林—卢森堡地区的采矿业和钢铁业发展得十分迅速。这一地区的经济繁荣非常引人注目，因为它使得许多新企业在该地区落户，并在经济繁荣时带动了内需的增长。但是那些新开工的企业基本都是在1899年和1900年的春天开始生产的，而那时经济繁荣的巅峰期已经过去，这些新企业仅仅是增加了商品供给而已。当这些新企业由消费者转变为了生产者时，市场上的生产能力已大量增加，生产过剩的现象便不可避免"（《1900年以后的德国经济生活的纷扰》，第二卷，《矿业和制铁业》，第48页）。

的产业部门之间生产扩张所需要的时间的差别也就更大了。投资一个新工厂所花费的时间越长,它适应消费需求也就更为困难一些,供给也就更落后于需求,价格的上涨就会更大一些,资本积累的刺激在这些产业部门里也就会变得更普遍。

固定资本的数量越大,它达到提高效率和劳动生产率这一目的所需要花费的时间也就越长。然而,在它做到这一点之前,供给会持续地落后于需求。高炉数量的增加、新煤矿的开采和完成新铁路的建设所需花费的时间,要比增加纺织厂和造纸厂所花费的时间更长。因此,更高的资本有机构成必然会带来利润率的长期下降,而且由于这些部门的供给的增长相对慢于需求,使得竞争环境也发生了变化,因而它们的价格上升程度也会比其他部门更高一些。它们的利润不仅不会减少,反而会随着资本有机构成的提高而提高,并带来价格上升的趋势。由于资本流入了那些拥有最高利润率的部门,因此那些积累起来的新资本也会被大量引入这些部门,并且这一过程一直会持续到新投资完成和新工厂产生了更强的竞争力为止。因此,与资本有机构成较低的部门相比,那些有着最高的资本有机构成的部门,出现了过度投资和资本的过度积累的趋势。当第Ⅰ部类的产业部门(指资本有机构成最高的产业企业)的产品到达市场时,这种比例关系的失调就会表现出来,这些新产品的销售会受到阻碍,因为具有较低有机构成的部门的产品没有相同程度的增加,或者说没有按相同的速度增加,而是增加得更迅速,虽然集约度比对方低。这就解释了为什么在拥有最先进技术的生产部门,危机所造成的后果总是更严重一些,比如早期的棉纺厂和后来的重工业产业部门。一般来说,在资本周转时间最长、技术最进步和创新最先进从而有机构成也最高的那些部门,危机总是最严重的。

危机本身将价格和利润压低到了正常水平以下,即生产价格和平均利润率以下。生产萎缩了,弱小的工厂倒闭了,给那些即便是在这么低的价格水平下也能获得平均利润的企业留下了活动空间。但是,这个平均利润率现在的水平跟原来不一样,它不再反映产业周期开始时存在的那种有机构成状况,而是反映变化了的、更高的资本有机构成状况。

相反，那些固定资本数量相对较小的产业，则可以较快地适应消费的需求，价格的上升也会更有限一些（暂不考虑原材料的价格波动），也没有多少资本积累的冲动。新的寻求投资场所的资本都集中在价格上升最快及上升幅度最大的生产部门，这也是比例失调产生的其中的一个原因；另一个原因是，一般来说，固定资本越密集，危机的后果就越严重，而那些固定资本量最大的生产部门，危机的后果是最严重的。

我们这里还要补充说明的一点是，某一时间上生产部门的技术水平所要求的资本量越大，其生产增长在数量上准确地满足消费增长的难度也就越大。投资建一家小钢铁厂来增加钢铁的产量，在技术上是不合理的，因而也是不经济的。在这里，技术的必要性支配着扩张的规模，它是丝毫不考虑这种扩张是否与消费需求相适应的。一旦现有的生产力得到了充分的利用（这种生产力的利用的可能性的变动是适应需求的细微波动的最重要的因素），那么重工业的扩张的发生就只能是大规模的、突然爆发的，而不是资本主义初期的那种小规模扩张。轻工业在这方面的适应性要强得多，因此它在这一时期的价格上升幅度会小一点。

除了这种由有机构成的差别所导致的价格构成上的比例失调之外，还有其他一些由自然条件导致的比例失调。我们已经看到，在那些较高资本有机构成的部门有着过度积累的趋势。这些部门不仅是原材料的大消费者，而且也是其他产业的原材料和半成品（铁、煤）的供给者。它们就有可能产生对比例性的干扰。

我们在第二卷中已经看到，在商品转化为货币即出售之后，这个货币的一定部分必须按照每个生产部门的一定技术性质所需要的比例，再转化为不变资本的各种物质要素。在这里，撇开工资，也就是撇开可变资本不说，对一切部门来说，最重要的要素是原料，包括辅助材料在内，而在不使用真正原料的生产部门，例如采矿业和一切采掘工业部门，对它们来说辅助材料特别重要……如果原料的价格上涨了，那么在扣除工资之后，它们就不可能从商品的价值中得到完全的补偿。因此，剧烈的价格波动会在再生产过程中引发生产中断、巨大的冲突甚至灾难等。特别是真正的农产品，即从自然界得到的原料，由于收成的变化不定等（这里我们还是完全撇开信用制度不说），它就会发生这种价值变动……第二个要素（在这里，我们仅仅为了完整起见才提到它，因为竞争和信用制度还是不属于我们这里所考察的范围）是，按照事物的性质，植物性物质和动物性物质不能以像机器和其他固定资本、煤炭、矿石等等那样的规模突然增加，因为前两者的成长和生产必须服从一定的有机界规律，要经过一段自然的时间间隔，而后面这些东西在一个工业发达的国家里，只要有相应的自然条件，在最短时间内就能增长起来。因此，由固定资本即机器等组成的不变资本部分的生产和增加，可能会在发达的资本主义生产中会比由有机原料组成的不变资本部分增加得更快，其结果是对有机原料的需求也会比它的供给增加得更快，因此，它的价格会提高。这种价格提高实际上会导致如下的结果：（1）这种原料会从较远的地区运来，因为提高的价格可以弥补较贵的运费。（2）这种原料的生产会增加，不过按照事物的性质，也许要在一年以后产量才会实际增加起来。（3）以前没有使用过的各种代用品会被利用起来，废料会更经济地加以利用。如果价格的提高开始非常明显地影响生产的扩大和供给，那么这多半表明已经达到了一个转折点：由于原料和用原料作为要素加入的各种商品长期持续地涨价，需求下降了，因此对原料的价格产生了一种反作用。撇开这种反作用由于不同形式的资本的贬值所引起的动荡不说，还会出现一些别的情况，我们现在就来谈谈这种情况。

　　首先，从以上所说的情况中我们可以清楚地看到，资本主义生产越发达，因而由机器等组成的不变资本的部分突然增加和持续增加的手段越多、积累越快（特别是在繁荣时期），机器和其他固定资本的相对生产过剩也就越严重，植物性原料和动物性原料的相对生产不足也就越明显，并且我们上面所说的原料价格上涨的现象以及随后产生的反作用也就越显著。因此，由再生产过程的一个主要要素的这种剧烈的价格波动所引起的剧变也就越频繁。①

因此,在生产史上,我们越是接近现代,就越会经常地发现,特别是在具有决定性意义的产业部门中,从有机自然界获得的原料是处在一种不断重演的变动之中:先是相对的昂贵,然后是由此引发的贬值。②

这些干扰因素还会得到由固定资本再生产方式所引起的那些因素的补充。我们已经看到,在简单再生产中,被消耗掉的固定资本必须等于新投入的资本。实际上,这个条件从来没有真正实现过。为了弥补这一状况,一方面必须要有经常性的剩余固定资本要素的供给,即商品的储备,另一方面则需要有货币的储备。一定数额的商品储备和一定数额的货币储藏,是再生产的条件,否则在某一点上生产就会经常陷入停滞状态。资本自身的弹性也可以帮助它减少波动,可以通过加速生产和工人加班工作等方式,使得某些迫切需求的满足成为可能。对一切生产能力的滥用,一方面减少了商品储备,另一方面也减少了货币储备(绝对量和相对量),因此也消灭了在正常状态下有助于补偿这种不平衡的因素。货币资本储备量的减少在危机时期变成了绝对的,因为一方面产业资本家对货币的需求在这一时期达到了最高峰,另一方面则是对作为支付手段的货币的需求也在迅速增长,因为这一时期资本回流的速度开始变慢,并且商业信用也开始增长。销售上任何一个更进一步的减少,现在都无法通过提取准备金来得到解决,因此会导致企业破产。

比例性还会因为生产和消费之间关系的变化而受到干扰。在繁荣时期,价格和利润都增加了,这样商品价格的上升幅度必然并且也必须大于工资的上升幅度,否则就不可能增加利润。结果,在新产品中,企业家阶级所占的份额的增加要快于工人阶级。从绝对意义上说,消费是增加了,因为和工人阶级一样,企业家也会增加消费。但是积累的增加会更为迅速,因为在这一时期,资本积累的动力是十分强大的,而且通常它与奢侈品消费开始增长有一段时间间

---

① 《资本论》,第三卷,第139~141页。
② 同①,第143页。

隔期。人们对奢侈品的需求在任何情况下都是非常富有弹性的，很容易使自身适应积累的冲动。因此，利润的进一步使用会发生调整：一个相对大的部分用于积累，另一个相对小的部分用于消费。这意味着消费的增长没有跟上生产增长的步伐。还有一点要注意，消费中有一部分是保持不变的，因为它依赖于固定工资或那些不能直接从生产中获得的利益收入。这些收入阶层只会受到生产波动的直接影响。

因此，比例关系的破坏是由商业周期过程中价格构成受到干扰所造成的。上面我们提到的所有因素都意味着市场价格与生产价格的分离，因此干扰了对生产的调节，而对生产进行调节的程度和方向都是由价格构成决定的。很明显，这种干扰最终会导致销售的停滞。另外，它还会与信用体系的各种现象相伴随，而这正是我们下面要作进一步分析的。

第 18 章　商业周期过程中的信用条件

在繁荣时期开始时，原来一直维持的低利息率开始缓慢和逐步地上升。借贷资本是很充足的，生产的扩张和因此而带来的流通的扩大，也的确增加了对借贷资本的需求。但是这种增加的需求很容易得到满足。首先是因为，在萧条阶段上处于闲置状态的货币资本现在可以获得使用了；其次是因为，在繁荣时期的开始阶段流通信用也扩张了。因此，当产业资本家和商业资本家的必须再转化为货币资本的商品，在数量和价格上都增加了的时候，它们的流通所必需的流通手段是由信用货币量的增加来提供的。除了信用货币量的增加之外，它们的流通速度还由于商品资本周转的加速而加快了。由信用货币的创造所带来的借贷资本供给的增加，足以在不提高利息的情况下来满足对借贷资本的增加的需求。

在这一时期，借贷资本的供给还会因为生产者在周转期间必须掌握的货币资本量的减少而增加。因为对生产者而言，他们在周转期间所需掌握的货币量取决于周转时间；而在繁荣时期，由于周转时间缩短了，从而完成同等数量的交易所需要的货币量就可以减少，这样就有一部分资本被释放出来了，它们在货币市场上充当借贷资本。

然而，随着繁荣的继续，这些条件发生了变化，这种渐变反映在了利息率的逐步上升上。前面我们已经看到，在繁荣期间资本的周转时间延长了，不同生产部门之间的比例关系也出现了失调。周转时间的延长或者说销售的大大减缓，意味着信用货币流通速度的减慢。一个原本是三个月到期的票据，如果它的货币形式所代表的那个商品要到四个月后才能支付，那么这个四个月到期的票据也就不能支付兑现了。这个票据就只能是或者延期支付，或是以现金结清。延期支付意味着要借助于银行提供的信用或资本信用，还意味着对银行信用需求的增加。对银行信用的需求的增加将会变成普遍现象，因为延期支付的需求不只是影响单个资本家，而且还会影响到整个生产资本家阶级中的一部分人。对银行信用需求的增加仅仅是由这一事实造成的：流通信用和生产资本家之间相互提供的信用已经不够了，对现金的需求也增加了。因此，银行信用需求的增加所产生的直接结果就是利息率的提高。

以销售的停滞为主要表现的日益增加的比例失调也有同样的后果。一种商品必须交换为另一种商品，如果信用货币代替了现金执行其职能的话。如果商品的周转停止了，那么现金就会代替信用货币。如果因为票据所代表的商品卖不出去进而无法到期支付，那么票据也就不能兑现了；如果它必须兑现，那就只能求助于银行。这样银行信用就会代替流通信用。对某个产业资本家而言，他的商品销售所收到的货款是通过流通信用（这意味着最终他的商品会被交换为另一种商品）还是通过银行信用（在这里，他的商品还没有最终交换为另一种商品），这二者是没有区别的。当然，现在他不得不支付一个更高的利息率，但是他不理解这其中的原因是什么；即便是他理解了，也不会有任何改变，而且对他也没有好处。无论如何，现在的价格和利润都还比较高，他还需要用从他的票据中所获得的货币资本来继续维持他原有规模的生产。他根本没有意识到，他现在所使用的货币资本不再代表着是由他自己的商品资本转化而来的，实际上那些商品还根本没有售出呢。他也没有意识到，现在他是用他从银行借来的追加货币资本来继续他的生产的。

但这是一个具有十分重要意义的情况。开始时的比例失调会以其自身成为商品储备的形式来表现。在流通过程的一些点上，商品肯定发生了滞销。商品储备会对市场产生影响，如果这些商品必须被售出并进而用从它的销售中所获得的货币才能维持生产的话。这种情况会影响市场、价格和利润，要避免这种影响的发生，就只能通过银行向生产者提供货币资本才行。因此，信用可以减缓最初的比例失调。生产可以不受影响地继续，甚至于那些价格很高的生产部门还可以扩大生产，因为货币资本的获得有效地防止了由商品对市场的压力所造成的价格下降。这样，生产看上去似乎处于一种十分完美的健康状态，即便此时不同生产部门之间的比例失调已经进一步强化了情况也是如此。

最初由周期过程中比例关系的变化所决定的利息率水平的变化，现在反过来对新企业的建立、商品和证券投机从而证券交易所的整体状况，都产生了最重要的影响。在繁荣的最初阶段，利息率低，如果其他条件相同，那就会导致虚拟资本市场价格的上涨。这一部分的虚拟资本的价格，就像国家债券和公众公司发行的债券以及某些种类的可抵押债券一样，都有固定的和可靠的收益，它们的价格上升是利息率下降的直接结果。就股票而言，由于利息下降所带来的股价上升，会受到股息的减少和收益不确定性的扩大两者的阻碍，但是繁荣却消除了这种阻碍或相反的趋势。因此，即便是在利息率非常低的情况下股票价格依旧会上涨，因为收益增加了，可靠性也提高了。同时，投机也增加了，其目的在于从股票价格的上涨中获取利益，股票需求也因此提高了，结果当然会使其价格进一步上涨。生产的扩张导致了更多的新企业的创立活动，而且这些新企业的资本也增加了。在股票发行中，银行变得十分活跃，因为低利息率和较高的股票价格，使得这类发行活动能给银行带来巨大的利润。新股票在证券交易所很快就被销售一空，公众的购买热情也很高。不过这里我们所说的公众，指的是那些拥有借贷资本的资本家。在这一时期里，创业活动是最活跃的，银行从它们的发行活动中获得的利润也是最高的。货币的流动性是有利于投机活动的，因为这类活动依赖于它所能获得的信用。这一时期的低利息率情况导致在繁荣初期就连股票价格的小小波动，也能使投机从中获利。证券交易十分活跃，交易量也很可观，甚至价格波动也是最小的，而且这些波动也似乎在促成价格水平的提高。这种价格水平的提高，一方面是由证券量的增加和价格上涨所导致的，另一方面也是由成交量的增加和成交价的提高所导致的，它意味着更多的信用被用于差额的结清，因此也意味着需要更多数量的货币。因为这一时期的投机买空多于卖空、买进超过了售出,因此最后需要结清的差额也就扩大了。由股票交易所导致的对信用需求的增加与供给的增加不是对应关系,不像生产资本家的需求的增加可以直接用流通信用的扩张来予以满足。因此,这种需求的增加会直接导致利息率的上升,并使在生产领域中出现的利息率提高的趋势进一步得到增强。

类似的情况也会出现在商品投机领域,人们试图利用价格上升获利并强化这一上升趋势。一方面,可以从其他市场买进本市场内价格升高了的商品从而增加供给,因为每个进口商对他人的活动都一无所知,因此最终很容易造成供给超过需求的局面,导致市场上商品的积压;但是另一方面,像证券投机一样,商品投机也是力图维持甚至有可能的话还会促进价格的上涨。因此,商品会从市场上被抽离尽可能长的时间以利于价格的上涨;科奈尔的情况会重新产生,以制造人为的短缺的方式来推动价格的上涨。为了将商品从市场中抽回,又再次需要借助于信用了,这也会造成利息率的提高。

同时,产业的繁荣也变得普遍并发展到了顶峰,价格和利润达到了最高水平,股票的价格也因为收益的增加而上涨了。投机因为整体上都是获利的,因此利润也增长巨大。投机获利的言论在广泛传播,普通大众也日渐增加地被吸引到证券交易活动中,因而给了那些职业投机者一个以牺牲大众利益为代价来扩大自己的交易和收益的机会。由于利息率已经提高了,因而如果要使投机依旧有利可图的话,那么证券交易价格的变化就必须大到足以阻止投机收益被高利息吸走的程度。事实上,现在还主要是这种方式的波动,因为来自产业的消息不再全部都是利好的了,而且虽然利润还在继续增加,但已经在有些地方开始出现了增长的停顿,销售也不再是那么顺畅了;一旦银行开始认为执行鼓励投机的政策可能是有害的,那么信用的获取就会变得更加困难了。尤其是在普通大众都加入到投机活动中的时候,那些人中有相当大的一部分人是没有投机的自有资本的,或者是只有很小的自有资本,商品市场的情况也是如此。

然而,利息率的上升是倾向于降低股票交易的价格的,它最终会达到这样一点,即在这一点上,投机者推高价格的努力会停止。

第18章 商业周期过程中的信用条件

如果一些原来提供给投机者的信用被抽回的话,那么这一点还会到达得更快一些。我们已经看到,当繁荣持续时,生产资本家不得不增加对银行的需求,其原因除了我们前面已经提到的之外,这里还必须再补充一点,这就是利息率是创业利润水平的决定因素。繁荣时期持续的高利息率减少了创业利润,结果限制了股票发行;而且这一时期的投机已经饱和了,不可能再在现行的高价下吸收更多的发行了。这样,银行就面临着它将无法支配新的股票发行的危险,或者不得不以相对低的价格来进行发行。

产业的需求现在要靠银行本身来满足。银行不再发行股票,而是提供银行信用,而生产资本家不得不为此支付更高的利息。但是,产业对银行的要求越多,银行能够提供给投机者的资金就越少。因此,投机不得不缩减,这就意味着证券需求的下降和股票价格的下跌。由于保持股票价格水平是获取用于投机目的的信用的基础,因此,现在必须提供追加信用所需的抵押证券或者其他可以作为信用基础的证券来支持股票的价格,这些主要是由投机家提供的,其他人,特别是那些作为追随者的普通大众,是无法提供的。因此,这就出现了抵押股票的强制拍卖,股票供给的突然增加会导致交易价格的迅速下降。这种价格下降由于职业投机者的转变而进一步加剧,这些职业投机者已经认识到了市场的危险状况,现在改做卖空交易。价格下跌导致对信用的更多限制和新的强制拍卖,下跌变成了狂跌,股票交易的危机和金融恐慌出现了。有价证券急剧贬值,并迅速下降到正常利息率下的它们的真实收益水平之下。这些贬值了的有价证券被大资本家和银行买走,以便在恐慌结束之后股票价格再度回升时,他们再以较高的价格将其售出。这一过程会一直持续到下一个周期,对一些投机者的剥夺以财产集中到货币资本家手中的情况会再度发生,通过虚拟资本的集中,证券交易会再度执行其财产集中化的职能。

因此,证券交易危机的直接原因是货币市场和信用条件所发生的变化,由于这种危机的出现是直接由利息率水平决定的,因此它可以在普遍的商业和产业危机开始之前的一段时间内就发生。但是,这仅仅是后者的危机的一个征兆或者预兆,因为货币市场的变化实际上也是导致危机产生及变化的决定因素。①

股票投机的发展与商品投机的发展是十分相似的,除了其中的一点,即由于商品投机的性质,使得它与生产条件的关系更为密切。这里也会出现由于利息率的上升和限制信用,使从市场上抽回商品以维持价格水平变得更加困难。同时,高价格鼓励了产出的最大化、增加了进口并限制了消费,直到市场最终崩溃。如果这种商品的价格会影响到股票交易的价格,比如制铜行业就是这种情形,商品投机的崩溃也许就是股票交易投机崩溃的信号。

货币市场条件的变化对银行利润的性质和数量具有决定性的影响。在繁荣的开始阶段,利息率低,股票发行的利润大。我们已经看到了在周期过程中它们向相反方向运动的过程,而且在整个周期期间,银行作为流通信用的中介所获取的佣金在增加,从而银行利润也增加了,以及银行货币经营资本的利润也增加了,因为生产资本家现在有更多的支付。总之,当利息率上升时,银行资本从生产利润中拿走了一个更大的份额,这是以牺牲企业家的收益为代价的;银行还获得了更多的投机利润,而这是以牺牲投机者的差额利润为代价的。利息率越高,金融资本在繁荣果实的分享中所占有的份额就越大。在繁荣持续期间,货币资本会增加其在生产资本所创造的利润中占有的份额。

我们还看到,在周期过程中,当流通信用量达到其最大限度时,对银行信用的需求就会增加。由于生产的扩张意味着流通的增长,而所需的流通手段也会增加,因此对银行信用的需求也会增长。银行准备金因此会逐渐耗尽,并最终促进对中央发券银行的要求。销售的缓慢使得票据的流通也变慢了,因此减少了流通信用量,从而必须由银行信用来填补这一缺口。但是,比例的失调及其全部的后果还在继续,它对银行信用的影响作用会因为投机需求的增加而强化。这样,银行信用就逐渐紧张起来,直到有一天如果不增加准备

---

① 我认为股票交易危机只是商业危机的一个因素而已,股票交易危机和投机危机也是可以相互独立并发生的。在工业经济的繁荣初期,由于投机者过早地赚取了繁荣所带来的利润,因此股票交易的危机会经常发生。1895年维也纳发生的股票交易危机就属于这种情况。

金的话，银行就无法再进行信用扩张了。当流通不能通过信用的使用来继续扩张时，就会出现对现金的需求，因为现金进入流通领域后不仅准备金的数量可以减少，而且银行也会被迫进一步增加对信用提供的限制。这种限制意味着产业不再能纠正并消除由比例失调带来的干扰，因为无法得到所需的货币资本；支付手段已经无法通过信用来获得了，因此只能是在市场上进行商品倾销。其结果是，商品价格开始下跌，但是由于原有的价格水平是所有信用交易的基础，因此这就意味着，用这些商品的出售所获得的货款来支付以前对这些商品开付的票据，其数量是不够的。为了完成支付，就只能是求助于货币了，而此时货币的供给却在减少。由于流通信用量在迅速减少，再加上价格下降，票据出现贬值因而收回的货币量也就减少了。与此同时，银行信用不能扩张，因为下降的价格使得生产者能否准时归还贷款成了值得怀疑的问题。因此，这种对支付的需求导致了它不可能被满足，信用也达到了其极限；不仅利息率达到了其最高点，而且根本就得不到信用，因为信用体系的动摇产生了这样的结果：那些手里掌握现金的人会留着这些钱以供自己的支付。只有一个途径可以获得支付手段，那就是将商品转化为货币。每个人都想售出他的商品，出于相同的原因，没有人愿意买进商品。价格已经大大下降了，商品还是卖不出去。销售将完全停止，流通信用也消失了，因为无论流通怎么减少，它所带来的对流通手段需要量的减少总是小于信用货币量的减少。必须用现金来替代信用，这样对支付手段的需求就变成了对现金的狂热需求。

这种需求的结果取决于如下具体情况：商品价格的暴跌对产业资本家的支付能力产生了致命的影响，使得他归还银行贷款的能力成了值得怀疑的事情。如果银行把钱借给了没有还款能力的产业资本家，那么产业资本家的破产就会殃及银行，而银行以其存款所获得的信用以及所接受的那些债券等，都会突然被摧毁。于是就会出现挤兑风潮，所有存款都会被要求兑付成现金，而此时只有很少的一部分存款还在银行没有被贷出；存款没有了，恐慌可能会波及和扩散到其他银行，因此迫使银行一家接一家地关闭。这样，银行危机爆发了。信用体系的崩溃，这就像马克思所说的，它向货币主义的转变，使得唯一可以接受的支付手段就变成了现金。但是，现有的现金数量肯定是不能满足流通需要的，尤其是在当前这个时期，恐慌会造成现金的大量储藏。结果，现金贴水出现了，货币的内在价值消失了（即便是在金本位制下，就像最近美国的危机再次证明的那样），这样，货币的价值就变成了由流通所要求的社会必要价值来决定。

在货币作为流通手段和支付手段的职能，与作为借贷资本的职能之间，有一个很长的发展时期。金光闪闪的货币是青年资本主义的第一个热恋对象，重商主义理论就是它的情书。它的强烈的激情，焕发着浪漫主义的全部光彩。为了赢得这一至爱，资本主义完成了数不清的英雄主义业绩，发现新大陆，不断地发起战争，创建现代国家，它的浪漫主义狂热甚至摧毁了作为所有浪漫主义基础的中世纪。但是随着年龄的增长，它变得理智了。古典理论教育资本主义要鄙视浪漫主义的外观，要在自己的家乡建立一个稳固的家庭，即资本主义工厂。当它回顾自己青年时代时吃惊地发现，自己在那一时期的行为是多么的代价惨重和鲁莽，还导致自己忽视了家庭的幸福。李嘉图向它指明了它与黄金的代价昂贵的私通所造成的危害，并为"金银条块价格高昂"的非生产性感到惋惜。在商业票据、钞票和其他票据上，资本主义写下了给情人的绝情书，但它还试图维持某些特权。通货学派要求更为质朴的证券，认为它应该遵循以前的金光闪闪的情人的传统。随着年龄的增长，资本主义的品味也更高了。它在青年时代已经充分地享受了，因此那种过分昂贵的激情已经不再能令它满足了，于是神秘的恐惧感产生了，只能从信仰中获得解救。约翰·罗宣布了新的福音书。资本主义现在已经开始厌腻和轻视肉体，在寻找精神的避难所。它再一次经历了极大的欢喜，但是突然，长期被否定的旧的渴望又重新苏醒过来了，仅靠信仰就能满足的自信心消失了；它焦虑地渴望去证实自己原来的男子汉气概是否还依旧保留着。信用的崩溃，使突然被抛弃的资本主义绝望地回到了它的旧情人——黄金那里。危机恐慌给它的震惊，使它觉得只要能获得情人的青睐，多大的牺牲都是值得的。资本主义认为，自从摆脱黄金的支配以来，已经过去很长一段时间了，但现在自己经历了一次痛苦的幻灭，恐慌的震惊使它体会到了自己对旧情人的持续的依赖性。但是，这种危机是一种精神发泄。逐渐地，资本主义理解了它所害怕的情人的本性是什么，但却无法摆脱。废弃黄金的这种努力被放弃了，但却比以往任何时候都更强的嫉妒心使得它尽力抓紧她，特别是要阻止她对外国游客的危险的爱慕。但是，资本主义在确立自己的统治地位上做得越成功，就越无法摆脱这个黄金锁链的束缚。它的旧情人，曾经有那么多的要求，现在却学会了变得谦虚，当新的失望使那些人重新回来寻求她的庇护时，她最终满足了作为准备金这一角色。她也许变得有些过分，也许偶尔还会拒绝与它在一起，但这种态度不会持续太久，事情很快会回归正常。黄金已经失去过一次，还将永远失去它的绝对统治地位……

货币危机并不是危机的绝对必要特征，它也可能不发生。即使是在危机时期，商品交易也还在继续，虽然规模大大缩小。不过在这一限度内，流通还可以用信用货币来进行，特别是当危机对各个生产行业的影响不同步或力量大小不一的时候。实际上，当情势已经发展到货币和银行危机与滞销等情况混合在一起时，销售的停滞看上去就已经到了最低点。如果可以获得流通所必需的信用货币，那么货币危机就是可以避免的，甚至只要一家信用尚未发生动摇的银行，通过信用在抵押条件下向产业资本家提供信用，从而使他不至于破产就行了。事实上，当这种流通手段的扩张具有可能性时，货币危机是可以避免的。另外，货币危机总是发生在信用尚未发生动摇的银行被阻止提供信用货币的时候。英国在 1847 年和 1857 年就发生了这样的情形，一场刚开始的货币危机通过《银行法案》的颁布而大大减轻了，因为该法案随意地将钞票的发行数量（即信用货币）限制在黄金准备金外加 14 000 000 镑上。在美国，它的法律以更加荒谬的方式限制信用货币的流通，而且是在最迫切需要信用的时候，这样，1907 年的货币危机就以经典的方式完成了。

如果考虑到国内市场所发生的事件，那么很明显，现金储备的减少不仅是因为它被用于国内流通，而且还因为它流向国外。我们已经看到，黄金已作为世界货币来执行国际收支差额结清的职能。一个可以被观察到的趋势是，在那些已经达到高涨的顶峰和接近危机的国家，其国际收支状况在恶化。高涨时期的价格刺激了进口，使其远远超出了正常水平，而同时出口却还没有增加到足够的程度，因为此时国内市场的吸收能力还保持着很可观的水平；一些重要的出口商品比如铁矿石、煤炭等等，它们的出口量甚至出现了绝对的大量的下降。

还有一点也必须清楚，发达资本主义国家主要进口的是农产品、消费品和原材料，而出口的则主要是工业产品。然而，前者很容易成为投机对象，不考虑别的因素，仅这一点就给商业和市场带来了不确定性，使投机在这里成为一个比其他因素都重要得多的因素。因此，过度进口是很容易发生的，并且是以一个较大的规模超出出口。收支差额的最重要因素——贸易差额——恶化了，要求有更多数量的黄金来结清它。

发生在货币市场中的事件采取了不同的过程。首先，高涨最强劲的那些国家其利息率也是最高的，结果是大量的外国货币投资到了这里，它们或是长期的，或是短期的；其次，股票投机和商品投机在交易所十分盛行，吸引了外国投机者，结果有大量的货币流入这一国家用于购买证券。这种特殊的收支结构在某一既定时间内决定了国际信用关系。英国的危机总是倾向于以黄金的外流为前兆，这样就相对扩大了为出口支付而提供的信用数量，同时减少了用于商品进口支付的信用数量，进而使贸易不平衡扩大了，这就像我们已经看到的那样，它会导致贸易差额的扩大。

贸易收支恶化本身就足以引起黄金的外流，而黄金准备金的任何减少，如果是发生在信用已经极度紧张的时期，那么就会产生恐慌，使已经升高了的利息率进一步提高，同时市场信心也消失。所有这些都会限制投机，并且可能会促进证券交易危机的产生。贸易收支恶化的后果可能会因为国际收支的波动而进一步增强。高涨是一种国际现象，虽然国与国之间可能存在时间上和程度上的差别。我们假设高涨是从美国开始的，而且已经达到顶峰，而此时英国还只是接近顶峰，那么高利息率和活跃的投机就会吸引大量的英国资本投向美国。但是，现在英国的货币市场也出现了日益增长的强劲的需求，英国的利息率也会提高，投机自然会上升到一个更高的水平。结果，以前投在美国货币市场的货币被抽回转而投向英国，而此时美国的贸易收支状况已经恶化了。这些黄金从美国的外流的加速，导致那里的信用被压缩以及证券交易危机的爆发，而证券危机自身就是普遍的商业危机的前奏，会进一步加深和恶化国际收支状况。已经投向投机的外国货币被迅速抽回。当然，只有那些投在期货交易和抵押交易上的货币才能被抽回，但不包括被绑定在投机上的货币。在危机的开始阶段，外国投机者也试图将这些价格下跌中的证券出手，还要对那些现已崩盘的买空卖空的证券进行强制拍卖。在外国所涉入的证券出售的范围内，会使这些国家的国际收支状况会更加恶化。

然而，与此同时，其他的一些因素也会发挥作用，甚至可能会改变事件的整个进程。证券交易危机和可能与之相伴随的银行危机，会对信用体系产生十分强烈的震撼作用。利息率会上升到极高的水平，从而会鼓励外国货币资本的投资。证券的贬值也使得它对外国资本家产生了吸引力，会出现证券的大量输出，从而改善国际收支状况。在贸易收支得到改善的同时，信用动乱也终结了商品投机，很快国内市场的饱和就会变得明显起来。价格下降，商业危机开始了，进口停滞，而出口却为了获得支付手段还会增加（只要国外市场的情况允许，因为那里的危机还没有开始）。① 于是破产开始出现，但到目前为止还只会影响到那些为了进口商品而必须向外国的产业资本家进行支付的那一部分人，破产取消了那些支付，从而在这一意义上改善了国际收支状况。② 因此，黄金的出口迟早会结束，主要是视乎于危机开始之前的黄金流入和开始之后的黄金流出的具体情况而定。危机期间的黄金进口与出口的相互交替，代表着危机

---

① 在上次美国货币危机期间，为了能够换取更多的黄金，美国政府极力鼓励企业向欧洲出口棉花和小麦。
② 这当然是一种比较陈旧的经验了。在1810年，一位匿名的大陆商人对金条委员会成员说过这样的话："事实上，我只知道两种平衡国际收支逆差的方法，那就是要么用黄金进行支付，要么就是让企业破产。"（麦库劳什：《纸币与银行方面的稀有地带》，第422页，《货币委员会关于金价高涨的报告》）

所涉及到的主要范围的变化。

黄金的更明显的外流总是会对当时的利息率产生影响的,而此时,作为出现比例失调的结果,流通信用已经不再可能扩大到足以满足流通的需要的水平了,但其作用又常常会受到银行立法的强烈影响。错误的银行立法的实质在于,它严重限制了流通信用的扩张,阻止了它达到从经济规律的角度来看本应该达到的那个限度。它这么做的目的是,为了要强制性地使流通信用与价值量发生某种关系,而事实上流通信用按其经济性质来说与这种价值量是没有任何关系的。正如我们所知的,钞票仅仅是票据或可交易票据的另一种形式而已,而这些票据又只是商品价值的货币形式。如果钞票的数量不与票据的数量——它最终是流通中的商品的价值,如果它被严格执行的话,则可以通过银行的所谓钞票发行来实现——相联系,而是与贵金属储备相联系,那么就像英国所做的那样,或者是与政府债券相联系。不过这里讲的是美国的情形。在那里,荒谬达到了顶点,债务变成了信用提供量的最大担保(这种荒谬可以从虚拟资本的荒谬形式中得到解释),因此,人为的限制被加诸于借贷资本的供给上,而借贷资本的供给又必然会对利息率产生直接影响。在英国,钞票的数量由法律来确定,流通的需要量只能通过贵金属货币来满足(因为每一数量的超过 14 000 000 镑①的钞票发行,都仅仅是代表银行金库里的黄金,从而是经济上的实际的黄金)。每一次黄金外流的大量增加都肯定直接构成对流通的威胁。因此,即便商业条件是十分健康的,信用也没有被动摇,但银行还是不能根据黄金流出的程度将等量的票据转换为它自己的钞票,比如英国因为歉收而导致的谷物进口的大量增加。结果,无论何时出现黄金流出,即便是在十分肯定这只是暂时现象的情况下,银行还是会被迫马上提高利息率以保护它的黄金储备,这样就使得信用更加昂贵。这是一种以牺牲企业家利润为代价、增加包括银行自有资本在内的借贷资本利润的手段。而且,这种限制还使得票据能否转换为钞票即法定支付

---

① 这里指的是皮尔时期。如今不可兑换成黄金的纸币数额已经达到 18 500 000 英镑。

手段，或其他虽不是法定的但却是一般公认的支付手段，都成了值得怀疑的事情。因此，流通的增加所需要的信用货币的流通被强制性地限制了，虽然生产的状况并没有为此提供任何原因，但它是人为制造的，在这种情况下，它不仅导致了信用货币流通的完全中断，而且还造成了货币危机和银行危机这一结果。然而，为了某些错误的理论并将其付诸实践，给借贷资本带来的好处就不仅仅是纯粹理论意义上的了。

美国的情况就更荒唐了。在那里，银行只有在购买了更多的国债之后才能增加钞票的流通。由于国债的供给是有限度的，增加的需求直接导致了人们过早地预期到了的价格上升，因此尽管高昂的利息率使银行已经发现这种钞票的发行是无利可图的。而如果银行放弃购买国债，从而不增加钞票的流通，那么就会出现利率的急剧上升，那样不仅会使银行和银行资本家获得非同寻常的高利润，而且还会使他们掌握货币市场，并通过他们在股票发行和信用提供上的作用，来建立其对于投机和证券交易以及生产的独裁统治。这也是为什么美国的证券交易对所有权集中到几个货币资本家手中具有十分重要影响的原因之一。如果这种立法还在继续执行的话，那么对美国而言，国债的偿还就是对钞票流通的破坏。这是一种荒唐的行为，却又是一种办法，一种为借贷资本提供货币的极好方法，因此它成功地抵制了所有的救治尝试。

银行立法所产生的限制之所以在某种程度上是可以容忍的，是因为（或者部分地是由立法所导致的）在像英国和美国这样的国家里，限制是最严格的，但破坏作用也是最大的，因而钞票的流通被其他种类的信用货币所补充，这样就可以使立法的管制任务就不那么艰巨了。票据交换协议和支票使用的发展已经愈加重要了。票据交换机构使得票据可以直接抵消，票据在这一程度上自己执行了货币的职能，而无需再转换为钞票。支票的情形也一样。支票是可以从开票者的存款中开出的，即便这一存款实际上并不存在，因为银行已经把它贷出去了。如果我用这种从并不存在的存款中开出的支票进行支付，那么这与我用钞票进行支付是完全一样的，因为钞票也没有贵金属作为准备金，它就像已经被贷出去的存款一样，是一种保证，是银行以自己的证券作为保证的。从经济学的观点来看，它们是相同的，即便形式上有区别（庆幸的是银行立法者只注意到形式）。除了各种不同的流通证券的节约手段之外（一种信用货币可以被另一种所替代这一事实，证明其具有相同的本质），在英国，还有一种更大的保障，那就是当有任何的危险出现时，已颁布的银行法案都可以立即停止执行。

　　钞票立法的作用也许已经弱化了，或者说在某些情况下被完全减弱了，这一趋势通过危机时期国际收支状况的变化表现了出来。前面我们已经看到，国际收支状况的变化一般来说都是由贸易收支状况的改变引起的，贸易收支的状况首先取决于生产的自然条件，其次才取决于经济的发展水平和所处的阶段。一个已经经历了很长一段经济发展时期的国家，会有一个很大的出口贸易量，而那些主要出口生产资料和原材料生产水平较低的国家，就会出现贸易逆差。因此，英国这个最早确立先进资本主义生产方式的国家，就可以以这样的方式来增加其出口：它的生产资料的出口不仅是输出商品，而且也是输出资本。也就是说，不是将生产资料卖到国外，而是作为投资运送到国外。因此，比如，英国给南美提供了一笔铁路贷款，对方要用这笔钱从英国购买机器、火车头等等。这种出口同时也是资本输出，它对必须同时进口商品的依赖性消失了。如果只是商品出口的话，那么，比如南美，就只有在它能够向英国支付购买这些商品的货币时才能进行进口。也就是说，它得首先将自己的商品通过出口卖掉，然后再用这些积累起来的货币支付从英国进口的这些铁路物资所需要的数额庞大的货币，这需要很长的一段时间。实际上，大部分的国际贸易都包含这种商品交换，因此多少可以彼此抵消一部分贸易货款。不过，这种商品输出加资本输出的贸易，出口量已经不依赖于那些不发达国家的商品生产状况了，而仅仅受其潜力的限制。因为一方面是不发达国家发展资本主义的可能性，另一方面是通过资本积累发达国家已经出现了生产资本的剩余，而这正是资本主义迅速扩张的原因。它使最先进的资本主义国家增加其工业生产，并使其出口远远地大于它从不发达国家的进口。因此，贸易逆差可以被国际收支顺差所弥补，因为工业化国家可以定期地得到支付，而这就是它们从资本输出中所获得的高额利润。

决定黄金输入和输出的趋势所产生的影响,取决于贸易收支和国际收支的数量构成。如果说美国没有出现英国在早期危机中所出现的那种黄金定期流出的状况,那么有这样一个因素对此起了作用,即由于限制钞票发行的立法对流通信用的发展构成了障碍。这导致了美国的利息率水平高于欧洲,因为限制后的流通信用的数量是不足的,因此吸引了欧洲的货币资本。这些货币资本在高涨时期能否重新流回欧洲并造成美国的黄金流出,完全取决于对欧洲信用压力的强度。

美国贸易收支的构成也许能起到缓冲作用。美国是一个以原材料出口为主的国家。假设它正好在高涨时期出现了好收成,那么美国的贸易收支状况就会有极大的改善。因为棉花、铜、小麦的价格或许都会上涨,而这种贸易收支的改善也许可以弱化、消除或推迟那些导致黄金流出的趋势,因此也可以推迟危机的爆发。然而,对危机的爆发来说,黄金的流出并不是不可或缺的条件。

我们在这里还要强调一点,那就是国家银行在保护本国黄金流出方面的权力或力量,会因为出口对黄金需要量的不同而有所不同。比如,如果银行贴现率在柏林是5%,而在巴黎却是3%,那么法国的银行就会有将货币从法国转移到德国的动机,这样就可以从高利率中获利。相同的事情也会发生在这个时候,那就是如果柏林的投机活动十分活跃,那么法国的银行也会想要参与进来。这种黄金的转移不是由强制的经济上的必然性所引起的,而是由货币资本的任意运动所引起的,因为如果资本家对低利息率或较少的股票市场收益感到满足的话,那么这些资本就会留在法国。这种黄金的运动因此会被适当的银行政策所阻止。将这些货币留在本国的最简单的方式是,通过提高银行贴现率来确保它们有更高的利息。这样,利息率在这两个国家就同等了。不过,银行也会阻止这种黄金的直接转移,如果它可以拒绝将钞票转换为黄金的话。奥匈银行就具有这样的法定权力,它已经停止了现金支付。法兰西银行也可以以白银支付,因此也可以拒绝用黄金支付,有时还可以行使加算黄金贴水的权力，① 这样，通过提高价格，减低或杜绝了从利息的差别中所获得的收益，从而也就消除了黄金流出的动机。英格兰银行和德意志银行没有这种直接的手段，但是德意志银行最终通过对黄金输出者的间接施压，试图去限制黄金输出，因为那时的货币市场银根紧张。这样的政策对于处于特殊时期的国家的国民经济来说是完全合理的。与此同时，对货币资本自由流动或黄金流出的这种实际限制，也是阻碍各国利息率平均化的因素之一。

然而，如果出现了比如由于德国人在英国必须对商品和证券交易进行支付，从而对德意志银行产生了黄金需求的情况，那么结果就完全不一样了。他们首先会在柏林交易所购买斯特林（一种英国铸币。——英译者）汇票，而如果汇率超过了平价，那么他们就宁愿用黄金来支付。而如果德意志银行拒绝提供黄金，那么这些德国债务人就被迫要么支付要么破产，这样他们只好再次回到交易所，不得不购买斯特林汇票。他们的需求会将这些票据的价格提高到平价以上，这意味着德国货币的贬值，而防止货币贬值是银行政策的首要任务。

因此，仅仅由金融交易所导致的黄金流出是可以被阻止的，只要将金融交易本身停止就可以了；相反，如果是为了满足由商品和证券交易中已经产生的实际债务的清偿，而又不想导致货币贬值，那么阻止黄金的流出就是不可能的了。

---

① "法兰西银行在客户取款时都会收取一定的手续费，并且如果客户是从海外取款且数额巨大并情况紧急时，则这笔费用就可以高达8%甚至10%。由于海外只能使用黄金，所以贴现者必须要把这笔费用与国内的贴现率算在一起。一般来说，当国外的贴现率很高时，这笔费用才会被收取，而巴黎的贴现率一般都较低。这笔费用的收取使得贴现率为5%的3个月到期的票据的年收益率上升2%"（萨尔托里乌斯：《国外投资的国民经济制度》，第263页）。

第 19 章　萧条时期的货币资本和生产资本

观察危机后的积累过程我们就会发现，最初的再生产是在缩小了的规模上进行的，使社会生产受到了限制。因为各生产部门之间的"连带关系"，这种生产过剩最初在哪个部门发生是无关紧要的。主导部门的生产过剩意味着普遍的生产过剩，也意味着没有生产性的积累、没有利润向资本的再转化的扩张以及没有生产资料使用的增加。生产性积累已经消失了。但是个别资本家的积累和某些特殊生产部门的情况又是如何呢？即便是以减小了的生产规模进行，但生产依旧在继续。仍然可以肯定的是，大多数企业，尤其是那些在自己的行业里技术最先进的企业以及生活必需品的生产企业，还有对它们的消费不能过度减少的企业，依旧可以获得利润。这些利润的一部分可以被用于积累。但是利润率已经下降了，这种下降也许会导致积累率的下降。同理，利润总量减少了，那么这也会降低积累的可能性。而且，当一部分资本家还可以获得利润时，而另一部分的资本家却在遭受损失，如果他们不想破产的话那就必须追加资本。然而，在萧条时期，真实的生产是没有扩张的，如果产生了积累，那它也只能是货币形式的积累。那么，这些货币是从哪里流向进行积累的资本家的企业中的呢？

让我们回忆一下再生产的图式：

$$\text{I} \quad 4\,000c + 1\,000v + 1\,000m = 6\,000$$
$$\text{II} \quad 2\,000c + 500v + 500m = 3\,000$$

这个图式表明，生产规模已经被危机缩小了。然而，资本家生产的是商品而不是货币；为了获得货币，也就是为了获得比现在所拥有的数量更多的货币（否则就不会发生货币的积累了），他们必须将商品转化为货币，从而放弃货币向商品的再转化。如果第Ⅱ部类想要将它的 500 剩余价值中的比如 250 用于积累，那它就必须售出它的消费品（生产者必须将它们出售给同一部类的其他人，因为Ⅱm 的交换是在本部类内部发生的），但自身却不向本部类的其他成员购买商品。余下的没有售出的那 250m 则留在第Ⅱ部类内部。如果一个生产者在其他人都有余货的情况下却成功地售出了他的全部商品，那么货币资本就被再分配了，卖者从买者那里得到了货币，但是货币不会再回到买者手里，因为他还有 250 的商品没有卖出。

现在如果我们假设第Ⅰ部类的资本家也把剩余价值的一半用于积累，结果和第Ⅱ部类的情况是一样的。他们可以将以生产资料形式存在的 1 000v + 500m 的产品卖给以 1 500 的货币支付其购买的Ⅱc。由于Ⅰm 没有购买 2 000 的消费资料，而是保持 500 的货币，因此Ⅱc 少了 500 的货币，而那笔货币现在以货币积累的形式依旧保留在第Ⅰ部类内部。但是如果Ⅱc 不预付 1 000 的货币来购买生产资料，而是我们假设从第Ⅰ部类开始这一过程，那么第Ⅰ部类将购买 1 500 的消费资料。第Ⅱ部类会用这 1 500 来购买生产资料，第Ⅰ部类还剩余了 500 的生产资料没有被售出。第Ⅰ部类的积累预期尚未得到实现。第Ⅱ部类会进一步减少生产，以 1 500c 来开始其再生产过程，它也相应地减少了可变资本的量。如果说它曾经有 2 000 的货币用于它和Ⅰc 的交换的话，那么它现在只用 1 500，其余的原来执行货币资本职能的那 500 现在是闲置的；另外，作为可变资本预付的货币量也比以前减少了。

很明显，在生产减少或不变的前提下，社会规模上的纯粹货币积累是不可能的，只能是发生个别的积累，而这也仅仅意味着某一个资本家的积累改变了其他资本家手里的货币资本的分配，并且这一变化会导致对再生产过程的新的干扰。如果我们观察黄金生产者自身，我们就会发现他们也没有什么区别。在这种情形下，直接的货币积累是有一定的可能性的，但是要受到该生产部门可用于积累的利润规模的限制。这种积累的货币额同时也是其他生产部门缩减的销售额,因为这些货币被积累起来了,而且是以储藏货币的形式被保存起来的。无论这一因素如何演变,它在数量上对一般意义上的积累过程的影响都是很小的。

信用的使用也不能改变这一状况。第Ⅰ部类的 2 000（v + m）必须卖给第Ⅱ部类的 2 000c。货币积累意味着第Ⅰ部类向第Ⅱ部类卖出了 2 000,但却只从那里买回了 1 500。无论这一交易是否是用信用手段完成的,但其结果都是第Ⅰ部类只能以货币或信用货币积累 500,即未来生产的收益的凭证,如果第Ⅱ部类向第Ⅰ部类购买了 2 000 的话。但是,第Ⅱ部类只有以自己的商品进行支付（这已经被我们的假设排除了）或者以货币准备金来支付时,这一切才是可能的。在这里,第Ⅰ部类的积累就是第Ⅱ部类的损失。因此,说萧条时期的闲置资本是由货币或信用形式进行积累的货币资本构成的,这种说法是不正确的。它是由生产的压缩而游离出来的货币资本构成的,它以前是用于交易活动的,但现在由于生产的减少而变成多余的了。它的闲置反映了生产资本的闲置。作为生产压缩的结果,生产力也只是得到了部分的利用。新生产出来的不变资本被储存起来,无法用于生产过程。与下降了的交易量相比,货币资本和现有信用体系的潜在可能性都变得太大了,以至于货币资本只能闲置在银行里等待着被利用,而其前提就是生产的扩张。

顺便提一下危机理论家们的一个令人吃惊的观点,他们认为,正是因为闲置的货币资本这个最强有力的因素的存在,才促进了再生产的扩大。① 仿佛机器的关停及其带来的物质和精神方面的贬值的威胁、利润的牺牲,甚至是持续的亏损和固定资产利用的普遍下降,都变成了对扩大再生产的最强有烈的刺激或激励,其刺激作用甚至还要大于货币资本利息率的下降。问题并不在于货币流动性是否会刺激危机后的积累,而是再生产的扩大是否具有客观可能性。

---

① 不仅仅是杜冈·巴拉诺夫斯基,而且还包括奥托·鲍威尔,在讨论马克思的经济危机理论时（《新时代》,第二十三卷,第 1 期,第 133 页以下）,都被这一经济现象所迷惑了。

危机刚过去之后通常会出现大量的货币流动性,但是还是得等到几年之后才会重新回到完全的繁荣上面来。①

资产阶级报刊上的商业专栏作家,关于如何随着商业周期现状的变化而变化的观点是非常有趣的。在德国的报刊上,最近的危机被完全归因于货币的昂贵或货币资本的短缺。现在,尽管有持续的国际流动性,但萧条却仍在继续,人们这才慢慢地发现,繁荣并不是唯一的由货币市场的状况决定的。②

关于萧条期间货币流动性的起因以及它对克服萧条具有什么样的作用,存在着一些错误的看法;之所以会出现这些误解,最终的原因要归结为人们在经济形式的决定这一问题上,没有看到它是由社会产品的物质规定来决定的,而关于这一点马克思在《资本论》第二卷的分析中早就作了揭示。以为仅用"资本"、"利润"、"积累"等这些经济学概念,就可以解决人们所面临的诸如实现简单或扩大再生产所要求的数量关系,或是反过来,怎样的数量关系会导致对简单或扩大再生产的干扰等问题。这种看法忽略了与这些数量关系相适应的质的条件是可以互相对立的,而且在生产和消费中具有特定属性的一定的使用价值也是可以互相对立的。他们在对再生产过程的分析中还忽略了如下问题,即不仅一般资本的各个部分是相互对立的(因此,比如产业资本的过剩或短缺可以被相应数量的货币资本所"补偿"),也不仅固定资本和流动资本是相互对立的,而且还包括它的特定(技术上所要求的)种类的机器、原材料和劳

---

① 1890年经济危机爆发过后就是这个样子。1893年全年都笼罩着流动性过剩和利率过低的问题。在1894年2月底,伦敦的银行利率仅为2%,而私人贴现率在3月中旬则下降到了1%。到了1895年1月中旬,伦敦的私人贴现率仅有0.5%~0.875%。不过尽管经历了长期的、极度的流动性过剩,但是到了1895年下半年经济就开始复苏了。

② 最近学术界渐渐忽视了理论研究,大家养成了只从一些零星的事件和断断续续的观察中就推论出一般规律的坏习惯,有的人仅对工业周期中的一部分做过研究后就妄下结论,最认真的学者也只不过是对一些特殊的经济周期比较了解罢了。因此,许多人对于这些研究出来的"一般规律"持有怀疑态度,并以"走着瞧"的处世原则来安慰自己,这些人故意把政治经济学的认知水平贬低到了笑话的水平。

动力等，它们也是相互对立的，因为如果要避免干扰，它们必须作为这些特定种类的使用价值而存在。①

事实上，在危机期间，一方面存在着闲置的产业资本（厂房、机器等），另一方面也存在着闲置的货币资本。引起产业资本闲置的原因与引起货币资本闲置的原因是一样的。货币没有流通，或者说没有作为货币资本执行职能，因为产业资本没有在执行其职能。货币是闲散的，因为产业资本也是闲散的。芬尼克斯（德国的一家著名矿业公司）不是因为货币资本的短缺而停止生产，也不是因为货币资本的富余而重新恢复生产；相反，货币一直不是问题，因为生产减少了。货币资本的短缺仅仅是流通过程停滞的一种征兆，而流通过程的停滞则是已经开始的生产过剩的结果。

首先，信用作为流通的媒介代替了货币；其次，如果条件有利，它还会在转化为货币。理论上，假定存在充足的金属货币量以用于纯粹的金属流通，那么此时信用是可以被忽略的。

几乎所有的现代危机理论家们都具有的特征是，用利息率的变化中来解释商业周期，而不是反过来，从生产条件的变化中来解释货币市场的现象。②造成这一现象的原因是不难发现的。货币市场的现象是明显的，每天都在报纸上被讨论着，对证券交易和投机的过程也具有决定性的影响。而且，借贷资本的供给在任何既定的时

---

① 杜冈·巴拉诺夫斯基的危机理论中，对这个问题的理解简直是糊涂到了极点。他在解释和分析常规的资本主义生产方式的时候，却忽略了所有生产方式下都存在的生产的天然属性，所以最终得出的结论也让人莫名其妙：生产的唯一目的就是为了生产，而消费与生产没有任何关系。这的确是一种十分疯狂的结论，但是这个结论背后的分析方法却是马克思主义式的，因为这种对资本主义社会具体的、历史的分析，正是马克思主义方法论的典型特征。虽然得出的结论十分疯狂，但是这种分析方法依然属于马克思主义方法论的范畴，因此这个理论十分奇异，也十分具有建设性的意义。杜冈好像也感觉到了这一点，因此他才可以理直气壮地与批判自己的人进行激烈的争辩。
② 这种情况不仅仅发生在最近。"下边的这个例子可以证明政治经济学的浅薄之处。信贷的扩张与紧缩只是工业周期的一个表现，但政治经济学却把它当做了工业周期变动的原因之一"（《资本论》，第一卷，第695页）。

间点上，其数量也是确定的，也会作为一个确定了的数量表现出来，否则就无法解释供给和需求是如何决定利息率的。通常被人们忽略的是，借贷资本的供给取决于生产的状况。首先，它取决于生产的数量。其次，它取决于不同生产部门之间的比例关系，因为这种比例关系对商品流通时间从而信用货币的流通速度都具有决定性的作用。人们还常常忽略了商业信用与资本（银行）信用的职能的不同，特别是因为钞票的发行似乎消除了二者之间的区别，而银行体系所发展出来的各种形式的信用都表现为银行信用。但是，如果这种区别被忽略了的话，那么货币市场上的一切就会呈现出很大的不同。现在这种依赖关系就似乎仅仅表现为生产的扩大要求有更多的资本。资本又或多或少地被和货币资本等同起来。生产扩大时，对货币资本的需求会增加，利息率也会上升。最终，出现了货币资本的短缺，提高了的利息率从生产者那里卷走了利润，新的投资停止了，危机也开始了。萧条期间货币资本被积累，而不是被转化为资本投资（一种没有意义的说法，因为机器、船坞、铁路都不是由黄金生产出来的）。利息率下降了，货币资本家对低利息率变得不满了，再次将他们的货币投资在生产上，生产开始复苏了，繁荣阶段即将到来。

　　让我们把以可怕的混淆为基础的那些经济学家们的概念和言论放在一边，不去管它。那些人把货币、机器和劳动力都统称之为资本，认为一种形式的资本比如货币，可以随便地被转化为另一种形式的资本即机器、劳动力（或者，按照他们的说法，是流通资本转换为投资资本）等。这种著名的理论即便是从纯粹的数字计算来看，也是毫无意义的扭曲。在发达的资本主义国家，利息率的变动范围一般不超过5%，这一点从官方贴现率在2%~7%之间的浮动就可以判断出来。从严格的意义上说，银行立法或贴现政策的缺陷，使得这种波动被扩大到了合理的经济幅度之上。现在生产者因为要扩大生产又需要货币资本了，这意味着在其他条件不变的情况下，借来的价值被转化为了生产资本，而实现价值和产生利润则主要取决于价格。然而，商业周期内商品价格的波动要远远大于5%。只要看一眼任何一张价格表,我们就可以发现,50%、100%甚至更多的浮动幅度,是很平常的事。利润也许不会增加到相同的幅度,因为生产成本也会增加,但是无论如何,繁荣和高涨时期产业资本家的利润的增长,都要大大超过5%。如果他们的利润由于其他的原因没有下降,那么7%的利息率当然是无法让资本积累停止的。比如,如果莱茵—威斯特法伦煤业辛迪加,可以以高涨时期的价格将其产品全部售出,此时即便是让它对其借入的资本支付甚至是10%的利息,它也不会有任何的犹豫,因为这些借入的资本只是它的全部资本的一小部分,而且因为就是这一小部分的资本,它所创造的企业家利润也远远高于这个利息率。①

利息逐渐吞噬企业家利润的这种奇怪说法会被一些观念和概念的完全混淆而进一步强化,比如利润、企业家利润、管理者工资、利息、股息等等,而且随着股份公司的发展,这种混淆还会继续。股息被视作是利息的一种,虽然与借贷资本的似乎永远固定的利息相比股息的波动要明显大得多。借贷资本和生产资本看上去似乎不再能用一个产生利息、另一个产生利润来进行区分了,相反,二者都被视作了产生利息的资本。二者唯一的区别是:"流动"资本总是产生固定的利息,其数量每天由交易所来公布,而"固定"资本产生的利息只能在分红的时候才能知道。收益确定性的差别被归因于"流动"资本与"固定"资本之间的区别,即"流动"资本是货币

---

① 下边的例子表明,高利率并不一定会带来经济危机。英国在1864年存在贸易逆差,由于国内战争的爆发,从美国进口的棉花数量减少了,而从东印度和埃及进口的棉花却增加了。这就提高了从东印度和埃及进口的产品的数量,比如,1860年从东印度进口的货物总值为15 000 000英镑,到了1864年增长到了52 000 000英镑;而同期从埃及进口的货物总值也从10 000 000英镑增长到了20 000 000英镑。英国的银行也提高了贴现率,在1864年,贴现率一直在6%~9%之间浮动,以限制黄金的外流,于是经济危机就完全局限于货币市场上了。"商品市场上价格涨幅不大,尽管过去只有在货币短缺的时候才会出现这么高的贴现率,但是这并没有对商业和工业产生很大的影响……尽管发生了持续性的棉花短缺,但是英国的贸易并没有因此而萎缩"(杜冈·巴拉诺夫斯基:《英国商业危机的理论和历史研究》第139页)。

资本,"固定"资本是产业资本。在所有的质的区别被用这种方式混淆后,毫无疑问,有如此多的关于它们的质的区别的可笑言论在传播,人们想象他们已经发现了在利息率的波动中能够充分说明商业周期转换的机制,这也就不奇怪了。

第 20 章　危机特征的变化。卡特尔与危机

资本主义生产的发展使危机的形式发生了一些变化，这些变化是我们现在必须关注的和转向研究的。但是，在这里我们将仅仅专注于揭示其发展的一般线索，而把对每个国家的危机的特征的变化的比较分析这一任务，留给历史学家，让他们来作详尽的分析和研究。

这里我们将只是试图从具体中揭示出一般，这一点已经变得更加困难了，因为资本主义的发展已经创造出了国际间经济过程的前所未有的、更为密切的相互依赖性。比如，当危机在一国发生时，与它所处的技术和组织发展阶段的特殊性相适应所导致的特性，都会对其他国家的危机产生反作用。比如，欧洲 1907 年的危机就只能从美国的危机的发生和作用来得到理解，其典型特征就是极其严重的货币和银行危机，而之前这种情况欧洲已经经历很久了。它对欧洲货币市场的某些特殊发展，尤其是某些领域危机的严重性是有影响的，而这些影响本来也许是可以避免的，如果美国危机的这种作用被注意到的话。

另一方面，从某一个国家比如英国的危机的特征变化中抽象出一般规律，同样也是不可能的。正是因为资本主义危机是一种世界市场的现象（危机持续的时间越长，就越是如此），因而某一个国家的危机会由于它的资本主义发展的特有特征而产生变形，以至于任何试图以此为基础的一般化都只能是一种误导。①

---

① 杜冈·巴拉诺夫斯基虽然是从他那十分优秀的和著名的《英国经济危机史》中引申出了一些结论，但他也会时不时地犯一些错误。

因此，如果我们想要确定危机现象发生的变化，那就必须能够从理论中抽象出它，以便确信我们正在分析的是资本主义发展的内在的趋势，而不单纯只是属于资本主义某个特殊发展阶段的特有现象，因为它很可能纯粹是偶然的。

资本主义在一个社会的发展是从其商品生产还是相对不太重要的地方开始的。当它扩张时，就会使商品生产普遍化，建立全国性的市场，再不断扩展为世界市场。伴随着市场的扩张，危机发生的条件也在不断发展。一旦资本主义生产在自给自足的非资本主义的生产，以及以本地市场为目标的手工业商品生产的基础上获得了广泛的发展，那么就只有资本主义的上层建筑才能感受到危机的全部力量。它还会影响到那些销售已经差不多停滞的生产部门，因为为进行社会物质变换所必要的流通，是由手工生产或家庭生产来提供的。危机还有可能在某些资本主义的生产部门引发灾难，如果造成危机的因素很强，那就有可能足以使生产陷入瘫痪，从而使其销售在一段时期内完全停滞。这些现象正像我们将要看到的那样，在这一时期是经常发生的。

随着资本主义生产的发展，手工生产和家庭生产都基本被摧毁了。危机的作用现在可以被整个生产体系感受到了，减弱危机的努力受到了必须满足无论是绝对上还是相对上都已经变得规模很大的社会需求的必要性的限制。伴随着生产的发展，在任何情况下都必须进行的以及其继续进行可以阻止生产和流通的完全中断的那一部分的增长，会表现为这一事实：其产品越是用于满足消费需要的那一部分生产部门，危机的破坏性程度也就越低；消费资料越是社会所必需的，消费的平稳性就越大，危机的破坏性程度也就越低。

危机特征的变化也是由于资本主义的集中的发展而引起的。企业生存的可能性会由于其规模的扩大而增强。企业越小，当价格暴跌时就越有可能导致其破产。小企业可能会失去全部的市场，价格的下跌和歇业会使它们无法将商品资本转化为货币资本。由于它们没有任何的资本准备金，特别是在危机时期它们又不可能获得信用，因此它们会无法履行其支付义务。因此,危机导致了资本主义小企业的大量破产和倒闭,银行信用停止、坏账、倒闭,从而引起恐慌。这一情形还会因为公司间的巨大的技术差异而加剧。现代工厂与老式工厂——家庭手工业时期的或工场手工业时期的工厂——并存,当价格下跌时,情况就完全变了。后者的大量倒闭把那些技术上尚有生命力的企业也拖垮了。[①]

大型现代化公司与危机的关系就大不相同了。它们的产出量是如此巨大,以至于即便是在危机时期也能继续生产。美国钢铁托拉斯在危机时期也许会被迫减少一半的产量,但它不需要将产出压缩到其最低限度之下。因此,随着集中的发展,大型现代化公司能自己维持的生产规模也扩大了。

资本主义生产的发展,还会使在任何情况下都要进行的那一部分的生产的绝对量和相对量增加,与此相伴随的是在危机期间不受干扰的那些商品的流通数量,以及以此为基础的流通信用的增加。因此,信用的破坏就不会像资本主义初期的危机那么严重,而且信用危机一方面发展为银行危机、另一方面又发展为货币危机的难度也加大了。这首先是因为信用组织的变化,其次是因为商业和产业关系的转变。

如果信用的崩溃造成了支付手段的突然短缺,那么信用危机就

[①] "1857年的经济危机波及到的拥有相似生产能力的企业数量,要比1873年的经济危机时还要多。在那次经济危机中倒闭的企业里,从技术角度讲有许多还非常有价值。在1900年的经济危机中,很多基础工业部门里的大型企业和许多管理老化的企业都受到了影响,这些企业曾经在经济繁荣时期发展得十分迅猛。商品价格的降低与商品需求的减少,对于那些独立的企业来讲是灾难性的,但是对于那些大型联合企业的影响则不大。这也是为什么这次经济危机之后,商业集中化趋势得到史无前例的发展的原因。在1873年的经济危机中,虽然也使很多企业遭到淘汰,但是最后并没有形成大型的垄断集团。而今得益于复杂的生产技术、详尽的管理方法和大量的资本,现代钢铁和电器工业实现了对市场的高度垄断,机械设备制造业和工程、运输等行业也实现了一定程度的垄断。如果说经济危机尚未影响到轻工业的话,那么也可以说经济危机并没有使上述产业部门发生实质性的改变,由此我们可以更加清楚地看到,银行业的最新发展是怎么影响到工业部门的发展的"(耶德尔斯:《德国大银行同产业的关系》,第108页)。

会发展成为货币危机。① 在任何情况下都要继续进行的那部分生产的规模越大,这种短缺出现的可能性就越小,因为信用货币可以在

---

① 这种情况已经足以说明问题了,更别说其他那些可能造成经济危机的基础性原因了。阿姆斯特丹股票交易所 1773 年崩盘这件事,有人曾这样描述道:"没有人知道最终损失会有多少以及最终会有多少家企业因此遭殃。普遍的不确定性让所有人的信用全无,没有人能够再借到钱了。有些人害怕他们的股票会没有人再要,还有些人害怕无法归还自己以前的借款,剩下的还有些人期望能够从这次大危机中获取暴利。每个人都在翘首企盼能够在股票价格最低的时候买进,但是又害怕自己花的钱会打水漂,于是股票交易几乎停滞了。"(《荷兰的财富》,译自法文,1877 年莱比锡版,第二卷,第 444 页以下,引自萨尔托里乌斯·冯·瓦尔特斯豪森的《国外投资的国民经济制度》,第 377 页)

我们可以把下边关于德国股票交易所的描述与 1870 年爆发的那场战争相提并论:"1870 年 7 月 4 日的德国股票交易所气氛十分热烈,不过这种热烈的气氛在后来的几天开始不断动摇,在 7 月 8 日气氛就有点不对劲了,到了 7 月 11 日则股价达到了顶点并开始下跌。这种恐慌性的下跌行情经历了 8~10 天,然后市场信心重新恢复,下跌行情开始逆转……资金就像变魔术一样地从交易所消失了,普鲁士银行的贴现率提高到了 9%,莱比锡的抵押贷款利率也高达 10%,而卢卑克的抵押贷款利率为 9%,不来梅的是 8%。到底发生了什么事情,居然让贷款利率在几天之内从 3.5% 上升到了 8%~10%?政府不可能为了控制经济中的流动性过剩而把经济中流通的货币吸收走,因为当时德国拥有货币发行权的银行有许多家,并且大部分资金都在那些没有货币发行权或者私有的银行手中。事实上大部分钱还在原来的那些地方,只不过是被存了起来,那些得到钱的人也是马上把钱存起来的。比如,慕尼黑方面就曾有报道说:"有一段时间,用最好的证券和抵押品也无法借到 500 盾的资金。而另一方面,即使是普通民众也都感觉应该为自己准备一笔存款,以应对接下来可能出现的最坏的情况。"在法兰克福,"那些银行家们每天想的事情就是赶快收回自己的贷款,因为许多储户都嚷嚷着要取出自己的存款。银行急于收回贷款表明,无论是银行还是个人,都十分渴望能够掌握大量的现金,以应对将来可能发生的任何情况"。

下边是一则汉诺威有关现金贴水的报道:"每一家银行,特别是汉诺威银行,此时首先想到的是自己的利益……国家债券和普鲁士私有银行发行的钞票不再被认可,那些持有货币证券和普鲁士证券的富人们,将不得不忍受 5% 的损失,而那些害怕经济形势会变得更糟的普通大众,则愿意以任何价格出售手中的证券,他们所蒙受的损失要高达 10%,甚至比这还更多。"

相同的规模上继续执行它的职能。信用交易的数量越大,商业信用被银行信用替代的部分也就越多,因为动摇后者的难度要大于动摇单个产业资本家的信用的难度。但是,决定性的因素是不会再出现支付手段的短缺了,因为信用的发展已经降低了现金货币的需要量,因此,即便是在危机期间,由于支票的使用和清算交易的继续,而且后一种支付手段还可以通过发行银行来得到供给,因此发行银行的信用即就是在危机时期也不会发生动摇。我们已经看到,钞票的流通是以票据的流通为基础的,而票据流通可能会因为作为其基础的商品流通的缩减而减少。但是它减少的程度要大于商品流通减少的程度,因为商业信用发生了动摇。现在,银行会在实际的商品流通允许的范围内用它自己的信用来代替商业信用,而且它能够达到这一规模,这是因为商品流通的继续为银行债权的实现提供了保证,因此它可以按照流通的真实需求提供信用货币来满足对支付手段的需求。其结果就是,银行将支付手段的需求限制在真实的、必需的流通所需求的范围内,以防止由于担心即使提供了最好的抵押也得不到支付手段的这种情况,结果导致无限制的需求,而这种需求是超出实际需求的,它会导致大规模的货币储藏,并带来进一步减少支付手段的后果。如果发行银行要做到这一点,那它就必须具备两

上述例子与最近美国货币危机的一切特征很相似,所以应对这些危机的政策手段也是一样的。"为了应对 7 月中下旬的货币短缺,政府采取了各种各样的政策来缓解压力。在不来梅,参议院和城市议会决定承认某些国外的金币具有法定支付手段的地位,但这个措施收效甚微,因为同国内的货币一样,国外的货币也是大部分地被个人存了起来。斯图加特成立了一家清算公司,这家公司发行了面值为 50~500 盾不等的期限为 6 个月的利息率为 3% 的短期债券。在慕尼黑,抵押银行和汇兑银行也同样发行了这样的债券。法兰克福的主要银行还为那些发行这种债券的地方银行进行了集体担保。政府以最快的速度从国外进口那些制造货币的贵重金属。到了 7 月底,不来梅银行和进口公司就拥有了大量的英国金币(索维林)。法兰克福从英国进口黄金,从维也纳进口白银。这些应对货币短缺的措施的确十分有效,但是却不能为贷款市场提供充足的资本金以满足政府的需求"(萨尔托里乌斯·冯·瓦尔特斯豪森:《外国投资的国民经济制度》,第 323 页以下)。

个条件：首先，它的信用是不会动摇的（这对一个经营良好的发行银行来说应该是很容易满足的条件）；其次，增加的钞票的发行不应危害可兑换性。这其中的第二个条件是靠银行出于自身利益的原因而实施的政策来得到满足的，即危机期间钞票的发行只有在有绝对抵押的情况下才会进行，这样就给了它一种保证，即只是对危机期间所造成的影响的界限内的流通的要求给予满足。而且，由于充足的现金储备特别是黄金储备，其可兑换性也具有了抵御无法预料的偶然事件的干扰的能力，因此，随着资本主义的发展，通过增加黄金生产和银行里黄金的积累，以及黄金的职能被限定为只充当准备金，可兑换性这个条件也得到了实现。随着信用的发展，黄金的职能被日益限制在国际收支的清算上，虽然国际收支的数量已经有了巨大的增长，但收支差额的结算所需要的现金量却没有按照相同的比例增长，甚至没有按照与老牌的资本主义国家积累的黄金储备相同的数量和比例增加，这就使得发行银行可以满足危机期间对它的需求的增长。这里我们的假设是：银行的经济职能没有受到法律的强制的阻碍。例如，在英国，它受到了《皮尔法令》的阻碍；在美国，则是受到了荒谬的准备金规定的阻碍，这使得那里产生了典型的货币危机。

不发生货币危机，可以保护信用免于陷入完全崩溃，因此也可以防止银行危机的发生。没有银行挤兑和大量甚至全部抽回的存款，银行只要具有一般的支付能力就可以满足履行支付义务的要求。甚至于如果银行危机不是由信用和货币危机引发的，而是由银行投在产业上的固定资本和已经提供的信用的损失引发的，那么资本主义的发展就具有缓和危机对资本的影响的趋势。

银行的集中在这里也发挥了重要作用。通过在这一领域商业行为的大大扩张，已经将自己的活动扩展至处于不同资本主义发展阶段的不同国家的经济领域，使风险在很大程度上有了高度分散。而且银行集中趋势的增强是与它们在投机、商业和产业上的地位的变化相伴随的。首先，这种集中趋势意味着力量的再分配，它更有利于银行。这主要是由于银行具有强大的资本实力，不仅它的资本的数量相对其债务而言是具有优势的，而且也是一种质的优势，因为银行拥有随时可以发挥作用的形式——货币形式的资本。这种优势可以防止经营良好的大银行变得过分依赖于一家或几家大企业的命运,因为银行在这些企业里有固定资本的投资,危机期间企业的破产也会殃及到银行。

如果要考察使银行危机更难发生的原因,那么首先就必须指出,商品和证券投机在数量上和重要性上的大大下降。我在这里所说的商品投机,不仅仅是指在商品交易所里进行的投机,而且更多的是指商品贸易上的投机,即期望价格进一步升高的商人对商品的需求,以及以大量囤积商品的方式所进行的抑制供给的行为。这种投机的下降,首先是由于商业的下降和生产者与消费者之间直接交易的增加,它意味着独立商人向辛迪加和托拉斯代理人的转化,进而为赚取固定佣金而工作。这种情况在一定程度上防止了商人在高涨时期为了投机而将价格提高到生产者所确定的价格之上,从而避免了当真实的有效需求已经开始停滞时还会出现人为制造的销售畅通的假象。①

但是,在批发贸易面对产业的利益时,或者在大银行的商业部门还没有失去其传统地位(在这里只考虑批发贸易)的地方,其自身显示出了很强的集中趋势,从而小零售商和局外企业所占的份额急剧减少了。但是在商品交换仍然具有重要作用的那些地方,在一定特殊的条件下,投机行为受银行支配的程度日益增加,因为信用体系的发展使得银行对整个货币资本存量的控制力不断增强,因此有实力将投机行为限制在一定的范围之内。

最后,商品投机也会因为运输手段的发展而受到限制,因为运输手段的发展使市场变得更近了,特别是对那些极易成为投机对象的商品而言,随时通报市场状况的讯息的发展,也促成了对投机的限制。在远地市场上滞销商品不断堆积的情况下,而产出同时却还

---

① 从这个方面来说,马克思下面的评论在当前的形势下不一定是完全正确的:"在现代的信用体系下,商业资本占据了总社会资本的一大部分,所以消费者可以透支进行消费,这就会造成虚假消费需求……所以,经济危机不可能首先在传统的商业领域中出现,而是会在批发业和向批发业提供大量资本的银行业中爆发。"(《资本论》,第三卷,第 358~359 页)

在以原有的或增加了的规模进行这一状况的出现就变得更加困难了。而且,消费品在总产品中所占的份额的相对下降意味着,在英国早期的危机中通常具有关键作用的对殖民地产品的投机,现在其重要性已经大大降低了。当然,可靠的、规律性的进口以及市场状况报告的准确性和速度,对这种状况的形成也起了作用。另外,随着生产资料生产部门的规模的不断扩大,而这一部门的产品由于其按订单生产的部分的不断增长,使其无法进行投机,进而使商品投机的情况有所减少。

产业资本危机特征所发生的变化和银行对产业支配能力的强化,也具有增加银行危机发生的难度的趋势。正如我们已经看到的,产业企业集中的趋势增强,使得它们具备了更强的实力来对付最终出现的危机的结果——全面破产。它们的抵抗能力还因为股份公司这一组织形式而得到了进一步的增强,而股份公司,正如我们前面已经指出过的那样,也强化了银行对产业的影响力。股份公司之所以具有这种作用,首先是因为这种组织形式使得没有利润甚至亏损条件下的继续生产成为可能,因为它比个人拥有的企业对资本有更大的吸引力。其次,对股份公司而言,在好的年景里为坏的年景积累准备金也容易得多。第三,股份公司可以更容易从而更严格地控制其所借来的资本的使用。银行可以通过它所提供的信用支持,来对公司里的资本的使用实施直接的控制,而且这一控制导致了产业对银行的依赖程度的逐渐提高,从而银行对产业所实施的监督也越系统化,企业其他的不是出于这种目的信用使用就可以被阻止。在早期的危机中,一个重要的因素就是私人企业家们大量参与了投机,而且为了这一目的尽量使用公司的资本,而企业经营则使用的是从银行借入的资本,不过现在这种情况在银行的控制下已经不允许了。

因此,将由资本主义发展规律所带来的银行向产业的渗透这一必要的和无法避免的趋势,视作为是一种对银行的威胁,相反,却将组织落后的、将储蓄银行与商业银行进行分工的英国银行体系,视作为是必须以法律的强制手段来达到的理想,这是教条主义的观点。这种教条主义的观点因为忽视了下面这一事实,即英国的银行也把自己集中起来的货币提供给产业、商业和投机支配,从而错误地把英国银行体系的外观当做现实。还有一些特殊的历史原因可以用来解释为什么它在英国是通过中间人来实现的，而在德国和美国却是直接通过银行来实现的，虽然美国的银行在实现时有些变形。①但是英国的做法是落后的，也正在逐步消失之中，因为它使得对已贷出的银行资本的控制变得更加困难，从而妨碍了银行自身信用的扩张。

在这里我们只需要回顾一下我们在交易所那一章中所说的内容就足够了，作为造成银行危机的因素之一的证券投机正在衰落。伴随着银行力量的不断增强，是银行在支配投机活动，而不是银行被投机活动所支配。虽然证券交易的意义从总体上来说是减少了，但它作为一个加剧因素在危机中的作用却更为特殊了。

伴随着投机的减少，资本主义公众的心理也在发生着变化。然而投机家的这种心理的确是很幼稚的，尽管他们的赞美者尽力地把各种预见能力和改造世界的浪漫主义计划牵强附会地加诸于他们身上，但投机公众的态度的这种变化，可以用资本主义的一个常见的说法来解释，即"失败使人变得更聪明"。在资本主义发展的初期，投机所产生的大众激情看来已经一去不复返了，在投机者看来，那是一段幸福的时光，每个投机者都认为自己是从无中创造出世界的上帝的。具有诗情画意的田园风光背景的郁金香热，带有刺激冒险和空前大发现的南海热，怀有征服世界意图的约翰·罗计划，所有这一切都让位于以1873年的大崩溃而告终的对差额利润的赤裸裸的追求。从那之后，除邦图外，② 其他人对信用和证券交易的差额利润的信仰都消失了，美好的天主教崇拜屈服于了理智的启蒙。这种启蒙让人们不再相信投机者制造的神话，而是去接受自然事物本身，把信仰留给那些尚未完全消失的蠢人。交易所已经失去了所有的信

---

① 从这方面来看，在银行和企业之间插入一家信托公司是不会造成什么影响的，因为这家信托公司直接依赖于这家银行。
② 欧根·邦图是一位法国的工程师和金融家。他于1878年创建了投机的总联合会，为东欧建造铁路；1881年从基督教徒和贵族那里聚集资金多达500余万英镑，投机获得很大成功。但最后，该联合会于1882年以破产告终。——英译者

徒，只剩下了牧师，因为他们是靠信仰赚钱维生的。自从信仰变成了生意，这种信仰生意就已经衰落了。富有魅力的和有利可图的狂热消退了，郁金香早已凋谢，咖啡树虽然还能生长利润，但已经不再能提供真正的投机收益了。散文被收益的诗歌所征服了。

上面提到的这些因素可以帮助我们找到导致危机特征的变化的原因，而这种危机是大规模破产及证券交易、银行、信用和货币的恐慌所造成的。这些因素并不能排除这种危机的出现，但却能解释为什么能使危机的发生变得更加困难。危机是否发生，取决于干扰的严重程度以及干扰的突发程度。这些干扰是否会变得大到足以使比如德国的某家大银行破产（假设其经营是正常的）的地步，而不仅仅只是理论上存在的干扰。但是所有这些因素对解决产业危机的出现、繁荣与萧条的周期交替，是完全无能为力的。于是问题出现了：产业组织形式所发生的巨大变化，以及垄断在消除资本主义机制的调节活动——自由竞争——上的不断努力，是否可以带来商业周期的质的变化。

正如我们所知，卡特尔可以影响价格水平的变动，从而在已经卡特尔化和还没有卡特尔化的企业之间，出现了不同的利润率水平。商业周期的现象于是以这些变化为基础进行发展，由于卡特尔的存在，它们在某些方面也发生变形。但是其他的一些结果过去曾经是并且现在依旧是被归因到了卡特尔身上。人们认为卡特尔不仅改变了危机的后果，而且也能消除危机，因为它可以调节生产从而可以使供给适应于需求。这种观点完全忽视了危机的内在性质。只有当危机的原因被简单地视为是对市场状况不理解所导致的商品的生产过剩时，卡特尔能够通过限制生产从而消灭危机这一观点的正确性才能得到维持。

危机和商品的生产过剩是同一件事情，或者生产过剩是原因，这看上去似乎是肯定的或不可否定的。难道这不是显而易见的事实吗？价格低是因为供给超过了需求，也就是出现了商品的过剩，只要看一眼市场报告就可以知道，仓库已经被塞满了，商品卖不出去，商品的生产过剩是实际存在的。但是卡特尔限制整个产业部门的产出。以前这是通过价格下降这一价格规律的盲目调节来实现的，它会带来大量的企业停工和破产,而现在这种十分有利的生产限制,则可以通过卡特尔化生产的指挥者的集体智慧,来更加迅速地和无痛苦地实现。不仅如此,由于卡特尔可以决定价格和消除"供给与需求之间的不平衡",并且控制和监督贸易(即便不是完全程度上的),那么为什么它不可能通过调整生产使之完全适应需求,从而在这个世界上将危机完全消除,并进而迅速和没有很大震动地消除经济生活中的那些小干扰呢?

这种想法好到没有任何现实性。任何将危机与商品的生产过剩简单等同的人,都恰恰漏掉了最本质的一点,那就是生产的资本主义特性。产品并不只是商品,而是资本的产品,危机时期的生产过剩也不只是商品的生产过剩,而是资本的生产过剩。这仅仅意味着资本以其增殖条件与实现条件相矛盾的数量投入到生产之中,以至于产品的规模不再能产生足够的利润来确保生产的进一步扩张和资本的进一步积累。商品的销售出现停滞,因为生产停止了扩张。这就是为什么人们总是简单地将资本主义危机与商品生产的过剩相等同,因而在对危机的分析还处在最初的阶段上的原因。从危机过后不久市场就显示出其具有吸收比以前数量更多的商品的能力这一点就可以清楚地看出,我们所探讨的不仅仅是商品生产的过剩问题。繁荣过后的下一个周期会超过前一个周期的生产规模,即便这种市场吸收能力的增加不能用人口的增长或可用于消费的收入的增长来解释。除了单纯的消费能力之外,还有几个完全不同的因素也是我们应该说明的。

卡特尔不是减轻而是加剧对价格调节的干扰,从而最终导致了比例失调及资本增殖条件与其实现条件之间的矛盾。卡特尔的作用是结束它所在的生产行业的竞争,或者更准确地说,是使其成为潜在的竞争,这样就无法对该行业的价格产生向下的压力;其次,它使卡特尔化的生产行业之间的竞争,在比现有的非卡特尔化的行业具有更高的利润率的基础上进行。但是,卡特尔对资本及对投资领域的竞争或争夺,或积累对价格造成的影响,是无能为力的,因此它不能阻止比例关系失调的出现。

我们已经看到,繁荣时期的某个生产行业内部之间的竞争,不会对价格产生向下的压力,因为需求超出了供给,在这种情况下,竞争只会发生在买者之间,而不是卖者之间。只有当供给超过需求时,竞争才会出现在卖者之间,价格也会开始下降。卡特尔是以其价格构成证实了这一点,而不是决定了这一点,它是生产机制造成的结果。让我们假设卡特尔在繁荣时期维持低价格,那么就不会有任何的利润的增加和积累的扩张。如果卡特尔化的产业的价格还保持在低水平上,而那些非卡特尔化的产业的产品价格却上升了,那么资本就会从前者流出,很快,非卡特尔化的产业就会出现资本的生产过剩,而与之相对应的却是卡特尔化的产业的产品生产不足。因此,极度的比例失调出现了,导致了普遍的危机。因为当生产保持不变甚或是下降时,危机也是可能发生的。实际上,卡特尔很可能在那之前很久就已经解散了,因为它已经不仅不能满足获取更多的利润的需求,而是正好相反,它是使人们损失利润。局部的调整意味着把某个产业部门并入另一个产业部门,它对产业整体的比例关系来说没有任何影响。通过减少某个产业的单个企业的数量,同时却增强它们的实力和影响力,是不能废除生产的无政府主义的。实际上,它是根本不可能用逐步的和分批分期的方式来废除的。有计划的生产和无政府主义的生产不是量上的对立,因此是不能通过这类的政策修补就可以由无政府状态转变为越来越多的自觉计划和组织的。这种转变只能以突变性的方式通过将全部的生产都置于自觉的控制之下。谁来实施这种控制,以及谁是生产的所有者,这是一个权力的问题。一个执行全部的生产计划并以此消除危机的总卡特尔,在经济上是可以想象的,但是从社会的和政治的角度来说,这种情况是不可能实现的,因为它不可避免地会因为极其尖锐的利益对立而消亡。期望个别的卡特尔就可以消除危机,仅仅是显示出对危机的原因和资本主义的制度结构的无知。

如果卡特尔不能阻止危机,那么它当然也不能逃避危机的影响。自然,如果将危机等同于商品的生产过剩,解决的办法也就非常简单。卡特尔缩减生产,因此会以更快的速度,也许还要加上更大的规模,来达到危机,从而在任何情况下都会随之导致有更多的银行倒闭和企业破产。它的社会后果,即失业和工资下降,当然也会更严重。但是卡特尔化的资本家可以通过极速地抑制供给来维持高价。价格依旧高昂,但利润却减少了,因为销量小了,生产成本也更高了。一段时间之后,市场会将剩余产出吸收掉,繁荣又回来了。这种论证的思路既是简单的又是错误的。对于重返繁荣来说,有两个条件是必需的:第一,比例关系的重建,这是结束萧条的要求。第二,生产的扩张,没有这一点就不可能有繁荣。但是我在前面已经叙述过的卡特尔的政策已经说明,卡特尔只会使这两个条件的达成变得更加困难。生产的抑制意味着所有的新的资本投资的消失,高价格的维持使得危机的结果对所有没有卡特尔化的产业或大部分没有卡特尔化的产业都变得更为严重。与卡特尔化了的那些产业相比,这些没有卡特尔化或大部分没有卡特尔化的产业,它们的利润会更加急剧地下降,或者是它们的损失会更大,结果被迫更多地减少生产。其结果是比例关系的失调会加剧,卡特尔化的产业的销售也会遭受到更多的损失。事情已经变得很明显了,尽管生产已经严重缩减了,但依旧存在着生产过剩的情况,甚至还有所加剧。对生产的任何的进一步限制,都意味着在一般条件保持不变的情况下,有更多的资本被闲置,因此单位成本会上升,利润会下降更多,尽管高价格还维持着。高价格还吸引了局外企业,因为此时价格的普遍下跌使得它们可以有较低的资本成本和劳动成本,这样就会形成对卡特尔的强大的竞争力,而且开始以低于卡特尔的价格进行销售。卡特尔的高价不再能维持了,价格的暴跌在整个卡特尔产业中蔓延。人为的干预被纠正了,价格构成遵循了规律,而这些规律正是卡特尔试图加以废除的。[①] 在新的价格构成的基础上,资本在不同的产业之间重新进行分配,逐步地,比例关系也恢复了,萧条也消失了。一旦技术创新或新的市场产生了更多的需求,那么就会吸引新的生产资本的投入,特别是对固定资本的投入。

因此,卡特尔并不能消除危机的后果,它只能是在把危机的主

---

① 钢铁托拉斯的行为说明了这一点。钢铁托拉斯为了维持高价,在1907~1908年间把产量降低到了最低水平,一年后钢铁市场崩溃,同时还拖累了所有的其他金属市场。

要负担转嫁到非卡特尔化的产业的意义上，使危机发生变形。在卡特尔化和非卡特尔化产业之间所存在的利润率的差别，在繁荣时期会变小，萧条时期会变大，但一般来说，卡特尔的实力越大，它的垄断越稳固，利润率的平均差别也就越大。在危机和萧条的最初阶段，卡特尔也许可以比独立的产业更长久地维持该利润，因此加剧了危机对后者的影响。这种情形并非是不重要的，因为正是在危机时期和危机刚刚过后的时期，各个产业的情况是最困难的，它们的独立性也是最易受到威胁的。正是在这一时期，卡特尔的政策使这些产业失去了最后的希望，它们所需要的原材料等价格不会有任何形式的下降，而这是非卡特尔化的产业形势恶化的最重要的因素，也是加速集中过程的最重要的因素。

第五编 金融资本的经济政策

第 21 章 商业政策的重新定位

金融资本的出现意味着资本的统一化。产业资本、商业资本和银行资本这些之前被分开的范畴，现在统一由金融资本来进行共同指挥，产业和银行的控制者结成紧密的私人联合。这种联合是建立在大规模的垄断兼并所导致的单个资本家之间的自由竞争被消除的基础上的，自然也包括资本家阶级和国家权力之间的关系的变化。

资产阶级的国家概念产生于反对重商主义政策、反对国家集权化和特权化的斗争之中。它代表了新生的资本主义手工工场体系的利益，既反对垄断贸易和殖民公司，又反对封闭的手工业行会制度。然而，只有在证明国家的经济立法是无用且有害的前提下，与国家干预的斗争才能继续。独立于国家立法的经济体系自身的规律还需要被证明。①

因此，资产阶级的政策建立在政治经济学的基础之上，而其反对重商主义的斗争也变成了经济自由化的斗争，随后又发展成为反对国家控制争取个人自由的更广义的斗争。在此，我们先不考虑这些自由主义观点形成的细节，但应当指出的是，无论在任何地方，比如英国，在现代的科学观点形成之前，经济自由化的斗争已经取得了胜利，自由主义并未将这种观点纳入其世界观当中。法国自由

---

① 因为政治经济学的本质就是探索经济运行的规律，所以与重商主义经济政策的斗争，成为了经济理论发展的最重要的动力。在这之前，在现代资本主义发展的初期，大家为解决经济规范问题所作的尝试，是经济理论更具有基础性意义的发展动力，这些尝试主要表现在为建立一个合理的货币体系上。由于配第提出了货币问题，所以被尊称为古典政治经济学之父，因为他提出的这个问题与价值问题直接相关，而价值问题则是政治经济学的核心问题。

主义所提出的具有革命性转变的道德和宗教方面的观点，虽然并非来自于英国，但是自由主义的这种普遍意义，却因此在英国日益巩固，其程度要远远大于于欧洲大陆的其他国家。

不过即便是在英国，自由放任也远远没有取得胜利：银行体系被排除在外，银行业自由化的理论屈服于英国银行管理层的实际需要；曼彻斯特学派的理论对于外贸政策的实际影响很小，这使得英国19世纪在对外贸易上执行的仍然是和17、18世纪相同的政策。在欧洲大陆，贸易和职业的自由化在国内政策上依然是受到限制的，而对外贸易政策也自然地延续了保护主义政策。毕竟英国的自由贸易政策是建立在资本家阶级壮大了的以及技术和经济领先带动了的英国工业的基础之上的，而这并非单单是出于自然因素，尽管自然因素确实很重要。比如，在现代交通系统尚未发展起来时，水路交通以及由于煤炭和铁矿石的距离近所导致的运货费用的节约起到了决定性的作用。但是另一方面，不能遗忘的是，资本主义的发展在于资本的积累。英国的资本积累速度较快的原因，一方面在很大程度上源于同西班牙、荷兰和法国的海上控制权和殖民地控制权的争夺，另一方面也源于大地主对农民的胜利加快了无产阶级化的进程。

英国产业的领先地位支持了其自由贸易，正如早些时候荷兰在资本主义发展时期居于领导地位时也曾承诺执行自由贸易的政策一样。① 产业的发展、人口的增长和城市的集中化，很快导致了国内农产品供给的不足。谷物价格很大程度上取决于运输方式革命式的转变前的高昂的运输成本以及关税，而且在过渡阶段——丰收年份

---

① "从东印度公司的创立到与克伦威尔和查理二世的战争，这期间（1600~1675年），荷兰在贸易和航海上处于霸主地位。在这段黄金岁月的结尾时，根据科尔贝特的估计，欧洲国家的商船总数为2万艘，其中有1.6万艘归荷兰人所有，因此荷兰人被称为欧洲的货运专家。他们在亚洲、南美与北美洲以及非洲，都建立了一个庞大的殖民帝国，于是大量的保险业务发展起来，主要的股票交易所就在阿姆斯特丹，而且阿姆斯特丹同时也是世界货币的交易中心，这里的低利率政策促进了工商业的发展。在鳕鱼捕捞和鲸鱼捕捞上，没有任何一个国家可以与荷兰相媲美。在那个时期，荷兰的商业政策也是所有国家中最开明的，荷兰当时根本就没有任何可以让自己害怕的竞争对手。"（萨尔托里乌斯：《国外投资的国民经济制度》第369页）

粮食不用进口，而收成不好的年份则进口加剧——地主通过出口补贴机制周期性地制造了饥荒价，使得刚性的英国货币体系每逢谷物价格上涨就带来一场货币危机。这整个体系是违背产业利益的，工厂主并不担心外国工业产品的进口，因为他们的企业在技术上和经济上都要更为领先。同时，谷物价格成为决定劳动力价格的最重要因素，从而也在工人劳动成本中起着重要的作用。因为在资本的有机构成较低时，活劳动在总产品成本中占据较高的比例。英国反关税游行的公开目的就是降低原材料和劳动力的价格从而削减成本。

类似地，英国产业资本和商业资本非常乐于鼓励其他国家开展自由贸易，但对殖民地却没什么兴趣。殖民地作为工业产品的市场和原材料的购买来源，只要这些地方维持自由贸易，英国就没有什么竞争对手。但是积极的殖民地政策的落实是要付出高昂的代价的：提高征税标准，削弱国内议会体制的力量。因此在自由贸易的宣传声势下，该政策只好退却。然而，放弃殖民地还只是激进的自由贸易者的柏拉图式的要求。最重要的殖民地——印度——不仅仅被看作是一个市场，而且对印度的统治也保障了一个庞大而有影响力的阶层有可观的收入作为"良好统治的纳贡"。[1] 而且，在这个重要的市场上，"安全性"是销售的至关重要的条件，不能确定英国统治权的交出是否会使得削减贸易机会的旧争端复苏。[2]

---

[1] 每年从印度流入英国的养老金就高达 320 000 000 马克。这些养老金都是在印度工作的英国官员的俸禄中的一部分，英国政府给这些官员支付如此高的俸禄，目的是为了维护英国在印度的军队，以及给军队在亚洲进行的一些战事提供补给。

[2] "英国不顾科布登的主张，并没有放弃自己的殖民地。当时自由主义政治家的领袖人物约翰·罗素勋爵，也许是为了传达一下自己所属党派的观点，宣称现在还不是放弃殖民地的时候。同时英国国会采取了一切措施，鼓励殖民地实现自治。事实上，在曼彻斯特学派的影响下，英国开始认识到占有殖民地对自己并不有利。罗伯特·皮尔先生就曾经宣称："任何一个殖民地都是英国的爱尔兰。"英国政府现在开始与殖民地建立一种平等、自愿的联盟关系，帮助它们建立议会制度，于是曼彻斯特学派就成为了"红衫军"所不能维系的新大英帝国的创立者，尽管这并非是这个学派的本意"（舒尔策·格弗尔尼茨：《不列颠帝国主义》，第75页）。

欧洲大陆的商业政策的利益则截然不同。这里自由贸易的主要拥护者是农业原材料的供应商和出口产品的大土地所有者，因为自由贸易既可以扩大他们自身产品的市场又能降低进口工业品的价格。产业资本家的利益则相反。整个英国轰轰烈烈的竞争，而并非是由于对农产品的征收关税阻碍或者说延缓了本土产业的发展。首先需要做的是，克服起步阶段的困难，控制由于技能工人、工头和工程师等的短缺所造成的障碍，缩小技术差距，创立市场营销组织，促进信用的发展，通过破坏手工业者的竞争性地位加速无产阶级化，消灭传统的小农经济。总之，就是要建立一切使英国获得优势地位的东西。此外，关税收入还会带来财政收益，在那个间接税收体系还未完全建立并且自然经济在国内普遍存在且为之设置了重重障碍的年代，关税的财政收益远比今天重要得多。大陆政府的关税政策，只要是针对工业产品的，那么在经济上就都是无害的。当然，国内消费者需要支付更高的价格，而这所带来的差额收益就流入了英国的财政部。今天的保护性关税不仅流入了财政部，并且还逼迫国内的消费者将巨额支付转移给产业家们和地主们，这样使得英国的财政收益日渐增加，因为在这种多阶级内分配证券的格局下，税收体系要逐渐完善就必须面对巨大的困难且必须克服。至于殖民地方面，如果保护性关税的壁垒和特权被废除，那么殖民权力就要面临英国竞争的巨大威慑力。

因此，在英国和欧洲大陆，产业阶级的关税政策大相径庭，这是英国具有资本主义产业优势的结果。欧洲大陆和美洲的保护性关税体系被李斯特和凯里作了理论论证。李斯特的体系并非如李嘉图所说的是对由贸易理论的反驳，而是作为一种经济政策，通过促进一国产业的发展使得自由贸易政策真正具有可行性，从而成为有利于产业发展的制度。李斯特的"培育型关税"是为了服务这一目的的，所以他提出旨在消除英国的优势和德国的劣势的低关税政策（该关税只是暂时性的，因为他的政策主张是最终消除关税）。

这种发展中的资本主义的关税政策由于发达资本主义的关税政策而走向了自身的反面。李斯特的体系是为落后的资本主义国家设计的，结果异化规律①再次证明了它自身。如果将资本的集中化（卡特尔和托拉斯发展的程度）和银行对产业的支配度——所有的资本转化为金融资本的程度——作为衡量的标准，那么不是自由贸易的英国，而是实行保护主义的德国和美国，会成为资本主义发展的典型国家。在德国，内部关税壁垒取缔后，尤其是帝国建立后，产业的迅速崛起带来了商业政策利益的大重组。停止出口农产品让土地所有者成为该受保护的受益人。产业中保护关税的倡导者和他们达成了共识，重工业尤其是冶铁业的代表要求保护关税从而抵抗来自英国的强大竞争，因为该产业分支的资本有机构成高，能够承受在当时尚不明显的食品价格上涨的负担，而随后食品价格的上涨也被来自美国农业的竞争所抵消了。另一方面，工业受到危机的打击颇大。由于自然的和技术的原因远远落后于英国的德国冶铁业，尤其是在生铁除磷法发明之前，根本难以承受来自英国的竞争压力。还有，在资本有机构成非常高和固定成本比例高的产业中，优先发展的产业优势是难以消除的。部分在最早形成的银行资本，随着德国重工业的发展，也提倡保护性的关税政策。该政策的反对派主要是投资于出口行业的产业资本和商业资本。1879年保护主义的胜利标志着关税功能转变的开始——从"培育型关税"转向卡特尔的保护性关税。②

毫无疑问，外国竞争被阻挡很大程度上促进了卡特尔的形成。竞争者数量的减少使得它们之间更易结成联盟，就保护性关税的性质和起源来说（欧洲和美国在这个发展阶段是依靠强大的原材料和半成品的产业资本来推动的），保护性关税使得这些产业（而不是要

---

① 结果异化规律（heterogony of ends）这一名词来源于威赫姆·沃登特（Wilhelm Wundt）的心理学理论，用于形容这样一种可能性，即某个行动过程所造成的结果会导致最初的结果被改变，或者是出现非预期的结果。——英译者
② 鲁道夫·希法亭：《保护性关税的职能转变》，载于《新时代》，第二十二卷，第2期；罗伯特·利夫曼：《保护性关税和卡特尔》，1903年耶拿版；赫尔曼·莱维：《关税政策对美国经济发展的影响》（《康拉德年鉴，1905年》），本书中有许多案例资料。

在世界市场上和类似的英国产品进行竞争,因为这些英国产品并未因受到关税的影响而涨价)更为受益。正是这种更有利于从事生产资料生产的产业的发展的情形,提供了这些产业技术设备所需要的所有资本以供支配,并促进其向资本有机构成更高、积聚和集中化程度更高的方向转化,从而为卡特尔的形成创造了有效的前提条件。

还有另一种情形,它源于德国工业发展的落后,但最后也使得德国工业发展较英国工业而言更具有组织优势。英国工业发展是从小到大的一个过程,它的工厂是合作(劳动分工)和由只需要较少资本的纺织业发展壮大起来的产物。从组织上看,普遍处在个体企业阶段,单个资本家而非股份公司占主导地位,资本家的财富掌握在单个产业资本家手中。逐渐地,拥有大量资本的富有的产业企业家阶层以日益加快的速度兴起,这些企业家的财产由生产工厂构成。随后,股份公司越来越占据着重要地位,尤其是随着大运输企业的发展,这些大产业资本家成为了股份公司里的主要的大股东。产业资本(就其起源和所有权而言)被投资到这些企业中。同产业资本和商业资本一样,银行资本和用于发行股票的资本都被单个资本家所掌控,股份银行仅提供流通信用服务,对产业没有多少影响。专门从事股票发行的银行家也同样无法影响到产业,因为他们从事的活动使得他们从银行家变成了或者至少部分地变成了产业资本家。这种资本在单个资本家手中积聚的现象成为英国资本主义早期的组织化特征,这是在欧洲大陆和美国都不曾有过的。另外,来源于殖民地尤其是印度的大规模的财富的流入,以及由英国垄断贸易剥削得来的大量财富也积聚在单个资本家手中,这在德国和美国也是不存在的。

因此,当伴随着关税同盟和帝国的建立以及资产阶级扩张的政治障碍最终被扫清的时候,德国的资本主义发展道路已被清扫干净,资本主义的发展也不必单单按照英国的方式循规蹈矩。由于技术和经济上的起始点已达到先进国家的水平,因此德国必然要全力投入资本主义的建立。但是,单个资本家手中的资本不足,而对于个人企业而言,这些资本是最先进的产业生产力要达到英国的水平所必需的。因此,股份公司在德国扮演了新的角色——成为募集必要资本的工具。由于规模不足，这种必要资本是无论单个资本家还是产业资本家阶层都不具有的。相比于英国的股份公司（尤其是在最初阶段）的主要作用是富有的资本家的联合，而在德国，股份公司还要为产业资本家提供所需的资本，将其他阶级的钱投入到产业中去。这不能靠通过发行像银行同等规模的股票来完成，银行中是资本家自己的闲置的资金，而股份公司则是从社会各阶层中集中起资金投入到产业中去。另一个企业更乐于采取股份公司的形式的原因是，银行也变成了股份制银行。所以，德国的银行从最开始就有责任向工业企业提供所需的资本；银行不仅要提供流通信用，而且还要成为资本信用的来源。因此，在德国和在美国略有不同，从一开始银行和产业就有了必要的联系，这与在英国的情形也大相径庭。尽管这种差异是由于德国资本主义落后而缓慢发展所造成的，但产业资本和银行资本之间紧密的联系无论是在德国还是在美国，都成为了它们向更高级的资本主义组织迈进的重要有利因素。① 这一保护性关税带来的要求银行对产业融资提供必要支持的巧合，在促进产业迅速发展的同时也加速了卡特尔化，而这种卡特尔化自身又造就了

---

① 虽然法国动产信用公司的建立为它的发展开辟了道路，但是同法国其他工业部门发展普遍受限一样，它在法国的发展是失败的。主要原因有以下几条：一是法国的土地分配不利于资本主义的发展，导致一般家庭只生两个孩子，从而引起工人供应不足；二是保护性关税水平过高；三是受那些从小资产阶级、农民和奢侈品工业上获取利益的食利者阶层的影响，资本输出十分频繁。

在股票交易所的问询中（《德国交易所调查报告》，第一部分，第449页），亚历山大指出，德国工业资本家缺乏资金才是德国资本国有化和银行重新加强对工业影响的真正原因。根据他的言论，很多大型煤矿，比如赫尔内、波鸿等等，直到最近（1892年），其持有人还是那些法国和比利时的股东。同时，煤矿业的集中化趋势也开始了，由于企业没有充足的现金，银行就成了这次集中兼并浪潮的中间人。银行之所以愿意做这些交易，是因为它确定它可以通过期货交易来出售这些证券，以回笼购买这些证券所支付的资金。

另外，我们还可以认为，由于法律对股票交易的种种限制，特别是那些对期货交易的限制，增加了银行对各个产业企业的影响力。因为在股票交易所不够活跃的情况下，这些产业企业将会更加依赖于银行的服务。事实上，德国股票交易方面的立法十分有利于银行。

新的保护性关税受益群体，因为此时保护性关税自身功能已经发生了变化。

旧的保护性关税除了为弥补各种不利自然因素的不足之外，主要旨在加速保护范围内的产业的形成，保护本国正在发展的产业免受发达外家的产业的冲击。所以要将关税设定在足以抵消国外产业优势的高度，但又要避免禁止性关税，因为本土的产业生产量无法满足国内的需求。总之，关税的设定不是永久性的，一旦实现了其"培育性"的功能，即国内的产业业已发展到既可以满足本国需求又可以兼顾出口的程度时，保护性关税就失去了其自身的意义，从而成为出口的障碍，因为它会诱发其他国家也采取类似的政策。在自由竞争的体制下，一旦被保护的本国产业可以满足本国需求同时又具有出口能力的时候，保护性关税就没有提升价格的作用了。此时，被保护市场上的产品价格必然与世界市场价格相同，因为运往遥远的外国市场的费用的节约使得在国内销售比出口更加有利可图，而工业的产出则会等于或者大于国内需求。因此，保护性关税仅仅是暂时性的，为帮助处于发展幼稚期的产业克服起步的困难而存在。

但是在资本主义垄断阶段，情况就有所不同了。如今正是那些拥有巨大出口潜力的强大产业——按照旧的理论，这些在世界市场上占据毫无疑问的竞争优势的产业是不需要保护性关税的——强烈支持保护性关税的时候。假设维持自由竞争，一旦本土产业可以满足国内市场需求，则保护性关税即失效。但这种保护性关税却成为了促进卡特尔出现的最重要方式之一，原因是：首先，它使得来自国外的竞争难以实现；① 其次，卡特尔提供了利用关税保护的机会，

---

① 当然，那些厂家非常明白自由贸易将会加快卡特尔的形成。一个英国的企业主在1906年10月8日的《泰晤士报》上提出了成立英国电力制造业卡特尔组织的建议。这位企业主承认："在一个自由贸易的国家，采取维持垄断高价或者压低产量的举措，会把本国的市场拱手让给国外的竞争对手。"另一个企业主回应道："如果我们采取一些贸易保护主义的政策，我们就很可能会把价格提高，但是根据经验我们知道，实现企业之间的联合是根本不可能的事情，更别说把价格抬高到这位企业主所说的那种水平了。我们现在都在受生产过度的困扰，如果不能通过厂家主动限制产量或者联合抵制自

即使此时产业已具备了出口能力也如此。通过限制国内消费的生产配额，卡特尔消除了国内的竞争；而对竞争的压制维持了关税提价的作用，即使此时产量已远远超出国内的需求也如此。因此，对于卡特尔化的产业而言，坚持保护性关税制度的长期化有重大利益关系：首先，它保证了卡特尔的存在；其次，它还可以帮助卡特尔在国内市场上赚取超额利润，这个超额利润来自于国内价格和世界市场价格之间的差额。然而，这种差异是依赖于关税的，因此致力于提高关税就等同于对更高利润的追逐。卡特尔化的产业非常重视保护性关税的水平：关税越高，国内市场价格和世界市场价格的差额就越大，"培育性关税"就越会转变为高额的保护性关税。友好协议和逐步降低关税的倡导者们变成了狂热的高额关税保护主义者。

卡特尔不仅受益于自身产品的保护性关税，而且众所周知，在其他条件不变的情况下，卡特尔的价格受制于其他产业的利润率。例如，如果机械制造产业的利润率由于进口机械产品的关税提高而上升，那么卡特尔的煤矿和冶铁产品就会提高价格从而将部分乃至全部机械产品的超额利润纳入自己的腰包。这种垄断性的联合不仅靠自身产品的保护性关税赚取收益，而且还可以从下游产业的产品中获利。

因此，保护性关税为卡特尔提供了在卡特尔化之外的超额利润，[1]

由贸易来降低产品供给量的话，那么我们将一直会遭受过度生产之苦。"（麦克罗斯蒂：《英国工业中的托拉斯运动》，第319页以下）麦克罗斯蒂还写道："英国所有企业联合组织的弱点都来自于国外竞争的对手。如果可以排除国外竞争对手的威胁，那么这些企业联合组织的力量就会大为增加，所有的相关问题也就会迎刃而解。"（同上书，第324页）

[1] 在德国和奥地利糖业卡特尔的坚持下，《巴塞尔协议》决定把糖的税收下调到6法郎。事实表明，关税下调的确促进了卡特尔组织的形成。比如，奥地利的税收下降到了22克朗，这就给那些卡特尔组织内部的工厂很高的超额利润，这笔超额利润如此之高，以至于比那些大型现代化企业消灭竞争对手所得到的利润还要高。这种超额利润就是建立卡特尔组织的动力。即使这会增加那些大型技术先进的企业的负担（因为对于这些大型企业来讲，关税的提高和由此带来的价格上升给这些企业带来更多的不利），但是此时分配生产份额也会比以前更加容易。这个例子表明，设不设置关税对于卡特尔组织的影响并不大，影响大的是关税的水平有多高。

并赋予了其在国内的间接征税权。这种超额利润不是来源于雇佣工人劳动产生的剩余价值,也并非来源于从非卡特尔化的产业中的利润的扣除,而是来自于整个国内的消费者市场,并且来源于在不同消费者阶层中的不同影响。当然,这种超额利润是在何种程度上以及是从地租、利润还是从工资中扣除的,这和其他工业原材料或消费品类的间接征税相类似,取决于真实的权力关系和因卡特尔关税而变贵的物品本身的性质。

比如说,和农业机械或木制家具的价格上涨相比,糖价的上涨对广大工人的影响更大。但无论价格怎样上涨,最终都是由卡特尔产业借此将一部分社会收入作为收益纳入自己的囊中。借助于关税,卡特尔加速了资本积累的进程。

这种利润增加的方式,在劳工组织的力量日趋强大、利润率无法通过延长工作时间或压低工人工资从而增加绝对剩余价值的途径提高的时候,显得尤为重要。工业产品保护性关税的引入伴随着农产品关税的增加,但这对重工业却没有什么影响。因为重工业的资本有机构成很高,劳动力成本的增加并不能形成产业的沉重负担,而且在工资方面也拥有强大的议价地位,所以只要保护性关税足够高,农产品关税导致的生产成本的轻微上调就完全是可以由保护性关税所带来的超额利润所弥补的。

然而,国内市场价格的上涨降低了卡特尔产品的销售量,这与以扩大生产规模来降低成本的趋势是冲突的。该情形对于尚未完全站稳脚跟的卡特尔的存在构成了一定的威胁,对于那些大的具有良好生产设备的卡特尔企业而言,卡特尔政策带来的销售量的降低是难以容忍的,于是它们重新开始实施竞争以挤垮较弱的企业而获取它们的市场份额,竞争结束后会产生一个更为强大的新的卡特尔联盟。但是对于根基已然稳健的卡特尔,国内销售的下降将通过更多地从事出口得以弥补,这样才能够维持其生产规模的不变甚至扩大。在世界市场上,卡特尔组织要按照世界市场价格销售。假定卡特尔的出口是高效的,那么其产品的真实价格($k+p$)就是与世界市场价格相一致的。同时,卡特尔还可以以低于其产品的价格进行销售,因为它已经凭借保护性关税在国内市场上获取了超额利润,从而卡特尔用部分的超额利润就换取了低价格出售所带来的销售的增加，而后再进行扩大生产并降低成本。尽管国内价格未变，但卡特尔也会因此获得更高的利润。另一种达到这种结果的方式是，对于国内消费者将其产品运往国外的情形，卡特尔通过从超额利润中为之支付出口补贴的方式来实现。假定经济规模和国内消费量不变，那么出口补贴的上限取决于保护性关税的水平。年景好时，卡特尔会将这种补贴定得很低，甚至没有补贴，这样就攫取了由于经济繁荣所带来的本应归消费者所有的利益。年景不好时，即使是全额补贴也可能不足以弥补消费者因世界市场价格的回落而受到的损失。卡特尔的历史事实一再证明，出口贸易权的掌握甚于其生存的重要性，否则卡特尔就会不断受到因补贴制度不健全所导致的出口受限制的威胁。随着出口补贴的发展，保护性关税的作用也发生了显著的变化，甚至走向了相反的方向，即从反对外国产业侵占本国市场的工具变成了帮助本国产业侵占外国市场的工具，从弱者的防身武器变成了强者的侵略武器。

英国的自由贸易并未被其倡导者们当做仅适用于英国的经济政策。事实上，自由贸易的扩张使得英国产业大为受益，保障了其在世界市场上的垄断地位。其他国家的保护性关税虽降低了英国产品的销售市场，但如今资本克服了这种障碍使得这种情况得以改变。一国提高的关税限制了向该国出口产品的国家的销售市场，并为后者的产业发展造成一定的阻碍，而保护性关税则意味着前者超额利润的获得，这种超额利润诱使其他国家将产品的生产而非产品本身引入该国。在资本主义不够发达的阶段这种机会较少，部分原因在于国家立法的阻碍，部分原因在于资本主义生产的经济条件尚不具备。公共秩序的缺失、劳动力尤其是熟练劳动力的短缺、既有障碍等，只能逐渐地消除，这使得资本难以实现转移。如今这些障碍大都被清除一空，发达国家可以通过资本输出的方式克服保护性关税带来的利润率下降的影响。

第22章　资本输出与经济区的争夺

保护性关税体制的日益推广把世界市场划分成了以国家为单位的经济区，而金融资本的发展又强化了经济区规模的重要性，这对资本主义生产的发展有着至关重要的作用①。一个经济区的规模越大，人口越多，工厂的生产规模边界就越大，工厂内部的专业化分工就越细，而这些都会降低生产成本。经济区面积越大，生产就越容易找到自然条件最优越和劳动力最高效的区位。区域越广，生产越多样化，从而就更能实现各项生产之间的相互配合并节约进口产品的运输成本。区域较大，需求变动和自然灾害对生产的影响也更易消除。当资本主义的自由贸易发展到成熟阶段，整个世界市场就都将被纳入一个统一的经济区，从而实现最高的劳动生产率和最理想的国际劳动分工。不过即使是在自由贸易状态下，一国的国内产业仍然是在本国市场占优势，即对本国风俗和居民偏好的了解有利于企业和消费者之间建立联系，尤其是近距离的区位优势更是节省了许多产品的运输成本，同时保护主义的举措也更是强化了上述优势。而对于外国产业来说，语言、法律、货币等各方面的差异则造成了相当的障碍。然而，保护性关税对较小的经济区更为不利：对出口的阻碍限制了企业规模的扩大和生产的专业化，阻碍了合理的国际劳动分工，从而提高了生产成本。总之，正是有利于工厂内部生产专业化细分的较大的经济区规模促进了美国产业的迅速发展。在资本主义发展的成熟阶段（即"培育型关税"完成其历史使命的时

---

① 奥托·鲍威尔：《民族问题和社会民主主义》，载于《马克思研究》，第二卷，第178页。

候)，经济区越小就越倾向于自由贸易，比利时就非常提倡自由贸易。并且经济区越小，生产的自然条件就越受到限制，产业的种类就越少，进口不适合本地生产的产品的需求就越强烈。

另一方面，保护性关税意味着经济区的限制，而对生产规模和专业化的限制又阻碍了资本的合理流动和劳动的国际分工，最终阻碍了生产力的发展，这在现代高关税率下——关税率的决定并不是取决于各产业的技术条件，而是取决于对国家政权影响力不同的各产业集团的政治权力斗争的结果——显得尤为重要。不过尽管关税对生产力产生了阻碍作用，但关税还是给资产阶级带来了利润的直接增加。总之，自由贸易打击了卡特尔，剥夺了有能力的卡特尔化的产业在国内市场上的垄断；如果这种垄断不是受益于运输（比如煤炭）或者自然垄断（比如德国钾盐生产）的话，那么卡特尔的保护性关税所获得的超额利润就即将消失了。

诚然，即使没有保护性关税，垄断的脚步也会继续，但是速度会放慢，卡特尔的组织也不会那么巩固，而且国际性的卡特尔会被当做是异化的剥削力量受到抵制。另一方面，保护性关税不仅仅通过排除竞争为卡特尔提供稳定的国内市场，而且关税的利用本身也对卡特尔组织的巩固有直接的刺激作用。国际性的卡特尔组织，尽管是在资本集中程度更高的基础上发展起来的，但在自由贸易体制下，还是受到保护性关税的推动，尤其是在市场区划、价格协议基础上建立起来的卡特尔组织更是如此。因为国际性的卡特尔不是像在自由贸易体制下那样将孤立的生产商联合起来，而是将已然成熟的各国卡特尔联合起来。保护性关税将各国的卡特尔作为协议参与者，这大大减少了参与者的数量；它还从一开始就为各国卡特尔保留了其国内市场，为国际卡特尔协议提供了良好的基础。不过，被保护性关税阻止了外部竞争的从而留给国内卡特尔的国内市场数量越多，达成自由市场协议的可能性就越大，国际协议也就越稳固，因为即使破坏了协议也不会让外部竞争者获得类似于自由贸易下的平等竞争的机会。

因此这样就产生了两个截然相反的趋势：一方面，保护性关税成为卡特尔在竞赛中的进攻武器，加剧了价格战，同时它也通过动用国家机器和外交干预来提高自身的竞争地位；另一方面，保护性关税保障了各国卡特尔的稳固性，促进了国际卡特尔间协议的达成。这两种趋势共同作用的结果是，这些国际协议代表了一种暂时休战而非长期的共同利益，因为关税的每次调整，国家间的市场关系的每次变动，都改变了原有协议的基础，从而需要新协议的缔结。只有当自由贸易或多或少地消除了这些国家间的壁垒，或者当卡特尔的基础不是保护性关税而是像石油工业那样的自然垄断的时候，才能出现更加稳固的国际卡特尔。

同时，卡特尔组织极大地强化了经济区规模在经济利润方面的重要性。正如我们所知，保护性关税帮助资本主义垄断势力在国内市场上获得了超额利润。经济区规模越大，国内销售量就越会随之扩大（想想比利时和美国的钢材出口产量），卡特尔的利润也就越高；利润越高，则出口补贴越多，卡特尔在世界市场上的竞争地位也就越加稳固。随着对殖民地的热情引致的世界政治干预活动的增多，扩张受到关税保护的经济区的规模的需求也日益强烈。

卡特尔通过保护性关税的自身体系来克服关税对利润率产生的负面效应。首先，保护性关税导致的出口补贴的提高，可以帮助卡特尔或多或少地克服其他国家的贸易壁垒，这在一定程度上避免了产出的减少。而且，一国受到关税保护的国内产出量越大，上述效益就越容易实现。这就再一次违反了自由贸易的利益，从而使得提高关税率扩张经济区更为有利。当这种办法不可行的时候，卡特尔便以在海外开办工厂的方式输出资本来替代，这样受到外国保护性关税限制的产业便可以利用关税将生产部分地转移到国外。若说这种方式阻碍了母公司的扩张以及以降低生产成本的方式提升利润率的可能性，那么可以通过提高海外生产的产品的价格来增加资本所有者的利润以作为弥补。这样，受到国内保护性关税刺激的资本输出同时也就受到了其他国家保护性关税的推动，进而大大带动了资本在世界各国范围内的渗透和国际化。

因此，保护性关税造成的生产受到限制所带来的利润率的降低的副作用基本被消除了。从资本自由贸易的立场出发，这可能是多余且有害的，即试图克服因经济区协议的缔约而导致的生产受到限制,不是转向自由贸易,而是通过扩张经济区和增加资本输出。①

当现代保护性关税政策前所未有地强化了资本在其经济区持续扩张的动力时,闲散的货币资本就在银行的集中下酝酿了资本输出的计划。银行和产业之间的联系允许它们在货币资本的供给同时提出特定资本运用于特定产业的要求,这样,各种形式的资本输出都大大加速了。

资本的输出意味着价值的输出,即在国外生产剩余价值。从这点上来看,至关重要的是,剩余价值应当由国内资本所掌控。例如,一个德国资本家想带着其资本到加拿大生产并定居,不再回到德国,这就会造成德国资本的损失。资本脱离国籍,这就不是资本输出,而是资本转移,它会带来国内资本的减少和国外资本的增加。只有在国外资本仍然受控于国内资本的情况下,它产生的剩余价值才能归国内资本家所有,这称为资本输出。该资本被纳入一国的资产负债表,每年生产的剩余价值成为一项资产负债表的支付。资本的输出减少了国内资本的量,并通过剩余价值的生产增加了一国的国民收入。

---

① 下面的例子十分具有代表性,从中可以看到对国际卡特尔组织的描述和资本输出的影响。"纺线工业是工业中一个十分重要的行业,在大不列颠,特别是苏格兰,具有十分悠久的历史。这个行业内最大的四家公司是科茨公司、克拉克公司、布鲁克兄弟公司和乔德威思兄弟公司,这四家公司在1906 年联合了英国的许多小工厂和美国大约 15 家的企业,成立了一家新的大型公司,名字就是 J. P. 科茨有限责任公司。这个大型的纺线联合体总资本额高达 5 500 000 英镑,是当时世界上最大的工业联合组织之一。在这个联合体组建之前,美国的贸易保护主义者就鼓励科茨公司和克拉克公司在美国建立自己的两家工厂,以避开针对这两家公司所生产的产品而制定的高关税。纺线联合体组建之后,也沿用了这一政策,购买了北美和其他国家的许多企业的股票,并控制了这些企业。所以英国的产业资本家把生产转移到国外去造成了本国的劳动力的失业,最后殃及到整个民族。纺线联合组织继续实行这一海外生产政策的理由十分充分,因为它在 1903~1904 年间获取的 2 580 000 英镑的利润中,有大部分来自于海外工厂。不过,其他国家的产业壮大只是个时间问题,国外的产业资本家最终会重新夺回对自己企业和产业的控制权,减少向英国资本家缴纳利润的份额"(施瓦布:《张伯伦的商业政策》,1905 年耶拿版,第 42 页)。

股份公司和高度发展的信用体系鼓励了资本输出并改变了它的特征：资本脱离企业家而输出国外，所有权长期属于输出国，资本的民族化难以实现。在资本输出以农业生产为目的的地方，民族化尤为迅速，美国就是典型的例证。

从资本输出国的角度看，资本的输出可以以两种迥然不同的方式发生：利息承担资本和利润回报资本。后者和产业、商业及银行资本的功能相类似。对于资本输入国而言，剩余价值的那一部分用来支付利息是需要进一步考虑的，对外国人持有的抵押证券支付的利息包含了地租的流出，① 而对于工厂和企业债券利息的偿还则是产业利润的一种外流。

欧洲资本发展到金融资本的阶段，就开始以这种方式流往国外。一家大型德国银行在国外设立分支，该分支融资了一笔贷款，其收益用于建造发电厂，建造工程由一家与本土银行有联系的电力公司负责承担。这一过程还可以被简化：银行的国外分支机构在外国创建企业，而在国内发行股票，但从与当地银行有关的企业那里订购原材料。当国家的贷款被用于产业供给时，这种转化就实现了其规模的最大化。正是银行和产业资本的紧密联系加速了资本输出的发展。

资本输出的先决条件是利润率差别，资本输出可以消除各国之间的利润率差别。利润率的水平取决于资本有机构成，即取决于资本主义的发展：资本主义越发达，平均利润率就越低。这个通识性的因素我们暂不讨论，因为世界市场价格是由最先进的生产技术决定的，而我们需要关注的是特殊因素。就利润率而言，信用和银行不发达的资本主义国家以及发展较为落后的国家的利润率高于发达国家的利润率。而且，在这些不发达的国家，利润包括相当一部分的工资或企业家的收益。高利润率是借贷资本输出的直接诱因。企业家收益高，是因为当地的劳动力廉价，而劳动力的技能和素质不高可以通过增加劳动时间来弥补。另外，由于地租很低甚至是无偿的，因而大量的因自然原因或对当地居民暴力征用导致的闲置土地

---

① 比如，匈牙利地租的一部分就流向了奥地利，以支付在奥地利流通的匈牙利抵押公司的抵押债券的利息。

为生产节约了许多成本。最后，特许权和垄断也提高了利润，而新市场本身也提供了很高的超额利润。因此，资本主义方式的商品生产开始了同手工制造业的竞争。

无论资本输出以何种方式进行，都意味着国外市场有能力吸收。过去，国外市场容量是限制欧洲工业品出口的障碍，它们的消费能力受其自然经济或者是不发达的生产体制的限制，因而生产不能迅速扩大，也不能很快地适应市场的需求。为此，显而易见的是，具有多样化和扩张能力的英国资本主义生产，非常迅速地满足了新开放市场的需求，甚至超出了需求，结果导致了纺织工业的生产过剩。另一方面，英国对这些来自于新开发的市场的特殊产品的消费是受到限制的，尽管从数量上看还是要比其他国家大得多。但是这里关键的因素是其产品的质的特性，即产品的使用价值的性质，也就是说，国外市场可以以此从英国市场上换回去的英国商品的使用价值。就奢侈品而言，它在英国的消费是受到限制的，而纺织业却在迅速地扩张。纺织品的出口增加了殖民地产品的进口，而纺织业的迅速扩张却要求利润加速用于积累，而不是用于奢侈品的消费。结果是，每开放一个新的国外市场就会以一场危机宣告结束，这种危机一方面源于纺织品价格的下跌，另一方面则由于殖民地产品价格的崩盘。英国历史上的历次危机都证明了这些特殊因素的重要性。值得注意的是，图克仔细研究了殖民地产品的价格，早期产业危机都规律性地伴随着商业的全面颠覆。这种情况首先由于现代交通方式的发展而发生了转变，现代交通方式对冶铁业的重视以及伴随着新市场的开辟，使资本输出更多地替代了商品交易。

以贷款方式实现的资本出口本身就极大地扩张了新市场吸收产品的能力。假定一个新市场可出口 100 万英镑商品，则与之相等价的商品吸收也是 100 万英镑。但是若不以商品而是以借贷资本（国家借贷）的形式输入到这个国家，则本来通过出口实现的 100 万英镑的价值就不是用来交换产品了，而是用来支付资本的利润了。这样，向该国输出的资本额可能就不是 100 万英镑，而是 1 000 万英镑（计 10% 的利率）或者是 2 000 万英镑（计 5% 的利率）。这个例子也证明了利率下降对于市场扩张的重要性。与外国借贷资本的竞争有助于较快地降低利率，即使对于落后的国家也如此，从而增加了出口的机会。而与资本输出相比，产业资本的输出产生的影响更为深远，这也是后者越来越重要的原因。资本主义将生产输往国外而将产业资本从国内市场消费的限制中释放出来，这种新的生产收益方式保障了资本增殖。但新市场不仅是销售地，而且该市场上的资本也会流动到销售有保障的生产行业中去。例如，南非资本主义的发展就独立于南非市场，因为其最重要的生产部门——金矿开采——有无限大的市场，而金矿开采量的多少仅取决于自然条件和劳动力的数量。与之相类似的是铜矿的开采也独立于殖民地市场本身，而大多数将产品销售到新市场的消费品企业则很快地意识到了其增长受到消费市场容量的限制。

用这种方式，资本输出突破了新市场消费容量的限制。同时，将资本主义生产和运输方式引入外国，带动了当地经济的迅速发展，孤立的各国经济融合成了一个更大的国际市场，而可以在新市场获利的产品的出口容量也随之增加。之前，殖民地和新市场为提供消费资料而建立，而现在，新的资本直接投资到提供原材料的生产行业中去。随着提供资本输出的国内产业的成长，这种情况有了进一步的强化。这样，出口资本的产品有了国内市场，而国内产业和输出资本的产品的互相配合，则大大拓展了英国生产的狭义范式。

新市场的开辟对结束经济萧条、延长经济繁荣、缓解经济危机有重要意义。资本输出加速了外国市场的开放，发展了生产力，同时作为资本输出的产品的国内生产也随之扩大，从而资本输出则成为了资本主义生产的强大推动力。随着资本输出越来越普遍，资本主义生产步入了一个突飞猛进①的阶段，期间从繁荣到萧条的周期大大缩短，危机也弱化了。生产的迅速发展也导致了对于劳动力的需求的增加，这对工会是有利的；而且在发达资本主义国家，资本主义固有的贫困化趋势也貌似被克服了。生产的发展掩藏了资本主义社会的诟病，展现出了一片繁荣的景象。

殖民地和新市场开发的速度主要取决于其为投资提供服务的能

---

① 帕尔福斯表述得十分确切，见《商业危机和工会》，1901年慕尼黑版。

力。殖民地能按照资本主义生产的、能保证在世界市场上销售份额的并且对国内生产具有重要意义的产品越多,该能力就越强。资本主义自1895年以来的快速扩张导致一些原材料尤其是金属和棉花的价格的上涨,开发这些原材料的新来源的动力也大大强化了。因此,出口资本活跃在能生产这些原材料的地区,并被吸引到了那些能马上纳入资本主义生产线的行业之中,尤其是采矿业。这种生产的结果是,殖民地出口的剩余价值增加了,带来了新的投资,从而资本主义在新市场上的发展步伐大大加快了。开放一个新市场的阻碍不再是资本的缺乏(可以通过资本输入得到解决),而是其他干扰因素即"自由"劳动力或者雇佣劳动力的短缺。劳动力的问题似乎只能使用暴力来解决。

当资本遭遇增殖障碍而且用经济手段需要很久才能克服时,就会诉诸于政权的力量,通过暴力剥夺的方式创造出必要的雇佣劳动力。在资本主义发展的早期,这种欧洲农民和墨西哥、秘鲁印第安人的命运,现在也发生在来自非洲的黑人①身上。这些暴力方式是殖民政策的本质,否则就不具备其资本主义的意义了。如同无产阶级的存在一样,对于资本主义而言是不可或缺的一部分。没有暴力的殖民政策,就正如在消灭无产阶级的同时维持资本主义一样,不过是种轻浮的幻想。

获取劳动力有很多方式,但主要是将当地居民的土地没收,使其丧失立身之本。土地随之被交给大土地企业,而非个人。这在矿产品的剥削方面尤为显著。和原始积累的方式相一致,资本家创造的财富集中到了少数垄断资本家手中。例如,英属南非的金矿和钻石矿主手中积聚了超额规模的财富,而在西南非洲,与大银行有密切联系的德国殖民公司也赚取了巨额财富。这种圈地在将当地居民从土地上"解放"出来的同时,造就了身无分文、受剥削的无产阶级。圈地的起因是殖民者的要求遭到当地居民的反抗,居民的暴力行为产生的冲突引发了国家的干预,从而促成了圈地行为的实现。

---

① 参见帕尔福斯在这里所举的例子,见《殖民政策及崩溃》,1907年莱比锡版,第63页。

为了达到资本所要求的剥削对象的不抵抗以"维护治安",整个国家,首先是无产阶级士兵和纳税人,自然地承担起了这个任务。

在圈地不能立刻实行的地方,税收体系的引进也达到了相同的目的——要求当地居民缴纳只能通过被外资工厂雇用才能得到的数额的钱。这种劳动力的驯化在比利时属的殖民地刚果已经非常完善,当地的资本主义积累方式不仅包括压榨性的税收,而还包括用各种卑劣的手段对劳动力使用暴力。奴隶制重新成为经济目标,与此同时,残忍的剥削精神也从殖民地转移到了国内的殖民利益既得者身上,他们以令人作呕的方式庆贺。①

如果土著居民的生产无法满足剩余价值的需求,那么这要么是由于过度剥削,要么就是由于当地居民太少或者不够强壮,这时资本就会通过引入国外劳动力来解决。苦力的输入是有组织的,契约奴隶制的精密体系保证了劳动力的供需平衡。当然,这并不是资本解决劳动力问题的根本途径。苦力的引入在世界范围内引起了白人劳动力的强烈反抗,同时由于欧洲的殖民政策以及逐渐扩张的日本随后与中国发生的冲突,② 所有这些都说明,苦力的引进也是具有一定危险性的。

即使亚洲劳动力不被引入,白人劳动力雇用的范围也是有限的。资本主义的发展将工人从生产雇用中解放出来的进程在欧洲已经结束了。而且事实上,资本主义的迅速扩张在最发达的国家中已经产生了相反的趋势。

在最近的两次繁荣期,德国资本主义遭遇到了劳动力短缺的问

---

① 想想这些人吧,比如那些田园诗人令人不耻的激情和像卡尔·彼特(1856～1918年)这样的思想家。卡尔·彼特曾经协助建立了坦噶尼喀的德国东非保护区,由于他对非洲人的虐待,1897年他被解除职务。英国自由贸易主义者已经对这种关系非常清楚了,他们强调这种关系是反对殖民政策的一种很好的手段,所以科布登宣称:"如果我们在国内没有败坏掉自己的品性,那么我们会在国外扮演暴君和刽子手的角色吗?"(引自舒尔策·格弗尔尼茨:《不列颠帝国主义》,注⑭)

② 关于这个话题,可以参阅《新时代》第二十六卷第1期中的关于移民问题的讨论,尤其是奥托·鲍威尔的《无产者的移民》,以及马克思·席佩尔的《外国劳动力和不同国家的立法》。

题，不得不用移民的方式来补充产业后备军。美国资本主义也要大规模地引入外来人口，而资本主义发展趋缓的英国则表现为不断攀升的失业率。欧洲向外移民的地区缩小至南欧、西南欧和俄国，与此同时，对雇佣劳动力的需求因经济飞速增长而迅速扩大。

那些因社会或者政治原因而禁止亚洲移民的国家的发展严重受阻于劳动力的短缺。这个障碍在资本发展前景最为看好的地区最难以被克服，例如加拿大和澳大利亚。而且，在这些拥有广阔土地的地区，农业的扩张需要大量人口，这和无产阶级的形成是相左的。然而，这些地区的人口的自然增长率却很低。即使在欧洲最发达的国家，人口增长率也是稳步递减的，减少了可以国向外移民的剩余人口。①

---

① 关于这个问题，可以参阅保尔·蒙贝尔特的《德国人口运动研究》（1907年）一书中所提供的数据，比如，欧洲按照每1 000居民计算的年平均出生率为：

年 份	出生率（%）	年 份	出生率（%）
1841~1850年	37.8	1881~1885年	38.4
1851~1860年	37.8	1886~1890年	37.8
1861~1870年	38.6	1891~1895年	37.2
1871~1875年	39.1	1896~1900年	36.9
1876~1880年	38.7	1901~?年	36.5

在美国同样也有出生率下降的现象，而在澳大利亚这种现象更是十分明显。例如，在新南威尔士，每1 000位15~45岁之间的已婚女性所生的孩子数量，在1861年为340.8个，而到了1901年则下降为235.3个了。我们还可以再看一下舒尔策·格威尔尼茨在《英帝国主义》第195页中所提供的数据。政府统计学家科格伦对于出生率下降也紧急呼吁："出生率下降关系重大，特别是对于澳大利亚这样的国家更是危急万分。能否找到有效的解决措施，将会决定我们澳大利亚未来在世界上所处的地位。"

上述地区的人口增加，主要是因为死亡率的大幅下降，死亡率下降幅度超过了出生率的下降幅度，于是人口便增长了。德国的情况也是这样的。"如果出生率下降的趋势持续下去，而死亡率下降到一定程度后就不会再下降了，那么总有一天这两者的关系将会发生逆转，新增人口的数量将会逐步减少"（前边所引过的蒙贝尔特的书，第263页）。这种情况已经在英格兰、威尔士、苏格兰和瑞典发生了。

蒙贝尔特的结论也同样适用于现在的资本主义扩张。"或许在不远的将来，其他国家的人口问题将不再是人口增速过快的问题，而是人口增速太慢的问题"（同前引书，第280页）。

人口增长率的降低正好发生在农产品产量的增加有重要意义的地区,例如加拿大、澳大利亚和阿根廷。这样就导致了这些地区的农产品的价格的上涨,并且趋势日益显著,尽管这些地区的农产品产量有巨大的增长潜力。

但是人口规模带来的限制不是绝对的。它只是解释了资本主义不能迅速扩张的原因,而不能阻止扩张本身。另外,它是可以自我修复的。暂不考虑殖民地区自由雇用劳动力或强制劳动力的引进,也不考虑生产技术发展造成的宗主国白人劳动力的相对(周期性的)失业在扩张速度减缓时可能会转变为绝对(永久性的)失业,在有白人劳动力的殖民地区,资本扩张的更严重的限制会导致资本主义克服政治障碍向欧洲落后的农业区转移产业,从而开发新地区,通过破坏当地原始产业和释放大量的农村人口为向外移民提供条件。

新市场不再仅仅是商品销售市场,而是投资市场,这也给资本输出国的政治行为带来了变化。贸易本身——不是和抢劫掠夺相联系的殖民贸易,而是和较为先进的有抵抗力的白种人或黄种人进行贸易——仅仅是种经济关系,在很长的一段时间内都不会影响到社会和政治的关系。只要存在一个可以维持秩序的政权力量,就没有必要对这些地区进行直接的统治。但是当资本输出占优势且一切都发生了变化时,因为产生了更为重要的利益关系,因而在国外修建铁路、获取土地、建设港口、开采煤矿等行为,其风险就会远远地大于商品贸易本身。

法律体系的滞后成为一种障碍,金融资本急切地要求扫除这种障碍,即使以暴力手段也在所不惜。这就加剧了发达资本主义国家同落后国家间的尖锐斗争——资本主义国家试图将适合资本主义的法律系制强加于落后国家,而不顾当地现有体系是否被保留或被破坏。同时,对于新市场的竞争也使得发达国家之间的争夺日益激化。而在新市场上,资本主义制度的引入激起了当地民族意识已经觉醒的居民的越来越强烈的抵抗,使外国资本处境颇为危险。旧的社会关系完全被颠覆了,"没有历史的国家"和土地的古老联系被切断了,一切都被卷入了资本主义的洪流之中。资本主义制度本身也为它的子民提供了获得自由的途径。它采纳了欧洲国家的最高激励作为自己的目标,即建立一个保障经济和文化自由的联邦政权。这种独立运动在最有剥削价值的地区威胁到了欧洲资本的利益,因而资本只能通过不断强化其暴力镇压才能维护其统治地位。

这就是为什么所有与外国有利益关联的资本家都呼吁强权的原因,强权有助于保护他们哪怕是在最遥远的地方的利益,国旗的树立保障了贸易旗帜的飘扬。当一国对一个新市场拥有完全的控制权时,本国的输出资本是最称心的,因为限制了其他国家的资本的输入,享有特权,利润的赚取受到了国家政权的保障。因此,资本输出是鼓励实行帝国主义政策的。

资本输出,尤其是工业资本和金融资本的输出,大大加速了陈旧的社会关系的颠覆,将全球都卷入进了资本主义的生产方式之中。资产阶级的发展并不是在每个国家孤立地进行的,而是随着资本的输入将资本主义的生产方式和剥削关系也一同输入,且和最发达的资本主义国家保持在同一水平上。比如说,新建立的产业并非从手工业开始发展,而是一开始就作为最先进的资本主义产业而建立的。资本以最先进的形式输入到新市场,并在大大短于荷兰和英国资本主义发展所用的时间内促成了其革命性的变化。

交通方式的变革是资本输出历史上的里程碑。铁路和轮船缩短了运输时间,对资本主义具有重要意义:释放了流通资本,提高了利润率,原材料价格的降低削减了成本并促进了消费。铁路和轮船创造了大经济区,从而为大型现代化企业提供了大规模生产的可能性。尤其是铁路,成为开发国外新市场的最重要手段,没有它,就无法实现产品在欧洲以及全世界各地的销售。更重要的是,为了建造这些成本几乎完全来源于欧洲尤其是英国资本的铁路,资本输出必须大规模化。

资本输出是为英国所垄断的,并保障了英国在世界市场上的垄断地位。英国无论是在工业上还是在金融上都不惧怕来自任何其他国家的竞争,因此英国仍然坚持市场自由化。另一方面,英国优势令别的国家更加坚持了对经济区的统治并试图扩大,这样至少在它们的领域内可以保护自己的产品免受来自英国的产品的自由竞争。

一旦无法有效地进行自由贸易,英国的垄断就会被打破,这时面对来自强大的美国和德国的竞争，情况就发生了变化。金融资本的发展使得这些国家在资本输出方面有强大的驱动力。如我们所知，股份公司和卡特尔的发展产生的利润流入银行成为资本，并寻求其使用途径；保护性关税体制限制了国内的消费规模，促进了出口需求；卡特尔关税引致的出口补贴增强了资本在世界自由市场上和英国的竞争力，而这些国家对新兴的大规模产业的先进设备的使用令它们在技术上已然领先于英国，使得这种竞争更具威胁性。出口补贴成为在国际市场上竞争的重要武器，补贴越多，竞争性越强。出口补贴的多少取决于关税水平，提高这一水平使得各国的资产阶级最先受益。各国在这方面争先恐后，一国实施保护性关税，其他国家必然紧跟其后。且资本主义越发达，资本垄断力越强大，上述情况就越具有必然性。保护性关税的水平成为世界市场竞争的决定性因素。如果一国提高关税水平，其他国家也必然会作相应提高，以防止受损而败绩于世界市场。因此，工业关税也像农业关税一样，不断攀升。

但是，靠降低商品价格进行的竞争会面临损失，至少不能达到平均利润率的水平。因此大资本家联盟便要求消除这种竞争，因为随着生产技术的进步，生产规模已接近于最大化，这使得出口成为必然而紧迫的事情。然而，在竞争主导世界市场的情况下，替代途径唯有采用另一种危害更小的竞争，即以价格为决定因素的商品市场上的竞争被用于购买本国制造产品的借贷资本的竞争所取代。资本的输出为资本输出国成为商品供应国提供了保障。消费者们没有选择余地，作为债务人，他们必须接受债权人的条件。如塞尔维亚从奥地利、德国或者法国获取贷款的前提条件是它必须从斯科达、克虏伯或施耐德购买枪支或铁路。商品冲突演变为各国银行集团争夺借贷资本投资范围的斗争，世界市场上利润率平均化的趋势将经济竞争限制在一定范围内，经济斗争很快转化为利用政治武器进行的权力斗争。

在经济方面，老牌资本主义国家仍然保持着一定的优势。英国拥有资本充足的产业，之前，在英国占据统治地位的时期，它为提供世界供给发展了大量的产业，而现在，它的发展慢于德国和美国了，产业扩张缓慢；同时，大量用于积累的利润不断从国外向英国回流。① 积累的大量资本占了投资总资本的相当比重，这就是英国资本输出的压力大而且利润率低的原因。法国也呈现出了类似的现象，但原因不同。不过，它们的相同之处都表现为：同样是银行体系集中的旧的财富的累积（法国的财产体系使得它没有那么集中）和国外投资利润的稳定回流，再加上国内产业发展的停滞，也有资本输出的巨大动力。为此，英法两国的优势只有通过政治上的强权的外交手段（具有一定危险性，因而作用是有限的）来实现，或者是在价格方面做出牺牲以换取利润率提高的可能性。

伴随着竞争的激化，消除竞争的愿望也越发迫切。最简单的消除方法就是通过殖民政策将部分国际市场纳入到国内。自由贸易对于殖民地持无所谓的态度，而保护主义在殖民政策上则非常活跃，

---

① 到1900年为止，英国海外投资总数额为25亿英镑，并且还以每年5 000万英镑的速度在增长，而在这5 000万英镑的年增长中，有3 000万是以证券的形式流出的。英国海外投资增速高于国内的投资增速，根据吉芬提供的材料，英国在1865~1898年期间，国内的收入仅增长2倍，而来自国外的收入则增长了9倍。具体材料详见《皇家统计协会杂志》1909年9月份发表的乔治·佩什的演讲，这篇演讲中详细说明了来自印度的收入状况。在1906年7月，来自印度的债券收入为8 768 237英镑；来自其他殖民地的该项收入为13 952 722英镑；而来自其他所有国家的该项收入为8 338 124英镑。该项收入总计为31 059 083英镑，而在1897年8月这个数字仅为25 374 192英镑。从其他证券（主要是铁路债券）中所得到的收入为48 521 000英镑。投资海外的总资本额为27亿英镑，其中有17亿投资在了铁路事业上。从这笔投资中得到的收入为14亿英镑，相当于这笔投资的利息率为5.2%。上述的数据可能还要比实际数据低一些。

　　根据勒鲁瓦·博利耶的估计，法国投资于国外的资本额为340亿法郎。而到了1905年，这个数字猛增到了400亿法郎，并且每年新增的海外投资额就高达15亿法郎。

　　根据施穆勒在其著名的《给交易所调查委员会的报告》中估计，1892年德国在海外的资产就高达100亿马克。而根据克里斯蒂安斯的估计，这个数字应为130亿马克，这些资产每年给德国的回报为5~6亿马克。萨尔托里乌斯估计，1906年的海外资产中，德国有160亿马克的证券和100亿马克的其他资产。详细数据，可以参阅萨尔托里乌斯的《国外投资的国民经济制度》，第88页。

这也导致了各国利益的冲突。

另一个因素也起了相似的作用。从纯数量的角度来看，获取利润形式的资本输出比以收取利息形式的资本输出更为有利，因为利润大于利息。而且，如果输出资本家们投资于产业的资本，那就更能直接地控制资本的使用。投资于美国铁路债券获取利息的英国资本对美国铁路没什么影响，但是对于以英国资本运营的工业企业而言却具有重要意义。现今产业资本的主要输出者是卡特尔和托拉斯，它有多方面的原因。首先，它们在最急需出口来寻求新市场的重工业中是最重要的组成部分。这些垄断性重工业的主要利益来源于铁路建设、煤矿开采、外国军备扩充和发电站的建设。在它们的背后有与产业密切相关联的大银行的支持。再者，卡特尔组织生产扩张的驱动力很强，卡特尔高价限制了国内市场的拓展，所以向国外扩展就成为了满足其生产需求的最好方式。此外，卡特尔的超额利润使得它可以将用于积累的资本投放到能产生最高利润的生产行业中去。银行和产业的联系密切，企业通过发行股票赚取利润成为资本输出的强大动因。

所以我们看到，具有最强烈资本输出动力的是那些产业组织最发达的国家，即德国和美国。这也就解释了一个特别的现象，即这些国家一方面输出资本，另一方面进口自身经济发展必需的资本。它们出口的大多是工业品，以扩张自身的产业，而从其他产业发展较慢但资本积累较多的国家中获得借贷资本。这样，它们不仅赚取了国内外市场上的产业利润差，支付较低的利息，而且还可以以这种资本输出的方式维持其产业快速的发展。如，美国一边向南美洲输出大量的资本，一边又从英国、荷兰、法国等国家以证券和债券的形式借入资本作为其自身产业的运营资本。① 从这方面讲，卡特尔和托拉斯通过推进资本输出，给产业最为垄断化的国家的资本家们带来了相对于产业组织较为落后的国家的极大的优势，从而既促使了落后国家通过保护性关税加快卡特尔的步伐，同时又加强了发

---

① 甚至欧洲资本在美国投资于证券的时候，其回报率也往往是低于利息率的，因为企业主的收入已经先期纳入了银行的创业利润之中。

达国家排斥他国竞争以保证本国资本输出的信念。

如果最先进形式的资本输出是由资本最为集中的行业执行的,那么这反过来又会加速其力量的扩张和资本的积累。最大的银行和产业行业可以在世界市场上获取最为有利的条件,从而获取那些较弱的资本无法参与的巨大的超额利润。

金融资本政策有三个目的:第一,建立尽可能大的经济区;第二,用保护性关税阻止来自外国的竞争;第三,将其变为国家垄断联盟的开发区。然而,这些目标必然会与产业资本在其绝对统治时期(在产业资本和银行资本都隶属于它的双重意义下,在世界市场上拥有绝对的控制权)在英国达到经典完美状态下的经济政策产生尖锐的冲突。随着这种金融资本政策运用于其他国家从而威胁到英国产业资本的利益,上述状况就更为明显。自由贸易的国家是外国竞争者天然的攻击对象,尽管"倾销"对英国产业也有一定的益处。产业一方面通过极端残酷的竞争获取廉价原材料,但另一方面也损害了原材料产业。随着卡特尔的推进,生产阶段更多地被合并,以及由于出口补贴体制,使英国产业由于"倾销"而获利的局面也必将结束。最重要的是,保护性关税以其让英国资本大大获得超额利润和先驱利润的机会,揭开了垄断迅速发展的繁荣时代。

另一方面,英国完全可以和其殖民地联合成为一个关税同盟。大多数自治的殖民地首先是英国重要的原材料供应地①和工业产品

---

① 在过去的二十年当中,从国外进口的小麦和其他谷物的数量增加了 400 万英镑,相当于比原来增长了 9%,而从英国占领区进口的数量增加了 925 万英镑,相当于比原来增长了 84%;从其他国家进口的肉类增加了 1 650 万英镑,相当于比原来增长了 79%,而从英国占领区进口的数量增加了 800 万英镑,相当于比原来增长了 230%;从国外进口的黄油和奶酪的数量为 950 万英镑,相当于比原来增长了 60%,而从英国占领区进口的黄油和奶酪的数量却比原来增长了 630%。

"从英国占领区进口的各种谷物,从 1895 年的 7 722 000 英镑上升到了 1905 年的 20 345 000 英镑,增加了 12 623 000 英镑,增长率为 163%。而同期从其他国家进口的数量仅从 45 359 000 英镑增加到了 49 684 000 英镑,仅仅增加了 4 325 000 英镑,增长率仅为 9.5%。在 1895 年,其他国家向英国出口谷物,满足了英国 85.4% 的粮食需求,而英属殖民地仅满足了英国 14.6%

的市场①。其他国家的保护性关税政策,尤其是在农业方面,会使得英国成为殖民地的首要销售市场。就英国会阻碍这些国家自身的产业发展而言,这些国家(在大英帝国的范围内)仍旧处于"培育型关税"的阶段,即不允许关税提高到一定水平之上,因为外国产品对于满足国内市场需求是必不可少的。因此,对于大英帝国整体设立较高的卡特尔关税水平,同时保障帝国内部的"培育型关税",还是比较容易的。而建立这样一个经济区——其在经济上和政治上都强大到足以对抗其他国家通过提高关税水平对英国产业的驱逐——的预期可以将整个资本家阶级联合起来②,而且,大部分用

的需求。但到了1905年,其他国家提供的谷物满足了英国71%的需求,而英属殖民地则满足了英国29%的需求"(黑温斯:《不列颠帝国》,载于恩斯特·冯·哈勒所编的《世界经济》第一年度,1906年,第二卷,第7页)。

① 根据张伯伦关税委员会提供的材料(引自舒尔策·格弗尔尼茨的《不列颠帝国主义》,第216页),下表中显示了下列国家与大不列颠的进口贸易的平均资本价值数量。

国 家	英 镑	国 家	英 镑
德国、荷兰、比利时	0.118	殖民角	6.196
法国	0.80	澳大利亚	5.56
美国	0.63	新西兰	7.57
纳塔尔	8.60	加拿大	1.184

1901年英国殖民地进口额	英 镑
从宗主国	123.5
从其他英国占领区	68.0
从外国	90.0

联合王国出口	1866年	1872年	1882年	1902年
向英国占领区	53.7	60.6	84.3	109.0
向欧洲	63.8	108.0	85.3	96.5
英属亚非南美	42.9	47.0	40.3	54.1
美国	28.5	40.7	31.0	23.8

② 所以张伯伦在发动群众时总是强调这一观点:"历史前进的趋势就是要让我们大不列颠帝国掌握所有的权力。不求进取的小国家,必将从属于我国。只要大不列颠帝国能够保持统一,那么世界上就没有任何一个国家能在面积、人口、财富以及资源的丰富多样性上超过它。"(张伯伦于1897年3月

于殖民地的资本都掌握在英国资本家的手中。对他们而言，帝国的关税比自治殖民地关税的大幅提高更有意义。①

即使进入帝国主义阶段，美国本身也是一个足够大的经济区，它的扩张是地理环境决定的。最初表现为门罗主义的泛美运动只是一个开始，并因美国的巨大优势而具有相当大的潜力。

欧洲的情况就有所不同。独立国家的分化引起经济冲突，要通过建立中央欧洲关税同盟来消除这些冲突遭遇到的严重阻碍。不同于大英帝国，欧洲大陆各国不是互补的，而是或多或少地有些相似的，因此互相之间会产生敌对的竞争和冲突。

---

31 日的讲话，引自玛丽.施瓦布所编的《张伯伦的商业政策》，1905 年耶拿版，第 6 页）

① 在关税改革和帝国主义对资本家利益的普遍影响这个问题上，黑温斯教授作了如下概括（他在这里把那些依旧赞成自由贸易的加工工业放在了突出的位置上）："现在大不列颠联合王国从那些与我国没有双边关系的国家进口食物，所以我们国家为了能够有充足的金钱进口粮食，不得不依赖国际上复杂的贸易机构，不断地在世界市场上兜售自己的产品，并通过一些国家间的相互关系来支付购买食物的账单。不过看起来，这种产业和贸易政策由于以下几点原因的存在，不可能长久地持续下去。

"第一，从英国进口商品的国家数量正在减少。比如在远东市场，我们肯定会在不久的将来遇到日本的强有力的竞争。

"第二，撇开殖民地的作用不说，为了能够出口更多的商品，我们不得不在其他国家，比如在德国和美国，寻找买家，这种经济政策对我国的经济发展是有害的。正常的经济发展轨迹应该是这样的：国内的产业部门稳步前进，雇用更多的技术工人，并不断提升这些工人的技术水平。但是实际上，我们的发展道路已经严重偏离了正常轨道。高端先进的新兴市场日益萎缩，使得我们不得不与世界上落后的国家开展贸易，而我们的工业部门也不得不生产那些落后国家所需要的商品。

"两个相反的发展趋势产生了直接的冲突。在这些大宗商品领域，新兴的工业国家也能够取得很大的发展。德国、比利时、美国、奥地利甚至还有日本，这些新兴的工业国家都有在这些领域与我国竞争的实力。但是另一方面，英国工业有这样一个发展趋势：生产更多的特产，而非大宗商品，这也使得英国的商品更加昂贵。所以，在那些可以赚取购买食物所需费用的工业领域里，英国正逐步走向衰落。正是因为这样，所以上述事实也使得政府重整大不列颠帝国产业的举动更加具有了现实意义。"（黑温斯：《不列颠帝国》，第 37 页）

这种敌对因金融资本的经济政策而大大强化了。这种对抗不再是像19世纪一样由在欧洲大陆各国内部建立经济区引起的，而是由对外国市场的瓜分引起的，为此欧洲各国甚至动用了武力。不是要兼并拥有出口能力的发达资本主义国家，这些国家只会加剧扩张国的竞争而很难为别国提供剩余资本投资市场，而是那些尚未被开发的经济区——海外的殖民地，它们对于强大的资本家集团意义非凡。因为正是在这些地方，资本可以大规模地投入，而现代交通方式，尤其是铁路和轮船，更是吸收了大量的资本。①

国家向殖民地保证劳动力的供应以创造超额利润，也保证了总利润的实现。殖民地的自然财富因降低了原材料的价格从而使得产成品的成本得到降低，这也成为超额利润的一个来源。殖民地的地租要么为零要么非常低。对土著居民的驱赶和屠杀，最好情况下也是将之从牧民或猎人变为契约奴隶或者是变为被限制在狭小圈子里

---

① 从下面的例子中，我们可以看到在英国殖民地建设铁路的重要性。

"在1880年，大不列颠帝国有4万英里长的铁路，其中有3/8在英国境内，有5/8在海外占领地和殖民地。到了1904年，英国铁路网总里程增加到了95 000英里，其中只有2/9在联合王国境内。也就是说，在英国境内的铁路里程增长速度为26%，而在海外的增长速度则高达223%。当然，海外铁路增速很快的原因是英国领地的扩张，而那些领地原先并没有铁路，或者只有很简陋的铁路。自从1880年到现在，印度和加拿大的铁路里程增加了3倍，澳大利亚的铁路里程增加了4倍，南非则增加了5倍。

"在联合王国之外，与人口密度相比，铁路密度最大的是澳大利亚联邦。在澳联邦，每1 000个居民就拥有3.86英里的铁路，而加拿大则为3.76英里，印度为1.09英里。

"根据普尔的铁路手册记载，尽管大不列颠联合王国的人口数量是美国的5倍，但是美国的铁路总里程却是英国的2倍多，所以英国的铁路虽然多，但是和美国的比起来就显得不多了。不过可以预期，英国的铁路将会有很大的发展。

"建造这些铁路所需的资金，大部分都是由联合王国来筹集的。投在宗主国之外的铁路资金有8.5亿英镑，这些投资每年的总回报约有7 500万英镑，净利润为3 000万英镑。如果考虑投资于联合王国境内的资金，我估计投资在不列颠帝国铁路上的总资本将高达21亿英镑，这和美国投资于铁路的资金数额差不多（美国为28亿英镑）。铁路系统年均净盈利为7 000~7 500万英镑，总投资的收益率约为3%"（黑温斯：《不列颠帝国》，第34页）。

的贫农，造就了大量的免费土地。肥沃的土地可以为生产提供原材料，如棉花，比旧的供应廉价许多。即使在价格上不能反映出来（例如在棉花市场上美国价格仍然占据绝对影响地位），但也意味着本来要支付给美国农民的部分地租流入了殖民地庄园主的口袋之中。

金属工业的原材料供应更为重要。尽管有技术进步，但这些工业的迅速发展仍趋向于提高金属价格，资本主义垄断更是强化了这一趋势。如此，一国可以从本国经济区①获取原材料就显得意义更为重要了。

争夺殖民地的动力令大经济区之间的冲突更趋激烈化，并反过来作用于欧洲各国的关系。自然条件的差异是大的统一经济区（比如美国）经济迅速增长的来源，而在欧洲却起到了相反的作用。这里，自然条件在各个小的经济区之间是随机分布的，具有偶然性，因而从经济的角度而言是不合理的，这样就阻碍了经济的发展，并趋向于对大经济区有利，而牺牲了小经济区的利益。但却没有自由贸易能将这些经济区统一起来。这种经济上的不平等对国与国之间关系的影响之重要程度并不亚于它对国内各阶层之间关系的影响，即经济弱者对于经济强者具有依附性。这种情况下运用的经济工具也是资本输出。资本充裕的国家通过借贷资本的输出成为借入国的债权人。

在落后国家，资本输出首先用于交通体系的建设和消费产品市场的扩大，以资本的方式促进当地经济的发展。不过即便如此，还是对该国有不利之处。利润流到国外，要么被消费（没有用于债务国的产业），要么被积累。自然，这种积累并不一定要发生在利润来源国，但是这种资本主义的"所有制缺位"②明显地减缓了积累的速度，以至于影响到了债务国的资本主义的进一步发展。在那些资本可以借助于国内条件得以迅速发展的大经济区，外国资本很快会

---

① 德恩堡先生多次在他的鼓动性演说上强调，依靠从德国的殖民地所获取的棉花和铜，德国可以完全摆脱对美国的依赖。可以说德恩堡先生对听众的心理把握得很好（德恩堡先生是一战前德国驻南非的代表。——英译者）。
② 我们可以参考考茨基对俄国这种现象的彻底分析，见《美国工人》，载于《新时代》，第二十四卷，第676页。

民族化，比如，德国很快就消化了比利时和法国的资本，它们对威斯法里亚的采矿业非常重要。然而，在小的经济区，这种同化就很难实现，因为当地资本家阶级的成长很缓慢，并且面临着更大的困难。

当资本输出的性质发生改变的时候，这种解放就不太可能实现了，因为大经济区的资产阶级不再注重在国外建立消费品产业，而是更希望获取对生产品产业所需的原材料的控制权。伊比利亚半岛各国的煤矿和采煤企业都被那些不再以借贷资本而是直接投资于煤矿的外国资本所控制；而在斯堪的纳维亚，尤其是瑞典的矿产资源，也遭遇到了类似的情形，虽然这种控制遭受到了强烈的抵制。于是，在这些国家可能建立最基本的现代产业（如冶铁业）的时候，自己的原材料却被剥夺走了，用于发展英国、德国和法国的产业。伴随着政治和金融的发展，这些国家的资产阶级的发展一开始就遭遇到了阻碍。由于对外国资本①有经济依赖，因此其自身也成为要依靠强国保护的二等国家。

另一方面，资本主义殖民地政策的越来越重要，使得英国面临着保卫殖民帝国的任务，即维护在海上的霸权和对印度的交通霸权。为此，英国必须保证对大西洋港口的控制权，这就要求其和大西洋沿岸的各国保持良好的关系。英国在政治上实现了这一点，因为资本出口保证了它对于这些小国的经济控制权。德国在殖民地分瓜的问题上与法国发生了冲突，法国像其他拥有殖民地的国家一样开始担心其财产的安全性，此时英国强大的海军令法国与之结盟。由此，欧洲大陆并没有消除关税形成统一经济区的趋势，而是结成了较小的联盟，从而在经济上更为落后，小国在政治上从属于大国。这种政治关系反作用于经济关系，使得处于从属地位的国家成为保证其保护国资本投资安全的市场。外交直接服务于寻找投资的资本。

---

① 俄国也是这个情况，只是由于俄国领土的广大，使得它可以更加容易地消化掉这笔资本，并且这个消化的过程现在从某种程度上来说已经开始了。达到这种目的的最激进手段就是让整个国家破产。

只要小国还没有被牢牢地掌控，那么外国资本就会与之相互竞争，并通过政治手段寻求解决的方案。例如，为获取武器，塞尔维亚必须要作出政治选择，是购买法国、俄国的武器，还是购买德国的武器。[1] 政治权力在经济竞争中起到决定性的作用，金融资本从国家权力中获取了直接利润。如今，外交最重要的功能就是成为金融资本的代表。纯政治武器的功能被商业政策所强化了，[2] 商业协议条款不再仅由商品交易的要求所决定，而是取决于小国愿意给予大国的金融资本多大程度上的优惠待遇。经济区越小，通过大量出口补贴获取支持竞争胜利的能力越小，出口资本以分享其他国家经济发展和高利润的意愿就越强烈；而国内积累的财富越多，这种意愿就越能够得到满足。

但此时也有相反的趋势在起作用。某国经济区越大，政权力量越强，国内资本在世界市场上的地位就越有利。这就是金融资本极力促进加强政权力量的原因。但是不同国家之间因历史造成的差异越大，其参与竞争的条件也越不同，从而大经济区为控制世界市场所进行的竞争也越激烈——为了获取更多的回报。金融资本越发展，其为本国资本所付出的垄断部分世界市场的努力越大，这种竞争也就愈加激烈，而垄断化进程的推进也会令剩余市场上的竞争更为激烈。英国的自由贸易体制尚可对付这种冲突，但势必在短期内要发生的向保护主义的转变会大大加剧其自身的进程。德国资本主义的

---

[1] 相反的是，当在协商贷款问题时，一些小国家很难接受在工业产品的流通上附加限制条件，因为这些小国家的工业生产本来就效率低下。"荷兰银行因为向其他国家提供无附加条件的贷款而受到了谴责……股票交易中心为外国提供了大量的贷款，最近的贷款对象多是南美的国家（1905年），并且这些贷款并没有附加有利于荷兰工业发展的任何条款。这些现象在比利时、德国和英国也经常发生"（黑泽林克：《荷兰》，载于舍勒编的《世界经济》，第三卷，第118页）。

[2] 对于经济区域广大的优势，可以参阅夏德·许勒尔的《保护关税和自由贸易》，1905年维也纳版，第247页。"对于比较小的经济区域，某个贸易伙伴对其的影响非常重要。但是对于大的经济区域来说，某个贸易伙伴在其经济总量中的比例很小，所以某个贸易伙伴对它影响并不大。因此在贸易谈判中，面积小的经济区域往往处于劣势"。

发展和其较小的经济区规模之间的矛盾增强了，同时德国的产业正在迅速地发展，竞争地区的范围会显著缩小。由于同现代资本主义（不关心历史，除非是积累的"过去劳动力"）无关的历史原因，德国没有值得一提①的殖民地，而不管是其最强的竞争对手如英国、美国（整个大陆都是其经济区），还是较小的竞争对手如法国、比利时、荷兰，都具有相当数量的殖民地，而德国未来的竞争对手俄国也拥有大片广阔的经济区。这种情形必然会加剧德国和英国及其从属国之间的矛盾，最后必将诉诸暴力。

其实，如果没有阻力，这种情形早就发生了。资本出口本身会阻碍暴力解决的发生。产业发展不均导致资本输出在一定程度上有差异。只有产业在组织上和技术上都最为发达的国家才能够直接参与开发产业发展落后的或者缓慢的国家。首先是德国和美国，英国和比利时次之，其他资本主义长期持续发展的国家则以借贷资本而不是直接建造工厂的形式参与资本输出，这导致法国、荷兰甚至英国资本都成了为德国和美国所控制的产业借贷资本。不同的趋势统一起来共同巩固世界范围内的资本家的利益，比如，法国资本（以借贷资本的形式）就因德国产业在南美洲的发展而获利。而且这种大大强化资本力量的联系，由于各联合国家②的加压，更有利于更加迅速地和便捷地开拓外国经济区。

上述不同趋势中哪一种更占据优先地位则是因具体的情形而各不相同的，它根本上取决于斗争所带来的获利情况。在国际上和在国内，一个产业中的竞争是要保持还是应该在长期或短期内被卡特尔或者托拉斯所吞并，也是基于相同的原因才作出选择的。通常，力量差距越大，发生斗争的可能性就越大；每一场斗争的胜利都会强化获胜方的力量，使其在力量对抗关系中占据更有利的地位。近

---

① 卡尔·埃米尔：《德国帝国主义和对内政策》，载于《新时代》，第二十六卷，第1期。
② 摩洛哥争端有了暂时性的结果，它为这种发展提供了一个实例。此时，克鲁伯和施耐德·克罗伊措特结成了联盟，共同开发摩洛哥和阿尔及利亚的矿产，这个事件使得两国之间达成了一项协议。摩洛哥虽然可以从两国之争中渔利，但是它所面临的压力依然很大。

来国际社会维持的占领地政策类似于资本主义初期的力量制衡政策：一方面，社会主义运动激发了国内对于战争带来的政治后果的恐慌；另一方面，战争还是和平不单是由反战力量迅速发展起来的发达资本主义国家决定的，而且东欧和亚洲国家的资本主义觉醒伴随着力量关系的重组也反作用于强国，也可能将已存在的对立引至战争爆发的地步。

一旦一个国家的政治力量被当成是金融资本在世界市场上的竞争的工具，那么就必然会改变资产阶级在国内关系中的地位。在反对经济上的重商主义和政治上的专制的斗争中，资产阶级是和国家相对立的代表力量。自由主义具有实质性的破坏作用，它推翻政权，瓦解旧的社会关系的桎梏，致使资本主义辛苦创立的土地依附关系、城市垄断特权等复杂的上层建筑关系伴随着行会制度的整体瓦解而被彻底颠覆了。自由主义的胜利首先意味着资本主义政权力量的极大削弱。其次，起码在原则上经济生活完全脱离了国家规制，而且政治上国家也将自身的职能限定在公共秩序的维护和建立公民平等权利上。自由主义完全反对国家调节，与资本主义早期的重商主义时期国家管制一切，以及与社会主义体制下国家建设性地而非破坏性地调节经济生活进而以整个社会的自觉调节来取代无政府状态和自由竞争状态，形成了显明而强烈的对比。自由原则最早在英国的实现是完全自然的，在那里，由于和无产阶级的对抗因而必须在短时期内借助政权的力量使资产阶级与之达成自由贸易协议，进而成为自由原则的拥护者。但即使在英国，自由主义也曾遭到过抵制，它不仅来自于推行保护性政策而反对自由主义的旧贵族们，而且也来自于部分商业资本家和投资海外的银行资本家（他们要求英国维持海上控制权），尤其是那些殖民地利益的相关者。然而，在欧洲大陆，国家的自由主义观点在开始传播前就被改造了。法国的经典表达方式——大陆自由主义（体现了理想和现实的鲜明对比）——比英国更加大胆而系统地在政治和精神生活领域得出了理论性的结论。由于它是以科学知识为载体随后出现的，所以也更加完备，进而以理性哲学为基础；而英国自由主义则主要建立在政治经济学的基础之上，从一开始它就受到了一定程度的限制。那么，资产阶级是如何限制国家政权的力量的呢？对于资产阶级而言，在经济上，它需要让国家成为促进其自身发展的强大杠杆，因此它不希望废除国家，而是希望将其从阻碍变为发展的载体。大陆资产阶级所需要做的首先就是克服小国的分散状态，用统一国家的强权取代小国的软弱无能。创立民族国家的需要使得资产阶级注定成为这种国家的代表者和拥护者。在欧洲大陆，重要的是陆地权而非海洋权。现代陆军作为建立和社会相对的政权力量的工具，作用完全不同于海军。从根本上说，控制了陆军就等于掌握了国家权力。另一方面，若不想让大众武装的普遍兵役制威胁到自身的统治，资产阶级就需要一个建立在高级军官团统治下的严格的等级组织作为驯化的工具。如果自由主义者不能在德国、意大利、奥地利等国实现这套政治方案，那么在法国也会受到限制。因为法国资产阶级在商业政策上需要其他国家的配合。而且法国大革命的胜利必然会在两方面将法国卷入战争：一方面，要保护革命成果免受大陆封建主义的破坏；另一方面，法国新建的资本主义将在世界市场上对英国的既得地位带来威胁，所以法国同时也要面临来自英国的对世界市场的控制权的竞争。法国的失利加强了大地主以及英国商业、银行、殖民地资本的力量，因而国家权力超越了产业资本的力量，从而延缓了英国产业资本占据统治地位的步伐和自由主义的胜利。还有，英国的胜利使得欧洲大陆的产业资本支持保护性关税，阻挠了经济自由主义的进程，为大陆金融资本的迅速发展提供了条件。

这样，从一开始，欧洲资产阶级的意识形态和政权观念就在满足金融资本需要的过程中受到了较少的阻碍。德国以反革命的形式实现统一大大增强了民众意识中的政权观念，而法国的军事失败则使得各种力量集中起来以完成政权的重建。金融资本的需要找到了许多方便用于创建新的适应自身利益的意识形态的因素。

但是这种意识形态与自由主义是相对立的。金融资本要的是统治而非自由，它考虑的不是个体资本家的独立，而是需要后者的拥护。它憎恨竞争的无政府状态，要求有组织，尽管是为了之后在更高的水平上展开竞争。为了实现这些目标，为了维护并加强其优势地位，它需要国家通过保护性关税的政策以保证其国内市场稳定，并支持其征服国外市场。它需要一个政治上强有力的、不用考虑与其他国家在商业政策上有利益相冲突的政府,① 这个政府能够保障海外的金融资本的利益,并通过政治权力将对自身有利的供应合同和贸易协议强加给较小的国家;能插手世界各个角落,将全世界纳入金融资本的投资范围;能维持其扩张政策并吞并新殖民地。自由主义反对国际强权政治,它只要求通过赋予旧贵族和官僚最少的国家权力来保证自己的规则不受到旧势力的冲击;而金融资本则要求无止境的强权政治,即使陆军和海军的开支并不能直接保障最有权力的资本家集团占有最重要的能获得垄断性利润的市场也在所不惜。

对扩张政策的要求改变了资产阶级的世界观,它不再是热爱和平和人道主义的了。以前的自由贸易支持者将自由贸易不仅看做是最优的经济政策,而且是和平时代的开端;而金融资本早就抛弃了这一信念,不再相信资本主义的利益是能够协调的,它清楚地意识到竞争已经逐步转变为了政治上的斗争了。和平的理想失去了光彩,对国家强权的崇拜代替了人道主义的信念。之前的国家理念是以民族为基础建立国家作为自然界限的,它承认所有的民族都有权以国家的形式而独立存在,因此国家的界限是由民族的自然界限决定的。这种国家理念现在已转变为了将自己的民族凌驾于别的民族之上的思想。② 现在的目标是保证自己的民族对世界的控制,这种渴望如同资本主义对利润的贪婪(这正是该渴望产生的源泉)一样,是无限制的。资本成为世界范围内的胜利者,每征服一个新的国家,也就跨越了新的边界。这种努力成为一种经济的必然,因为每次失败都会带来利润的损失和金融资本竞争力的下降,最后将较小的经济区变成大经济区的附庸。这种努力是以经济学作为支撑基础的,但在意识形态上却被显著扭曲的国家理念所证明了。这种国家理念不承认每个民族都有政治自治和独立的权利,也不再信仰人类各民族的平等性。垄断的经济特权反映为本民族对于其他民族拥有优越感,

---

① 可以预见,由于远东的纠纷,俄国的政治权力日益削弱,这为德国制定国际贸易协定提供了很好的契机。
② 奥托·鲍威尔:《民族问题和社会民主主义》,载于《马克思研究》,第二卷,第30节,《德国主义和民族主义原则》,第491页以下。

是"选定"的民族。既然外族的臣服是通过武力（即完全自然的方式）来完成的，那么很显然，对于统治民族来说，这种控制权就是通过特殊的自然性质获得的，即种族特质。如此，金融资本对于权力的欲望便在披着自然科学外衣的种族主义思想下得到了证明，它具有自然现象的具体性和必要性。寡头政治的统治目标取代了平等的统治目标。

在国际范围内，这个目标包括了整个民族；而在国内，它则加强了和工人阶级对立的统治者的势力。与此同时，工人阶级力量的壮大也使得国家政权加强反对无产阶级的努力得到了进一步的强化。

因此，在被嘲笑为天真的旧的自由主义理想的废墟之上，帝国主义的意识形态诞生了。在这个以武器优势为最后仲裁的资本主义斗争的世界中，利益协调不过是幻想；在这个权力决定民族命运的世界中，通过宣传国际通用法则来达到最终的和平也不过是幻想。提倡法律规则超越国家界限扩展到国外是愚蠢的，而将工人问题变成劳动力问题、在国内进行社会改革、试图废除殖民地的契约奴隶制等等，则是对商业不负责任的干扰。最终，正义不过是个美梦，道德感筑不起铁路，哪怕是在国内也是如此。如果等待竞争来进行一场精神转变，那又怎能征服世界？

然而，帝国主义幻灭了资产阶级褪色的理想，只是为了用一个更大的幻想取而代之。帝国主义在评价资本主义利益集团间的冲突时是头脑清醒的，它将所有政治活动理解为资本主义辛迪加之间的斗争和联合。但当揭开其理想时，它就失去了自制力而变得兴奋起来。帝国主义看似本身不索求什么，但实际上也不是那种不顾多姿多彩的现实而把所有具有不同文明程度和发展潜力的民族融为一个苍白的"人类"概念的空想主义。它以冷静的眼光观察这些混乱的民族，并将本民族凌驾于所有其他民族之上。对它而言，本民族是真实的，随着国家的强盛而力量的不断壮大，这是值得它为之努力的。于是，这就实现了个体利益的地位次于更高级的普遍利益的地位，这是每一个重要的社会意识形态的必备的前提条件。与民众相对立的政权同民族相联合，国家理念就成为了政治动力；阶级对抗消失了，转化到了为整体服务当中；围绕一个共同的民族强大目标的民族共同活动取代了对资产所有者而言的非常危险的阶级斗争。

这一目标似乎为面临瓦解的资本主义社会提供了新的纽带,并会随着资本主义社会崩溃过程的推进而受到更加热烈的欢迎。

第 23 章　金融资本和阶级

我们已经看到资本主义垄断的结合过程是如何让资本具有强化国家权力的兴趣的。同时，资本具有直接通过其经济力量或者间接通过使其他阶级的利益服从于自身利益的方式，来获取支配国家的力量。

金融资本的发展从根本上改变了社会的经济及其政治结构。早期资本主义的单个资本家在竞争中作为对手彼此对抗。这种冲突使他们不能在政治领域中和其他领域一样采取一致的行动。另外，他们的阶级还没有要求这样一致的行动，因为工业资本对国家政权的消极态度使其无法作为总体资本主义利益的代表出现；相反，单个资本家只能作为国家公民保护其自身利益。使资产阶级不安的大问题本质上是宪法问题，比如建立现代立宪国家，这个问题也影响所有类似的公民，并把他们团结在共同对抗封建主义和专制主义的残余势力的斗争之中。

但是，一旦资本主义的胜利激发起资产阶级的内部对立势力时，情况就改变了。小资产阶级和工人阶级首先起来反对工业资本的统治，这两个阶级在经济领域发起攻击，这样一来，企业的自由性似乎受到了来自需要行会式联合的小资产阶级和坚持劳动契约法规的工人阶级的威胁。这就不是一个关于公民的问题了，而是一个关乎企业主和工人或者企业主和工匠的问题了。现在政党公开地根据经济利益来制定活动方针，而这些利益过去是隐藏在反动的、自由的和民主的口号之下的。通过这些口号，早期资本主义的三大阶级——广泛拥有在宫廷、官僚机构和军队里的随从的地主阶级；资产阶级；小资产阶级和工人的联合，可以隐藏自己的利益。在产业体制的斗争中，相应的三种经济组织产生了：工业家联合会、合作团体和工人组织。前两种经常受到国家的鼓励，在它们的某些职能上，国家授予它们合法权利。但当这些合作团体和工会很快为追求共同目标联合起来时，雇主的联合仍然会因为商业政策的争论而处于分离状态。另外，工业资本在政治上与商业资本和借贷资本相对立。

商业资本远比工业资本更倾向于增强国家的实力，因为批发贸易，尤其是对外贸易和殖民贸易，需要寻求国家的保护，也愿意依赖和服从特权。借贷资本，在早期资本主义时期，靠支持国家政权以处理好自身最重要的业务——国债，完全没有工业资本那种对和平和安宁的向往。国家的财政需求越大，借贷资本的影响力就越大，借贷和其他金融交易也就越多。这些不仅仅是它的直接利润的基础，而且也是证券交易所交易的支柱，更是银行获取国家特权的重要手段。因而，例如英格兰银行发行钞票的特权，在历史上就与国家和银行具有债务关系而密切相关。

卡特尔通过集中经济力量增强其政治影响力，同时它协调资本的政治利益，使整体经济力量直接影响政府。卡特尔通过集合资本利益，远比自由竞争时代分散的工业资本更能团结一致地对抗政府。此外，居民中的其他阶级也更愿意将资本用于支持它。

乍一看，这一定显得很奇怪，因为金融资本似乎是与所有其他阶级的利益相对立的。毕竟，在我们看来，垄断利润是所有其他阶级收入的扣除。工业产品的卡特尔利润增加了农业生产成本，减少了农业收入的购买力。工业的迅速发展夺走了农业的劳动力，致使伴随着农业生产中的技术革命，使农村渐渐地产生了劳动力短缺的情况。只要金融资本没有和提高工业产品价格一样的提高农产品价格的趋势，那么这种对立就必将更为显著。

资本主义在发展的初期遭到农业人口的反对，工业摧毁了农民的家庭生产，把自给自足的农民经济转变为了和市场销售规模相关的农业商业交易。农民们被迫为这种转变付出了很大代价，所以他们敌视工业发展。但是在现代社会中，农民阶级只是一个没有行动自主能力的阶级。缺乏地区间的联系、和城市文化隔绝、只有限于狭隘地方利益的眼界，使这一阶级大多只能在其他阶级的领导下参加政治活动。但在资本主义发展的初期，这一阶级却站在了在农村拥有最大势力、与工业发展有直接利益关系的大地主阶级的对立面。这一阶级依赖于产品的销售，资本主义制造了一个巨大的国内市场给它，同时也给了它发展农业的机会，譬如蒸馏、酿酒、淀粉和制糖业。大地主阶级的这些利益很重要，因为它提供了对早期资本主义的支持，从而也得到了政府的支持。重商主义政策作为领主制度的资本主义化的产物，也通常受到地主阶级的支持。

由于反对重商主义和其执行机构——反对专制政权的斗争，资本主义的进一步发展很快就摧毁了这种利益的一致性。地主们在很大程度上支配国家权力，占有军队、官僚机构和宫廷中的最高职位，通过国家权力的经济利用聚敛财富，使他们成为了农村地区的政权的支持者。而这场反对专制政权的斗争是直接针对他们的。在打败了专制主义、建立起现代国家之后，这种对立日益白热化。工业发展强化了资产阶级的政治力量，威胁着政治权力空虚的土地所有者。政治对抗也导致了经济对立的加剧。工业发展使农村人口减少，造成了劳动力短缺，最后把出口利益转变为了进口利益，这样就产生了商业政策的对立，这种对立在英国最后以地主的失败而告终。然而在大陆，保护关税的共同利益阻止了这种对立的发展。只要大陆落后的工业发展能满足大宗农产品的出口，那么大地主对工业，尤其是对贸易，在一定程度上会保持友好的态度。他们支持自由贸易，直到进口利益的出现把他们转变为贸易保护主义者，这也使他们在经济政策上更偏重于重工业。然而，在德国同样的工业发展却提高了农产品价格和地租，从而增强了地主阶级的力量，不过也孕育出了一种新的对立。在卡特尔化形成之前，工业的高涨增强了阶级对自由贸易和贸易协定的参与程度，但它的力量足够强大到压低谷物价格来满足其自身利益的需求。所以工业的发展成为了土地所有者的利益的威胁。这种威胁在把欧洲国家转化为工业化国家的发展进程中得到了进一步的强化，并且激化了来自美国的农业竞争。美国以谷物价格、地租和土地价值的陡降对欧洲农业形成威胁。金融资本的发展,通过改变保护关税的职能来协调这些对立的利益,并在大地主和卡特尔化的重工业中组建新的利益共同体。现在,农业有了安全可靠的价格水平,进一步的工业进步只会提高价格水平。这已经不再是一个关于工业的对立问题,而是一个劳动的问题,它成为土地所有者们最关心的问题。遏制工人的要求现在成为大地主和卡特尔最急迫的政治问题,因此他们也强烈反对工人提高待遇的努力。因为每一次这样的改进都会使留住农业劳动力变得更加困难,所以对工人运动的共同的敌视使这两股最具实力的力量联合了起来。

与此同时,大地主的势力也随着他们和小地主之间的矛盾的化解或者至少是很大程度上有所减轻,而逐渐增强。他们之间的历史矛盾早已因为土地封建赋税制度的废止而消除。谷物价格走低的时期以及劳动问题的困难,都使以小地主利益为代价的大地主资产的扩张几乎完全停滞。在另一方面,为农业税的共同斗争也使大地主和小地主联合起来,因为保护关税只能在共同的斗争中才能获得。所以即使是小地主自然比大地主更愿意对肉类和家禽进行进口保护,但他们也不会因此而放弃和大地主的合作。再一个需要考虑的问题是,农业税对土地价格的特殊效应。土地价格的上升无疑有害于农业发展,但它对农业土地的单个所有者来说却非常有利。所以,对商业政策的共同斗争联合了农产品进口国的各阶层的土地所有者,也为金融资本提供了农民的支持。中小地主们更是积极地参与了这些斗争,因为合作的飞速发展扩大了农业经济的商业市场,减少了自给自足的生产量。同时,大地主在合作中很容易地取得了领导地位,因为一方面内部没有更强的利益集团反对他们,另一方面他们具有必要的经验、知识和权威。这样一来,农村的大地主阶级的领导地位进一步强化了,这使得农村政治日渐被他们完全掌控了。

所有者的利益日趋统一化,因为他们的收入来源越来越多元化。关税政策飞速增加了地租收入,特别是在过去的十年间,对外农业竞争不再如此激烈。这样的情况部分地是因为美国工业的迅速发展,部分地是因为美国中部和南部农业产量的激增无法和需求增长保持同步。① 需求的增长当然意味着大地主有更多的可以随意支配的剩余收入，但若要把这一收入用于增加农业产量却有很大的困难，这部分是因为土地所有权的分散给可耕地的扩展带来障碍。如果谷物价格上升的趋势足够持续强劲以至于拉动土地价格随之上升，或者如果（这是第二个重要的因素）大地主们和贫穷的农民们达成协议，让他们除了卖地没有其他选择，那么这种障碍就可能被克服。但是，从19世纪70年代中期到20世纪最初10年的这段时间里对普通农民比较有利。事实上，受到海外竞争影响和受劳动力缺乏影响最为严重的是大规模谷物的生产者和牲畜饲养者；而城市对牛奶、肉类、蔬菜和水果等小规模农民生产的产品的需求却有增无减，而且劳动问题的较小影响也让中小型农场主受益。这样一来，大地主扩张土地的企图就遭了实力强大的中小型农场主的抵抗而落空，因为只有谷物价格走低的趋势逆转才会使这种企图得以实现，而中小型农场主的产品价格却在稳健上升。因此，这些剩余收入主要被用于对工业的盈利性投资。从1895年开始的狂热的繁荣提升了工业的利润率，而且无论如何都远高于农业，这也激励了大地主对工业的投资。股份制的建立为来自其他经济领域的投资提供了较合适的方式，因

---

① 美国出口的小麦，在1901年占到了其小麦总产量的33%，而在1902年占到了29%，在1903年占到了19.5%，在1904年占到了10.5%（鲁宾诺：《俄国的小麦贸易》，1908年华盛顿版）。

美国商业和劳工部的报告（玛丽·施瓦布：《张伯伦的商业政策》，第73页）中提到，"最近几年小麦、食物和棉花的出口量下降了，特别是在1903～1904年间下降得更为严重。但是出口量下降的原因并不是因为国内收成不好或国外价格下跌。去年玉米、小麦和棉花的产量并不低于平均水平。农产品占出口总额比例下降的原因是美国国内需求量的增加。美国国内消费的小麦，在1880年以前从未达到过27 500蒲式耳，但是到了1883年，它却突破了40 000蒲式耳，在1902年超过了50 000蒲式耳，而到了1904年6月30日结束的会计年度结算时，这个数字达到了51 700蒲式耳。这也是迄今为止有记载的美国国内小麦消费量的最高水平了"。

"在1880～1900年间，美国的人口从5 000万增加到了7 000万，相当于增长了52%。而美国的小麦种植面积却只从340万英亩增加到了420万英亩，增长率仅有23.5%。所有谷物的种植面积也只是从1 360万英亩增加到了1 580万英亩，增长率仅有16.5%"（同上引书，第72页）。

而也使得这样的投资更加容易,并且大工业的集中和联合也大大降低了外行投资的风险。真正的农村产业也在政府的税法帮助下迅速发展进而形成垄断。最后,对于大地主来说,由来已久的农业和矿业的结合体也取得迅速进展。所有这些因素都把大地主阶级从原来的单一的地租中获得收入转变为参与"可移动的资本"的利润分成,并进而越来越多地从工业利润中获得收入。①

另一方面,金融资本对抵押业务的兴趣也越来越大。在其他条件不变的情况下,土地价格水平对这些活动的扩张起到至关重要的作用,因为更高的土地价格意味着抵押贷款业务的规模可以更大。因此,农业关税的提高成为一个影响银行的这一项并不是不显著的业务的重要利益因素。同时,地主和佃户的收入增长也会吸引对农业和集约化经营的新投资,从而增加了农业设备的需求,扩展了银行资本的这一特殊投资领域。

此外,城市资本家提高自身社会地位的欲望使他们寻求土地所

---

① 关于普鲁士的相关详细资料,请参阅屈纳特教授的《普鲁士独立农场主的资产》一文,载于1908年第48年度的《普鲁士皇家统计署杂志》。这里的根据是那些1902年的土地所有者的收入税和附加税材料,他们至少要缴纳60马克的税,当然也包含了那些独立的农场主的税收资料。这里的"实际资本财富"并不包含那些地产、农业和工业的生产资本、矿业上的固定资本和流动资本,而只包括各种各样的资本所有权,比如股份、存款和矿山股票等,所以在这里它是指除了那些用于工业生产和农业生产资产之外的资本财产。那些至少要缴纳60马克税收的土地所有者的数量有720 067人,这些人的平均资产有7 920 781 703马克。这些资产中有3 997 549 251马克(50.5%)属于628 876位主要收入来源是农业和林业的所有者,这些所有者多数以独立农业为生。在7 920 781 703马克的平均资产中,还有3 923 232 452马克(49.5%)属于91 191位所有者,对于这部分所有者来讲,农业和林业只是他们的附属产业或第二职业。

普鲁士720 067位独立的农场主,总财富量为39 955 313 135马克,其中有74.1%由土地财产组成,有19.8%是资本财富,有5.9%以固定资产和流动资产的形式存在着,还有0.2%的财富属于一些特权。更具体地讲,在那些拥有28 541 502 216马克的以农业为主业的628 876位土地所有者中,这一财富的组成比例为84.9%、14.0%、1%、0.1%。而对于那些剩下的拥有财富量为11 413 811 919马克、以农业为第二职业的91 191位所有者来讲,其财富组成比例为47.1%、34.4%、18.3%和0.3%。

有权,或者(这里我们又看到了个人联合的原则)通过联姻这种可以防止财产分割的用于社会攀附的惯用伎俩,和大地主联合起来。

所以,所有权职能和生产管理职能的分离使股份制产生,并让财产利益一体化成为可能。随着地租上涨或者工业超额利润的增加,这种可能性变为现实。"财富"不再按收入来源来划分,即不按它原本是来自于利润还是来自于地租来划分,而是根据投入到分割了工人阶级所创造的剩余价值的经济体中各部分的资金流来划分。

与大地主的结合增强了金融资本控制国家政权的力量。通过这些大地主,金融资本拉拢了社会精英,进而影响到了整个农村的大部分事务。这种支持当然不是无条件的,而是有代价的;但是这种以更高的农产品价格的形式体现的代价,很容易就可以在金融资本对政权控制得来的超额利润中得到补偿。金融资本对政权的控制是其推行帝国主义政策不可或缺的条件。大地主对金融资本的支持也使金融资本得到了占据政府最高位和最具权势的控制着官僚和军队的阶级的支持;同时,帝国主义也意味着政权力量的加强、军队和官僚势力的扩张,因而也意味着金融资本和大地主之间的利益更加一致了。

金融资本支配国家政权得到了农村有权势阶层的支持,而且在此之前,工业生产者之间的阶级斗争也促进了这种状况的产生。

从一开始,金融资本就陷入了和中小型资本的对立状态。正如我们所知,卡特尔利润是非卡特尔工业利润的扣除。金融资本和后者的利益是一致的,因此它反对卡特尔化。但是这种利益和其他人的利益相抵触。对于那些没有或者现在还没有出口能力的产业来说,它们在保护性关税上和卡特尔有着共同的利益,因为只有同关税保护中最有实力的倡导者——卡特尔——联合起来,这种利益才能实现。但是卡特尔的形成无疑加速了其他产业中的垄断进程,而且恰恰是产业中还没有卡特尔化的拥有很强实力的和竞争力的资本家欢迎这种卡特尔的形成,因为他们必定会促进产业的集中,加速卡特尔化的进程。他们和其他卡特尔对抗的方式就是建立自己的卡特尔组织,绝不是为了自由竞争而斗争。他们想要的不是自由竞争,而是利用对自身卡特尔的保护关税以取得获利的机会。

需要指出的是，中小型资本家不再直接隶属于金融资本的情况增加了。我们已经看到，在资本主义商业中，这种情况达到了空前的规模。诚然，这一过程的进行会产生对立，但是一旦这一过程完成，则这些阶级的利益就会和卡特尔一致起来。如今的煤炭辛迪加或酒业生产组织的代理人，不再只对能使他们避免竞争以及不断扩张增加销售量的辛迪加感兴趣。卡特尔的成长总体上会使所有资本所有者的利益趋同。企业在一家百货商店或者大型产业公司下运作的间接隶属情况也就屡见不鲜而且越来越多，因为它们能取得同样的效果。中小型资本家参与大规模产业也会有同样的结果。股份制的建立，使其他产业部门的累积的利润部分地投入到重工业之中，一是因为生产技术的相对快速进步使重工业发展更为迅速，二是因为重工业中的卡特尔化最发达而且利润率最高。

最后，金融资本政策包含了最大限度的扩张以及持续不断地开拓新的投资领域和市场。但是资本主义扩张越迅速，繁荣期就越长，危机就越难长存。扩张是所有资本的共同利益，在保护主义时代，只有帝国主义扩张才有这种可能。此外，繁荣期持续的时间越长，国内资本在本国感受到的竞争压力就越小，小资本家屈从于大资本家的竞争的危险也就越小。所有产业中的小资本家都是这样的，包括卡特尔化了的产业。繁荣时期对卡特尔来讲它的生存是最危险的；相反，包含国内激烈竞争和大量闲置资本的萧条时期却是强烈促进新市场开发的好时机。

马克思的集中化理论在饱受了几十年的争论后，现已成为了老生常谈的问题。产业中间阶级的衰落不可遏制。但是我们感兴趣的并不是因为小型商业受挫而带来的数量的减少，而是现代资本主义发展在工商业的小企业中造成的结构性变化。大量的小企业归属大型企业，这样它们也能从后者的扩张中受益。城市中的修理业、设备安装业等都依赖于还没有覆盖这些附属工作的大型工厂的生产。各种各样的修理业的敌人都不是工厂，而是从事这些工作的手工业。因此，这些阶级与工人阶级相对立，而不是大企业。

还有更大比例的小企业只是看起来是独立的而已，事实上，这些企业已经"间接隶属于资本"了（桑巴特），所以"从属于资本"

（奥托·鲍威尔）。它们是一个几乎没有生存希望、缺乏组织能力、作为资本主义大企业的代理人而完全依附于大企业的处于衰退中的阶层。举例来说，酿酒厂的代售人如小旅店老板、由鞋厂设立的鞋店的老板等都属于这一类，而同时也包括不计其数的为家具店工作的看起来独立的木工工匠和为服装厂工作的裁缝等。我们在这儿没有必要透彻地分析这种现象，因为桑巴特已经在《现代资本主义》一书中对此有详尽的和突出的描述了。

然而更重要的是，这些阶层的发展产生了不同的政治态度。小企业和大企业的利益冲突，以及表现在早期资本主义手工业时期的对抗资本主义企业的斗争，这些冲突和矛盾都已经从根本上得到了解决。这种斗争迫使中间阶级采取反对资本主义的态度。中间阶级通过反对经营自由和对大资本主义企业采用限制性措施来延缓自己的失败进程。保护手工业劳动者、恢复行会和学徒训练以及颁布歧视性税法的立法措施被付诸于实践以延长中间阶级存在的寿命。在反对大资本的斗争中，中间阶级得到了在当时同样反对资本主义的农民阶级的支持，但却遭到了工人阶级的敌视，因为工人阶级认为这些对生产力的限制是对其切身利益的威胁。

现存小企业的观点是根本不同的。相比手工业和资本的竞争关系而言，这种竞争已经从根本上得到解决。关于集中性的斗争，在资本主义内部以中小企业和大型企业竞争的形式展开。小企业现在本质上仅仅是大企业的附庸，就算它们的独立性不完全是虚构的，但也不过是大企业的附属机构而已。例如，安装照明设备的企业和销售工厂产品的现代城市商店，它们全都没有参与到和大规模产业的竞争当中，相反地，它们却乐于看到大企业尽可能地扩张，因为它们作为修理业和附属商业或者作为经销商或代理人，经营着大企业的业务。这当然不能排除它们中的内部竞争，也不能排除在这儿产生的集中化运动。但这种斗争已不会再让反资本主义的观点抬头了，它们看到了仍在迅速发展的资本主义对它们的帮助，它们本身就是资本主义的产物，而且资本主义拓展了它们的机遇。在另一方面，由于它们雇用工人，它们遭遇了工人阶级越来越强烈的反抗，因为在小企业中的工人组织力量是最强的。

但即便是在那些小企业仍占主导地位的行业，比如建筑业，它们和大资本的冲突也变得越来越少。这不只是因为依赖银行信贷的企业家被灌输了资本主义精神，也不仅仅是因为它们和工人的斗争越来越激烈，而是因为它们无论何时提出特殊要求都会面临较小的阻力，甚至还往往得到大资本家的支持。赞成还是反对经营自由的斗争，在手工业师傅和中小消费品生产者中异常激烈。一方以裁缝、鞋匠、修车工和泥瓦匠为代表，另一方以纺织厂和服装厂等为代表。但如今，这些冲突也已经根本不存在了，对手工业的保护不会影响资本主义产业最先进的行业的任何切身利益。煤炭辛迪加、钢铁联盟、电力和化工产业或多或少地对中间阶级的要求持无所谓的态度。中小资本家可能因此而遭受的利益损失并不是它们所关心的，或者说至少不是它们的直接利益。另一方面，这些要求的提出者正是工人要求的最强劲有力的反对者。在这种小规模的生产范围内，竞争最为激烈，利润率也最低。每一项新的社会改革，每一次工会取得的成功，都带来了这些小生产者的厄运。在这里，工人们发现了他们的最凶恶的对手，而大资本和大地主们却发现了他们的生力军。①

因为有着同样的利益，中间阶级获得了农民阶级的支持。所以由来已久的资产阶级和小资产阶级间的利益斗争逐渐消失了，而且后者成为了大资本的一支政治禁卫军。事实上，在这样的情况下，即使中间阶级的需求得到满足，它们的境况也未必能得到改善。政府为小企业建立强制性组织的行为完全失败了，甚至在小企业还能

---

① 汉堡·阿尔托纳区雇主联合会总书记和混合雇主联合会的主要辩护人冯·赖斯维茨男爵的态度表明，那些实力较大的产业资本家已经非常清楚地认识到了这一点。他列举了加入混合雇主联合会的益处：对于那些雇主来说，"他们是极具教育意义的"，因为在每一个行业中都有可能会罢工，所以雇主联合会可以"随时都处于战斗状态"以平息罢工。同时联合会还可以把大产业、小企业和手工业联合起来。出于政治上的考虑，冯·赖斯维茨男爵特别强调各个产业间的联合行动。在反对社会民主党的游击战中，手工业者扮演着冲锋勇士的角色，所以那些大产业资本家非常希望它能够顺利地发展下去（赖斯维茨：《建立雇主联合会》，第22页以下；引自格哈德·克斯勒博士：《德国雇主联合会》，载于《社会政治协会文集》，第一二四卷，1907年莱比锡版，第106页以下）。

存活的地方，合作组织或者行会（比如在大城市的食品交易中）也成为了类似于卡特尔的共同掠夺消费者的组织，例如肉类加工厂和面包房；或者它们组成雇主协会，这样一个不管是直接参加还是行会会员集体参加的一个独立却严重依赖行会的组织。①

但是，中间阶级已经不能像传统的旧的工业那样提出自己的重要的经济要求了，这使得中间阶级不能采取独立的政治行动，从而迫使其沦为政治俘虏。由于丧失推行本阶级政策的能力，它成为能煽动自身对工人阶级敌对情绪的行动的牺牲品。从工人的经济对手变为政治对手，而且明白自己不能利用政治自由的手段来增强工人阶级的政治力量和经济力量，于是中间阶级成为政治上的反动派，就像一个家庭的规模越小，其保持主宰权力的价值就越大。所以，中间阶级倡导政府的铁腕手段，随时支持能直接打击工人的高压政策。因此它成为强势政府的积极支持者，醉心于军国主义、海军攻势主义和独裁的官僚主义。于是，它执行帝国主义政党的目标，成为了它的最有价值的战友。作为回报，帝国主义也向它提供新的意识形态。它希望从资本的迅速扩张中改善自身的商业运营，有更好的雇用机会，拥有具有更高购买力的顾客，所有这些都使得它成为帝国主义政党的热情追随者。同时，它也最容易接受影响选举的手段，特别是商业抵制。它的弱点使其成为政治剥削的合适目标。

当然，当账单放到中间阶级面前时，它开始产生疑虑了，这使得它和大资本之间的和谐关系被阻断了一段时间。但是，赋税大部分还是由工人缴纳的，即便间接税更多地摊在中间阶级头上，而不是大资本家阶级的头上，中间阶级的反对力量还是微弱得无法解除它和大资本之间的联盟。中间阶级中只有一小部分放弃了对资产阶级的支持，转而归附于无产阶级。除了表面上是独立经营而实际上是从事家庭小手工业的经营者之外，大部分依赖于工人消费者的城市小商户，或由于商业原因，或由于经常同工人交往而接受了他们的观点，都参加了工人政党。

---

① 引自上述格哈德·克斯勒的著作，第15页。

那些最近被不恰当地称为"新中间阶级"的阶层持完全不同的态度。在这里它指的是工商业中拿薪金的雇员,由于大规模生产和企业形式的发展,他们的数量急剧上升,而且成为等级制度下生产的真正的管理者。这是一个比无产阶级发展还要迅速的阶层。向更高资本有机构成的发展意味着在某些情况下,产业的某些行业的工人数目会绝对减少。但技术人员的情况却不是这样,他们的人数会随着企业规模的扩大而增长,即便不是成比例地增长。更高资本有机构成的发展意味着设备的自动化的发展和更复杂的机器体系。新机器的使用使劳动力成为多余的,但这绝不是使技术监督成为多余的。所以,机械化和大规模的资本主义企业的扩张关系到各等级的技术人员的切身利益,使产业中拿薪金的雇员成为资本主义发展的热情的支持者。

　　股份制的发展也有着类似的作用。它使管理权和所有权分离,让管理权成为一项能获得大大高于普通工薪收入的工资的特殊职能。同时,较高的职位成为影响力大、报酬优厚的职位,而且看来似乎每一个雇员都有机会晋升到这种职位。于是,对事业的渴望以及在各种等级制度下都有的晋升的动力在每一个雇员的心中被点燃,战胜了他们团结一致的情感。每一个人都希望凌驾于他人之上,从半无产阶级的状态到达资本家收入的水平。公司发展得越迅速,公司的规模就会越大,职位的数量也会增多,特别是有影响力的和高收入的职位也就越多。白领雇员们只看到了利益的一致性,因为每个职位看起来都只像是通向更高职位的台阶,他们对资本扩大势力范围的斗争远比关于自身劳动契约的斗争更加关心。

　　这是一个这样的阶层,它的意识形态和出身都部分地来源于资产阶级,它的最有能力或者最强势的代表还上升到了资本家的层次,因为收入较高,因而也拥有高于工人阶级的社会地位。这个阶层的成员更是经常地与资本家领导者接触,后者严密地监视并仔细地挑选他们,对他们建立组织的企图进行严厉而无情的打击。虽然发展到最后会把这些和生产紧密相关的阶层归到无产阶级阵营中,特别是当权力关系发生动摇以及资本主义权力虽未被摧毁但却不再是显得不可战胜的时候,不过现在它还不是争取独立斗争中的一支积极力量。

未来的发展无疑会改变这种消极的态度。由于产业和企业的越来越集中,能获得独立职位的可能性减少,这迫使越来越多的小企业主和小资本家让自己的孩子成为雇员。同时,由于这样的雇员数量增加,工资的支出也成了成本中很重要的一部分,压低工资水平的趋势就这样产生了。这种劳动力的提供在飞速增长,而在另一方面,大企业中的劳动分工和专业化却在不断加强,即便是高熟练程度的劳动力也是如此。一部分比较机械的工作交由熟练程度较低的工人完成;大的现代银行、电子公司或者百货商店雇用了很多白领雇员,这些白领雇员与受过简单培训的工人没有两样,即便他们受过更高水平的教育,但这对雇主来说也是无关紧要的。他们长期处于被不熟练或者半熟练工人的替代的危险之中,女工们也是很强的竞争对手。当他们的劳动力价格被确定后,他们不得不和这些人进行竞争。他们的生活质量下降了,但除了痛苦地认识到现实外,他们也无能为力,因为他们已经习惯了资产阶级的要求。此外,随着大企业的扩张,增加的大部分只是低收入的职位,而更高的职位却没有随之增加。大型现代企业数目的增加极大地提高了对各种白领雇员的需求,但现有企业的扩张却没有导致同样的增长。此外,随着股份公司的合并,报酬最优厚的职位都越来越多地被大资本家所垄断,白领雇员的职业前景大大恶化了。[1]

产业和银行联合成大型垄断集团,这使得拿薪金的雇员的处境进一步恶化。他们面对的是有压倒性优势的资本家集团,他们的流动性以及利用企业家之间对最优秀员工的竞争来找到更好工作的前景,即便是对于他们中最能干的和最有天赋的人来说,也很不明朗。雇员的数目也可能因为企业的联合而绝对减少。大体上,这影响了高收入职位的数量,因为管理工作可以被简化。联合的增加,尤其是企业联合,减少了最高技术职位的数量,销售人员、旅行推销员

---

[1] 根据《柏林日报》1909年6月14日的一则报道,在德国银行职员协会会议上,执行委员会主席菲尔斯滕贝格说:"银行业集中化的趋势已经结束了,但即使是如此,德国银行业内90%的员工也没有独立自主的希望。"

以及广告人员等的数量也绝对减少了。①

但是要让这个阶层的成员在政治态度上体会到这些结果的影响是需要很长的时间的。由于他们产生于和招募于资产阶级，因此他们暂时还坚持旧的思想意识。他们处在这样一种境况当中，他们对沦为无产阶级的担心使他们决心不被当做无产阶级的努力在不断加强，他们憎恶无产阶级，也最强烈地藐视他们的无产阶级式的斗争。商业职员以被称为劳动者为耻，然而枢密顾问，甚至有时卡特尔的经理，也热衷于给自己冠以这个称号。当然，前者担心的是被认为社会地位更低，而后者强调的则是劳动的伦理价值。无论如何，这种观点使拿薪金的雇员对无产阶级暂时还保持较远的距离。而另一方面，公司的发展，尤其是卡特尔和托拉斯的发展，加快了资本主义发展的步伐。大型银行的快速发展，资本输出带来的生产扩张，新市场的占领，都为各种各样的雇员开辟了新的就业领域。脱离了无产阶级的斗争，他们在资本活动领域的扩张中看到了自己的最好的前景。他们比我先前所描述的中间阶级受过更好的教育，因而也更容易被帝国主义意识形态所支配。另外，因为他们与资本扩张有利益关系，因此他们也成为了帝国主义意识形态的俘虏。因为社会主义在意识形态上仍和他们有很大的距离，而且实践的风险也很大，所以他们接受了帝国主义的意识形态，把它当成一条提供事业晋升、工资上涨的美好前景的出路。虽然他们的社会职位还很低，但他们拥有和小资本家圈子的联系以及在社会活动中有更大的灵活性，所以对形成社会舆论有相当大的影响。他们是专门的帝国主义期刊的订阅者、种族主义的信徒（他们常常用竞争来解释这一理论）、战争小说的阅读者、殖民英雄的崇拜者、金融资本的鼓动者和选民。

但是这种观点并不是一成不变的。资本主义在扩张中遇到的放慢其增长速度的障碍越多，卡特尔和托拉斯的形成过程就越完整，从而恶化雇员状况的趋势就越占上风。所以他们同资本（他们在生产中执行最重要的但却又是最没用的职能）的对立会变得尖锐。雇

---

① 威士忌托拉斯的成立，让300名企业员工失业；钢铁托拉斯的成立，让200名员工失业（詹克斯：《托拉斯问题》，1902年纽约版，第24页）。

员中有一部分或者甚至绝大多数的人都获得很少的薪水，但劳动时间却很长，且仍然始终处于从属地位，沦为为资本工作的工人，而且这些人的数目还在增加。他们被迫站在无产阶级这边，积极开展反对剥削的斗争。无产阶级运动的力量越强大，胜利的希望就越大，而且必将越早实现。

最后，他们反对工人阶级发展的共同利益联合了各层级的资产阶级。但是，这场斗争的领导权却早已转入了大资本的手中。

第24章　劳动合约矛盾与争端

众所周知，劳动合约争端历经了三个阶段：第一阶段，单个工人反对单个企业家；第二阶段，单个企业家卷入了与工会组织间的斗争之中；第三阶段，企业家协会与工会组织之间的对立。

工会的职能是消除劳动市场上工人之间的竞争。它试图获得"劳动力"商品的垄断权力。因此，从某种意义上说，它代表了一种卡特尔组织。甚至由于它只是同资本家买卖商品相关，所以可以叫做"联营"。但是由于每个卡特尔或联营组织都无法控制生产，因而也就无法调节供给的规模。这个弱点在工会中是不可避免的。劳动力的生产总是使这些调节无法进行。只有问题在于熟练劳动力时，工会才能采取适当的措施减少生产。一个强大的熟练工人工会通过限制学徒数量、延长学徒期以及禁止雇用那些未经工会认可的非熟练工人等方式，能够限制这类劳动力的生产，保持自身的垄断地位。例如，在印刷工会，尽管一些熟练程度较低的劳动力也能胜任操作排字机的工作，但是只有那些经过高级技术"培训"的印刷工人才有资格去操作这些排字机。在适当的情况下，强大的工会甚至能够彻底改变关系，通过承认一些使用期较长的工人是完全熟练工人，给予他们某种劳动"熟练"的资格，从而获取高额报酬。英国的纺织工业就是这样一个例子。英国的纺织工业在世界市场上拥有垄断地位（至今在某些产品上仍然占据垄断地位），就曾受益于强大的工会组织。强大的垄断地位使得工会有能力将较高的工资成本转嫁到消费者身上，因此企业家也更容易让步。

控制劳动力市场的努力也促进了通过增大移民的难度阻止外国工人竞争的趋势的发展，特别是控制那些习惯于生活水准低而且又难以组织的工人的移入。移民禁令也像保护性关税制度保护卡特尔一样，为工会组织提供了相应的服务。

作为活劳动的组织，工会组织也只有通过成员的意愿才能达到它的目的。工会组织的垄断权力建立在工人愿意通过工会出卖劳动力并且以工会组织规定的方式出卖劳动力的基础上。劳动力价格必须脱离供给与需求的波动，这就意味着劳动力供给者及失业者不能以异于工会既定价格的价格在劳动力市场上活动。价格是由工会的意愿给定的，供给按照价格调整，而不是价格适应于供给。因此，工会成为了就业者与失业者之间的协调组织。就像卡特尔通过储存产品以防止供给过剩一样，工会必须禁止失业者进入劳动市场（储存费用相当于工会给予失业者的失业救济金）。但是后者更为重要，因为这是限制供给的唯一方法（而卡特尔在限制生产上却有更有效的手段）。另一方面，使失业者远离劳动市场的目标能通过各种道德上的压力达到，比如说唾弃那些愿意去劳动的人，解释阶级利益是怎样被破坏的。总之，可以通过工会的教育达到目的，将工人阶级联合为一个斗争集体。①

如同其他垄断组织一样，工会希望尽可能多地控制市场，这样工会就遇到了大麻烦。单个工人的短期利益常常与阶级整体利益相冲突，组织就需要作出一定牺牲：费用、消耗的时间、准备随时投身于斗争之中。任何远离工会的工人都会博得雇主的好感，从而避免了冲突、失业和冷遇。工会越强大，企业家就越致力于员工对工会的远离。企业家用自己的社会保险代替了工会的保险，并发掘个人利益与阶级利益的冲突之处。

工会罢工斗争是围绕着劳动合同的斗争。工人再生产出 c 的价值并且创造出 v + m 的新价值，即工资和剩余价值。v + m 的绝对大小取决于工作时间的长短：工作时间越短，v + m 越小；如果 v 保持不变，则 m 越小；如果工作时间保持不变，则 v 降低而 m 增加，反

---

① 我们在这里并不对移民问题作进一步的研究，并且前面的《新时代》杂志上的论述已经非常详尽了，我们在这里也没有对这个问题进行深入探讨的必要。

之亦然。但是这种效果被劳动强度的变化抵消了，即随着工资的增长和劳动时间的缩短，劳动强度增大了。在机器运转速度的加快为提高劳动强度提供了客观手段的同时，计件工资和奖励工资体制试图将劳动强度提高到既定薪水和工作时间下的最大值。工人们在缩短劳动时间方面所取得的成果远远未达到他们应当被补偿的程度。无论缩短工作时间对工人的社会状况有多么重要，也无论取得的成果和为此所作的斗争在多大程度上提高了工人的体力上的和智力上的水平，毫无疑问的是，劳动时间的缩短并没有改变 v 与 m 之比。利润率并没有改变，从纯经济学的角度来讲，没有发生什么变化。然而，顺便指出的是，许多在精确性上有较高要求的产业不能实行较长的工作时间，因为工作时间的缩短能提高工作质量和加快技术进步，并且提高相对剩余价值。至于工资水平，它的增长与劳动强度的提高之间的联系并不是那么明显，即使它确实是存在的。而且，尤其对于非熟练工人来说，实际工资 v 的相对微小的提高是以减少 m 为代价还是（更为可能地）以被劳动强度的提高完全所抵消，这是非常值得怀疑的。当然，必须承认的是，产生这样一种抵消效应需要一段时滞，期间通过 v 的提高会减少 m。

由于商品价值（鉴于在文章中我们面对的是社会关系，可以将交换价值简称为价值）等于不变资本加可变资本再加剩余价值（$c+v+m$），因而 v 的变化导致了 m 的相反方向的变化，它并没有影响商品价格，对消费者也没有影响。李嘉图已经从理论上证明，工资的提高和劳动时间的缩短对商品价格没有任何影响。这一点是显著的。每年的社会总产品分为两部分：一部分是对已消耗的产品（机器、原材料等）的补偿；第二部分是生产工人在一年的生产活动中创造出来的新价值，它首先流入资本家手中，进而再分为两个部分，即工人的收入和资本家获得的剩余价值。对消费者来说，产品价格等于以上两部分之和（补偿加上新产品的价值），它不因第二部分（新价值）在资本家剩余价值与工人工资之间的划分比率而改变。因此，从社会角度来看，工资的上升或者劳动时间的下降会提高产品价格的说法是十分荒谬的。不过尽管如此，这一论调却还是一再提出，并且理由看似冠冕堂皇。

我们刚刚得出的结论仅适用于商品价值，也就是说，只有从社会的角度来看才算是成立的。然而，我们知道，在追求利润平均化的过程中，商品价值有所改变。然而，对于单个资本家或者特定产业的资本家而言，工资的上升意味着成本开支的上升。假设目前他的工资开支是100，不变资本为100，则在利润率为30%的情况下，他以260的价格出售商品。由于工会罢工，工资水平上升到了120，成本价格为220。如果继续以原有的价格260出售商品，那么利润就会从60下降到40，同时利润率则从30%下降到了不足19%，远远低于平均利润率的水平。因此，利润率的平均化势在必行，这意味着，生产中特定行业的工资的提高会导致该行业产品价格的上升，这种提高是发生在新利润率低于原利润率的基础上的。但是价格的提高总会遇到抵制，这些抵制将导致销售下滑，而销售下滑反过来又会使价格上升难以实现，而合同却仍按原价格执行。更重要的是，在有效提高价格之前还需要一段缓冲时间。严格来说，资本必须从该行业中流出，因为价格上升会减少销售，相应地供给及生产也会减少。销售下滑的危险因生产行业的差异而有所不同，也根据资本家对工资要求的抵制程度的差别而有所不同。这种工资水平上涨的幅度及速度，在很大程度上取决于商业和产业组织状况。假定工资呈现出普遍性的上涨情况，那么改变后的利润率的平均化会导致高于平均资本有机构成的产品价格的下跌，而导致低于平均资本有机构成的产品价格的上升。然而，每一次工资水平的上升都会导致平均利润率的下降，尽管因某一行业的工资提高而带来的平均利润率下降很可能是轻微的甚至是缓慢的。

因为对单个资本家来说，在达到新的价格水平之前要遭受损失，因此很自然地他们会选择抵抗，并且利润率越低，他们的抵抗越强烈。我们曾经看到，低于平均水平的利润率在小企业和小资本家的活动范围内占着统治地位。正是由于这个原因，这个圈子中的抵抗活动最为活跃但其力量却是最弱小的。在雇主的眼中，工会的斗争是围绕着利润率的斗争；而从工人的立场来说，这些斗争是围绕着工资水平（以及工作时间）进行的。但是，这绝不是废除资本雇佣关系（剥削劳动力）的斗争，因为斗争的结果一开始就已经决定了；

由于资本主义生产的目的是通过剥削工人而获取利润,因而如果废除了剥削,那么资本家参与生产就毫无意义了。此时,不管他境况如何,他都会停止生产,因为他不再从中受益,同时工人也会被解雇。若仅是单个行业如此,那么资本家至少还会保留部分资本将其转移到另一个生产行业。因此,正如工团主义理论所指出的那样,完全废除剥削的斗争不在纯粹的工会活动之列,也不能通过纯工会斗争的方式得到解决。即使像大规模群众罢工那样的工会斗争,也并不是反对企业家经济地位的斗争,而是作为一个整体的工人阶级反对资产阶级权力组织即国家权力的斗争。企业家的经济受损,不外乎是推翻国家政权斗争的一个辅助工具。这个政治任务不是工会自身的任务,只是将工会组织纳入了为无产阶级的政治斗争提供服务之中。

然而,如果工会组织的斗争过分关注利润率,那么便会为工会的追求目标设置一定的门槛。对于企业家来说,他们真正关心的是能否实行新的价格,过渡期的损失是否超过了长期罢工带来的损失,以及是否还有可能将他们的资本投资到其他基本不受罢工直接影响的行业中去。由此可知,工会的斗争一开始就遇到了这样的障碍(对工会领导来说,认识这一限制是个艰巨的任务),并且会影响到它的决策。另外,利润率越高(不管这一利润率是繁荣时期的一般性高涨,还是在某一特定行业由于垄断地位或者由于专利而获得的超额利润),工会就越能成功地运行。详细考察这些情况已经超出了本书的研究范围,但是我们有必要简要地探讨一下两个阶级的力量对比关系。

显然,企业家组织的出现包含了劳资力量的制衡的改变。企业家组织的发展通常被看做是对工会组织发展的反应。但是企业家组织发展的速度及其力量,取决于产业结构的变化以及资本的积聚和垄断。如果单个的企业家面对有组织的工人阶级,那么工会就有很多方法阻止企业家组织的发展。随着资本的集中,企业家在围绕劳动合同的斗争中的力量加强了,而与此同时,更团结的工人组织的力量也增强了。企业规模不同,对工会组织的抵抗力量也不同。一般来说,产业越分散,企业平均规模越小,工会的力量就越强大。

即使在同一产业之中,中小企业的工会力量也比大企业更大,因为那些在行业内部被大企业不断挤压的小企业更难以承受斗争的损失。工会斗争推动了向大企业发展的趋势,从而带来了生产率提高、技术进步、生产成本下降以及相对剩余价值的出现,这样就为新的妥协让步提供了前提条件。

只要工会面临的是单个的企业家,那么处境就较为有利。工人可以发挥集体力量对付这单个的企业家,工资斗争由一系列个体的罢工组成。被某个企业家关注的罢工工人,背后有工会的全部财力的支持,而这种财力由于工作的工人继续支付会费以及一些特殊的资助而不会因罢工而耗尽。一些企业家不得不开始担心他们的顾客会被那些继续生产的另一些企业家所抢走以及罢工结束后销售量可能会减少。他们不得不作出妥协,并开始关注他们所同意的条件在整个产业中的普遍化,而其他一些企业家,则无论是自愿还是迫于压力,也都必须承认这些条件。企业家们彼此之间的孤立使得工会能够使他们一个接一个地陷入有组织的斗争当中,且这些罢工也不会给工会自身带来较大的负担。通过成员扩充以及会费的增加,工会成功地增强了自己的力量。显然,企业家之间的合作越没有可能,相互竞争越激烈,涉及的企业家数量越多,而单个企业家的抵抗力越弱,工会的上述方略就越容易实施。上述情况是中小企业占统治地位的行业的情况的反映。在这些行业中,工会的影响和力量是最强的。大企业能够作出更精确的计算,会更强烈地抵抗这些个别罢工,因为大企业更强调坚持生产费用的尽可能的平均化。这时,罢工必须在单个行业中进行才能取得成功,因为单独的罢工会遭到较大的抵抗,即便某单个大厂商也有相当大的力量,且在大厂商之间更易于快速地达成协议。① 但是工会组织发展得越强大,企业家的抵抗力也越强——工人的联合与企业家组织之间的对立。由于工会在中小企业中影响最大,因此此处的抵抗也相应地会表现得最为强

---

① 所以,在那些贸易联合会兴起较晚的国家里,贸易联合会应对的是现代化的、大规模的工业产业,所以这些国家的贸易联合会与英国的贸易联合会相比,影响力弱了很多。因为像英国这样的国家,贸易联合会与工业行业是一起成长起来的。

烈。其中，起源于手工业和小制成品产业①（工会力量最强大）的企业家组织发展得最快。② 但是，尽管企业家组织毋庸置疑地是建立于反对工会组织的基础之上的，③ 且率先出现在轻工行业中，但它并不局限于这个范围之内。卡特尔和托拉斯组织把参与进来的资本更加紧密地融合在一起，使它们成为同工人阶级对抗的统一体。消除竞争并不仅仅局限于劳动力市场（如同非卡特尔化的轻工行业那样），因而企业家的稳固性得到了加强。这种稳固性达到了相当高的程度，以至于在企业家地位最稳固的产业中，建立任何特别的组织都毫无必要了。例如，煤炭辛迪加使企业家组织显得多余，钢铁托拉斯更使其没有存在的必要。即使如官方所宣称，德国的卡特尔不关心工人的事务，但企业家也必然会建立一个统一的阵营，他们的力量让企业家组织的特定职能（如抵抗罢工）显得多余，因为通过"友好理解"即可满足特定情形的需要。不过，即使在这里，企业家组建组织的倾向也还是越来越明显了。

企业家组织的形成使得工会很难以孤立的形式取得斗争的胜利。单个企业家有组织可依，该组织补偿了他的损失，还确保了那些罢

---

① 参阅格哈德·克斯勒：《德国雇主联合会》，载于《社会政治著作集》，第一二四卷，1907年莱比锡版，第40页。
② 同①，第37页。
③ 同①，第20页："只要企业内部的员工是没有组织的并且是一盘散沙的状态，那么这单个企业的雇主就可以对这些员工进行压迫，这时雇主并不需要雇主联合会的帮助……所以直到19世纪80年代初，只要德国工会联合会还挣扎在垂死的边缘，那么就没必要在德国建立雇主联合会。但是自从19世纪80年代末开始，特别是在废除了反对社会主义者的相关法律之后，许多的工会联合会运动开始兴起，同时伴随有工资运动和接连不断的罢工浪潮。作为对工人运动的自然回应，那些雇主们开始在属于他们产业的雇主联合会里集合了。工会运动总是首先出现的，然后雇主联合会的相关活动紧随其后。当然，工会联合会永远都是进攻者，而雇主联合会则一直都处于防守的地位（偶尔发生的与此结论相反的事实，并不会推翻这个结论）。在一开始，工会联合会总是罢工的组织者，而雇主联合会的主要任务就是反对罢工。在哪个行业中工会联合会出现得越早，雇主联合会也就会出现得越早。一句话，雇主联合会就是为管理雇主与工会联合会的关系而成立的。"

工的工人不能找到其他工作，同时还努力解决了企业家自身最迫切的问题。如有必要，它将采取更强烈的方式，进而成为进攻方，通过扩大斗争范围并宣布同盟歇业以削弱工会的力量，迫使它就范。在这种联合起来的企业家和工会的斗争中，企业家组织往往是强者的一方。①

原则上说，企业家组织的建立为推迟斗争创造了可能。只要是劳动者联盟与单个企业家的冲突，时间的选择就取决于工人，而且时间是罢工结果的决定性因素。在高涨时期，利润率最高，获得超额利润的机会最大，在这期间罢工造成的损失也最大。因此，为了避免失去全部的利润，即使一个实力超强的企业家也会选择努力避免斗争，因为这是一个难得的获取利润的机会，至少在下一次繁荣期到来之前是不会再有的。从工会成功的几率上来看，应该在生产

---

① 参阅下述对美国形势的评论。美国的雇主联合会要比其他国家的更加有力量。在美国，几乎每个工业行业都拥有自己的中央、地方和基层的联合会组织，其中两个最重要的是"全国制造业者联合会"和"美国公民产业联合会"。前者成立于 1895 年，主要由制造业内的企业组成，起初成立的目的是为美国产品开拓海外市场。在最近五年，它开始在反对劳工组织上发挥作用，并在影响公众观念和制定有利于企业主的法规上积极活动。1905年，在它的阻挠下，由劳工组织提出的两项立法议案被否决。一项是关于在全国推行 8 小时工作日的议案，另一项是关于限制法院在禁止劳工纠纷权力方面的议案。

美国公民产业联合会则有自己独特的一面。它是一个全国上下、从地方到州、再到中央的所有雇主和公民联合会的统一组织。它由美国制造业者联合会发起，始建于 1903 年，成立的目的是联合全国上下所有的雇主和公民的力量来反对工人运动，特别是反对工人的"关闭店门"运动。这个组织发展得十分迅速，在全国上下有几千名会员。它反对一切干预企业经营的行为，不管是由政府发起的还是由工会发起的。在 1905 年，圣路易斯的第三次年会上，它决定建立职业学校，并制定技术工人评级制度，目的是为了摆脱工会的控制，向企业直接输送劳动力。

除了全国制造业者联合会以外，还有两个重要的组织与美国公民产业联合会有着重要联系，即机器制造业内的"全国金属业联合会"和铸造行业的"全国铸造业者联合会"。在刚成立的五年时间里，它们与机械和铸造业内的工人达成了协议。但是这些协议后来被撤销了，在 1905 年，全国铸造业者联合会与铸造业工人协会展开了激烈的斗争，战火后来迅速蔓延至全国（哈勒：《世界经济》，第三卷，第 62 页）。

效率最大的时期号召罢工。工会的教育工作的困难之一，是使会员相信这个决策是英明的。因为正是在这个时期，由于正常就业和加班工资使得工人的工资最高，因而他们在这个时期最缺乏罢工的心理动机。这也是绝大部分罢工发生在经济最高涨到来之前的繁荣时期的原因。

然而，一旦良好的企业家组织建立起来了，那么这些时间选择的权力就不再是工会的特权了，因为企业家组织现在也有权力决定斗争的时间了。对企业家来说，萧条期间的同盟停业最宜先发制人，因为生产过剩使得停业十分有效，同时工人的抵抗也最弱（一方面由于劳动力市场供给过剩，另一方面由于大量的资助需求和成员会费的减少带来了工会财务状况的恶化）。这种源于企业家组织成立的延缓斗争时间的能力代表着巨大的权力的转移。①

---

① 在雇主的联合组织及其运作都还处于初期阶段的时候，在这种情况发生改变的时间还未明确的时候，这个现实状况就不会发生改变。克斯勒在《社会政治著作》的第一二四卷第259页中提供的统计数据表明：首先，停工企业的数量迅速增加；其次，停工的企业数量在繁荣的时候要比萧条的时候还多。这是因为在经济繁荣的时候，作为企业主抵制工人罢工的措施之一的停业现象，增加得最多和最快。但是这也并不与下面的观点相违背：随着雇主联合会的发展，企业主与工人之间的斗争越来越多地被联合会推迟到了经济萧条的时候进行，而且企业主主动的停业斗争行为越来越多。克勒斯在这本书的第243页上写道："除了那些迫不得已而进行的停业以外，企业家主动的停业行为在最近越来越多了。我这里所说的主动停业，指的是在工人没有发生罢工时便解雇工人的停业行为，其目的是把雇主所提出的有关工资、工作时间、劳动分配以及其他或大或小的用工制度，强加在工人阶级身上……

"似乎在不久的将来，主动停业将会变得越来越重要。因为雇主联合会在与工会联盟的工资谈判失利以后，雇主们都非常急于早点进行新一轮的工资谈判，即使这样的工资谈判可能会带来劳资纠纷他们也在所不惜。主动歇业有时候和主动罢工很相像，也有的时候和防御型罢工很相像，但更多的时候是和防御型罢工相类似，因为雇主联合会本来就是一个防御型的组织。无论是在现在还是将来，雇主联合会都很少会通过主动停业来恶化工人们的雇用环境。雇主联合会更经常做的事情是，以停业为手段来迫使工人签订为期若干年的工资合同，或者以停业为手段来制止工资上涨的势头。"（第243页）

另一方面，促使企业家组织成立的同样原因又加强了工会的力量。工会已经成为不愿意任由企业家摆布的各行各业的工人的庇护所。企业家的斗争手段也针对那些迄今为止仍与工会组织疏远的工人。歇业，尤其是大规模的普遍歇业，为那些先前并未加入工会的工人加入工会提供了强大的动力，会员增加的同时工会的力量也得到了增强。企业家组织力图通过反对工会的持续斗争以阻止这种发展势头。通过一系列的仔细选择，他们更愿意雇用那些未加入工会的工人，而不是那些工会成员。企业家组织精于有系统地优待那些没有加入工会的工人，排挤工会工人，把其中最危险的工会工人列入黑名单。通过组织"黄色"公司工会（阶级叛徒的培养地），试图通过收买和提供特权的方式来分裂工人阶级的队伍，以保证自己有一个可以有效利用的破坏罢工的卫队。① 通过拒绝与工会领导人谈判，企业家组织试图摧毁工会领导人的影响力。但是这些斗争是徒劳的，因为归根结底，工人阶级的利益与工人的个人利益是一致的，工会组织已经成为了工人生活中的一部分，并且关系到他们的存亡，尽管这种斗争确实阻碍了工会的发展，也限制了其影响力。

正如在企业家组织存在之前单个企业家的抵抗力量随着企业的规模大小而相应变化一样，企业家组织的抵抗力量也会按它的构成而有所不同。大产业的企业家组织力量是最强的，其中大型卡特

在对这些有用的数据进行评估以后，克斯勒得出这样的结论："雇主在几乎所有较大的停业行为里都取得了完全的或者部分的胜利……也就是说，工人对于雇主的停业行为是毫无抵抗力的。这也是为什么工人联盟里的领导人一直努力克制着罢工热潮的兴起，以及这这些领导人急于与雇主达成妥协，同时这些雇主也没必要为不断增加的工人联合组织而担忧。不过一般来说，即使胜利的一方永远是雇主，但由于停业的成本巨大，所以雇主也不可能会经常使用停业这一手段。综合起来说，工人阶级和雇主阶级都不会头脑发热和走向极端。"（第 263 页）

① "在美国，破坏罢工已经成为了一种专门的职业，在很多大型企业里的福利机构中，都专门雇用着一批人来破坏罢工，就像以前的雇佣兵制度一样。所以这些所谓的福利机构，不仅没有改善社会状况，而且还激化了社会各阶层之间的矛盾"（卢约·布伦塔诺：载于《社会政治协会的讨论》，1905 年版，第一一五卷，第 142 页）。

尔力量尤为强大；它不必担心成员的衰落或者破产，没有任何竞争者能够从停产中获得好处；而且由于保护关税的存在，它的垄断地位继续存在，即使外国竞争也不会给它带来太大的冲击。最终，它总能弥补罢工期间的损失；拖延的合同会在以后履行，罢工造成商品短缺但却可以提高价格，从而将罢工的损失转嫁给他人。

因此，这里反抗工会的斗争最容易发生，而且斗争也最为激烈。而这些企业家组织在和工人阶级发生冲突时，就成为了企业家共同利益的维护者。小资本家越被迫向工会妥协，就越受到工人力量的威胁，从而稳固地团结在大产业周围的意愿也就越强烈。

虽然相对于以前的单个企业家的处境更有利，但是这与相对较弱的企业家组织仍不得不向工会让步的事实是没有区别的。对单个企业家而言，企业家组织消除了最大的威胁。企业家组织善于实施整个产业范围内的罢工条款，通过切断供给防止局外企业利用罢工，促使原料供给企业在罢工中成为它的同盟，最后，通过阻止单个企业家缔结特殊契约，保证在任何情况下竞争的平等性。这最好还是通过产业范围内的工资率和雇佣劳动力的实际状况来协定。这个协定也符合工会的利益，因为它很快就使达到的成果在整个产业内普遍化。其缺点是，事先就确定了契约重新订立的时间，因此工会丧失了选择罢工斗争时间的自由。然而，正是由于企业家组织的存在剥夺了工会罢工时间的选择权，因此这种情况也以同样的方式影响了企业家组织对时间的选择。但是，工资率协定把这种偶然因素带入到了未来的斗争当中。因此，一个强大的工会总是努力避免这样一种工资率协定，这种协定使得厂商不能利用繁荣时期获取利润。

企业家组织对企业家而言还有一大优势，那就是它能使他们更容易地转嫁不断上升的成本。如我们所知，一次成功的罢工意味着受到影响的产业的利润率降到平均利润率以下。价格上升带来的平均化，通过企业家组织安排的共同行动（这在非卡特尔化的产业中也能够进行，因为价格提高和成本变化是相应的）变得更容易和迅速。因此，处于非卡特尔化产业中的小资本家更倾向于缔结这种工资合同。①

这也产生了产业间缔结贸易同盟的趋势。由于技术特征保持分散化而无法实现卡特尔的产业试图通过对外来劳动者关闭劳动市场的方式谋求垄断,而企业家组织则利用工会来达到这一目的,这样,联合起来的雇主就有了一个由工会保护其免受外部竞争的卡特尔。超额卡特尔利润在企业家和工人之间进行分配,从而工人和卡特尔的存在有关联。

卡特尔产业内部的关系就不同了。在既定生产水平下,利润率已经达到了最高水平。价格等于或约等于世界市场价格加保护性关税再加运输成本。在这种情况下,提高的工资无法被转嫁,因此抵制也尤为强大。一方面,超额卡特尔利润已经被计入股价之中,利润的下降也就导致了股价的下跌,从而股东对董事会的任何让步都会遭遇强烈抵制;对银行来说,低利润率意味着新股发行利润的减少,因此股东的抵抗也会得到银行的支持。另一方面,从心理上讲,公司中那些被委任为领导的管理人员对此的抵抗也增强了,因为他们已经不再是工人阶级,而是成为了同工人相对立的阶级——企业家利益的代表者。代表个人利益的企业家时而作出让步的倾向,这在管理层眼中是玩忽职守的行为。工人和资本家关系中的最后一点人情味消失了,劳动合同条款成为了完全脱离任何情感考虑的权力争夺。②

企业家认为有价值的协定的特征在于:成本平均化的保证(卡

---

① 另一方面,行业内普遍的劳工协定的签订,增强了工会的力量,使原来游离于工会之外的很多工人也加入了工会组织,而这也引起了雇主们的抵抗。德国制造商组织(德国实业家中央联合会),这个德国实力最强大的雇主联盟,在1905年5月颁布了以下这一决定:"德国实业家中央联合会认为,这一工业内部劳工协定对于德国产业的发展十分不利。根据协定,企业员工受工会组织的管辖,这使得企业家无法控制企业员工的行为。中央联合会认为,根据英国和美国的经验,这种协定对于德国产业的发展危害甚重。"(引自阿道夫·布劳恩:《工资率协定和德国工会》,1908年斯图加特版,第47~48页)

② 参见政府委员莱蒂希的演说(《社会政治协会的讨论》,1905年,第156页),以及大学讲师哈姆斯博士的演说(同上书,第201页)。

特尔通过协调企业家行为达到的一定时期内的产业内和平的保证)。这是卡特尔通过规模化竞争排除重复竞争所达到的。仍存在的不利之处是：工资率协定使企业家在下一次斗争时间的选择上受到了限制，反而对工会起到了宣传作用，从而导致了卡特尔企业中工资率协定被拒绝。另外，不用工会帮助而形成卡特尔的可能性，使需要分享卡特尔超额利润的贸易同盟变得多余。① 以出口贸易为主的产业与卡特尔化的产业地位相类似，且因其价格是由世界市场决定的，因此就更难以转移工资提高的成本。

企业家和工会组织的发展使得工资斗争的社会意义和政治意义得到了加强。工会组织反对单个企业家的游击战让位于整个产业的规模化斗争。如果工会掌握了由于劳动分工而独立出来的关键生产行业，那么它们便具有了使社会生产全面停业的威胁力。这样，工会斗争就超出了自身的范畴，由直接相关的工人和企业家之间的斗争演变为了整个社会的斗争焦点——政治事件。与此同时，以工会的方式结束斗争就变得越来越困难。企业家组织与工会权力越大，斗争持续的时间就越长，而提高工资和降低利润的问题就越会变成

---

① 阿道夫·布劳恩指出，从工人阶级的立场出发，贸易同盟也不应该取消。"值得注意的是，企业家们已经开始认为工资率协定会给他们带来深远的影响。工资率协定的影响包括：取消原来的那些过分的竞争，维持商品的高价，剥削消费者。不久以前，企业家们还在为罢工、阻止移民和工会对劳动市场的干预而发火，而现在他们却在考虑能否在签订工资协定时，让工会组织保证其商品能够卖个好价钱。除了要考虑给工人提高工资外，企业家们在签订协议时还要考虑提高商品价格问题。因为如果那些游离于雇主联合会之外的企业，其所销售的商品价格低于雇主联合会制定的价格，那么雇主联合会就将会要求工人联盟罢工，并停止向该企业提供劳动力，以迫使该企业接受统一的高价。于是工人联盟成为了生活用品价格上涨的幕后推手，也为价格上涨提供了社会舆论支持。这样，工人联盟就成了资产阶级的利益代言人，并影响了大众的舆论和思想。当然，在有些情况下工人联盟无法实现这些目标，比如，在这些妥协协定无法影响大众的消费观时，以及在工人联盟公平正义地维护工人利益的时候。不过，不管怎样，为了提高全行业的工资水平而与企业家签订这样的妥协协定，这种行为是与工人运动的宗旨相违背"（阿道夫·布劳恩：《工资率协定和德国工会》，第5页以下）。

权力问题。企业家们坚信他们的任何让步都会弱化他们以后的地位，并会使工会的道德和实际力量得到增强——今天的胜利也就意味着将来工会的胜利。企业家们想一次性地彻底解决争端，如果战争能够确保将来的长期征服地位，那么让他们支付战争费用也在所不惜。他们拥有雄厚的资本实力，而工会的资金则会因补助罢工工人而用光，因此在罢工斗争中，企业家们能够坚持得更久。但是，斗争并不局限于某个特定的行业，而是会扩展到其他行业，如为之提供原材料、辅助材料的行业，这些行业也不得不停产裁员。这种情况给工人以及依赖于工人消费的零售行业造成了相当大的麻烦，最终会导致大规模的社会政治冲突。工资冲突的非直接参与者要求结束斗争的压力越来越大，因为他们没有其他结束斗争的办法。这时，国家干预便成为了唯一的选择。这样，罢工的结束问题就从工会问题转变为了政治力量问题。而且，随着企业家组织的产生，权力的天平逐渐偏向了企业家一方，因此工人阶级为保证自己在政治机构中有更大的影响力，选举代表来坚决而独立地代表工人利益而反对企业家利益并帮助工人取得胜利，就显得更加重要。然而，这一胜利并不能单纯地依靠政治行为来实现；如果工会足够强大到以相当的强度和力度进行经济上的斗争，以致资产阶级国家在干预劳动问题（站在和企业家利益相对立的角度）上的意愿开始瓦解，进而政治代表的任务仅限于完成这一过程时，工人阶级才能算是取得了最终的胜利。但这并不意味着工人阶级可以摒弃工会并用政治斗争来取代工会的作用，事实上，工会组织的不断发展壮大对于工人阶级取得胜利是必不可少的。不过，无论工会如何强大，其斗争规模和强度才是赋予其斗争以政治特性的关键，而且也向组织起来的工会工人展示了工会活动与政治活动相结合的必要性。因此，在工会发展中，独立的政党形式成为工会斗争需要的这一时刻必然会到来。一旦有了独立的工人政党，其政策就不会仅局限于促使该政党成立的问题，而是使其政策成为代表工人阶级整体利益的政策；它也从而不再是资产阶级社会内部的斗争，而是成为了反对资产阶级社会的斗争。

另一方面，企业家组织力量的增强并没有使工会斗争变得多余和无望。如果说企业家们有能力坚持到工人精疲力竭，而随着工会的财力耗尽和渴望就业的人占多数，工人斗争必定失败，同盟歇业必定胜利，显然这样的说法是片面的。因为这不是简单的力量问题，而是要计算对利润率的影响。在经济繁荣时期，歇业或者罢工对企业家们所造成的损失之严重使得企业家们宁愿对提高工资的要求作出妥协，因为避免斗争更为有利。① 甚至之前因歇业而被削弱的工会也能集中起足够的力量迫使企业家们在经济高涨时期作出让步，尽管和企业家组织成立之前相比，由于对斗争成本的顾虑，这些妥协受到了一定的限制。

---

① 瑙曼下面所说的话相当于把脏水和孩子一起泼掉了："最低也得是在中等企业里才能通过工资协定这种正常手段来停息罢工运动。当然，在其他规模的企业中也作了一些尝试。在这些领域内，工人可以通过罢工来签订新的劳资协议，但是在其他领域，工人仅仅通过罢工是达不到目的的，原因很简单：'我们两个人谁能坚持到最后呢？'这种问题对于那些有大脑的人来说，在一开始就已经知道答案了。如果你曾经经历过矿工罢工……那么无论是参与者还是旁观者，其在罢工前都会知道，矿工在这种传统的和平谈判中是不可能取胜的，而这种罢工只是一种示威性的罢工而已，即使我们假设这样的罢工有一次取得了胜利（完全是一个假设，那些大型工业联合组织也不会允许这种事情再一次发生），但其情形也如此前不久的一位年轻银行家曾为我进行的计算一样：'如果我们为了应对可能出现的工人罢工成功，而总是在银行里存上一笔 x 月的定期存款，那么我们会因此而有多少利息损失呢？'从这些论述中我们能够得出什么结论呢？工人如果想提高生活水平，那他们只会把罢工当做影响公众舆论的一种手段而已。"（F. 瑙曼：《社会政策协会的讨论》，1905 年，第一一五卷，第 187 页）

第 25 章 无产阶级和帝国主义

　　无产阶级的经济政策与资本家阶级的经济政策是根本对立的,它们在每一个问题上所采取的立场也是以这种对立为特征的。雇佣劳动者反对资本的斗争,首先就是为年产品中那部分由工人阶级(包括产品的销售雇员和生产管理人员)创造的新价值的斗争。这种斗争的直接表现就是劳动合约,它会在矛盾和冲突中一直延伸到国家经济政策上。在商业政策上,工人的利益首先要求的是国内市场的扩张。他们的工资越高,商品的新价值中构成直接的商品需求的那一部分,尤其是消费品需求的那一部分,就越大。但是,消费品产业和制成品工业的普遍扩张,意味着那些资本有机构成通常都更低的行业的增加,或者说是可以雇用更多数量的工人的行业的扩大。这会带来劳动力需求的急剧增加,因此使工人在劳动力市场上处于更有利的地位;它会强化工会组织,对新的工资斗争胜利的希望也增加了。雇主的利益则正好相反。由工资上升所带来的国内市场的扩大,意味着他们的利润率的下降,而且预期的利润率还会进一步下降,从而放慢了积累的步伐。同时,他们的资本被迫投到制成品行业中,那里的竞争是最为激烈的,对形成卡特尔的限制也是最强的。当然,他们也可以在市场的扩张方面获得一些利益,但这是以利润率的牺牲为代价的,而他们原本是可以在国内市场保持不变的情况下去扩展国外市场的。于是,新产品中的一部分不能成为工人的收入,也不能增加对国内产品的需求,而是作为资本被投资于外国市场的生产中,因为那里的利润率更高,从而可以更快地积累。企业家的商业政策会越来越多地首先考虑外国市场,而工人们则更强调国内市场,尤其是与工资政策的改善相结合。

只要保护关税对制成品工业而言意味着"培育型关税",那么它就不会与雇佣劳动者的利益相冲突。当然,虽然它会损害作为消费者的工人的利益,但是如果工会能够得到充分的发展从而利用这种形势的话,那么保护关税就可以起到加速产业发展的作用,从而可以使生产者得到补偿。在这一时期受损最严重的是那些从事家庭工业生产的手工业者和农民,而不是工厂的工人。但是,如果保护关税政策变成了对卡特尔关税的保护,那么情况就不一样了。我们知道,卡特尔主要是集中在那些具有最高资本有机构成的生产行业里,这些行业所生产的超额利润阻碍了制成品工业和消费品工业的发展。同时,由于与农业密切相联系的食品的价格会因为农业关税的影响而不可避免地会上升,因此,生活资料价格的上涨就意味着实际工资的下降,从而国内市场特别是其产品的需求主要来自于工人的消费需求的那一部分市场会萎缩。因此,由于卡特尔对这些劳动密集型产业的打击,会使既是消费者又是生产者的工人承受了双重的痛苦。卡特尔还强化了雇主在劳动力市场上的地位,削弱了工会的力量。而且,对卡特尔实施保护的关税政策对资本输出形成了最强烈的刺激,它必然会导致帝国主义的扩张政策。

我们已经看到,资本输出是资本主义迅速扩张的一个条件。从社会的角度看,这种扩张是资本主义社会从整体上得以维持的一个基本条件;从经济的角度看,它还是利润率保持不变或时而增加的条件。这种扩张政策使所有阶层的有产者为金融资本服务,保护性关税和扩张政策因此也变成了统治阶级的共同需求。资产阶级对自由贸易政策的抛弃,是因为它已经失去了存在的理由。而对无产阶级来说,自由贸易不是有积极意义的需求,而仅仅是它用来反对保护性政策的手段,因为这种保护性政策只会带来更加迅速的和彻底的卡特尔化,与之相伴随的则是雇主组织力量的增强,民族对立的尖锐化,军备的增加,税收负担的增长,生活费用的上涨,国家权力的扩张,民主的削弱,以及出现敌视劳动者和推崇暴力活动的意识形态,等等。一旦资产阶级放弃了自由贸易,则对此的斗争也就变得毫无希望了,因为仅靠无产阶级自己来推动统治者改变政策,其力量显然是太弱了。

但是这绝不意味着无产阶级现在必须转向支持当代的与帝国主义密不可分的保护主义政策。事实表明，资产阶级已经意识到了这种政策的必要性，因此只要资产阶级还掌握权力，就会继续这一政策，但无产阶级就没有任何理由放弃自己的政策进而向它的敌人的政策投降，或是还沉浸在对统治阶级的幻想中，以为剥削的普遍化和加强会意味着无产阶级的状况的改善。但是，这不会阻止无产阶级认识到，只有帝国主义才能使资本主义本身所包含的革命和与之相伴随的社会主义胜利的条件得以普遍化。金融资本政策会导致战争，从而带来革命的风暴这样的信念不论是多么强烈，无产阶级都不应该放弃对帝国主义和战争的敌意，也不能因为资本的扩张政策从根本上说是无产阶级获得最后胜利的最大促进力量，就转而支持这种政策。相反，这种胜利只有在同这种政策的不断斗争中才会得来，才会使本阶级成为受益的阶级，因为只有不断的斗争，才能导致这种政策的崩溃；这是政治的和社会的崩溃，而不是经济的崩溃，因为纯粹的经济崩溃是不合理的，也是毫无意义的。

关税保护和卡特尔意味着生活成本的上升。企业家组织增强了资本对抗工会进攻的力量。军备和殖民政策导致无产阶级所承受的税收负担迅速加重。这一政策的不可避免的后果即资本主义国家之间的暴力冲突，会带来贫困的大量增加。所有这些使人民群众革命化的因素，只有在即将成为新社会的创造者阶级从整体上理解到这一政策的必然结果时，才能被用于经济的改造；只有把这个政策的不可避免的后果是与人民群众的利益相对立这一点，一再地向群众解释清楚，这种胜利才会实现；只有通过不断地、义无反顾地与帝国主义政策进行斗争，才能取得胜利。

在资本只可能实行帝国主义政策而不可能是任何其他政策的时候，无产阶级就不能只反对那些产业资本占统治地位时期的政策；对无产阶级来说，用属于自由贸易和敌对国家的已被废除的政策来反对发达的资本主义的政策，是毫无用处的。无产阶级对金融资本——帝国主义——的经济政策的回答，不是自由贸易，而只能是社会主义。无产阶级政策的目标，不可能是恢复已被资本主义抛弃的自由竞争这一现在已是反动的理想。无产阶级要避免陷入资产阶级的困境——贸易保护或自由贸易，而只能用自己的解决方法：既不是贸易保护，也不是自由贸易，而是社会主义，是生产的有组织性，对经济的自觉调节和控制；既不是依靠资本主义的巨头，也不是为了它的利益，而是依靠整个社会，并且服务于整个社会的利益。这样，社会就可以像它自己发现自然运动规律后使自然服从于自己一样，也最终使经济服从于自己。社会主义不再是遥远的理想，甚至不再是仅仅对"当前要求"发生决定性影响的"最终目的"，而是变成了无产阶级直接的实际政策的基本组成部分。正是在那些资本主义的政策被完全付诸实践且作用发挥得最彻底的国家，以及那些工人阶级的民主政治的需求（这是最重要的社会要求）已经实现了的国家，作为帝国主义的唯一替代物的社会主义才会在舆论宣传中占据首要的位置，以此来确保工人阶级政策的独立性，并证明它在捍卫无产阶级利益上的优势。

金融资本使对社会生产的控制权日益集中在几个大的资本家集团手里，并使生产经营管理权与所有权相分离，使生产的社会化达到了资本主义条件所允许的最大程度。资本主义的社会化的界限是由以下几点决定的：首先，世界市场被划分为由几个国家占有的经济势力范围，这种分割只能被局部克服，或者通过卡特尔的国际化来艰难地克服，它还延长了卡特尔和托拉斯借助国家的权力手段相互展开竞争的时间。其次，社会化还会受到另一个因素的限制，那就是地租的形成。为了完整起见，我们这里应该简单提一下，地租的形成是阻碍了农业集中的。最后，为延长中小企业的生命而采取的经济措施。

金融资本的趋势是确立对社会生产的控制，但这是一种对抗形式上的社会化，因为它对社会生产的这种控制依旧是掌握在几个大金融寡头的手里的；剥夺这种金融寡头的斗争构成了无产阶级与资产阶级之间的斗争的最后阶段。

金融资本的社会职能是有利于完成战胜资本主义这一艰巨任务的。一旦金融资本将最重要的社会生产行业控制在它的手里，社会就只要通过自觉的执行机关——由工人阶级夺取的国家——来掌握金融资本，就足以立即获得它对最重要的生产行业的控制。由于所有其他的生产行业都依赖于它,所以在没有任何进一步社会化的情况下,对这些巨型产业的控制就已经可以提供最有效的社会控制形式。一个已经控制了煤矿、钢铁工业、机器制造业、电力、化学工业和运输系统的国家,是可以通过它对这些最重要的生产领域的控制权来决定原材料在产业间的分配和产品的运输的。即便是现在,掌握了六家大柏林银行就意味着掌握了大工业最重要的领域,这对过渡时期的社会主义政策的初期阶段是极为有利的,因为那时资本主义的簿记可能依旧是有用的。根本不需要将剥夺对象扩大到那些为数众多的农民和小企业主身上,因为掌握了这些大产业的结果,自然也就将长期依赖于它的农民和小企业主间接地社会化了,就像大产业和大产业主被直接社会化一样。因此,正是那些由于生产的分散性而使剥夺过程变得漫长和政治上具有危险性的领域里,应该允许这一过程在缓慢的发展中成熟。换句话说,由于金融资本已经获得了社会主义所需要的那种剥夺程度,因此可以由国家对金融资本的一次性剥夺来进行补偿,从而通过社会自觉提供的经济利益来达到逐步的社会化。

因此,如果说金融资本在组织上为社会主义准备了最后的前提条件,那么它也使得从资本主义到社会主义在政治上的过渡变得更容易。资产阶级本身的行为就像帝国主义政策所表现出来的那样,必然给无产阶级指明了其独立的阶级政策的道路,它将以最终战胜资本主义而告终。只要自由放任的原则还占据着统治地位,而国家对经济事务的干预还被掩盖着,那么就像国家作为阶级统治的组织的这一性质被掩盖一样,就需要有相对更为成熟的理解力,才能明瞭政治斗争的必要性,才能理解对于最终的政治目标而言最重要的是夺取国家权力。因此,在英国这样一个没有干预的典型国家里,独立的工人阶级的政治行动的出现是那么困难,也就不是什么偶然的了。但是现在也有了一些变化。资产阶级直接地、毫不掩饰地、公然地掌握着国家机器,而且把它们变成维护自己剥削利益的工具,使得每一个劳动者都认识到,无产阶级对政治权力的夺取是他们的最直接的个人利益。资产阶级对国家的明目张胆的攫取,直接迫使每个无产者为夺取政权而努力斗争,因为这是他们终结他们所受的剥削的唯一手段。①

反对帝国主义的斗争激化了资本主义社会内部存在的各种社会矛盾。作为资产阶级最危险的敌人的无产阶级，得到了其他阶级的支持。最初也得到过其他阶级支持的帝国主义，最终赶跑了它的追随者。垄断越是进一步发展，它的超额利润所带给所有其他阶级的负担就越重。托拉斯所造成的生活成本的上升，降低了人们的生活水平，尤其是在食品价格上升的趋势促进了最基本的生活必需品的价格上升时。与此同时，中间阶级的税收负担也加重了，这使得它也变得日趋反叛。白领雇员看出了自己的职业前景和命运，也开始认识到他们自己是被剥削的无产者了。甚至那些商业和其他行业里的中间阶层人士，也开始意识到他们对卡特尔的依赖性了，因为卡特尔将他们转变为了纯粹为佣金工作的代理人。所有这些矛盾在资本进入缓慢发展的时期，必然会尖锐到不能忍受的程度。这个时期其实也就是股份公司和卡特尔不再能持续其迅速发展的时期，以及新的创业利润的出现和输出资本的冲动变得减缓的时期。当对外国市场的迅速开发由于资本主义的引入而变得缓慢时，它也会使资本输出变慢。远东的开发、加拿大的快速发展、南非和南美洲，都曾经对资本主义令人炫目的发展步伐起着主要的推动作用，仅仅在1895年的短暂萧条中被中断过。然而，一旦这种发展放慢了，那么

---

① "现代保护性关税制度的历史意义在于，它始于资本主义的最后时期。为了应对资本主义社会利润率下降的普遍规律，资产阶级自己组织起来消除自由竞争。在自身的组织下，资产阶级掌握了国家的控制权，并利用它提高剥削的利润。资产阶级的剥削对象不再仅仅是工人阶级了，而是所有公民。所有能够管理社会的国家权力和手段都被用上了，并被转变成为了剥削人民的工具。这是社会主义社会产生的先兆，因为这些现象是对资本主义社会的完全否定。这种挖掘一切潜力来发展经济的社会组织形式，并不是以提高社会总体民众的福利为目的的，而是以把对社会公众的剥削程度提高到史无前例的水平为目的的。由于这种现象愈演愈烈，因而最终将会导致资本主义社会的灭亡。随着生产资料和财富的集中，资产阶级的罪行也越积累越深厚，这唤醒了那些力量强大的工人阶级团结起来。当工人阶级相信自己的力量时，资产阶级是无法抵御它的反抗的"（鲁道夫·希法亭：《保护性关税职能的转变》，载于《新时代》，第二十一卷，第2期）。

国内市场就会更容易感受到卡特尔给它带来的压力是越来越大了，因为正是在萧条时期，才是集中进展最为迅速的时候。在世界市场的扩张减速的同时，资本主义国家之间为了自己的势力范围的争夺所产生的对立也更尖锐了，当以前是允许竞争的开放的大市场，比如英国，现在却由于广泛实施保护性关税而对其他国家不再开放时，情况就会变得更加严重。战争的威胁使军备增加，税收负担也相应加重，最终使得生活水平不断下降的中间阶层，也变成了无产者行列中的一员，这样，无产阶级就能够在国家权力的削弱和战争冲突中摘取果实。①

在所有建立在阶级对抗基础上的社会形态中，只有当统治阶级已经将自己的权力集中发展到最大限度时，伟大的社会变革才会发生，这是一个历史的规律。统治阶级的经济权力总是同时意味着对人民群众的权力以及支配劳动大众劳动力的权力。但是，它也使得经济的统治者依赖于被统治者的力量，因为统治者在增加自己的权力的同时也增加了那些反对他们的阶级敌人的力量。不过，后者作为被统治的对象，看上去似乎是毫无力量的。它的力量是潜在的，只会在推翻统治阶级的权力的斗争中才体现出来，而统治者的权力却是显而易见的。只有在这两种力量的冲突中，在革命时期，这股潜在的力量才能被证明是实际的力量。

经济权力还意味着政治权力。对经济的统治给了国家权力实施控制的手段。经济领域的集中程度越高，国家的权力就倾向于越不受控制。所有的国家权力手段的完全集中，采取的是国家权力的极端的发展形式，它变成了维持其经济统治的不可战胜的工具，同时夺取政治权力也变成了经济解放的先决条件。当专制国家在获取了国内大领主的领地权力并把它都集中到自己手里的时候，资产阶级革命才会开始。政治权力集中在几个大领主手里是专制统治胜利的前提条件或先决条件。同样，经济权力集中在少数资本家巨头或寡头集团手里，以及它们对国家的统治，都是有利于无产阶级的胜利的。

---

① 卡尔·考茨基：《通往权力的道路》，特别是最后一章。

完成形态的金融资本是经济权力和政治权力集中在资本寡头手里的最高阶段,它也是资本寡头独裁统治的高潮。同时它使得一国资本寡头对其他国家的独裁统治,以及与其他国家的资本家的利益越来越不相容;资本的国际统治与人民群众的利益也会日益相互对立,金融资本的剥削会导致对它的反抗和斗争。在这些敌对利益的暴力冲突中,资本寡头的独裁统治终将转化为无产阶级专政。

附录 希法亭的著作和有关希法亭研究的主要论著

一、鲁道夫·希法亭的一些主要著作

(一) 书籍与专著

1. 《庞巴维克与马克思主义批判》，维也纳，维也纳全国出版社，1904 年（《马克思主义研究》，第一卷）。由易登和赛达·保罗翻译的第一个英译本，出版于1920 年，并且是在保罗·斯威齐的介绍下出版印刷的，这本书既包括了庞巴维克的专著，也包括了希法亭的批判性著作。纽约，奥古斯塔斯·M. 凯勒出版社，1949 年。
2. 《金融资本——资本主义新发展的研究》，维也纳，维亚纳全国出版社，1910 年（《马克思主义研究》，第三卷）。最新的德语版本是 1968 年译的，是由爱德华·马兹写的引言。这本书被翻译成了多种文字，包括法文、意大利文和俄文。
3. 《历史问题》，这篇论文是希法亭在人生的最后阶段写的，还未写完。这篇文章最早由考茨基编辑、引荐和发表，载于《政策杂志》（新卷），第一卷，1954 年。

(二) 文 章

1. 《保护性关税功能的转变——贸易政策的发展趋势》，载于《新时代》，第 21 期，1902～1903 年。
2. 《总罢工的要求》，载于《新时代》，第 22 期，1903～1904 年。
3. 《大规模罢工的记录》，载于《新时代》，第 23 期，1904～

1905年。
4. 《历史的必然和必然的政策》，载于《战斗》，第8期，1915年。
5. 《协会的分级》，载于《战斗》，第8期，1915年。
6. 《时代的问题》，载于《社会》，第1期，1924年。
7. 《现实主义》，载于《社会》，第1期，1924年。
8. 《时间的决定》，载于《社会》，第10期，1933年。
9. 《革命者的社会主义》，载于《社会主义杂志》，第1期，1933~1934年。
10. 《没有外交——外交的消失》，载于《社会主义杂志》，第2期，1934~1935年。
11. 《国家资本主义或者集权国家的经济》，载于《社会主义者的信使》，纽约，1940年。后来重新发表于《现代评论》，第1期，1947年。

(三) 出版的演讲稿

1. 《社会问题》，在纽伦堡举行的第十届德国工人联盟大会上的演讲，时间是1919年6月30日~7月5日。柏林，1919年。
2. 《革命者的政策幻想》，1920年在哈雷举行的USPD年会上，针对贞诺维的演讲。柏林，1920年。
3. 《社会与马德里的阶级划分》，1927年在SPD年会上的演讲。柏林，1927年。
4. 《社会民主的任务》，1927年在SPD年会上的演讲。柏林，1927年。
5. 《制造行业与私营公司之间的关系》，1931年在莱比锡举行的第四届AFA工人联盟会议上的讲话。柏林，1931年。

二、有关希法亭的论著

1. 威尔弗里德·高撒的著作：《社会结构的变化和政治行动的教诲与鲁道夫·希法亭》，柏林，邓克尔和哈姆布劳特出版社，1960年。

2. 克斯滕·库：《年底的布赖特沙伊德和希法亭》，载于《德意志评论》，第 84 期，1958 年 9 月，第 843~854 页。
3. 仓田·实：《鲁道夫·希法亭：维也纳时代的传记》，载于《经济评论》，第 26 期，1975 年 10 月，日本北海道。
4. 亚历山大·斯特恩：《鲁道夫·希法亭与德国工人运动的纪念》，汉堡，汉堡印刷与出版公司，1946 年。

下面的著作也提到了希法亭生活和思想的一些重要方面：

5. 朱莉斯·布劳恩塔尔：《太平盛世的追求》，伦敦，维克多·戈兰茨出版社，1945 年。在这本书的第 241~245 页上，布劳恩塔尔记载了他与希法亭有关 1918~1919 年德国革命失败问题的讨论。
6. 路易斯·J. 埃丁格：《德国在野政治学：纳粹时代的社会民主执行委员会》，伯克利、洛杉矶和加利福尼亚大学出版社 1956 年版。书中的第 6 章讲述了在野时期希法亭及其他 USPD 领导人不断增加的悲观情绪，以及产生悲观情绪的原因。
7. 埃利希·艾克：《魏玛共和国的历史》，第二卷，阿兰白索克和斯图加特，尤金仁特赫出版社，1956 年。在第二卷第 255 页以下和第 287 页以下，作者研究了希法亭在任两届财政部长期间的发展规划和遇到的问题。
8. F. 罗伯特·惠勒：《USPD 和国际化：革命时代背景下的社会主义者的国际主义》，法兰克福，乌尔施泰因出版社，1975 年。这本书是基于之前另一本未出版的论著而写的，即《独立社会民主党和国际化——对德国 1915~1923 年期间的社会主义者的国际主义的研究》，匹兹堡大学出版社，1970 年。这本书里有许多关于希法亭的介绍，特别是还讨论了他在反对德国独立社会民主党（USPD）与第三国际联合上所发挥的作用。

三、序言和正文中提到的其他著作

1. 麦克斯·阿德勒：《因果关系与目的争端上的自相矛盾的研究》，维亚纳，维亚纳全国书店出版社，1904 年（《马克思主义研究》，第一卷）。

2. 阿里斯托芬：《青蛙》，英文版由大卫·巴莱特翻译。哈蒙德沃斯，企鹅出版社，1964 年。
3. A. 阿诺德：《印度的金融体系，特别是自 1893 年改革以来》，耶拿，G. 费舍尔出版社，1906 年。
4. 保罗·A. 巴兰和保罗·M. 斯威齐：《垄断资本》，纽约，每月评论出版社，1966 年。
5. 麦克·巴莱特·布朗：《帝国主义之后》，第二版，伦敦，莫林出版社，1970 年。
6. 奥托·保尔：《法西斯主义》，载于《社会主义者的战斗》，1938 年 7 月 16 日，第 75~83 页。重印于《未来》（维也纳），时间为 1948 年 2 月，第 33~41 页。英文译本的主要内容可以参阅博托默里和古德合编的《奥地利马克思主义》，第 167~186 页。
7. 爱德华·伯恩斯坦：《在社会主义条件下所肩负的任务——社会民主》，1899 年，英文版的译名为《社会主义的进化》，纽约，胡伯斯出版社，1909 年。
8. 威廉·布莱克：《对管理汇兑流程和促进国家货币贬值的若干原则的观察》，伦敦，埃德蒙德·劳伊德出版社，1810 年。
9. 鲍姆·巴沃克和伊根·范：《马克思主义理论体系的结论》，1896 年，英文版由保罗·斯威齐编辑，参阅其第一部分。
10. M. 波斯：《印度改革派的保留》，J. G. 科塔出版社，1904 年。
11. 汤姆·博托默里和帕特里克·古德合编：《奥地利马克思主义》，牛津大学出版社，1978 年。
12. 布莱彻、卡尔·迪特里希、撒沃、沃尔夫冈和格哈德·舒尔茨：《纳粹夺权》，科隆和欧普拉登，西德出版社，1960 年。
13. 阿道夫·布朗：《集体协议和德国工会》，斯图加特，J. H. W. 迪茨出版社，1908 年。
14. 朱莉斯·布劳恩塔尔：《世界历史》，第二卷，1914~1943 年，伦敦，托马斯·尼尔森和桑出版社，1908 年。
15. 尼古拉·布哈林：《帝国主义和世界经济》，1918 年，伦敦，莫林出版社，1972 年。
16. 尼古拉·布哈林：《有闲阶级的经济理论》，1919 年，伦敦，马丁·劳伦斯出版社，1927 年。

17. 尼古拉·布哈林：《过渡时期的经济学》，1920 年，纽约，伯格曼出版社，1971 年。

18. F. L. 卡斯汀：《中欧 1918～1919 年的革命》，伦敦，特姆博·史密斯出版社，1972 年。

19. 史蒂芬·科亨：《布哈林和布尔什维克的革命——一个政治传奇》，1888～1938 年，伦敦，怀特伍德豪斯出版社，1974 年。

20. 卡尔·迪尔：《社会科学对李嘉图规律的经济学解释》，第二版，第二卷，W. 恩吉尔曼·莱比锡出版社，1905 年。

21. 路易斯·J. 埃丁格的《德国社会民主和希特勒的国民革命》中有关 1933 年的记录——《对领导制度的研究》，载于《世界政治》，1953 年 4 月，第 330～367 页。

22. J. 富拉顿：《货币管理》，第二版，伦敦，约翰·莫瑞出版社，1845 年。

23. 皮特·盖伊：《民主社会主义的困境——爱德华·伯恩斯坦对马克思的挑战》，纽约，哥伦比亚大学出版社，1952 年。

24. 帕特里克·古德：《卡尔·柯尔施：西方马克思主义的研究》，伦敦，麦克米伦出版社，1979 年。

25. 托马斯·L. 格林：《公司金融》，纽约，G. P. 普特南斯桑斯出版社，1897 年；第三版，1901 年。

26. 约瑟夫·格伦泽尔：《卡特尔研究》，莱比锡，邓克尔和哈姆布劳特出版社，1902 年。

27. 厄斯特·范·哈雷：《世界》，出版于 1906 年，莱比锡和柏林，B. G. 布纳出版社。

28. 爱德华·海曼：《经济史》，纽约，牛津大学出版社，1945 年。

29. K. 赫尔芬奇：《货币》，1903 年，英文版由 L. 英菲尔德编辑，第二卷，伦敦，欧内斯特本出版社，1927 年。

30. 汉斯·基登·黑曼：《德国大型钢铁企业内部的混合作业》，斯图加特和柏林，J. G. 科塔出版社，1904 年。

31. 托马斯·霍布斯：《庞然大物》，伦敦，安德鲁·克鲁克出版社，1651 年。

32. E. 谢菲：《英国的银行》，莱比锡，邓克尔和哈姆布劳特出版社，1905 年。

33. 奥托·基戴尔斯：《德国的大银行业》，莱比锡，邓克尔和哈姆布劳特出版社，1905 年。

34. J. W. 詹克斯：《托拉斯的问题》，纽约，菲利普斯·麦克卢尔出版社，1901 年。

35. 卡尔·考茨基：《前进之路》，1909 年，英文版由 A. M. 西蒙翻译，名为《通往权力之路》，芝加哥，S. A. 布劳克出版社，1909 年。

36. G. F. 克纳普：《国家的货币理论》，1905 年，英文缩写版由 H. M. 卢卡斯和 J. 博纳所写，名为《国家的货币理论》，伦敦，麦克米伦出版社，1924 年。

37. 《德国卡特尔的对抗性的讨价还价》，柏林，西蒙罗斯女王出版社，1903 年。

38. V. I. 列宁：《帝国主义——资本主义的最高阶段》（1916 年），英文版，莫斯科，外语出版社，1947 年。

39. 赫尔曼·列维：《美国钢铁工业目前的生产和销售比率》，柏林，J. 施普林格出版社，1905 年。

40. 赫尔曼·列维：《美国工业发展史》，引自《库洛德国民经济统计年鉴》，第二十九卷，第 145～181 页，1905 年。

41. 赫尔曼·列维：《海关政策对美国经济发展的影响》，引自《库洛德国民经济统计年鉴》，第三十二卷，第 607～656 页，1909 年。

42. 罗伯特·烈夫曼：《保护性关税和卡特尔》，耶拿，G. 费舍尔出版社，1903 年。

43. 罗伯特·烈夫曼：《卡特尔和托拉斯》，斯图加特，E. H. 莫里茨出版社，1905 年。

44. E. 勒布：《研究所的监督委员会》，引自《国民经济统计年鉴》，第二十三卷，1902 年。

45. 罗莎·卢森堡：《资本积累》，由阿格尼斯·黑希尔德翻译，伦敦，劳特利奇和根·保罗出版社，1951 年。

46. 弗里茨·W. 勒曼：《高炉操作五十年来的进展》，杜塞尔多夫，基德瑞克特·奥古斯都·巴格尔出版社，1902年。
47. 麦考利勋爵：《英格兰的历史》，伦敦，朗文出版社，1849~1861年。
48. J. R. 麦卡洛克：《纸币和银行方面珍贵短文的收集》，个人印制本，1857年。
49. 亨利·W. 麦克罗斯蒂：《英国工业的托拉斯运动：对商业组织的研究》，伦敦，朗文出版社，1907年。
50. 欧内斯特·曼德尔：《马克思主义经济理论》，第二卷，伦敦，莫林出版社，1968年。
51. 卡尔·马克思：《政治经济学批判》，1859年，英文版。
52. 卡尔·马克思：《资本论》，第一卷（1867年），第二卷（1885年），第三卷（1894年），英文版。本篇文章的附注部分引自《资本论》第三卷，芝加哥，查尔斯·H. 克尔出版社，1915年。
53. 卡尔·马克思：《剩余价值理论》，第三卷（1905~1910年），英文版。
54. 爱德华·马兹：《金融资本》。
55. 爱德华·S. 米德：《托拉斯金融》，纽约，D. 阿普尔顿出版社，1903年。
56. 鲁道夫·H. 迈尔：《洛贝尔图斯·亚格措夫博士的社会政治论文》，第二卷，柏林，A. 克雷恩出版社，1882年。
57. 贝尔纳·迈克：《20世纪末奥地利上市的银行企业》，巴黎，国家基础政治科学出版社，1976年。
58. 保罗·莫波特：《德国最近几十年来在人口流动方面的研究》，G. 布朗·卡尔斯鲁厄出版社，1907年。
59. 沃尔夫冈·蒙森：《官僚时代：对马克思·韦伯政治科学的看法》，牛津出版社，巴兹尔·布莱克韦尔出版社，1974年。
60. 安东尼·尼科尔斯和埃里希·马蒂亚斯：《德国民主和希特勒的胜利》，伦敦，阿兰尤文出版社，1971年。
61. 斯坦尼斯·奥萨维斯基：《社会意识的阶级结构》，伦敦，劳特利奇和根·保罗出版社，1963年。

62. 帕乌斯（亚历山大·海范德）：《危机和工会》，慕尼黑，德鲁克·M. 厄内斯特出版社，1901 年。
63. 帕乌斯（亚历山大·海范德）：《殖民政策及其失败》，莱比锡，莱比锡图书印刷出版社，1907 年。
64. E. 冯·菲利普斯：《政治经济学的基础》，J. C. B. 莫尔·蒂宾根出版社，1909 年。
65. 尤金·布拉格：《德国独立社会民主党的历史》，柏林，自由出版合作社，1922 年。
66. 威利·普朗：《德国货币市场》，莱比锡，邓克尔和哈姆布劳特出版社，1907 年。
67. 卡尔·热赫：《德国鞋业》，耶拿，G. 费舍尔出版社，1908 年。
68. 卡尔·热赫：《民事法律制度及其社会功能》，（1904 年初版，1929 年修订版），伦敦，劳特利奇和根·保罗出版社，1949 年。
69. 卡尔·热纳：《马克思主义的问题》，载于《奋斗》，第 9 期，1916 年。可以参阅博托默里和古德的编著：《奥地利马克思主义》。
70. 大卫·李嘉图：《政治经济学及赋税原理》，伦敦，J. 默里出版社，1817 年。
71. 大卫·李嘉图：《黄金的高价》，伦敦，J. 默里出版社，1810 年。
72. 大卫·李嘉图：《对于经济及安全的货币政策的建议》，伦敦，J. 默里出版社，1816 年（之前出的两本小册子由 J. R. 麦卡洛克编辑，并在《大卫·李嘉图文集》中重印，时间是 1846 年，这一点希法亭也提到了）。
73. 雅各布·里斯：《德国银行业发展历史》，耶拿，G. 费舍尔出版社，1905 年。
74. 雅各布·里斯：《德国银行业及其集中度》，第四版和增订版，耶拿，G. 费舍尔出版社，1912 年。
75. I. M. 鲁宾诺：《俄国的小麦贸易》，华盛顿哥伦比亚特区，政府出版印刷办公室，1908 年。
76. A. 冯·沃特夏森：《海外投资的经济体制》，柏林，G. 赖默出版社，1907 年。

77. G. 施穆勒：《经济学的一般基础》，莱比锡，邓克尔和哈姆布劳特出版社，1904年。

78. 理查德·舒勒：《保护和免税》，维也纳，F. 戴姆斯卡尔出版社，1905年。

79. G. 冯·舒尔茨·伽沃兹：《英帝国主义和20世纪初英国的自由主义》，莱比锡，邓克尔和哈姆布劳特出版社，1906年。

80. J. A. 熊彼特：《教育和它在国民经济发展上的主要职能》，莱比锡，邓克尔和哈姆布劳特出版社，1908年。

81. J. A. 熊彼特：《资本主义、社会主义和民主》（1942年），第五版（增订版，并有新的序言），伦敦，阿兰尤文出版社，1976年。

82. J. A. 熊彼特：《经济分析史》（1954年），伦敦，阿兰尤文出版社，1972年。

83. J. A. 熊彼特：《帝国主义的社会学》（1919年），英文版名为《帝国主义和社会阶级》，由保罗·M. 斯威齐编辑并撰写序言，纽约，奥古斯塔斯·M. 凯利出版社，1951年。

84. 玛丽·施瓦布：《张伯伦的贸易政策》，耶拿，G. 费舍尔出版社，1905年。

85. 乔治·齐美尔：《货币原理》（1900年），伦敦，劳特利奇和根·保罗出版社，1978年。

86. 亚当·斯密：《国民财富的性质和原因的研究》，伦敦，1776年。

87. 维尔纳·桑巴特：《现代资本主义》，莱比锡，邓克尔和哈姆布劳特出版社，1902年。

88. 埃尔温·斯坦尼茨：《股票的经济理论》，莱比锡，邓克尔和哈姆布劳特出版社，1902年。

89. 保罗·M. 斯威齐：《资本主义发展理论》，纽约，牛津大学出版社，1942年。

90. 托马斯·图克：《价格和国家流通的历史》，第六卷，伦敦，朗文出版社，1857年。

91. M. I. 图根·巴拉诺斯卡：《对英国商业危机历史的研究理论》（1894年），耶拿，G. 费舍尔出版社，1901年。

92. J. 威尔森：《资本、货币和银行》，伦敦，经济学家办公室，1847年。
93. 埃米尔·左拉：《金钱》，巴黎，1871年。

中英文人名、地名、术语对照表

A

Absolutist state 专制国家

Accumulation: capital wealth; process 积累:资本的财富;过程

Adler, Max: member Austrian Social Democratic Party(SPÖ) ed. *Der Klassenkampf* and *MarxStudien*; study of causality in social sciences 阿德勒,麦克斯:奥地利社会民主党成员,《马克思主义研究》;社会科学关于因果关系的研究

Advertising 广告宣传

Africa, forcible expropriation of Negroes 非洲,对黑人的暴力剥夺

Agricultural products; advantages of cartelization; exchange trading; foreign imports; nationalization; prices; supply and demand; techno/scientific revolution 农产品;卡特尔的优势;交易所;国外进口;国有化;价格;供给与需求;技术或科技革命

Agriculture: capital investment; cartel profit and; competition from America; cooperatives; English, maintenance of famine prices; population shortages; tariffs; variation in output 农业:资本投资;卡特尔的利润;来自美洲的竞争;联营;英国对谷物价格的维持;人口短缺;关税;产出的波动

America (US): agriculture; balance of trade; banking system; capitalism: cartels; colonial possessions; in competition with England; economic growth; employers' associations; and export of capital; geographically determined expansion; immigration; industrial organization; iron and steel industry; labour organizations; monetary and currency systems; monetary crises; Monroe Doctrine; population; protectionism; railroads, Steel Trust; Stock Exchange; Sugar Trust; tariff policies; Tobacco Trust 美国(的):农业;贸易顺差;银行体系;资本主义;卡特尔;殖民地;与英国的竞争;经济增长;雇主联盟和资本输出;地理环境对扩张的决定作用;移民;钢铁工业;劳工组织;货币和通货体系;货币危机;门罗主义;人口;贸易保护主义;铁路;钢铁托拉斯;股票交易所;糖业托拉斯;关税政策;烟草托拉斯

Arbitrage transactions 套汇交易

Argentina: agricultural prices 阿根廷:农产

品价格

Aristophanes: bad money drives out good 阿里斯托芬:劣币驱逐良币

Armaments 军队

Armed forces: anexation of neutral foreign markets; and state power 武力:瓜分外国市场;与国力

Arnold, A.; and fluctuating return on shares 阿诺德,A.:和他的股份收益波动理论

Asia 亚洲

Association of Socialist Students 社会主义者学生协会

Associations: business; divisions among industrialists; monopolistic charactern; of similar industries 联合:商会;产业资本家的分工;垄断联合的特征;类似产业的联合

Australia: population; railway network 澳大利亚(的):人口;铁路网

Austria: banking systemn; cartels; currency system and policy; paper, silver; fascism; industry/bank relationship; monetary system; reorganization of sugar trade 奥地利(的):银行体系;卡特尔;通货体系和政策;纸币;银币;法西斯主义;产业与银行间的关系;货币体系;制糖行业的重组

Austrian Social Democratic Party (SPÖ) 奥地利社会民主党

AustroHungary: cartels; Customs Union 奥匈同盟:卡特尔;关税同盟

AustroMarxist School; concept of 'social imperialism'; critics of Soviet dictatorship; dismissed as 'reformists'; Schumpeter and; and marginalist theories; and revisionism in socialist movement; and rise of National Socialism; and the state 奥地利马克思主义学派:社会帝国主义的概念;对苏联独裁专制的批评;被贬斥为"改良主义者";熊彼特与(奥地利马克思主义学派);与边际主义理论;与社会主义运动中的修正主义;与国家社会主义的兴起;与其政府

B

Balance of investment 投资差额

Balance of payments: cancellation of bills; and credit relations in international trade; and gold reserve; national; quantitative structure 差额支付:票据的相互抵消;与国际贸易中的信用关系;与黄金储备;国家的;数量结构

Balance of power 权力的平衡

Balance sheets, national 收支平衡表,一国的

Balance of trade: settlement in gold; imbalance; quantitative structure 贸易顺差:黄金结算;贸易逆差;数量结构

Bank capital: analysis of; and bank profit, gross and net, increase in prosperity, sources; and cartelization; in commodities; conversion from loan capital; distinguished from deposited and industrial capital; domination of competition; fictitious nature; influence on interest rates; as interestbearing capital in commodity trading; and investment sphere; mobilization; money form of industrial capital; relationship with industry and trade; and share issue; use of in speculation 银行资本: 利润的分析; 总利润和净利润; 繁荣时期的增长, 来源; 与卡特尔化; 在商品方面的; 向借贷资本的转化; 与存款及产业资本的区别; 在竞争中的支配地位; 虚拟性质; 对利率的影响; 在商品交易中充当生息资本; 投资领域; 银行资本的动员; 作为产业资本的货币形式; 与产业和贸易的关系; 与股票发行; 用于投机

Bank credit: and circulation credit; and commercial credit; increased demand and circulation of bills; interest rates; size of 银行信用: 与信用的流通; 与商业信用; 需求的增加和票据流通; 利息率; 银行信用的规模

Bank deposits: and cash supply; convertibility; interest payments; investment in industry; by productive capitalists; reserve fund 银行存款: 与现金供给; 可转换性; 利息的支付; 用于对产业的投资; 生产资本家; 贷款准备金

Bank directors 银行经理

Bank drafts 银行汇票

Bank of England: bank note issue privilege; and gold; governors; suspension of bullion payments 英格兰银行: 钞票发行特权; 黄金储备; 管理者; 硬币支付的停止

Banking crises: crashes; and Stock Exchange crisis 银行危机: 挤兑; 与股票交易所危机

Banking legislation: and bank note issue; restricts circulation of credit money; US 银行立法: 与钞票发行; 对信用货币流通的限制; 美国

Banking system: cash; economy in use of; concentration of; geographic decentralization; and gold, outflow, Marx on; mergers and consortia; power of big institutions; and speculation; whitecollar workers 银行(金融)体系: 现金; 合理的利用; 银行体系的集中; 地理位置上的分散; 与黄金流入; 马克思对银行体系的分析; 合并与联合; 银行体系中大企业的权力; 与投机; 白领工人

Bank loans; for corporations 银行贷款: 股份公司的银行贷款

Bank notes: acceptance during crises; Bank of England privilege; circulation; depreciation; other forms; questions of issue; replacement of industrial and commercial bills; and state paper money 钞票: 危机期间的可接受性; 英格兰银行的特权; 贬值; 其他形式的钞票; 钞票发行问题; 对产业和商业票据的替代; 与国家纸币

Bankruptcy 破产和倒闭

Banks: accumulated capital; and bills of exchange; and business firms; and capital investment; and capitalism; capital reserves; and cartels and cartelization; and competition; and commodities; contango operations; control and promotion; conversion role; credit facilities; discount rates; European average (Table); dividend policy; foreign branches; and gold; and idle money; and industrial capital;

and industry, largescale; intermediary role; investment policies; and joint stock companies; money capital; and monopoliesl; nationalization; and profit; reserves; schematic representation; securities, dealers in; share speculation; and state loans, and Stock Exchange; unemployed money 银行:资本的积累;与票据交换;与公司;与资本投资;与资本主义;资本准备金;卡特尔和卡特尔化;与竞争;与商品;延期交易操作;控制和推动;转化作用;信用条件;贴现率;欧洲银行的平均数;分红政策;国外分支机构;与黄金;与闲置货币;与产业资本;与产业;大银行;中介作用;投资政策;与股份公司;货币资本;与垄断;国有化;与利润;准备金;用图表代表的银行;保证金;股票投机;与政府贷款;与股票交易所;未使用的货币

Barratt Brown, Michael: and intermediary role of bankers 巴瑞特·布朗,迈克尔:与银行家的中介作用

Bauer, Otto: and 'commanding heights'; doctrine of 'defensive violence'; and labour movement unity; review of *Finance Capital* 奥托,保尔:占领经济制高点;防御性暴力学说;与劳工运动组织的联合;对金融资本的评论

Belgium; Congo 比利时;刚果

Berlin 柏林

Bernstein, Eduard: and concept of value; bills of exchange; banks, role in; circulation; commodity exchange; conversion into bank notes; credit provisions; cycle of 'falling due'; legal moritorium; limitations in issue 伯恩斯坦,爱德华:与价值的概念;关于票据交易的论述;关于银行及其作用的论述;关于流通的论述;关于商品交换的论述;关于向钞票的转换的论述;关于信用供给的论述;关于到期支付的论述;关于法定承兑期限的论述;关于钞票发行的限制的论述

Böhm - Bawerk, Eugen von: Austrian marginalist economics; criticism of Marx's economic theory; theory of interest on capital 冯·庞巴维克:奥地利边际主义学派经济学家;对马克思经济理论的批判;资本利息论

Bolsheviks: social theorists 布尔什维克:社会主义理论

Bontoux, Eugène and 'boom' conditions 班托克斯:繁荣的环境条件

Borght, Prof. van der: on corporations; and gambling 范·博尔格教授:对股份公司的论述;与投机

Bourgeois democracy, identified with Fascist dictatorship 资产阶级的民主:以法西斯独裁为特征

Bourgeoisie: bourgeois society; and capitalist strata; economics; and free trade; and idle money; and the market report; petty; political power; and salaried employees; and shareholding; social struggles; and the state; world view; whitecollar workers 资产阶级:与资本家阶层;经济学家;自由贸易;与闲置货币;与市场报告;小资产阶级;政治力量;与工薪阶层;

与股东;社会的斗争;与国家;世界观;白领工人

Brandenburg emergency 布兰登堡政权的出现

Braunthal, Julius 布劳恩塔尔,朱莉斯

Breitscheid, Rudolf 布赖特沙伊德,鲁道夫

Britain: capital investment abroad; total income 英国的:资本在海外的投资;英国的总收入

British Empire: cartel tariff; railroads 不列颠帝国:卡特尔关税;铁路

British South Africa: expropriation of gold mines 英属南非:金矿的剥削

Brüning, Heinrich 布鲁宁,赫里奇

Brussels Convention: sugar duty 巴塞尔协议:糖业关税

Bukharin, Nikolai: and AustroMarxist school; and *Economics of Transformation Period*; *Finance Capital*; *Imperialism and World Economy*; and war as outcome of imperialism 尼古拉·布哈林:与奥利地马克思主义学派;《过渡时期经济学》;与《金融资本》;《帝国主义和世界经济》;与战争是帝国主义的必然结果

Bullionist system 金本位制

Bureaucracy 官僚体制

Business cycle: bank profit; and combinations; credit conditions; depression and prosperity alternation; disproportional relations; fluctuations in commodity prices; qualitative changes 经济周期:银行利润;与合并;信用条件;萧条与繁荣的交替;比例关系失调;商品价格波动;数量变化

Business enterprises: and commercial bills; commerical crises; the corporation; futures trading; less to more profitable; personal relationships; small affairs; trade unions; unification 企业:商业票据;商业危机;股份公司;期货交易;利润的下降;个人间的关系;小企业;工会;统一

Businessinitself: transcendental concept 经济的自在之物:超验论

C

Canada 加拿大

Capital: accumulation; in agriculture; analysis of circulation; in capitalist society; commodity; competition for spheres of investment; component elements; and corporations; credit; and crises; cycle of; economics; equalization; exports, export of capital; and finance capital; free competition; free wage proletariat; and imperialism; interestbearing; investment; and labour power; into means of production; mobility; mobilization; as money capital; power relations with labour; profitproducing; relations between circulating and fixed, between constant and variable; rotation, rate and time of turnover; share prices; social exploitation; and state power; trading or commercial; turnover periods; unitary power in finance capital; valorization of; and value; and wage labour; writing off 资本:积累;在农业方面;流通过程的分析;在资本主义社会;商

品;投资领域的竞争;组成因素;与股份公司;信用;与危机;循环;经济;均等化;出口,资本输出;与金融资本;自由竞争;一无所有的无产阶级;与帝国主义;生息资本;投资;与劳动力;向生产资料的转化;可动员性;资本动员;作为货币资本;相对于劳动力的优势地位;产生利润;固定资本与流动资本的关系;不变资本与可变资本;周转时间和速度;股票价格;资本主义社会的剥削;与国家权力;贸易或商业资本;周转期间;金融资本力量的联合;价格的维持;与价值;与劳动力的工资;债务的注销

Capitalism: 'absentee ownership'; and cartelization; combinations; concentration; and crises; English; enterprises; imperialist stage; international interdependence; management; Marxist theory of development; modern characteristics; monopolies; and nature of money; negation of socialist society; in newly opened countries; overthrowing; profit motive; speculation; state intervention; structural changes; and tariff reform; and transport 资本主义(的):所有权缺位;与卡特尔化;联合;集中;与危机;英国;企业;帝国主义阶段;国际依赖性;管理;马克思主义的发展理论;当代的特征;垄断;与货币的性质;作为社会主义社会的先兆;新开发的国家和地区;推翻;利润动机;投机;国家干预;结构变化;与关税改革;运输

Capitalist development: agricultural population's opposition to; and commodity circulation; and crises; dependent relationship; and equalization of profits; and finance capital; and profit rates 资本主义的发展:农业人口所占的比例;与商品流通;与危机;依赖关系;利润的平均化;金融资本;利润率

Capitalist production: anarchic character; apologists and; and circulation process; and commodity production; and consumption relations; credit; (Marx); cycle of prosperity and depression; and economic territories; and free trade; and foreign markets; identification of economic form with technological content; and idle money; monopolization of means of production; and moral values; price fluctuations; and profit; simple and expanded reproduction; and speculation; value, law of; value, production of surplus; workers, exploitation of 资本主义生产:无政府主义性质;辩护;流通过程;商品生产;与消费关系;信用;繁荣与萧条的周期;与经济区;与自由贸易;与国外市场;技术要求所采取的经济形式;与闲置货币;生产资料的垄断;与精神或无形价值;价格波动;与利润;简单和扩大再生产;投机;价值规律;价值和剩余价值的生产;对工人的剥削

Capitalists: capitalist society; accumulation of capital; anarchic character; and bills of exchange; and cartels; and commodity capital; and commodity production; credit instruments; domestic production, role of;

economic territories; giant groups; and hoarded money; and idle money; its ills; income; investment; profit; property; and state power; wealth 资本家:资本主义社会;资本积累;无政府主义特征;与票据交易;与卡特尔;与商品资本;与商品生产;信用工具;国内生产及其作用;经济区;掌握巨额资本的资本家群体;与货币储藏;与闲置货币;收益;投资;利润;财产;与国家权力;财富

Capitalist states: conflict due to expansionism; control of commanding heights; and neoimperialism: with state authorities in backward areas 资本主义国家:由扩张所导致的矛盾;对经济制高点的控制;与新帝国主义;有国家强权作后盾的地区

Cartelization: and agricultural production; banks and; and capitalism; and combination; and commodity exchanges; effect on earnings; employer's position; and free trade; in German shoe industry; industry-wide agreements; and monopolization; power to resist strikes; and prices; and production; and profits; and protectionism; and trading operations; and vertical integration; working classes, effect on 卡特尔化:与农业生产;与卡特尔化;资本主义;与联合;与商品交换;对收入的影响;雇主的地位;与自由贸易;德国制鞋业;行业范围内的协议;与垄断;抵制罢工的权力;与价格;与生产;与利润;与保护主义;与商业操作;与垂直或纵向一体化;对工人阶级的影响

Cartels; agreements; banks and; and capitalism; and competition; and cost of production; and crises; disappearance of differential rent; domination of commerce; and economic conditions; in England; and export trade; and ground rent; industrial aspects; international and intercartel arrangements; and magnates; and the market; a monopolistic consortium; and participants; and personal relations; and pricesl; production and technology, influence on; and profits; promoter's; and protectionism; and qualitative differences; sales personel; and standards; sugar; and supply and demand; and technical improvements; territorial monopoly; trading organization; not trusts 卡特尔:协议;银行与卡特尔;与资本主义;与竞争;与生产成本;与危机;对不同租金的消除;对商业的支配;与经济条件;英国的卡特尔;与出口贸易;与总租金;制造业的卡特尔;国内或国际的协议;卡特尔巨头或寡头;与市场;与垄断组织的国际协议和联合;与参与者;与个人间的关系;与价格;对生产和技术的影响;与利润;与创业利润;与保护主义;与数量差别;销售人员;与标准;糖业卡特尔;与供给和需求;与技术进步;地区垄断;贸易组织;与非托拉斯组织

Cash: availability limited; and bills of exchange; and commercial bills; and credit money; and crises; demands for; reserves 现金:对可获得性的限制;与票据交

易;与商业票据;与信用货币;与危机;对现金的需求;准备金

Central Europe: agriculture; proiected customs union 中欧地区:农业;与关税同盟计划

Chain stores 连锁店

Chamberlain Tariff Commission 张伯伦关税委员会

Cheque transactions: stock exchange 支票交易:证券交易所

Circulation: capital; and CMC process; costs; time, of commodities; and demand for gold; of securities; of social goods by exchange 流通:资本的,商品—货币—商品循环过程;成本;时间;商品流通;与对黄金的需求;保证金;社会物品的交换与流通

Circulation credit: anihilation; banks and; and credit money; demands for; and interest rates; mutual exchange between productive capitalists; and production; in prosperity; and reproduction 流通信用:消灭;银行与流通信用;与信用货币;对流通信用的需求;与利息率;生产资本家相互之间流通信用的交换;与生产;在繁荣时期;与再生产

Class: bourgeois concern; structural changes 阶级:利益关系;结构变化

Classical economists 古典经济学家

Clearing houses 票据交换

Cobden, Richard 科布登,理查德

Cohn, Professor: purpose of the university 科亨教授:大学的目的

Coinage, currency and bullion values; depreciation; free; parity between paper and specie; the state and demand; and suspension 硬币、铸币和通货的价值;货币贬值;纸币和硬币的平价;政府及其对货币的需求;与铸币禁令

Collectivist economy 集体主义经济体

Colonialism: anexation of foreign territories; capitalistic policy; and defence; force as an integral part; and protective tariffs; and taxation; trade association with robbery and violence 殖民主义:瓜分国外地区;资本主义的政策;与国防;作为不可或缺的组成部分;与保护性关税;与税收;与抢夺和暴力相联系的贸易

Colonies: drive for acquisition; customs union with England; markets for industry; products; self-governing; trade and the state; role of violence 殖民地:获利的驱动;与英国的关税联盟;制造业的市场;产品;自我管制;贸易和国家;暴力的作用

Combinations: advantages; capitalist associations; giant; homospheric and heterospheric; integration, downup; integration, horizontal and vertical; monopolistic; monopolistic combinations; partial; and profit discrepancies; technical and economic causes 联合:优势;资本主义;巨头的联合;同行业和跨行业联合;合并;水平和垂直一体化;垄断,垄断联合;局部联合;与利润的不一致;技术和经济的原因

Commerce: antedates capitalism; autonomy; and banks; bills of exchange; capital; and cartels;concentration process;and competition;credit;decentralization;economic character;function;nature of profit;and power over prices;and speculation;and syndicates 商业：先于资本主义出现；自主性；与银行；票据交易；资本；与卡特尔；集中过程；与竞争；信用；分散化；经济特征；功能；利润的性质；对价格的影响力；与投机；与辛迪加

Commercial：policy；travellers 商业的：政策；旅行推销员

Commission on the Socialization of Industry 产业社会主义化委员会

Commodities：circulation；commensurability；evaluation in terms of a single commodity；and exchange trading；hiatus between sale and payment；Hilferding's terms 'overproduction' and 'under-consumption'；money exchange；ownership credit；production time average；total product (C + V + S)；underwriting；value, measure of；value, objective theory of；value standards 商品的：流通；等价（交换）；单个商品的价值确定；交易；销售与支付之间的间隔期；希法亭所说的生产过剩与消费不足；与货币的交换；商品的所有者信用；平均生产时间；总价值的生产；延期支付；价值及其计量；客观价值理论；价值标准

Commodity：bills；capital；circulation；conversion from a good；credit；exchange trading；labour power；market；Marxist analysis；and money；note；prices；production；a social phenomenon；speculation；role of stock exchange；value 商品：票据；资本；流通；从物品到商品的转化；信用；交易；劳动力；市场；马克思主义的分析；与货币；商品券；价格；生产；一种社会现象；投机；股票交易所的作用；价值

Communist societies 商品社会

Companies：combination；directors；legislation；promotion 公司：联合；经理；立法；创立

Competition：and associations；banks and；cartels and；corporations；and dividend yields；and economic territories；elimination；foreign；industrial；integration type；international and interstate；for investment；on labor market；and non–integration；and price levels；and profit rates；and protectionism；in small–scale production；on world market 竞争：与联合；银行与竞争的关系；卡特尔与竞争；股份公司；与分红收益；与经济区；竞争的消除；来自国外的竞争；产业的竞争；一体化的类型；国际与国内的竞争；围绕投资场所的竞争；劳动力市场的竞争；与非一体化；与价格水平；与利润率；与保护主义；小规模生产者之间的竞争；世界市场的竞争

Consortia：monopolistic；agreement；independence of participants；integration type；limited liability companies；partial；profits 利益共同体：垄断；协议；参与者之间的相互依赖性；一体化类型；对公司自主性的限制；参与者；利润

Constant capital 不变资本

Consumer, the: cooperatives; and middleman; and prices 消费,消费者:股份公司的消费;与中间人;与价格

Consumer goods industries: dependent relationship 消费资料生产部门:相互之间的关系

Consumption: narrow base in capitalist production 消费:作为资本主义生产的狭隘基础的消费

Cooperatives 协作

Corporations: administrative costs; bank promotion and control; business enterprises; capitalistic enterprises; concentration, and credit system (Marx); economic aspects; financing; independent of personal qualities; and property; share issues; social capital; and technological advances; joint stock companies 公司或股份公司:管理成本;银行对公司的创立和控制;经营性企业;作为资本主义企业的公司;公司集中化,与信用体系(马克思);经济性质;财务,独立于个人的性质;与所有权;股票发行;社会资本;与技术进步;亦可参见其他有关股份公司的词条

Cost of living 生活成本

Credit: banks and; (Marx); certificates; circulation; currency; on current account; crises, US; and disproportionality; and money; peak demand; source in socialism; in speculative operations; and surplus value 信用:银行与信用;马克思对信用的分析;信用证书;信用的流通;通货信用;银行信用;危机,与比例失调;与货币;高涨时期的信用需求;社会主义条件下的信用;投机中的信用;与剩余价值

Credit money: and circulation process; convertibility; in crises; and international payments; and legal tender paper money; private debit notes; replaces cash; role of stock exchange 信用货币:与流通过程;可转换性;在危机中;与国际支付;与作为法定流通货币的纸币;作为私人债务凭证;对现金的替代;在证券交易中的作用

Crises: capitalistic phenomena; causes and occurrences; commercial and industrial; cyclical nature; 'potential' and 'real'; preceded by prosperity; in technologically advanced societies; theorists; and wage rises; and world market 危机:作为资本主义的表现;原因与发生;商业的和产业的;周期性性质;潜在的和真实的危机;在繁荣时期就已经预先存在;在技术先进的国家;理论家;与工资上涨;与世界市场

Cultural autonomy 文化自治

Currencies: depreciated; free; gold margin system; gold; legislation; mixed; paper; reform; silver 通货:贬值;自由汇兑;金本位制;作为金币;关于法规;混合通货;纸币;改革;银币

Current account operations 活期存款账户的操作

Customs unions 关税同盟

Cycle of depression and prosperity: business cycle; economic depression 萧条与繁荣

的周期;经济周期;经济衰退
Czechoslovakia 捷克斯洛伐克

D

Dealers' association 商人协会
Debts(promises to pay) 债务(承诺兑现的)
Demand increases 需求的增加
Democracy:core of socialism; ideal of equality 民主:社会主义的核心;平等理想的实现
Department stores 百货公司
Deposited capital 资本存款
Determinism:social 社会决定论
Diplomacy:and finance capital 外交手段:经理与金融资本
Directors:boards of; income from; multiple bank representation; and profit distribution;and violations of the law 经理:部门的;收入来自于;作为银行代表;与利润分配;与违法行为
Discount rates 贴现率
Disproportionality:causes of;and circulation credit; effects of; emergence; interest rates; and relation between production and consumption 比例失调:比例失调的原因;与流通信用;比例失调的后果;比例失调的出现;利息率;与生产和消费之间的关系
Dividends: from accumulated profit; banks and; and new capital investment;economic category; in English deposit banks;entrepreneural profit element; and interest rates;and share prices;variations in policy 分红:来自于利润积累;银行与分红;与新的资本投资;经济性质;在英格兰储蓄银行;作为企业家利润的构成要素;与利息率;与股票价格;政策的差异
Division of labour:commercial determination;and exchange of commodities;international; and specialization 劳动分工:商业决策;与商品交换;国际分工;与专业化
Domestic capital 国内资本
Domestic consumers 国内消费
Domestic industry 国内制造业
Domestic markets: cartels and; and commodity production; for landowners; working class needs 国内市场:卡特尔与国内市场;与商品生产;土地所有者的国内市场;工人阶级的需求
Domestic production 国内生产

E

Eastern Europe 东欧
Eckstein, Gustav: critic of marginalism 艾克斯汀,古斯塔夫:对边际主义的批评
Economic crises:analysis;and causes (Marx); disproportionality theory; Hilferding and;turnover of capital 经济危机:分析;与原因;比例失调的理论;希法亭与经济危机;资本的周转
Economic depression: and combines; and concentration; industrial losses; and new foreign market opportunities; price falls;and production;return to prosperity;and supply and demand(Marx) 经济萧条:

与合并;与集中;产业的损失;与新的国际市场;价格下降;与生产;向繁荣的转变;与供给和需求

Economic prosperity: capital accumulation; and cartels; and combines; credit conditions; and crises; demand exceeds supply; and depression; labour factors; prices and profits; slump potentiality 经济繁荣:资本积累;与卡特尔;与合并;信用环境;与危机;需求超过供给;与萧条;劳动要素;价格和利润;萧条的潜在性

Economic territories: colonial acquisition; competition against English supremacy; and finance capital; and foreign capital; indigenous capitalistic class; protective tariffs; and raw materials; satellite position of small states; size: and transport 经济区:从殖民地获取的利益;与英国霸权展开的竞争;与金融资本;与外国资本;本土的资产阶级;保护性关税;与原材料;小国的依附地位;规模;与运输

Economy: breakdowns; competition; concepts; and freedom; Hilferding and; legislation; organizations; policy; social determinism and phenomena; socialization and change; theorists(Marx) 经济:破产;竞争;概念;利益;与自由;希法亭与经济;立法;组织;政策;对社会的决定作用与表现;社会化与变迁;理论家(马克思)

Educational system: working-class task 教育制度:对工人阶级的教育制度

Ehrenberg, Ilyan 厄赫仁伯格,艾尔亚

Eisen, Kurt 伊森,库特

Employees: salaried, new hierarchies; politics 雇员:领薪的;新兴官僚阶层;政策

Employers'organizations: ability to hold out; and finance capital; blacklists; 'friendly understandings'; internal conflicts; origin in handicrafts; use of lockouts; and labour organizations; proficiency certificates; and protectionism; and strikes; strikebreaking squads(US); and timing of conflict; and trade union power; unecessary occasions; and unorganized workers 雇主组织:威胁能力;与金融资本;黑名单;善意理解;内部矛盾;起源于手工业时期;对不合作者的禁雇;与劳工组织;所发放的熟练工人证明;与保护主义;与罢工;雇用的罢工破坏分子;与冲突的持续;行会;与不属于任何组织的工人

Engels, Friedrich: on syndicates and monopolies; on trusts; on the wholesale market 恩格斯,弗里德里希:关于辛迪加与垄断的论述;关于托拉斯的论述;恩格斯关于批发商的论述

England: accumulated capital; agricultural output; Bank Act, suspension of; banking system; capital invested abroad; capitalist development; cartels and combinations; colonial possessions; commercial credit; Currency School; customs unions; export: of capital, of means of production; and finance capital; fiscal interests; and foreign markets; and free trade; imports; industry; and landed interests; liberalism; metallic reserve; monetary system; paper money economics; proletarianization; promoters' rights; protectionism; and the seas; techno/economic advantages; unemployment; working classes and political action; in world market 英国(的): 所积累的资本;农产品;关于禁止自由铸币的银行立法;信贷制度;在国外的资本投资;资本主义的发展;卡特尔与合并;拥有的殖民地;商业信用;货币学派;关税联盟;出口与资本输出;生产资料;与金融资本;财政利益;与国外市场;与自由贸易;进口;产业;自由主义;贵金属准备金;货币制度;纸币经济;无产阶级化;创业者权利;保护主义;与海洋;技术/经济优势;失业;工人阶级和政治行动;在世界市场中

Entrepreneurs: and bank credit; capital ownership; compete for best employees; exploit personal and class interests; nature of profit; and speculation; and trade unions 企业家:与银行信用;资本所有权;为争取最好的雇员而展开的竞争;个人剥削与阶级利益;利润的性质;与投机;与行会

Equalization: of capitalintensive concerns; of costs; of economic conditions; of labour replaced by equalization of profit; of national interests; of prices; of profit 均等化,等同性:资本密集型企业;成本的均等化;经济条件的均等化;利润的平均化带来的对劳动力替代的均等化;国家利益的均等化;价格的均等化;利润的平均化

Europe: backward agrarian regions; capitalism; control of mineral wealth; and economic freedom; and finance capital; inequality in interstate relations; investment in US shares; political satellites; protectionism; state view; trading policy 欧洲:落后的农耕地区;资本主义;对矿产资源的控制;与经济自由;与金融资本;内部国家之间关系的不平等性;在美国的股份公司的投资;政治的依附;保护主义;国家观;贸易政策

Exchange: acts of, economic law governing; bills of, bills of exchange; of commodities; and equality; as a good converted into a commodity; a personal transaction; process; a quantitative ration; social characteristics; trading; and value 交换,交易:交易行为;管制交易的经济规律;票据交易;商品交易;交易与平等;作为物品向商品转换的交易;作为个人交易行为的交易;过程;数量比例;社会性质;汇兑交易;与价值

Expansionism 扩张主义

Export of capital: association with construction work; and capital importing country; and domestic stock of capital; and expansion of capitalism; favours economically strong; and force; in form of factories built abroad; and imperialism; of industrial capital; and internationalization of capital; meaning of; and newly opened markets; and production; and profit rates; profityielding v. interestbearing; and social relations; and surplus value; US Thread Combine 资本输出:与建筑业相

联系;与资本输入国;与国内资本储备;与资本主义的扩张;有利于增加其经济实力;与强权;以海外建立工厂的方式进行;与帝国主义;产业资本;与资本的国际化;方式;与新开发的市场;与生产;与利润率;所产生的利润与生息资本所产生的利润的对比;与社会关系;与剩余价值;美国威胁式的合并

Exports:commodities 出口:商品出口

Export subsidies 出口补贴

Extractive industries 采掘业

F

Fabian socialism 费边式的社会主义

Fascism 法西斯主义

Fictitious capital:Banks and;circulation process;commerce in;growth of;from money capital;nature of;and promoters'profit;on stock exchange;transformation from industrial capital 虚拟资本:银行与虚拟资本;流通过程;商业的;虚拟资本的增长;来自于货币资本;性质;与创业利润;在证券交易中;向产业资本的转移

Finance capital:and arable farmers;banks and;constituents;European development;expansionist policy;expropriation of peasant farmers and small firms;ideology;and industrial capital;interest rates;and large landowners;money which yields money(MM);and monopolization;and mortgages;objectives for economic territories;political and economic power; profit motive;proletariat belief;protectionism;social function;and the state;and trade;and unification;and working classes 金融资本:与耕地农场主;银行与金融资本;组成;在欧洲的发展;扩张政策;对农民和小企业的剥削;意识形态;与产业资本;利息率;与大土地所有者;可以产生货币的货币;与垄断;与抵押;作为目标的经济区;政治和经济权力;获利动机;无产阶级对金融资本的认识;保护主义;社会功能;与国家;与贸易;与统一;与工人阶级

First World War 第一次世界大战

Fixed capital:banks and;depreciation;in depression;industrial use;investment;price and profit rates;and prosperity;replacement;renewal and depreciation (Marx) 固定资本:银行与固定资本;贬值;萧条时期;产业中使用的固定资本;投资;价格与利润率;与繁荣;替换;更新与贬值(马克思)

Fixed interest investments 固定利息投资

Floating capital 发行资本

Flotation credit 发行信用

Foreign capital 外国资本

Foreign exchange transactions 国外汇兑交易

France:assignats;Bank of;banking system;colonial possessions;and England;and export of capital;industry;property system 法国:阿西涅币;法兰西银行;银行制度;拥有的殖民地;与英国;与资本输出;产业;产权制度

Free competition:abolition;commercial exploitation; and economic depression; and production; and protective tariffs; survival conditions 自由竞争:废除;商业剥削;与经济萧条;与生产;与保护性关税;生存条件

Free trade 自由贸易

Fullarton, J., *On the Regulaton of Currencies* 富拉顿:《论流通手段的调整》

Futures trading: agricultural opposition; in alcohol; and bank capital; business concentration; the capitalist and; and circulation capital; in commodities; an economic activity; English origin; expert participation; and insiders; merchant participation; and price fluctuation and determination; and speculation; and trade in securities 期货交易:农产品的期货交易;酒的期货交易;与银行资本;期货交易的集中;资本家与期货交易;与流通资本;在商品中;经济行为;在英国的起源;专家参与;与知情人;商人参与;与价格的波动和决定;与投机;与证券交易

G

Gay, Peter: and marginalist analysis of value 盖伊,皮特:与他对价值的边际主义分析

Geissler, Hugo: SS liaison officer 盖斯勒,雨果:纳粹党卫军联络官

German Bank Employers Association: career prospects 德国银行家协会:职业前景

German Communist Party (KPD) 德国共产党

German East Africa: Carl Peters and 德国东非保护区:卡尔·彼特和德国东非保护区

German Reichsbank: and export of gold 德意志银行:与黄金出口

German Social Democratic Party (SPD): leadership policy after dissolution of the Reichstag; and National Socialism; and youth 德国社会民主党:在魏玛共和国解散后的领导政策;与国家社会主义;与其青年时代

German SW Africa: expropriation of native wealth 德国在西南非洲:对当地土著人财富的掠夺

German Stock Exchange 德国证券交易所

Germany: authoritarian society; banking system; and birth rate, decline in; capitalist development; cartels; and colonial possessions; customs union; and economic territories; an Empire; and England; export of capital; Federation of Ironmongers; finance; foreign relations; industrial development; investment abroad; protectionism; revolutionary movement; and tariff barriers; trade union movement; unification 德国(的):威权主义统治下的社会;银行制度;出生率及其下降;资本主义的发展;卡特尔;与其所占有的殖民地;关税联盟;与经济区;德意志帝国;与英国;资本输出;五金商人协会;金融;国际关系;产业发展;在国外的投资;保护主义;1918 的革命运动;与关税壁垒;与贸易联盟运动;统一

Gluts 供过于求

Gold: and bank note issue; as bullion; circulation; exploitation of mines in S. Africa; export and import movements; free market; as reserve; standard; value aspects; as world money 黄金:与钞票发行;黄金块;流通;对南非金矿的剥削;输出与输入运动;自由市场;作为准备金;标准;价值;作为世界货币

Gottschalch, Wilfrid: and organized capitalism 高撒,威尔弗里德:与有组织的资本主义

Ground rent: and agricultural concentration; in colonies; export abroad; in underdeveloped countries 地租:与农业的集中;在殖民地;出口与地租;在不发达国家

Guild associations 行会

H

Hamburg Bank: currency practice 汉堡银行:通货实践

Handicraft production 手工产品

Hasse, Hugon 哈塞,胡戈

Heiman, Eduard: and Hilferding's theory of bank capital 海曼,爱德华:与希法亭的银行资本理论

Helfferich, K.: and a simple paper currency 黑尔费里希,K.:与他的单一纸币论

Hewins, Prof.: tariff reform and imperialism 黑温斯教授:关税改革和帝国主义

Hindenburg, FM Paul von: dissolves the Reichstag 兴登堡,FM,保罗·冯:解散的魏玛共和国

Hitler, Adolf 希特勒,阿道夫

Hobbes, Thomas: *Leviathan* 霍布斯,托马斯:《利维坦》

Holland: banking policy; and capitalist development and free trade policy; colonial empire; monetary system; silver bullion/gold depreciation in value; supremacy in trade and seafaring 荷兰(的):银行政策;与资本主义发展和自由贸易政策;殖民帝国;货币体制;金银币价值贬值;贸易与航海业霸权

Hönigsberg (later Hilferding): Margarethe, wife of H. 哈尼伯格(与希法亭结婚后改为夫姓),玛格丽特:希法亭之妻

Humiliation fantasy 人道主义幻想

I

Immigration: and competition from foreign workers 移民:与来自外国工人的竞争

Imperialism: and capitalism; and export of capital; and finance capital; Hilferding's theory; ideology; middle class support; and protectionism; and working class political struggle 帝国主义:与资本主义;与资本输出;与金融资本;希法亭的理论;意识形态;中间阶级的支持;与保护主义;与工人阶级的政治斗争

Import commodities 商品进口

Income 收益

Independent Social Democratic Party of Germany (USPD): Halle conference 德国独立社会民主党(USPD):哈雷会议

Independent traders 独立商人

India: and high incomes; monetary system 印度(的):与高收益;货币制度

Individual: capitalists; conflict among workers; and marginalist theory of value 个人，单个的：资本家个人；与工人的矛盾；与边际主义价值理论

Individually owned enterprises: disadvantages compared with corporations; and joint stock companies 私人企业：与股份公司相比的劣势；与股份公司

Industrial capital: and bank capital; circular flow; and commerce; and commercial capital; cycle of; English domination; and fictitious capital; and finance capital; mobilization; money's role in circulation; nature of its profit; and revolt by petty bourgeoisie; surplus value; and working population 产业资本：与银行资本；周期；与商业；与商业资本；英国的支配地位；与虚拟资本；周转；动员；货币的作用；利润的性质；与小资产阶级的反抗；剩余价值；与劳动人口

Industrial capitalism: industrial capitalists; and bank's money capital; boom conditions; compensation period; combinations; concentration; conflict; and credit arrangements; and crises occurrence; cycle; directorships; and employers' associations; English; the entrepreneur; investment; profits; promoter's profit; magnates's character; merchant participation; monopoly; plant size and location; speculation with borrowed capital; and technology; trusts 产业资本主义，产业资本家：与银行的货币资本；在高涨条件下；补偿；合并；集中；矛盾；与信用协约；与危机的发生；周期；协调；与雇主协会；在英国的；企业家；投资；创业利润；巨头的特性；商人参与；垄断；工厂的规模与选址；用借来的资本进行投机；与技术；托拉斯

Industry: industrial enterprises; and banks; cartelized and noncartelized; and commerce; and competition; concentration of production without concentration of ownership; consolidation and whitecollar workers; disproportionality, between capital and consumer goods; domination by corporate enterprise; equality of costs; equalization of profit rates; and fixed capital; industrywide agreements; investment abroad; labour intensive; largescale; merchant participation; mutual expansion of production; profit rates; promoter's profit; risk element; and rural workers; state financing; takeovers; and technology; and turnover time; unification; and union propaganda; and working day 产（工）业，产（工）业企业：与银行；卡特尔化与非卡特尔化；与商业；与竞争；不发生所有权集中情况下的集中；联合与白领工人；生产资料与消费资料生产上的比例失调；股份公司的支配地位；成本的一致化；利润率的一致化；与固定资本；行业范围内的协议；在海外的投资；劳动密集型；大规模的产业；商人参与产业；生产的同时扩张；利润率；创业利润；风险因素；与农业工人；与国家金融；周转；与技术；联合；与工会的宣传；与工作日

Inflation 通货膨胀

Interest rates: on bank deposits; and capital market; and credit supply; and crises; and decline; definition (*Das Kapital*); and disproportionality; in economic prosperity; and export of capital; and fixed interest certificates; and fluctuations; and foreign money capital; and gold; and industrial capital; on mortgage bonds; and share prices; supply and demand; in underdeveloped capitalist countries 利息率: 银行存款；与资本市场；与信用供给；与危机；与衰退；定义（资本论）；与比例失调；在经济繁荣时期；与资本输出；与固定利息证书；与波动；与国外货币资本；与黄金；与产业资本；抵押债券利息率；与股票价格；供给与需求；在不发达资本主义国家

Instruments of labour 劳动工具

Instruments of production 生产工具

International capitalists'interests: cartelization; commercial transactions; credit; markets; payments; trade 国际资本（势力）：卡特尔化；商业交易；信用；市场；支付；贸易

Investment: role of banks 投资：银行的作用

Investment credit 投资信用

J

Japan 日本

Jeidels, D.: effects of crises 耶德尔斯, D.：危机的后果

Jevons, William S.; marginalist analysis of value 杰文斯, 威廉姆, S.：价值的边际主义分析

Joint stock companies: and bank industry relations; dividends; economic theory; and export of capital; function; and individually owned enterprises; in noncartelized industries; organization; and promoter's profits; separates management from ownership; whitecollar employees; corporations 股份公司：与银行产业关系；经济理论；与资本输出；功能；与个人企业；非卡特尔化的产业；组织；与创业利润；所有权与经营权的分离；白领雇员；公司

K

Kautsky, Karl: and *Finance Capital* as a continuation of *capital*; ed. *Die Neue Zeit* 考茨基, 卡尔：考茨基与金融资本（《资本论》的续篇）；《前进》杂志的主编

Kern, Richard: pseudonym of Hilferding 科恩, 理查德：希法亭的匿名

Keynes, John Maynard: *Der Klassenkampf* 凯恩斯, 约翰·梅纳德：阶级斗争

Knapp, G. F.: and a paper currency; *The State Theory of Money* 克纳普, G. F.：与纸币流通；《国家的货币理论》

L

Labour: contract; demand for; equalization of rate of profit; exploitation when free; use of force in solving problems; intensity and wage rises; and industrywide agreements; and the market; and means of production; money, and social control of production; production of goods and commodities; productivity; reunification of movement; times as unit of control; US organizations; value, theory of; worker-landowner hostility 劳动:合约;需求;与相同利润率;剥削的自由;强度与工资上涨;行业范围内的协议;与市场;与生产方式;货币和生产的社会控制;物品和商品的劳动;生产率;劳工运动的重新联合与统一;作为控制单位的时间;美国劳动组织;价值论;工人—土地所有者的敌对状态

Labour power: as a commodity; coolies in colonies; demand due to export of capital; and industry; sale and purchase of; value produced by; whitecollar workers 劳动力:成为商品;殖民地的苦力;由资本输出导致的需求;与产业;出售与购买;所创造出的价值;白领工人

Labour and Socialist International: Bauer's report to Fourth Congress 保尔在1931年的国际劳工与社会主义者第四次会议上所作的报告

Landowners: and agricultural tariffs; English; and industrial development; and labour question; South American; State domination 土地所有者:与农业关税;在英国;与产业发展;与劳动问题;在南美;对政府的支配

Lenin, V. I.; debt to Hilferding; *Imperialism* 列宁, V. I.:列宁对希法亭观点的参考;《帝国主义论》

Liberalism 自由主义

Liebknecht, Karl 李卜克内西,卡尔

Limited liability companies 有限责任公司

Liquid money capital 货币流动资本

List, Friedrich: economic system 李斯特,弗里德里希:经济体系

Living labour: reduced participation in modern factories 活劳动:现代工厂里借贷资本使用量的减少

Loan capital: artificial limits; availability; and bank capital; capitalists; export of; and industrial capital; and interest; for investment; nature of; in prosperity; as shares; in small states 借贷资本:人为限制;可获得性;银行资本;资本家的借贷资本;借贷资本的输出;与产业资本;与利息;用于投资;性质;在繁荣时期;作为股份;在小国家

London: gold market; price of silver 伦敦:伦敦黄金市场;伦敦的银价

Luxemburg, Rosa: and imperialism; *The Accumulation of Capital* 卢森堡,罗莎:与帝国主义;《资本的积累》

M

Macrosty, H. W.; *Trust Movement in British Industry* 麦克罗斯蒂, H. W.:《英国产业的托拉斯运动》

Mail order business 邮购业务

Mehring, Franz 梅林,弗兰茨

Managers, management: access to through share ownership; bank accumulation; of bureaucracy; and labour market; as new value in production; ownership separation from; policy; and proletariat; and representatives; streamlining 经理,管理:由于拥有股份从而介入企业的管理;银行的积累;管理组织机构;与劳动力市场;管理活动也创造新的价值;所有权与经营管理权的分离;政策;与无产阶级;与代表;现代化的管理者

Manchester School: influence on foreign policy 曼彻斯特学派:对外国政策的影响

Manufacturing industry: bank reaction to consortia; and cartelization; and free trade; and futures trading; origins; superiority of English 制造业:银行对制造业联合的反应;与卡特尔化;与自由贸易;与期货交易;起源;英国优势

Marck, Siegfried: on Hilferding 马克,赛格弗里德:对希法亭的评价

Marginalism: Austrian economic theory; criticized by Hilferding; gain; profits 边际主义:奥地利的经济理论;希法亭的批判;收益;利润

Margin business 差额交易

Markets: associations of dealers; effect of commodities stock; exclusion of competition; interest rate; monopolistic combinations; monotonous process; prices; quotations and securities; reports 市场:商人协会;商品交易的作用;竞争的排除;利息率;垄断性联合;一成不变的过程;价格;报价单和保证金;报告

Marx, Karl, Marxism: 'the act of exchange'; banking system; and bourgeois economics; capitalist production, law of; and causal relationships; and class decisions; classical political economy; commodity analysis; concentration of capital, theory of; the corporation; credit role in capitalist production; dynamics of society, theory of; and economic crises; and economic theory; equilibrium in accumulation process; *Finance Capital*; fruitfulness; history; and imperialism; the industrial cycle; interest rates and supply and demand; merchant capital; metal's role in international commerce; money as a means of payment; money, theory of, n; monopoly prices; organic composition of capital; 'orthodox' (Bolshevik); paper in circulation and amount of gold required; paper currency; 'productive labour'; proletariat; reproduction; 'revisionist' and 'reformist'; social process of production; socialism, identification with; and socialism necessity of; state; state disintegration in socialist society; state power in creation of paper money; value, concept of; validity of its findings; value judgments; variable capital; works: *Das Kapital*, passim; *A Contribution to the Critique of Political Economy* 马克思,卡尔,马克思主义:交换行为;银行制度;与资产阶级经济学;对资本主义生产规律的分析;与因果关系;与阶级决策;与古典政治经济学;商品分析;资本集中理论;(股份)公司理论;对信用在资本主义生产中的作用的分析;社会发展理论;与经济危机;与经济理论;关于积累过程的均衡的分析;《金

融资本》与马克思主义;近期发展成果的不足;历史;与帝国主义;关于产业周期的分析;关于利息率及其供给与需求的分析;关于商人资本的分析;关于金属货币在国际贸易中作用的分析;主要对货币作为支付手段的论述;货币理论;关于垄断价格的论述;资本有机构成;流通过程中纸币需要量的论述;主义生产劳动;关于无产阶级的分析;再生产理论;修正主义和改良派;关于社会生产过程的分析;对社会主义特征的分析;关于社会主义必然性的分析;国家理论;关于社会主义社会的国家干预理论;关于纸币创造中国家权力的分析;价值概念;成果的现实意义;价值判断;不变资本;著作:《资本论》,《政治经济学批判》

März, Eduard: and bank/industry relationship; and decline in power of finance capital in Western Europe 马兹,爱德华:与银行/产业关系;与金融资本在西欧的势力的下降

Means of production: antagonism between owners and users; as capital investment; cartelization; credits customers with commodities; and labour productivity; private ownership; separation from labour; from shareholder's capital 生产资料:所有者与使用者之间的对立;作为资本投资;卡特尔化;劳动生产率;私有制;劳动者的分离;股东的资本的分离

Means of transport: and commodity speculation; cost of; nationalization 运输工具:与商品投机;成本

Menger, Carl 门格尔,卡尔

Mercantilism: differentiation from marginalism; speculation; struggle against 重商主义:与边际主义的区别;与投机;反对斗争

Merchants: agents' commission, reduced to level of workers' wages; and artisans; and cartelization; and commercial capital; elimination in large integrated firms; and futures trading; and money capital; and price determination; profits, source of; and provinces 商人:代理人佣金;被降至工薪阶层;与手工业者;与卡特尔化;与商业资本;在大联合公司中的被消灭;与期货交易;与货币资本;与价格决定;利润的来源;活动范围

Mergers: in commerce, industry and banking; and competition; differentiated from consortia; and individual independence; integration; technical advantages; unification in new industry 融合:在商业方面;产业与银行;与竞争;与联合的区别;与个体独立性;一体化;技术优势;新行业的结盟

Metallic money: and bullion value; and circulation of credit money; decrease in use; for international settlements; intrinsic value; measure of value and means of payment; regulator of production 金属货币(铸币):与金属条块的价值;与信用货币的流通;使用的减少;用于国际结算;内在价值;价值计量和支付手段;对生产的调节作用

Middle classes: anticapitalists; and bourgeoisie; Hilferding and; hostile relations with working classes; and imperialism; as political hangerson; 'new salaried' employees; supported by rural classes; and taxation, militarism, opposition to 中间阶级:对资产阶级的反对;与资产阶级;希法亭与中间阶级;与工人阶级的敌对关系;与帝国主义;在政治上摇摆不定;新兴工薪雇员;得到农民支持;与税收;反对军国主义

Mining industry: control by foreign capital; joint stock system; overproduction; technological improvements 采矿业:外国资本的控制;合伙制;生产过剩;技术进步

Mints: effect of closure 铸币厂:被终止的后果

Mobilization of capital 资本的动员

Monetary crises 货币危机

Money: and bullion price; claims to; clarification of its role; in circulation process, coinage by state and law; commodities commensurable; and commodity; and credit money; credit relationship; demoralizing power; as exchange; as fictitious capital; hoarding of; in industrial capital; intrinsic value; as loan capital; as means of payment; as means of production; mediation between buyer and seller; metallic as opposed to bullion; metallistic; need for banks; onesided processes; objective theory of value; overevaluation, US credit crisis; and productive capital; quantity; quantity theory; romantic concept; a social arrangement; as standard of value; state and economic theories; technical movement; theories of; traders; types and functions; use value; and validity of a theory of value; value fluctuations due to commodities in circulation; value equivalent of a commodity; wealth, storing 货币:与贵金属条块的价格;收益权;作用的阐述;在流通过程中;法定的;商品的补偿;与商品;与信用货币;与信用关系;道德破坏力;交换;成为虚拟资本;储藏;在产业资本中;内在价值;作为借贷资本;作为支付手段;作为生产资料;充当买者和买者之间的媒介;铸币与条块金银的对立;铸币;银行的需求;单方面的运动过程;客观价值论;溢值;美国的信用危机;与生产资本;数量;数量论;浪漫主义者的概念;一种社会安排;作为价值尺度;国家经济理论;技术运动;理论;商人;类型与功能;使用价值;与价值理论的有效性;商品流通所带来的价值的波动;价值等同于与其交换的商品的价值;作为财富储存起来

Money capital: banks; and other forms of capital; CMpLP circulation; conversion into commodity; and corporations; as credit; demand; in depression; fixed; functions; liquidity; profit from; reflex process; reserves; and sale of surplus product; as usurers and merchants capital 货币资本:银行;与其他形式的资本;循环过程;转化为商品;与股份公司;作为信用;需求;萧条时期;被当做固

定资本;功能;流动性;带来的利润;运动;准备金;与剩余产品的销售;使用者与商人资本

Money capital, idle: role of banks; accumulation in capitalist production; active money capital; under communist society; hoarding; volume changes and its causes 闲置的货币资本:对银行的作用;在资本主义生产中积累;被使用;在共产主义社会;储藏;价值量变化及其原因

Money market: as bank credit; competition on; European reaction to US crisis; and fictitious capital; and fluctuations due to business cycle; manifest events; and stock exchange crises 货币市场:银行信用;竞争;欧洲对美国1907年危机的反应;与虚拟资本;与由经济周期所造成的波动;重要事件(的报道);与证券交易危机

Monopolies: bank interests; and capitalism; and commodity exchanges; and demand; economic and natural; Engels on; and foreign competition; legal; money capitalists; possession of patent rights; protectionism; sales; speculation 垄断:银行利润;与资本主义;与商品交换;与需求;经济与自然;恩格斯的论述;与来自国外的竞争;合法;货币资本家;专利权;与保护主义;销售;投机

Monopolistic combinations: and cartels; and abolition of competition; and control of market price; and crises; economic territories; and independent traders; and Marx's theory of concentration and value; organizations for economic domination; and outsiders; and partial combinations; and price fixing; and protective tariffs; and state domination; technical superiority 垄断性联合:与卡特尔;与竞争的废除;与市场价格控制;与危机;经济区;与独立商人;与马克思的集中理论和价值理论;组织对经济的支配;与外部企业;与局部联合;与价格的固定;与保护性关税;与国家统治;经济优势

Müller, Herman 穆勒,赫尔曼

Multinational corporations: the interventionist state and 跨国公司:政府干预与跨国公司

N

Nationalism: national consciousness 民族主义:民族主义的国家意识

Nationalization 国有化

National Socialist German Workers Party (Nazi): average age of Reichsführer; election results; removal of ban on SA and SS; seizure of power; struggle with Social Democrats 德国国家社会主义工人党(纳粹):纳粹的平均年龄;选举结果;对纳粹军事组织救世军和党卫队禁制令的废除;掌握政权;与社会民主党的斗争

New markets: shortage of free (wage) labour; spheres for capitalist investment 新市场:自由劳动力(工人)的短缺;资本主义的投资领域

Die Neue Zeit: Hilferding and 《新时代》杂志:希法亭与《新时代》杂志

O

Organic composition of capital: area of greatest change; and competition; diversity and disproportion in price structure; effects of high and low rates; and price of production; and profit levels 资本有机构成：变动最大的领域；与竞争；差别与价格结构的不一致；对利润率高低的影响；与生产价格；与利润水平

Ossowski, Stanislaw: *Class Structure in the Social Consciousness* 奥索维斯基，斯坦尼斯拉夫：《社会意识的阶级结构》

Overproduction of commodities; in capitalist society; controlled by cartels; 'crisis' view 商品生产过剩：资本主义社会；卡特尔的控制；危机论

Ownership: of accumulated past labour; of means of production; separation of its functions from production, from management; unification 所有权（制）：生产资料；与生产者的分离；与管理权的分离；统一

P

PanAmerican movement 泛美运动

Paper money: paper currency; in circulation; as collateral; depreciation; and gold; as labour value; as legal tender; as money; and metallic money; overissue; quantity issued; socially acceptable token; state, creation by; state and private; and value judgments; value of 纸币：作为通货；在流通中；作为辅币；贬值；与黄金；充当劳动力价值；作为法定流通货币；作为货币；与金属货币；过量发行；发行数量；私人发行但被社会接受的代币；国家创立发行；政府和私人；价值判断；价值

Patents 专利

Payments credit 支付信用

Peasantry, European 欧洲的农民

Peel, Sir Robert: Peel Act (Cash Payments Act,) 罗伯特·皮尔爵士：皮尔法案（现金支付法案）

Peters, Carl: and German East Africa 卡尔·彼特：与德国东非保护区

Petty, Sir William 威廉·配第爵士

Political economy: discovery of economic laws; ethical school; free trade school; avoidance of generalization; psychological school; social aspects of the commodity 政治经济学：揭示经济规律；伦理学派；自由贸易学派；对一般规律的回避；心理（主义）学派；关于商品的社会性的分析

Political power: class distribution 政治力量：阶级分布

Population 人口

Price: agreements; arbitrary and accidental; of capital; and corporations; determination; fluctuations; increases; of labour; law of; mechanism; structural distortion; variation preceding speculation; war 价格：协议；随意性和偶然性；资本的价格；与股份公司；决定；波动；上涨；劳动的价格；规律；机制；结构扭曲；由差异所引致的投机；战争

Prices: and agricultural production; and capitalistic production; and cartelization; determination by cost price plus gross profit; effect of changes on money capital; fall in during crises; law of; and market conditions; and quantity of circulating media; and range of profitability; relationship between raw materials and manufactures; special circumstances; and supply and demand 价格：与农业生产；与资本的生产；与卡特尔化；由成本加总利润所决定的价格；货币资本变动的影响；危机时期下跌；规律；与市场条件；与流通手段的数量；与获利空间；原材料与制成品之间的联系；在特殊情况下；与供求

Prion, Willi 普里庸, 威利

Private banks: economic households; money capitalists; property 私人银行：在自给自足经济下；货币资本家的；财产

Production: capitalistic; and circulation; of communities; and consumption; and crises; effect of division of labour; expansionism; forces of; labour power; elimination of unproductive expenses; ownership and control of; price of and theory of value; role of pater familias in decisionmaking; for satisfying personal needs; surplus value 生产：资本；与流通；社会；与消费；与危机；劳动分工的影响；扩张；生产力；劳动力；非生产性费用的消除；所有权与控制权；价格与价值理论；家长制在决策中的作用；以满足个人需要为目的；剩余价值

Productive capital (means of production and labour power): banks and; bills of exchange; capital availability; credit demands; mutual services between capitalists; circulation time; idleness; industrial shares; moneyor loancapitalists; and reproduction increases; reserves; turnover time 生产资本（生产资料和劳动力）：银行与生产资本；票据交易；资本的可获得性；信用需求；生产资本家之间的相互调剂；流通时间；闲置；货币或借贷资本家；与扩大再生产；准备金；周转时间

Productivity of labour 劳动生产率

Profit: and capitalistic production; and cartelization; and cheap labour; costs and prices; and competition; and credit; elimination; gross; individual competitive struggle; industrial; monopolistic; origins; rates of; from shares 利润：与资本的生产；与卡特尔化；与廉价劳动力；与成本和价格；与竞争；与信用；利润的消失；总利润；个人之间为获取利润而展开的竞争；产业利润；垄断利润；起源；利润率；由股份占有所获得的利润

Proletariat: and capitalism; dictatorship; English and European; and free trade; 'free' wage labour; lowermiddleclass alliance; militarism and war policy, hostility to; and imperialism; objects of expropriation; revolution; and speculation; whitecollar fear of 无产阶级：与资产阶级；专政；在英国和欧洲；与自由贸易；一无所有只能靠出卖劳动获取工资；

与中低阶级的联合；对军国主义和战争政策的反抗；与帝国主义；作为剥削对象；革命；与投机；白领阶层的恐惧

Promissory notes 可承兑票据

Promoters profits: banks and; economic category; origins; rights under former company law 创业利润：银行与创业利润；经济属性；起源；旧公司法下的权力

Property: changes in distribution; and concentration; defence against dispersal (intermarriage); division within capitalist families; divorced from labour; and free movement of capital; and industry's dependence on banks; and share ownership; social systems; stock companies; transfers of titles to profit in capital mobilization; unification; and use value 财产，所有权：在分配方面的变化；与集中；在资本家家庭内部的分割；劳动者与财产的分离；财富与资本的自由运动；与产业对银行的依赖；与股份占有；社会制度；证券公司的所有权；资本动员中利润所有权证书的转移；统一；与使用价值

Protective tariffs: and capitalism; and cartels; and colonial policy; in competition; and domestic consumers; and employers' organization; European support; and free competition; and imperialism; and industrial development; through monopolies and cartels; original purpose; and productive forces; selfperpetuating internationally 保护性关税：与资本主义；与卡特尔；与殖民地政策；竞争；与国内消费；与雇主组织；欧洲的支持；与自由竞争；与帝国主义；与产业发展；通过垄断和卡特尔获得；最初目的；与生产力；在国际上的自我巩固

Prussia 普鲁士

Q

Quesnay, François: Marx and 魁奈：马克思与魁奈

R

Racialism 种族主义

Railways: and capitalism; and growth of corporations; UK investment 铁路：与资本主义；与股份公司的发展；美国的投资

Raw materials: colonial supplies; foreign capital control; Marx and; and price levels 原材料：殖民地的供给；外国资本的控制；马克思与原材料；与价格水平

Rener, Karl: concept of social imperialism; and the state; war economy effect on socialists/state 热纳，卡尔：社会帝国主义概念；与国家；关于战争经济对社会主义/国家关系的影响的论述

Relationship 关系

Reproduction 再生产

Reserve capital 资本准备金

Ricardo, David: anger with Bank of England; and commodities prices; and converted bank notes; and free trade; and laws of paper currency; and of quantitative ratios; and value concept; works: *Principles of Political Economy and Taxation* 李嘉图，大卫：对英格兰银行的不

满;与商品价格;与钞票的兑换;与自由贸易;与纸币流通规律;与数量比例关系;及其价值概念;著作:《政治经济学及赋税原理》

Risk element:premiums 风险因素:风险贴水

RodbertusJagetzow, J. K.:commodity note; and the corporation;and promoter's profit 洛贝尔图斯—雅各措夫,J. K.:商品债券;与股份公司;与创业利润

Russell 罗斯福总统

Russia:economic satellite;economic territory; emigration; political power 俄国(的):经济依附;经济区;移民;政治力量

Ruhr:Franco/Belge occupation 鲁尔:法国/比利时占领区

S

Sales representatives 销售代表

Scandinavia:mineral wealth 斯堪的纳维亚:矿产资源

Schacht, Hjalmar:President of Reichsbank 沙赫特,哈贾马:德意志(国家)银行行长

Schumpeter, Joseph: and AustroMarxist school;and Hilferding's theory of money; on imperialism;and marginal utility theory; works: *History of Economic Analysis* 熊彼特,约瑟夫:与奥地利马克思主义学派;与希法亭的货币理论;对帝国主义的分析;与边际效用论;著作:《经济分析史》

Schwoner, A.:on bank discount rates 施沃纳,A.:保证金对银行贴现率的分析

Secondandahalf International 第二个半国际

Securities: author's definition; bucket shop transactions; circulation process; as collateral; differentiated from commodities; futures trading; interestbearing; and mobilization of capital;as money;price fluctuations;and productive capital;speculation;traded on stock exchange 保证金,担保品:作者的定义;差额交易的保证金;流通过程的保证金;附属保证金;担保品与商品的区别;期货交易保证金;生息的保证金;与资本的动员;作为货币;价格波动;与生产资本;投机,作为证券交易

Share prices:and big operatives;'boom' conditions;causal factors and incidental influences; dividend yield; in financial panic;fluctuations;and interest rates;and new capital investment;and profit;speculation; and stock exchange opinion, supply and demand;and value of productive capital 股票价格:与大额交易;在高涨情况下;决定因素与偶然影响;分红收益与股票价格;在金融恐慌时期;波动;与利息率;与新资本投资;与利润;投机;与股票交易观;与供求;与生产资本的价值

Shares: banks'role in flotation; as credit money; debentures; interest rates; preferred and ordinary; profit factor; shareholders function as money capitalists; stock exchange commerce; "stock watering"; turnover process 股票:股票波动中银行的作用;作为信用货币;债券;利息率;优先股与普通股;利润因素;股东作为货币资本家的功能;与证券交易业;"蓄水池功能";周转过程

Silver: as money token 白银:白银作为货币符号

Simmel, Georg: *The Philosophy of Money* 西美尔,乔治:社会主义的《货币的哲学》

Slumps 暴跌

Smith, Adam: *Wealth of Nations* 斯密,亚当:《国富论》

Socialism: and acquisition of banks; and capitalism; and a commodity producing society; democratic character; and money; organizational prerequisites; proletariat antagonism; socially necessary labour time; student movement; transition to 社会主义:与银行的占有;与资本主义;与商品生产社会;民主特征;与货币;在组织上的先决条件;无产阶级专政;社会必要劳动时间;学生运动;转型

Society 社会

South Africa 南非

South America: Indians 南美:南美印第安人

Specialization 专业化

Speculation: and bank capital; "bearish" and "bullish"; and boom conditions; and capitalism; in commodities and securities and credit; disadvantages; during economic prosperity; ethical code; futures trading; nature of; marginal profit; operational factors; panic conditions; price changes; as production; psychological attitude; and risk premiums; titles to interest; turnover needs 投机:与银行资本;"熊市"和"牛市";与高涨;与资本主义;商品与信用和保证金;弊端;在繁荣时期;伦理观;期货贸易;性质;差额利润;操作因素;在恐慌情势下;价格变动;生产;心理状态;与风险贴水;利息收益证书;周转需要

Spitzmüller, D.: and Austrian currency system; Hilferding and 施皮茨·穆勒,D.:与奥地利货币制度;希法亭与施皮茨·穆勒

Stalin, Joseph 斯大林,约瑟夫

Standard of living 生活标准

State, the: and bank note issue; bonds; bourgeois concept; capitalism; classdominated organization; domination by; and finance capital; and forcible expropriation; Hilferding and; ideology; and industrial development; interventionism; liberalism; loans; market relations; Marxian concept; and money as a standard of value; and municipal bonds; nationalism; powers; privilege dispensation; and socialization 政府,国家:与钞票发行;债券;资产阶级的概念;资本主义;作为阶级统治组织;支配;与金融资本;与强制剥夺;希法亭与政府;意识形态;与产业发展;干预主义;自由放任;贷款;市场关系;马克思主义的概念;与作为价值标准的货币;与地方债券;民族主义;权力;特权制度;与社会化

Stockbrokers 证券经纪人

Stock company 股份公司

Stock exchange: banks and; and bill market; boom in; as capital market, capitalist property form; circulation of speculative stock; clearing houses; commercial bill; and commodity market; in competition; concentration of markets; concentration of ownership; conditions for membership; contango operations; crashes; credit utilization; crisis conditions; financial panic; foreign exchange dealings; functions; futures trading; importance; industrial investment; influence on share prices; inquiry of; and interest rates; legal restrictions; and loan capital; market for fictitious capital; mobilization of capital; money capital as productive capital; operations; and property ownership; and risk element; security trading; share circulation; speculative activity; and state loans; technical aspects; and titles to interest; turnover; the universities and; values 证券（或股票）交易：银行与证券交易；与票据市场；高涨时期；作为资本市场；资本主义的所有权形式；投机性股票流通；清算；商业票据；与商品市场；竞争；市场的集中化；所有权的集中化；会员的条件；交易延期费操作；崩盘；信用利用；危机的条件；金融恐慌；汇兑商的证券交易；功能；交易；重要性；产业投资；对股票价格的影响；与利息率；法律限制；与借贷资本；虚拟资本市场；与资本的动员；作为生产资本的货币资本；操作；与所有权；与风险因素；保证金交易；与股票流通；投机行为；与政府贷款；技术方面；与利息所有权证书；周转；大学与证券交易；价值

Streseman, Gustav 特雷泽曼，古斯塔夫

Strikes: Hilferding and centrist group on trade unions 罢工：希法亭及其中间派的看法

Supply and demand: and agricultural products; and competition; and interest; and labour market; and prices; and share price fluctuation 供给和需求：与农业生产；与竞争；与利息；与劳动力市场；与价格；与股票价格波动

Surplus product 剩余产品

Surplus value: and consumption; commercial and industrial profit; and domestic capital; equalization of rates; and 'export of capital'; increases in; used to pay interest; Marx and; source of profit; of shareholders; and value of money or commodities; and working classes 剩余价值：与消费；商业与产业利润；与国内资本；剩余价值率的平均化；与资本输出；增加；用于支付利息；马克思与剩余价值；作为利润来源；股东占有；与货币和商品的价值；与工人阶级

Sweezy, Paul: suggests term monopoly capital; *Theory of Capitalist Development* 斯威齐，保罗：关于垄断资本的观点；《资本主义发展理论》

Syndicalism: abolition of exploitation, theory of; and agricultural prices; as combination; cynicism over domestic business;

fictitious independence; and futures tenders; and merchants; price and market control; price stabilization; and production; speculation in newsprint; and wholesale traders 辛迪加：可以消灭的剥削论；与农产品价格；作为一种联合方式；对国内经济的影响；虚幻的独立性；与期货交易的清偿；与商人；价格与市场控制；价格的平稳性；与生产；对新闻白版纸的投机；与批发商

T

Takeovers 接管

Tariffs: change in function; capitalistic interest 关税：功能的变化；资本主义的利益

Taxation: of 'expropriated' natives; indirect; and protectionism; S. American legislation 税收：对殖民地土著的剥削；间接税收；与保护主义；美国的立法

Technology, technological progress: and banking system; under combines; and component elements of constant capital; corporations and; and development of crises; and fixed capital; and industrial expansion; and layoff of workers; and needs satisfaction economics; and organic composition of capital; and production; and unemployment; working period 技术，技术发展：与银行体系；联合下的技术发展；与可变资本的构成要素；股份公司与技术发展；与危机的发展；与固定资本；与产业的扩张；与工人的裁减；与经济需求的满足；与资本有机构成；与生产；与失业；与劳动期间

Thalman, Ernst: and KPD 台尔曼, 恩斯特：与德国共产党

Third International (Còmintern) 第三国际（共产国际）

Tooke, Thomas: and quantity theory of money; *History of Prices* 图克, 托马斯：与货币数量论；《价格的历史》

Trade: agreements with small economic territories; alliances; and bank capital; circulation of commodities; companies; concepts; cycle; mail order business; marks; money and commodities; profit; and socio/political relations in white and yellow peoples; and speculation 交易，贸易：与小经济区的协定；同盟；与银行资本；商品的流通；公司；概念；周期；邮购业务；标志；货币和商品；利润；与白人/黄种人之间的社会/政治关系；与投机；技术条件；与批发

Trade unions: and the bourgeoisie; in isolated struggles; and labour; and lockouts; power in small firms; and skilled and unskilled workers; strikes; struggle; and the unemployed; US "closed shop"; and wage agreements 行会，工会：与资产阶级；孤立斗争；与劳动者；与雇主的禁雇；小公司的力量；与熟练和非熟练工人；罢工；工会的斗争；与失业；美国的工会"歇业"；与工资协议

Trustification: capitalist interests united against working classes; facilitated by personal conection; and salaried employees 托拉斯化：使得资本家的利益可以联

合起来以对付工人阶级;私人关系促进了托拉斯化;与工薪雇员
Trusts:companies;and cost of living;Engels and;financial capacity;and free competition;and independent retail trader;industrial capital;a monopolistic merger;and profit;and small speculators;steel,n;technical advantages,TuganBaranowsky,M.;theory of crises;theory of disproportionality 托拉斯:企业;与生活成本;恩格斯和托拉斯;金融资本;与自由竞争;与独立零售商;产业托拉斯的出现;与利润;与小投机者;钢铁托拉斯;技术优势

U

Unemployment:due to crises;English;trade union attitude 失业:由危机所导致的失业;英国;工会的态度
Universities:and stock exchange;Viena 大学:与证券交易;维也纳
Upper Silesia:coal trade 上西里西亚:煤炭业
Use value:of commodities;of foreign market production;motive of production;and social relationships 使用价值:商品;外国市场产品;为使用价值的生产而进行的生产;与社会联系
USSR,KPD 苏联:与德国共产党
Usury:usurers;agent for capital accumulation;subordination to industrial capital 高利贷:放贷者;与资本积累;对产业资本的从属关系

V

Value:commodity;equations;exchange;Hilferding and;individual relationship between a thing and a human being;judgments;of labour power;Marxist and marginalist concepts;monetary expression;operations creating;a social relationship;theories of 价值:商品;等式;交换价值;希法亭与价值;价值所表现的物与人之间的关系;判断;劳动力;马克思和边际主义的概念;货币表现;创造;作为社会关系;理论
Variable capital 可变资本
Von Papen,Franz 冯·巴本,弗兰茨

W

Wage labour:wage labourers;and capital;demand for;divorce of consumption from production;use of money 工薪劳动者:与资本;需求;与生产费用的分离;对货币的使用
Wages;conflicts;rates;rises 工资:冲突;工资率;上涨
War;concept of inevitability 战争:不可避免性
Weber,Max 韦伯,马克思
Weimar Republic 魏玛共和国
Wieser,Friedrich von 维泽,弗里德里希·冯
Whitecollar workers:career prospects;deterioration under capitalism;education;ideology;imperialism;political attitude;and proletariat;salary levels 白领工人:职业

前景；在资本主义条件下的退化；教育；意识形态；帝国主义；政治态度；与无产阶级；薪金水平

Wholesale trade: banks and; capitalist; and concentration; Engles on; and money capital; and the state; and syndicates 批发商：银行与批发商；资本主义；与集中；恩格斯的论述；与货币资本；与国家；与辛迪加

Wilson, James: *Capital, Currency and Banking* 威尔逊，詹姆斯：工人的《资本、通货与银行业》

Workers: as consumers and producers; councils; and industrial products; opprobrium of term; organizations, trade unions; personal, and class interests identification; power; social interdependence; subordinate class; taxation; women as semiskilled 工人：作为消费者和生产者；地方工会代表会议；与产业生产；轻蔑看法；组织；对个人和阶级利益的认识；力量；社会依赖性；作为下层阶级；税收负担；妇女作为半熟练工人

Working classes: and anual product; defence against bourgeois violence; capitalist exploitation; German movement; and intensity of labour; and middle classes; and politics; and profit rates; and quality of work; and technology; and trade unionism; wage agreements 工人阶级：与年产品；反对资产阶级暴力；资本主义的剥削；德国的运动；与劳动密集型行业；与中间阶级；与政治；与利润率；与劳动质量；与技术；与工会主义；工资协议

World market: cartels; and crises; and economic territories; English domination; role of railways; trade and foreign policy relationship 世界市场：卡特尔；与危机；与经济区；英国的支配；铁路的作用；贸易与外国政治关系

Wundt, Wilhelm: law of "heterogony of ends" 沃登特，威赫姆："结果异化"规律

Z

Zinoview, Gregory. H.'s speech against 季诺维耶夫，格雷戈里：希法亭对季诺维耶夫的批判演讲

Zola, Émile: Gunderman and Saccard; profit for profit's sake 左拉，埃米尔：贡德尔曼和萨卡尔；为获利而去追逐利润